主　编：杨伟东
副主编：王　静　张效羽
撰稿人：杨伟东　王　静　张效羽　祖博媛
　　　　王　轩　王凌光　杨　霞　安丽娜

中华人民共和国
行政处罚法
理解与适用

杨伟东◎主编

ZHONGHUA RENMIN GONGHEGUO
XINGZHENG CHUFAFA
LIJIE YU SHIYONG

中国法制出版社
CHINA LEGAL PUBLISHING HOUSE

导言　行政处罚法修订的背景、思路和重点

2021年1月22日，《中华人民共和国行政处罚法》由第十三届全国人民代表大会常务委员会第二十五次会议修订通过并予以公布，标志着行政处罚法首次"大修"顺利完成。1996年3月17日，《中华人民共和国行政处罚法》由第八届全国人民代表大会第四次会议通过，自1996年10月1日起施行。在2021年修订前，行政处罚法经历过两次修正，分别于2009年和2017年，但均为局部的微调①，不涉及对行政处罚制度的整体性反思和相关重要制度的变更。而此次2021年的修订属于对行政处罚制度较为系统、全面的修改，涉及行政处罚一系列重大制度的调整，具有重要意义。把握此次修订的背景、思路和重点，有助于深入理解行政处罚法修订的宏观安排、主要精神和相关内容。

一、行政处罚法立法的意义

（一）使用广泛、频繁的行政制裁行为

行政处罚法规范的行政处罚行为，是行政机关实施的惩罚和制裁行为，这类行为对公民、法人或者其他组织实施的是直接的否定性评价和处理。就性质而言，行政机关实施行政或公共管理采取的具有法律效力的行为，大体上可分为授益行为和不利行为两大类。授益行为旨在增进公民、法人或者其他组织的权益或减少其义务，行政奖励、行政给付是这类行为的典型代表。相反，不利行为则旨在减损公民、法人或者其他组织的权益或增加其义务，行政征收、行政处罚是其典型代表。不过，值得指出的是，不利行为给当事人带来的影响具有多样性，一些行为本身并不带有负面性、否定性评价，如纳税、服兵役，而行政处罚有所不

---

① 行政处罚法第一次于2009年修正，主要涉及与刑法和治安管理处罚法有关规定用语的修改。请参见《全国人民代表大会常务委员会关于修改部分法律的决定》（2009年8月27日第十一届全国人民代表大会常务委员会第十次会议通过）。第二次于2017年修正，于第三十八条增加了一款内容作为第三款，即"在行政机关负责人作出决定之前，应当由从事行政处罚决定审核的人员进行审核。行政机关中初次从事行政处罚决定审核的人员，应当通过国家统一法律职业资格考试取得法律职业资格"。请参见《全国人民代表大会常务委员会关于修改〈中华人民共和国法官法〉等八部法律的决定》（2017年9月1日第十二届全国人民代表大会常务委员会第二十九次会议通过）。

同，其给当事人带来的不利性不仅体现在权益受损或义务增加上，而且体现在带有明显的否定性评价，是一种行政制裁。

不管对行政处罚作出何种界定，通常认为，行政处罚是对违反行政法律规范但尚未构成犯罪的公民、法人或者其他组织给予的行政制裁。行政上的制裁性，即“为将违法者置于比违法行为前更为不利的状态”①，是行政处罚的本质属性和特征。行政处罚的前提是公民、法人或者其他组织有行政违法行为，实施了违反行政法律规范但尚不够刑事处罚的行为。因此，行政处罚本质是合法地使违法人的权益受到损失，通过处罚造成违法者精神、自由和经济利益受到限制或损害的后果，从而使违法者吸取教训，杜绝重犯。② 行政处罚虽在制裁力度上不及刑事处罚，但与其他行政行为相比给当事人带来的影响是显而易见的。

行政处罚受到关注，还在于它在我国使用广泛且频繁。行政处罚几乎遍及行政管理各个领域，几乎所有的行政机关皆享有一定的行政处罚权，实践中也是使用频率很高的行政管理措施。曾有学者指出，我国是“世界上有数的行政处罚大国”③。

（二）行政处罚法的重要贡献

1996 年通过的行政处罚法正是对使用广泛频繁的行政制裁行为的行政处罚的全面规范，是我国首次从法律制度上全面规范一类行政行为的一部基本法④。行政处罚法的制定，“是我国行政法制建设中的一件大事，也是加强社会主义民主政治建设的一个重要步骤。行政处罚法的制定，对于规范行政机关有效地依法行政，改进行政管理工作，加强廉政建设，维护社会秩序和公共利益，保护公民的合法权益，促进社会主义市场经济的健康发展，都将起到重要作用”。⑤

1. 建立了行政处罚的基本制度

行政处罚法对行政处罚制度作出了系统、全面的规范，内容涉及行政处罚的基本原则、种类和设定、实施机关、管辖和适用、决定、执行、法律责任等，构建起贯彻行政处罚全过程、涵盖实体与程序、由核

---

① 王贵松：《论行政处罚的制裁性》，载《法商研究》2020 年第 6 期。

② 参见应松年、刘莘：《行政处罚立法探讨》，载《中国法学》1994 年第 5 期。

③ 参见应松年、刘莘：《行政处罚立法探讨》，载《中国法学》1994 年第 5 期。

④ 参见张世诚：《关于行政处罚法中的几个主要问题（一）》，载《中国工商管理研究》1996 年第 6 期。

⑤ 曹志：《关于〈中华人民共和国行政处罚法（草案）〉的说明——1996 年 3 月 12 日在第八届全国人民代表大会第四次会议上》，载《人大工作通讯》1996 年第 7 期。

心机制支撑的行政处罚制度。

一是确立设定和实施行政处罚应遵循的基本准则。行政处罚法确立的处罚法定、公开公正、处罚和教育相结合、一事不再罚、权利保障等原则，不仅是行政处罚的基本要求，事实上也体现了依法行政的基本精神。

二是创建行政处罚的核心机制。行政处罚法创建了行政处罚设定制度、程序约束机制、裁执分离制度等，这些制度安排具有重大意义。行政处罚法首创的行政处罚设定制度，要解决的核心问题是哪些规范可以创制行政处罚，以及创制权如何配置。行政处罚法对行政处罚设定的思路是，行政处罚作为直接影响公民、法人或其他组织的人身、财产等基本权利的行为，只有全国人民代表大会及其常委会才有权设定；行政法规、地方性法规和规章能否具有或具有什么样的行政处罚的设定权，有赖于行政处罚法的明确授权。除法律、行政法规、地方性法规和规章外，其他任何规范不得设定对公民、法人或者其他组织的行政处罚。行政处罚法对行政处罚设定作出严格规定，目的在于防止随意设置处罚和处罚范围的扩大化，从根本上为行政处罚正本清源。行政处罚法对行政处罚决定程序也十分重视，针对不同的处罚事项设置简易、普通和听证三类决定程序，规定之详细是此前立法所未曾有的，涉及条文占整个条文达三分之一之多，首次规定的听证程序可谓开行政法风气之先。行政处罚法确立的作出处罚决定的行政机关与收缴罚款的机构分离，实行“收支两条线”制度，同样具有开创意义。这些核心制度和机制的创立，奠定了我国行政处罚制度现代化的基础。“其所确立的行政处罚设定权制度、实施行政处罚的主体资格制度、相对集中行政处罚权制度、听证制度、罚款决定与罚款收缴相分离制度、政府对行政处罚的监督制度等，是对现行行政处罚制度的重大改革，对改革政府机构、转变政府职能和加强政府法制建设都将产生深远影响。”①

三是统一行政处罚制度。作为行政处罚的基本法，行政处罚法在赋予各行政管理领域空间和自主性的同时，旨在围绕行政处罚中的共同性事项建立起基本的行政处罚制度。2021 年修订前的行政处罚法第六十四条明确规定：“本法自 1996 年 10 月 1 日起施行。本法公布前制定的

① 《国务院关于贯彻实施〈中华人民共和国行政处罚法〉的通知》（国发〔1996〕13 号），载《中华人民共和国国务院公报》1996 年第 12 期。

法规和规章关于行政处罚的规定与本法不符合的，应当自本法公布之日起，依照本法规定予以修订，在1997年12月31日前修订完毕。”该规定不仅肯认行政处罚法作为行政处罚基本法的地位，而且开启了为达成行政处罚制度统一化而要求的清理与修订工作。因此，行政处罚法的“颁布和实施，把我国的行政管理工作，特别是行政处罚工作纳入了统一的法制轨道”。①

2. 拉开了行政行为立法的序幕

改革开放后，行政法制度建设成为我国法治建设的重要任务。经过不断探索和发展，我国形成了涵盖行政管理运行全过程，由行政组织法、行政行为法和行政监督救济法组成的制度体系。而行政处罚法的制定拉开了行政行为立法序幕，为当今我国丰富且具有一定规模和体系的行政行为法打下了基础。

继行政处罚法后，2000年通过的《中华人民共和国立法法》、2003年通过的《中华人民共和国行政许可法》和2011年通过的《中华人民共和国行政强制法》相继面世，分别对行政立法、行政许可、行政强制作出规范。行政处罚法、行政许可法和行政强制法，被称为行政行为“三法”或行政行为立法“三部曲”。这些蕴含着现代行政法精神的共同性行政行为法律的颁布实施，不仅整肃了行政行为本身乃至已有立法中存在的某些混乱局面，而且确立了我国行政行为法发展的基调和方向。行政处罚法确立的行政行为立法思路、模式和技术，对行政行为立法发展发挥了举足轻重的作用。有分析认为，“《行政处罚法》、《行政许可法》、《立法法》、《政府信息公开条例》等规范行政机关共同行政行为的综合性法律法规以及大量规范行政机关某一管理领域行政行为的专门性法律法规的颁布实施，昭示着我国行政行为与程序法律制度框架已经形成”。②

3. 推动了依法行政的发展

依法行政是现代法治的基本要求。1993年3月，国务院的《政府工作报告》明确指出：“各级政府都要依法行政，严格依法办事。一切公职人员都要带头学法懂法，作执法守法的模范。继续在全体公民中深

---

① 谭兵：《学习和贯彻行政处罚法认真修订我省的地方性法规》，载《海南大学学报（社会科学版）》1998年第1期。

② 袁曙宏：《我国〈行政强制法〉的法律地位、价值取向和制度逻辑》，载《中国法学》2011年第4期。

入开展民主和法制教育，增强法制观念，用法律规范社会行为。”① 通常认为，这是我国第一次正式提出依法行政的要求。然而，现代社会中，行政权力是涉足领域广且能动灵活的权力，要实现依法行政并非一件易事。行政机关是实施法律法规的重要主体，“大约80%的法律、90%的地方性法规和几乎所有的行政法规、规章都是由各级政府执行的，法治国家建设的水平和程度直接取决于法治政府建设的水平和程度”。② 而且，行政权力具有能动性、主动性、裁量性等特点。因此，“用法治给行政权力定规矩、划界限”③，促使行政权力在受到规范和约束的基础上实现对社会秩序和公共福祉的维护，是现代法治的重要使命。

行政处罚法通过对使用广泛的行政处罚的制度设计，实现对行政处罚的有效规范，迈出了推进依法行政发展重要一步。“既有力促进依法行政，又切实保障公民的权利”④，是行政处罚法的立法目的。行政处罚法的制定对行政处罚的规范，不仅昭示了推进依法行政的决心，而且为依法行政确立了示范和标尺。《国务院关于贯彻实施〈中华人民共和国行政处罚法〉的通知》中明确指出，行政处罚法“对于规范行政机关行为、促进依法行政、改进行政管理工作、加强廉政建设、维护社会秩序和公共利益，对于保护公民、法人或者其他组织的合法权益，都有重要意义”，要求“通过实施行政处罚法，使政府的立法工作、执法工作和执法监督工作等再上一个新台阶，提高依法行政的水平”。⑤

更为重要的是，行政处罚法为规范行政权力提供了诸多重要工具。例如，前述的行政处罚设定制度，确立了通过立法权的合理划分从源头上科学配置行政权力的安排，由此确立的法律保留和法律优先原则，对行政法发展和法治政府建设具有重大意义，这一安排皆在为其后通过的

---

① 李鹏：《政府工作报告——1993年3月15日在第八届全国人民代表大会第一次会议上》，载《求实》1993年第5期。

② 袁曙宏：《在新时代深化依法治国实践中谱写法治政府建设新篇章》，载《学习时报》2018年8月29日。

③ 习近平：《以科学理论指导全面依法治国各项工作》（2020年11月16日），载《论坚持全面依法治国》，中央文献出版社2020年版，第4页。

④ 黄海、李大宏：《中国民主法制的重大突破——人大代表、法律专家评说〈行政处罚法〉》，载《瞭望新闻周刊》1996年第13期。

⑤ 《国务院关于贯彻实施〈中华人民共和国行政处罚法〉的通知》（国发〔1996〕13号），载《中华人民共和国国务院公报》1996年第12期。

行政许可法、行政强制法悉数采纳和继承①。行政处罚法在立法上采用实体与程序并重的理念，建立起了通过程序控制行政权力的思路。行政行为应当合法是依法行政的基本要求，并日益为我国行政法理论和实务部门所认可，但合法不仅包括结果合法而且包括程序合法，二者缺一不可，却未必为多数人所知晓。常为包括行政机关和公务员在内的人忽视的正是程序合法。行政机关在作出影响公民、法人或者其他组织权益的决定，尤其是不利决定时，应当遵循正当、公正的程序，已成为行政管理和行政执法的基本要求。“正义不仅要实现，而且应当以看得见的方式实现”，道出了程序合法、公正与结果合法、公正同等重要的理念，彰显出程序的地位。行政处罚法对行政程序的重视，对推动我国行政程序法治的发展具有重大意义。

二、行政处罚法修订的背景

行政处罚法的颁布实施意义重大，贡献良多，出台之后我国经济社会和法治建设均发生了巨大变化，全面依法治国对法治建设提出了新的更高要求，行政处罚法的一些规定和安排亦暴露出缺陷和问题，无法适应新形势新要求，需要进行较系统的调整和修订。

（一）适应新时代带来的新变化

行政处罚法制定于1996年，其时我国尚处于改革开放后确立的“三步走”战略的第二个阶段，即人民生活达到小康水平阶段。建立和完善社会主义市场经济体制的要求确立不久，经济处于快速增长阶段，使人民的小康生活更加宽裕，形成比较完善的社会主义市场经济体制，成为其时及其后一个时期的目标。②

25年间，我国经济社会发生了巨大变化，今非昔比。中国已成为世界第二大经济体，国内生产总值稳居世界第二位，人均国民总收入高于中等收入国家平均水平，经济实力、科技实力、综合国力跃升到全新

---

① 《中华人民共和国行政许可法》设专章（第二章）——“行政许可的设定”，《中华人民共和国行政强制法》同样设专章（第二章）——“行政强制的种类和设定”。

② 参见江泽民：《加快改革开放和现代化建设步伐夺取有中国特色社会主义事业的更大胜利——在中国共产党第十四次全国代表大会上的报告》（1992年10月12日），载《求实》1992年第11期；江泽民：《高举邓小平理论伟大旗帜，把建设有中国特色社会主义事业全面推向二十一世纪——在中国共产党第十五次全国代表大会上的报告》（1997年9月12日），载《求实》1997年第18期。

台阶。[①] 当今中国特色社会主义进入了新时代，不仅意味着中华民族迎来了从站起来、富起来到强起来的伟大飞跃，也意味着科学社会主义在中国焕发出强大生机活力，更意味着我国的发展之路为解决人类问题贡献了中国智慧和中国方案。

新时代是全面建设社会主义现代化强国的时代，即到2035年基本实现社会主义现代化，到21世纪中叶把我国建成富强民主文明和谐美丽的社会主义现代化强国；新时代是国家治理体系和治理能力现代化的时代，到2035年各方面制度更加完善，基本实现国家治理体系和治理能力现代化，到新中国成立100年时，全面实现国家治理体系和治理能力现代化；[②] 新时代是需要满足人民群众对法治公平正义要求的时代。人民美好生活需要日益广泛，不仅对物质文化生活提出了更高要求，而且在民主、法治、公平、正义、安全、环境等方面的要求日益增长。这意味着满足人民群众对法治、公平、正义方面的需要成为新时代的重要任务。

1996年制定的行政处罚法的一些规定，已不能完全适应这些新形势新要求的需要。例如，当今时代随着科学技术发展，利用计算机和网络技术等收集、固定证据已十分普遍，行政机关通过安装电子技术监控设备收集公民、法人或者其他组织违法事实的做法司空见惯。但是，1996年时这些技术可能刚刚出现甚至尚未出现，因而在行政处罚法制定中鲜有体现，既无对电子证据的规定，更无对行政机关安装、使用电子设备的规范。[③] 对于简易程序的适用范围，1996年立法设置的标准是

---

① 宁吉喆：《决胜全面建成小康社会取得决定性成就》，载《〈中共中央关于制定国民经济和社会发展第十四个五年规划和二〇三五年远景目标的建议〉辅导读本》，人民出版社2020年版，第135页。

② 《中共中央关于坚持和完善中国特色社会主义制度，推进国家治理体系和治理能力现代化若干重大问题的决定》（2019年10月31日中国共产党第十九届中央委员会第四次全体会议通过），载《〈中共中央关于坚持和完善中国特色社会主义制度、推进国家治理体系和治理能力现代化若干重大问题的决定〉辅导读本》，人民出版社2019年版，第6页。

③ 实践中已出现不少争议和案件。例如，2012年6月5日，申某驾驶汽车沿道路行驶时因轧黄实线违反禁止标线指示，被监控探头设施拍摄，2014年4月8日被公安交通部门以简易程序作出罚款100元决定。申某不服起诉，提出一直没有接到违章处罚告知，亦没有看到设置该监视探头公告，致使其在该地点多次违章。二审法院将监控探头设置问题作为审理的焦点问题之一，虽最终未支持申某的请求，但亦指出监控探头设置及其此发的执法变化值得注意。法院在判决中指出公安交通管理领域以监控探头等电子设备辅助甚至部分取代执法人员现场执法成为一种必然，从电子设备发现违法事实到公安交警部门实际作出处罚决定存在脱节，行政立法主体应根据实际问题对公安交通管理执法程序作出一定的制度改革。参见河南省郑州市金水区人民法院（2014）金行初字第214号行政判决书，河南省郑州市中级人民法院（2014）郑行终字第510号行政判决书。亦可参见上海市闵行区人民法院（2012）闵行初字第70号行政判决书。

对公民处以50元以下、对法人或者其他组织处以1000元以下罚款或者警告。在我国经济社会已有巨大发展的情况下，这些标准显然过于严苛。

任何立法都是时代的产物，皆是适应时代需要的安排。因此，当时代发生变化，立法的相关思路和内容可能需要随之进行调整。“法律上的效力只能在毫不脱离民众生活实际的情况下才能实现……一项法律只有在其实际运用于大多数情况下时都能指望切实可行时，才会‘产生效力’。”① 因此，应将行政处罚法立法思路和内容调适到新时代的要求，顺应新时代发展形势，满足新时代发展需要，是包括行政处罚法修订在内的立法所处的时代背景。

（二）落实法治国家和法治政府新要求

1996年的行政处罚法制定之时，我国法治建设正经历法治恢复重建后到正式确立依法治国之际。1996年3月，由第八届全国人民代表大会第四次会议批准的《国民经济和社会发展“九五”计划和2010年远景目标纲要》明确提出了“依法治国，建设社会主义法制国家”要求。1997年，党的十五大将“依法治国”载入党的报告之中，把“建设社会主义法治国家”列入社会主义初级阶段的基本路线和纲领②。1999年宪法修正案，将“依法治国，建设社会主义法治国家”载入宪法之中。

经过20多年的发展，我国法治建设取得重大进展，目前已进入全面依法治国阶段。一是法治地位提升。全面依法治国被确定为“四个全面战略布局”之一，依法治国是党领导人民治理国家的基本方式；二是法治建设的阶段目标和路线图廓清。即到2035年法治国家、法治政府、法治社会基本建成，到21世纪中叶法治国家、法治政府、法治社会建成。法治政府的标准是，“职能科学、权责法定、执法严明、公开公正、廉洁高效、守法诚信”。③ 三是法治建设布局形成。坚持依法治国、依法执政、依法行政共同推进，坚持法治国家、法治政府、法治

① ［德］拉德布鲁赫：《法学导论》，中国大百科全书出版社1997年版，第2页。

② 江泽民：《高举邓小平理论伟大旗帜，把建设有中国特色社会主义事业全面推向二十一世纪——在中国共产党第十五次全国代表大会上的报告》（1997年9月12日），载《求实》1997年第18期。

③ 《中共中央关于全面推进依法治国若干重大问题的决定》（2014年10月23日中国共产党第十八届中央委员会第四次全体会议通过），载《〈中共中央关于全面推进依法治国若干重大问题的决定〉辅导读本》，人民出版社2014年版，第15页。

社会一体建设。其中，法治政府建设是重点任务和主体工程。四是法治建设新方针确立。科学立法、严格执法、公正司法、全民守法成为新的十六字法治发展路径。

法治国家和法治政府新要求，对行政行为质量无疑提出了更高、更严格的标准。良法是善治之前提，由高质量的立法作保障和后盾是达成法治国家和法治政府新要求的基础。在中国特色社会主义法律体系形成之后，立法质量成为关键，良法成为至关重要的追求，"人民群众对立法的期盼，已经不是有没有，而是好不好、管用不管用、能不能解决实际问题"。[①] 因此，"重点修改现行处罚法规定中与新时代法治发展要求不相适应的内容；精雕细刻，以打造出一部最有效发挥行政处罚治理能力，同时又最有效保护行政相对人合法权益的行政处罚良法"。[②]

（三）弥补行政处罚法自身存在缺陷

因受立法经验、立法考量或者立法技术等因素的影响，行政处罚立法曾存在一些缺陷和问题，并随着社会复杂化和行政措施多样化，一些缺陷被放大。

首先，行政处罚界定缺失。行政处罚法未对行政处罚作出明确界定[③]，且"《行政处罚法》在处罚类型上采取了列举式的立法方式，所列举的处罚类型又相对狭窄和封闭，在经济社会高速发展的情况下，现有的处罚措施越来越难以满足现实需要"[④]，因而构成了"一个较大的缺陷。《行政处罚法》作为调整整个行政处罚领域的基本法，未对行政处罚的内涵和外延作明确的界定，显然不利于整个行政处罚领域法制的统一"。[⑤]

---

① 习近平：《在十八届中央政治局第四次集体学习时的讲话》（2013 年 2 月 23 日），载中共中央文献研究室编：《习近平关于全面依法治国论述摘编》，中央文献出版社 2015 年版，第 43 页。

② 姜明安：《精雕细刻，打造良法——修改〈行政处罚法〉的十条建议》，载《中国法律评论》2020 年第 5 期。

③ 在这一点，其后制定的《中华人民共和国行政许可法》和《中华人民共和国行政强制法》没有简单跟随，而对行政许可、行政强制作出了明确的法律界定，形成了与《中华人民共和国行政处罚法》相异的安排。

④ 马怀德：《〈行政处罚法〉修改中的几个争议问题》，载《华东政法大学学报》2020 年第 4 期。

⑤ 姜明安：《精雕细刻，打造良法——修改〈行政处罚法〉的十条建议》，载《中国法律评论》2020 年第 5 期。

其次，行政处罚追诉时效规定不周全。修订前的行政处罚法规定："违法行为在二年内未被发现的，不再给予行政处罚。法律另有规定的除外。前款规定的期限，从违法行为发生之日起计算；违法行为有连续或者继续状态的，从行为终了之日起计算。"此规定存在的缺陷主要表现在两个方面：一方面，对时效规定太单一，未区分违法轻重或危害性，简单交由单行立法规定对时效作出例外规定正当性不足；另一方面，将"未被发现"作为适用条件，"采取的是主观因素，将导致行政机关拥有过大的自由裁量权"①。

再次，行政处罚法对行政处罚的管辖的规定是，"行政处罚由违法行为发生地的县级以上地方人民政府具有行政处罚权的行政机关管辖"。"这对于基层人民政府在行政管理上的作用发挥是否限制过严，颇值得深入加以研究。"②

最后，行政处罚法在行政处罚要件、程序规定、与刑事处罚衔接等方面，亦有值得完善之处。③

正是基于上述原因，近年来要求修订行政处罚法的呼声渐高。"党的十八大以来，先后有近两百名全国人大代表、政协委员提出修改行政处罚法的议案、建议和提案，有关方面也陆续提出修改行政处罚法的意见和建议。"④

三、行政处罚法修订的基本思路

1996 年行政处罚法制定之时，面对行政处罚中"软"（软弱无力，不能达到处罚预期目的）和"乱"（乱罚款乱处罚，滥用职权现象十分严重）并存问题⑤，立法的基本思路在于通过建立较为统一的行政处罚制度，着力治理行政处罚中的"乱"。对此，行政处罚法草案说明有清晰的阐述。"由于对行政处罚的一些基本原则没有统一的法律规定，实践中存在一些问题，主要表现在处罚的随意性，特别是有些地方和

---

① 程谷：《浅谈行政处罚法的立法缺陷及其完善》，载《黑龙江省政法管理干部学院学报》2005 年第 5 期。

② 钟明霞：《我国〈行政处罚法〉的缺陷分析》，载《法学》1998 年第 4 期。

③ 相关分析，可参见丁晓军：《略论〈行政处罚法〉之缺陷》，载《人大研究》2002 年第 4 期；罗文燕等：《〈行政处罚法〉立法缺陷分析》，载《法学》1997 年第 6 期；陈滢：《〈行政处罚法〉实施中存在的问题与对策》，载《广西政法管理干部学院学报》2002 年第 4 期。

④ 许安标：《关于〈中华人民共和国行政处罚法（修订草案）〉的说明》，载中国人大网，http://www.npc.gov.cn/npc/c30834/202101/5936c4478a8b4d79a0edcdc589151a9b.shtml，最后访问时间：2021 年 3 月 2 日。

⑤ 参见应松年：《规范行政处罚的基本法律》，载《政法论坛》1996 年第 2 期。

部门随意罚款，或一事几次罚、几个部门罚等，人民群众很有意见。”“为了从法律制度上规范政府的行政处罚行为，制止乱处罚、乱罚款现象，保护公民、法人或者其他组织的合法权益，需要制定行政处罚法。”①

20多年来，行政处罚法通过建立起来的一套制度体系，使行政处罚行为得到了有效规范，在治“乱”中发挥十分重要的作用。面对新形势新任务，行政处罚法的修订旨在打造调适不同利益、平衡不同需求，更为合理、更为完善、更为精细的行政处罚制度。

（一）固化改革成果

自1978年以来，我国经济社会的快速发展离不开改革与法治发挥的重要作用。进入新时代，全面深化改革和全面依法治国成为两大时代主题，犹如鸟之双翼、车之两轮，需要实现有机衔接和有效配合，在法治下推进改革，在改革中完善法治。改革要为法治拓空间、明方向，法治要为改革供依据、作保障，将实践证明行之有效的改革成果，及时上升为法律。

行政处罚法颁布实施后，特别是党的十八大以来，行政领域和行政执法领域进行了多项改革，取得了重大进展。例如，统筹配置行政执法职能和执法资源，实行行政执法体制改革。在纵向上，减少执法层级，推动执法力量下沉；在横向上，大幅减少执法队伍种类，合理配置执法力量，推进综合执法，在市场监管、生态环保、文化市场、交通运输、农业等领域整合组建综合执法队伍。为解决行政执法不严格、不公正、不规范、不透明等问题，提高行政执法的质量和成效，推进行政执法的三项制度改革，把行政执法的公示、全过程记录和法制审核作为提高行政执法成效的关节点。这些改革与行政处罚制度的完善密切相关，需要通过合理方式纳入行政处罚法之中。

全国人大常委会法工委发言人、研究室主任臧铁伟在接受媒体采访时指出，行政处罚法修订旨在贯彻落实党中央关于全面依法治国重大决策部署，体现巩固行政执法领域重大改革成果，具体表现为三个“全面”：全面落实行政执法体制改革要求；全面体现严格规范公正文明执法要求，保障行政执法既有力度又有温度；全面加强对行政权力的制约

① 曹志：《关于〈中华人民共和国行政处罚法（草案）〉的说明——1996年3月12日在第八届全国人民代表大会第四次会议上》，载《人大工作通讯》1996年第7期。

和监督。[①]

（二）适度放宽行政处罚设定权限

如前所述，行政行为设定制度由行政处罚法创立，旨在通过立法权的统一配置解决行政权的源头问题。1996年，行政处罚法立法之时，为“治乱”，对行政法规、地方性法规、国务院部门规章、地方政府规章的设定采取了较为严格的立场。这一安排对规范行政处罚发挥了重要作用，不过随着“我国经济社会快速发展，有些法律规定明显滞后，难以对新事物、管理的新需求及时作出回应；各地发展不均衡，法律采取‘平均规范标准’难免顾此失彼”[②]等原因，要求放宽行政处罚设定权的呼声渐长。

基于法治统一和法治发展需要的综合考量，此次行政处罚法的修订将“适应实践需要，扩大地方的行政处罚设定权限”[③]作为重要考虑。不过，立法的思路并非简单的扩大或放宽，而采取了审慎的立场和态度。一方面，考虑到我国各地情况差异较大，全国性立法往往难以同时适应各地发展情况，为防止法律规定“上下一般齐，左右一样粗”，要给地方留出足够立法空间，以充分发挥地方立法的优势和积极性。但是，另一方面，实践中存在着立法盲目设立行政处罚的问题，若在设立行政处罚时未考虑执法资源是否充足、执法成本是否过高、执法效果是否显著、处罚是否符合社会现实情况等问题，将导致很多法律中设立的处罚难以落地。因此，行政处罚法在给地方性法规设定行政处罚“开了个口”的同时，要注意这个“口”开了以后可能带来的问题，不能开得太大，因此，要对地方设定权限予以约束。[④]

（三）加大重点领域行政处罚力度

打击和制裁违法行为，维护良好社会秩序，应当是行政处罚的直接目的。不过，实践中存在着一些行政处罚偏“软”的现象，表现为在

---

① 《法工委发言人：行政处罚法修订体现巩固行政执法领域重大改革成果》，载中国人大网，http://www.npc.gov.cn/npc/c30834/202101/9fbb3505f5f1472b87e98fde8b2a8707.shtml，最后访问时间：2021年1月19日。

② 乔晓阳：《如何把握行政处罚法有关规定与地方立法权限的关系——在第二十三次全国地方立法工作座谈会上的即席讲话》，载《地方立法研究》2017年第6期。

③ 许安标：《关于〈中华人民共和国行政处罚法（修订草案）〉的说明》，载中国人大网，http://www.npc.gov.cn/npc/c30834/202101/5936c4478a8b4d79a0edcdc589151a9b.shtml，最后访问时间：2021年3月2日。

④ 参见朱宁宁：《全国人大常委会分组审议行政处罚法修订草案，地方性法规如何设定行政处罚成焦点》，载《法制日报》2020年7月2日。

一些与人民群众生命、健康、安全等领域无法实现“令行禁止”的效果，甚至出现反复违法、恶性违法等现象。加大重点领域行政处罚力度，实现行政管理领域的“令行禁止”，是我国法治建设的重要要求。2014 年通过的《中共中央关于全面推进依法治国若干重大问题的决定》① 明确提出要“依法惩处各类违法行为，加大关系群众切身利益的重点领域执法力度”。2021 年年初由中共中央印发的《法治中国建设规划（2020—2025 年）》再度强调要“加大食品药品、公共卫生、生态环境、安全生产、劳动保障、野生动物保护等关系群众切身利益的重点领域执法力度。”

通过调整行政处罚制度，加大行政处罚力度，是此次行政处罚法修订的重要考虑。如延长重点领域行政违法行为的追诉时效，以有效遏制和纠正违法行为；依法公开影响较大、危害较大的行政处罚决定，借助公众和舆论对违法者形成震慑；对突发事件中的违法行为，采取从重快速处罚等。

（四）强化行政处罚制度精细化

作为第一部规范共同性行政行为的行政处罚法，1996 年立法之时经验尚不足，行政法治实践积累也不充分，因此行政处罚法的制度安排不可避免地存在疏漏、不周全，无法满足和适应法治建设需要的情形。为实现良法善治，此次修订的重要任务是完善行政处罚制度，“认真总结实践经验，发展和完善行政处罚的实体和程序规则”②，实现行政处罚制度精细化，树立新时代规范共同性行政行为立法的新标杆。例如，准确界定行政处罚和完善行政处罚种类，以便能更为精准地定性某一行政行为是否为行政处罚，减少实践中适用行政处罚法的模糊性；细化行政处罚构成要件，特别是主观要件。长期以来，行政处罚法对行政处罚采取客观归责的安排，即一般只要有违法结果即可实施处罚，而不问违法者的主观上是否有故意或过失或者推定其主观上有故意或过失。如此安排，虽可提高效率，减少执法成本，但未免粗疏，需要加以精密化；完善行政处罚适用，对可以或应当从轻或减轻处罚的情形作出更有针对性的规定；确定符合行政处罚实际的证据制度等。

---

① 2014 年 10 月 23 日中国共产党第十八届中央委员会第四次全体会议通过。

② 许安标：《关于〈中华人民共和国行政处罚法（修订草案）〉的说明》，载中国人大网，http：//www. npc. gov. cn/npc/c30834/202101/5936c4478a8b4d79a0edcdc589151a9b. shtml，最后访问时间：2021 年 3 月 2 日。

（五）注重协同性和衔接性

行政处罚主要是由行政机关实施的行政行为，对行政系统内而言，涉及不同级别、不同部门、不同地域的行政机关之间的分工与协作；作为一种行政管理措施，对行政系统外而言，涉及与刑事处罚的衔接和关联。两个方面关系处理得不好，会造成行政处罚的脱节。前者可能会出现行政机关各自为政，争相处罚或推诿塞责问题，后者可能滋生以罚代刑现象，皆会损害行政处罚权威和法律尊严。

行政处罚法的修订应当增强行政机关之间的整体性和协同性，加强不同部门、不同地域的行政机关在行政处罚领域的协作、协同和协助。同时，通过有效机制，加强行政处罚机关与司法机关之间的协调配合。

四、行政处罚法修订的重点内容

此次行政处罚法的修订，涉及面广，修订幅度大，涵盖了对行政处罚法各项制度的调整和完善。兹将此次修订的重点内容和主要方面作一概括梳理，以便读者可以结合后文具体条文的解读，对行政处罚法修订的主要内容和核心精神有更为全面、深入地理解和把握。

（一）界定行政处罚和增加处罚种类

新修订的行政处罚法第二条对行政处罚作出专门界定，“行政处罚是指行政机关依法对违反行政管理秩序的公民、法人或者其他组织，以减损权益或者增加义务的方式予以惩戒的行为。”此规定在于明确行政处罚的内涵，确定行政处罚的性质。

在此基础上，新修订的行政处罚法增加了行政处罚的种类，包括通报批评、降低资质等级、限制开展生产经营活动、责令关闭、限制从业共五种（第九条），增加新的声誉罚、资格罚和行为罚。

（二）调整并规范行政处罚设定

新修订的行政处罚法对行政处罚设定进行了一定的调整，赋予了行政法规、地方性法规和规章更多的设定权。与此同时，也对设定权附加了更多规范和限制。

1. 赋予行政法规、地方性法规补充设定权

新修订的行政处罚法赋予行政法规、地方性法规补充设定权，规定“法律对违法行为未作出行政处罚规定，行政法规为实施法律，可以补充设定行政处罚……”（第十一条第三款）；“法律、行政法规对违法行为未作出行政处罚规定，地方性法规为实施法律、行政法规，可以补充

设定行政处罚……”（第十二条第三款），这是我国立法首次规定补充设定权。

为防止补充设定权的滥用，新修订的行政处罚法同时附设了一定的限制。要求行政法规或地方性法规“拟补充设定行政处罚的，应当通过听证会、论证会等形式广泛听取意见，并向制定机关作出书面说明”，同时在依法报送备案时应当说明补充设定行政处罚的情况。

2. 赋予规章设定通报批评权

在规章原享有警告、一定数额罚款的设定权基础上，新修订的行政处罚法赋予规章设定通报批评的权力，因此扩大了国务院部门规章和地方政府规章的设定权。

3. 增加行政处罚实施评估制度

新修订的行政处罚法第十五条规定：“国务院部门和省、自治区、直辖市人民政府及其有关部门应当定期组织评估行政处罚的实施情况和必要性，对不适当的行政处罚事项及种类、罚款数额等，应当提出修改或者废止的建议。”此规定意在通过定期对已经设定的行政处罚进行评估，减少不必要的行政处罚事项，防止行政处罚事项不断扩张，达到简政放权、优化营商环境的目的。

（三）科学配置行政处罚权

行政执法体制是我国行政执法中的重要问题，关系到行政执法权在纵向和横向两个维度的配置，以及行政执法机关之间的关系处理。新修订的行政处罚法以行政执法体制改革成果为基础，更为科学地配置了行政处罚权，保证行政处罚机关顺利实施行政处罚。

1. 下放行政处罚权

为满足基层执法需求，加强基层执法和处罚力量，新修订的行政处罚法推进行政处罚权限和力量向基层延伸和下沉，规定“省、自治区、直辖市根据当地实际情况，可以决定将基层管理迫切需要的县级人民政府部门的行政处罚权交由能够有效承接的乡镇人民政府、街道办事处行使”，“决定应当公布”（第二十四条第一款）。

不过，为保障行政处罚权“放得下、接得住、管得好”，新修订的行政处罚法对下放行政处罚权的条件和情形作出了明确规定，“承接行政处罚权的乡镇人民政府、街道办事处应当加强执法能力建设，按照规定范围、依照法定程序实施行政处罚。有关地方人民政府及其部门应当加强组织协调、业务指导、执法监督，建立健全行政处罚协调配合机制，完善评议、考核制度”（第二十四条第二款、第三款）。同时，新修订的行政处罚法又要求，对于下放情况和效果，省、自治区、直辖市应当定期组织评估。

2. 相对集中行政处罚权

根据党和国家机构改革及行政执法体制改革要求，新修订的行政处罚法第十八条第一款规定：“国家在城市管理、市场监管、生态环境、文化市场、交通运输、应急管理、农业等领域推行建立综合行政执法制度，相对集中行政处罚权。”

3. 增加行政处罚权行使的协调机制

为解决行政处罚权交叉出现的问题，新修订的行政处罚法规定“两个以上行政机关都有管辖权的，由最先立案的行政机关管辖”（第二十五条第一款）。此规定有助于妥善处理不同行政机关的关系，保证行政处罚权的有效和高效行使，防止出现行政处罚机关之间的争权或推责。

行政处罚法第二十六条还规定：“行政机关因实施行政处罚的需要，可以向有关机关提出协助请求。协助事项属于被请求机关职权范围内的，应当依法予以协助。”该规定的目的在于妥善处理不同地域的行政处罚机关之间的关系，通过行政执法协助，提高行政处罚的协同性。

行政处罚与刑事处罚的有机衔接十分重要，不过修订前的行政处罚法规定较为简单，仅规定违法行为构成犯罪的行政机关有移送的义务和要求，远不能适应现实需要。新修订的行政处罚法第二十七条扩充了相关内容，不仅进一步明确了“违法行为涉嫌犯罪的，行政机关应当及时将案件移送司法机关，依法追究刑事责任”，而且增加规定了司法机关的移送义务，即“对依法不需要追究刑事责任或者免予刑事处罚，但应当给予行政处罚的，司法机关应当及时将案件移送有关行政机关”。为保证行政处罚与刑事处罚的顺畅衔接，新修订的行政处罚法第二十七条还要求“行政处罚实施机关与司法机关之间应当加强协调配合，建立健全案件移送制度，加强证据材料移交、接收衔接，完善案件处理信息通报机制”。

（四）明晰行政处罚的适用规则

行政处罚的适用是行政处罚机关具体运用法律，对行政违法行为加以认定并进行处罚的过程。在这一过程中，行政处罚机关要判断公民、法人或者其他组织是否构成违法，并决定是否给予行政处罚、给予何种行政处罚。行政处罚的适用规则越明晰，越有利于行政处罚机关作出准确适用，越有利于保证行政处罚实施的客观性和公正性。新修订的行政处罚法结合我国行政管理实际，在实现行政处罚的宽严相济、既有力度又有温度的理念下，对行政处罚的适用规则作出了更为明晰的规定。

1. 细化一事不再罚规则

修订前的行政处罚法规定，对当事人的同一个违法行为，不得给予两次以上罚款的行政处罚，此规定确立了一事不再罚规则。新修订的行政处罚法进一步作出规定，明确“同一个违法行为违反多个法律规范应当给予罚款处罚的，按照罚款数额高的规定处罚”（第二十九条）。

2. 增加首次违法不处罚和无过错不处罚规则

新修订的行政处罚法除完善从轻处罚、减轻处罚的法定情形，予以更为明确、合理规定（第三十一条、第三十二条等）外，增设了不予行政处罚情形，值得特别关注。

修订前的行政处罚法规定，违法行为轻微并及时改正，没有造成危害后果的，不予行政处罚。新修订的行政处罚法在此基础上新增了两种情形：一种情形是“……初次违法且危害后果轻微并及时改正的，可以不予行政处罚”（第三十三条第一款），即首次违法不处罚；另一种情形是“当事人有证据足以证明没有主观过错的，不予行政处罚。法律、行政法规另有规定的，从其规定”（第三十三条第二款），即无过错不处罚。这两项制度体现了行政处罚的慎罚思想，但均设置有严格的适用条件。同时，行政处罚法规定“对当事人的违法行为依法不予行政处罚的，行政机关应当对当事人进行教育”（第三十三条第三款）。

3. 延长重点领域违法的追诉时效

新修订的行政处罚法改变了原则上对违法行为采用二年追诉时效的安排，规定“涉及公民生命健康安全、金融安全且有危害后果的”违法行为，追诉时效为五年（第三十六条第一款）。此规定旨在增强对重点领域违法行为的打击力度，体现维护秩序的旨趣。

4. 确立从旧兼从轻规则

新修订的行政处罚法第三十七条规定：“实施行政处罚，适用违法行为发生时的法律、法规、规章的规定。但是，作出行政处罚决定时，法律、法规、规章已被修改或者废止，且新的规定处罚较轻或者不认为是违法的，适用新的规定。”

5. 完善行政处罚决定无效制度

修订前的行政处罚法第三条第二款规定：“没有法定依据或者不遵

一是主动出示执法证件要求。执法人员在调查或者进行检查时，应当主动向当事人或者有关人员出示执法证件。当事人或者有关人员有权要求执法人员出示执法证件。执法人员不出示执法证件的，当事人或者有关人员有权拒绝接受调查或者检查（第五十五条第一款）。二是对行政处罚决定时限要求。原则上，行政机关应当自行政处罚案件立案之日起90日内作出行政处罚决定，但是法律、法规、规章另有规定的，从其规定（第六十条）。三是完善送达规定。规定当事人同意并签订确认书的，行政机关可以采用传真、电子邮件等方式，将行政处罚决定书等送达当事人（第六十一条第二款）。

3. 听证程序

对于听证程序的完善，主要体现在扩大了听证程序的适用范围，即将原规定的“责令停产停业、吊销许可证或者执照、较大数额罚款等行政处罚”调整为如下范围：较大数额罚款，没收较大数额违法所得、没收较大价值非法财物，降低资质等级、吊销许可证件，责令停产停业、责令关闭、限制从业，其他较重的行政处罚，法律、法规、规章规定的其他情形。并且明确了行政机关应当根据听证笔录作出决定（第六十三条、第六十五条）。

（八）细化行政处罚决定执行规定

新修订的行政处罚法对行政处罚决定执行规定的细化，主要体现在三个方面：

一是突出人道性。当事人确有经济困难，需要延期或者分期缴纳罚款的，经当事人申请和行政机关批准，可以暂缓或者分期缴纳（第六十六条第二款）。同时规定，经行政机关批准延期、分期缴纳罚款的，申请人民法院强制执行的期限，自暂缓或者分期缴纳罚款期限结束之日起计算（第七十二条第二款）。

二是提高便利性。对罚款决定，可以通过电子支付系统缴纳（第六十七条第三款、第六十九条）。

三是提升对接性。主要是与行政强制法、治安管理处罚法、行政复议法和行政诉讼法对接性，集中体现在第七十三条之中。当事人对行政处罚决定不服，申请行政复议或者提起行政诉讼的，行政处罚不停止执行，法律另有规定的除外。当事人对限制人身自由的行政处罚决定不服，申请行政复议或者提起行政诉讼的，可以向作出决定的机关提出暂缓执行申请。符合法律规定情形的，应当暂缓执行。当事人申请行政复议或者提起行政诉讼的，加处罚款的数额在行政复议或者行政诉讼期间不予计算。

（九）强化对行政处罚权力的制约和监督

为防止行政处罚权力滥用，新修订的行政处罚法加强了对行政处罚权力的制约和监督。新修订的行政处罚法明确要求，罚款、没收的违法所得或者没收非法财物拍卖的款项，不得同作出行政处罚决定的行政机关及其工作人员的考核、考评直接或者变相挂钩（第七十四条第三款）。同时规定，县级以上人民政府应当定期组织开展行政执法评议、考核，加强对行政处罚的监督检查，规范和保障行政处罚的实施，要求行政机关实施行政处罚应当接受社会监督（第七十五条）。

杨伟东

2021 年 3 月 25 日

目 录

Contents

第一章 总 则

第二章 行政处罚的种类和设定

第三章　行政处罚的实施机关

第四章　行政处罚的管辖和适用

第五章　行政处罚的决定

第一节　一般规定

第二节 简易程序

第三节 普通程序

第四节 听证程序

第六章 行政处罚的执行

第七章 法律责任

第八章 附 则

第一章　总　则

第一条　【立法目的】[①] 为了规范行政处罚的设定和实施，保障和监督行政机关有效实施行政管理，维护公共利益和社会秩序，保护公民、法人或者其他组织的合法权益，根据宪法，制定本法。

【条文主旨】

本条是关于行政处罚的立法目的的规定。

【立法背景】

立法目的是行政处罚制度的灵魂，统率并指导行政处罚的制度设计、法律原则以及法律规范内容。行政处罚法的立法目的是，通过规范行政处罚的设定和实施，保障和监督行政机关有效实施行政管理，维护公共利益和社会秩序，保护公民、法人或者其他组织的合法权益。将“保障和监督行政机关有效实施行政管理”放在前面，是强调通过对行政机关的行政管理的规范，保证行政权力的依法行使和有效行使，从而达到维护公共利益和社会秩序，以及保护公民、法人或者其他组织合法权益的目的。行政处罚法于 2021 年的修订是在 1996 年行政处罚法确定的立法目的统领下，在巩固行政处罚设定和实施方面成果的基础上，主动适应时代发展和实践需要，对行政处罚设定和实施制度进行了较大程度的调整，如在行政处罚权的设定方面赋予行政法规、地方性法规补充设定权；在行政处罚的实施方面增加解决多头执法、重复执法和执法力量分散的综合执法制度，增加解

---

① 简要条文主旨为编者所加，下同。

决执法重心下移的行政处罚权下放乡镇街道，在行政处罚程序中增加行政执法“三项制度”等。

【条文释义】

一、为了规范行政处罚的设定和实施，保障和监督行政机关有效实施行政管理

行政处罚法最为直接的立法目的是规范行政处罚的设定和实施，保障和监督行政机关有效实施行政管理。行政处罚是国家治理和政府治理的重要手段和方式，要保证这一方式发挥有效作用首先就要求行政处罚的设定和实施循法而行，要求严格依法定权限、程序和形式设定行政处罚权，使行政处罚的存在具有合法性和正当性，要求行政机关依法对属于职权范围内的违反行政管理秩序的行为给予行政处罚，使行政处罚的实施具有合法性和合理性，从而可以使行政机关有效进行行政处罚，保证行政处罚这一重要的治理手段在经济社会发展中价值和作用的发挥。另外，能监督行政机关有效实施行政管理。行政处罚是行政机关享有的重要权力，其不仅影响公民、法人或者其他组织的合法权益，而且影响经济社会发展。行政处罚法的制定，正是通过对行政处罚的立法为行政处罚权的行使定规矩、明标准和提要求，促使行政机关依法行使行政处罚权，并将行政处罚的实施过程和结果置于公众、社会、司法等监督之下，可以有效防止行政处罚权力的乱用、滥用。

二、维护公共利益和社会秩序，保护公民、法人或者其他组织的合法权益

维护公共利益和社会秩序，保护公民、法人或者其他组织的合法权益是行政处罚法立法的根本目的。在行政处罚的实践中存在着一些减损公民权益或者增加公民义务时坐收坐支、私自截留等满足行政机关部门利益的现象，这些行为影响国家行政机关的形象，损害国家利益和公共利益；同时乱罚款、乱处罚的行为也损害公民、法人或者其他组织的合法权益。行政处罚的立法目的，在于通过规范行政处罚的设定和实施，保障和监督行政机关有效实施行政管理的直接目的时，达到维护公共利益和社会秩序，保护公民、法人或者其他组织的合法权益的根本目的。

三、“行政行为三法”立法目的对比

“行政行为三法”的行政处罚法和行政强制法是对公民权益产生不利影响的行政行为，二者在立法目的表述上有着相同的表达，行政强制法的立法目的为“规范行政强制的设定和实施，保障和监督行政机关依法履行职责，维护公共利益和社会秩序，保护公民、法人或者其他组织的合法权益”。行政许可法是授益性的行政行为，其立法目的为“规范行政许可的设定和实施，保护公民、法人或者其他组织合法权益，维护公共利益和社会秩序，保障和监督行政机关有效实施行政管理”。可见，行政行为对当事人的权益影响的不同，行政立法目的层级顺序就有所不同，在立法框架、法律原则和法律规范内容的安排和表述也不一样，负担行政行为的立法目的强调保障和监督行政依法履行职责，重在控制行政权力；授益性行政行为的立法目的强调保护公民、法人或者其他组织的合法权益，重在保护权利。

【相关规定】

《中华人民共和国行政强制法》第一条；《中华人民共和国行政许可法》第一条；《中华人民共和国行政复议法》第一条。

第二条 【行政处罚定义】 行政处罚是指行政机关依法对违反行政管理秩序的公民、法人或者其他组织，以减损权益或者增加义务的方式予以惩戒的行为。

【条文主旨】

本条是关于行政处罚的定义的规定。

【立法背景】

1996年行政处罚法制定之时，曾就行政处罚是否明确作定义有过考虑，但是囿于立法技术和实践经验的不足，未能对行政处罚以明确的定义。实践中，或者采用修订前第三条的“公民、法人或者其他组织违反行政管理秩序的行为，应当给予行政处罚的，依照本法由法律、法规或者规章规定，并由行政机关依照本法规定的程序实施”理解，或者以行政处罚种类条款界定，或者将二者结合。在行政处罚法颁布实施后，凭借以上方法理解和把握行政处罚总体上保证了行政处罚制度的良好运行。但是，在社会经济生活不断发展，政府传统监管方法捉襟见肘的情况下，一些新的治理手段和方法开始出现，在实践中产生了很大争议。一方面，这些惩戒方式根据其形式难以判断是否属于行政处罚种类，需要在行政处罚种类列举式的规定外，针对行政处罚种类的本质特征明确界定。另一方面，行政处罚种类列举虽然有兜底条款，但是行政处罚种类列举的“特指性”，而非诸如自由罚等性质概括列举使得行政处罚类型相对封闭，无法有效使用。而且，行政许可法和行政强制法中皆有对行政许可和行政强制的界定，唯独行政处罚法中未对行政处罚明确定义。因此，对行政处罚作出法律上的界定，既有助于行政法理论的深化，也有助于激活行政处罚种类的兜底条款，给行政机关和司法机关确定某一行政行为是否属于行政处罚提供判断标准。

【条文释义】

理解行政处罚的定义，可以从以下五个方面考虑：

一、行政处罚的主体是行政机关

行政处罚如果存在执法主体混乱的问题，将导致没有行政处罚权的组织和人员实施行政处罚，严重损害当事人的权益。实施行政管理的主体是行政机关，行政处罚的主体是拥有行政职权的行政机关。除行政机关依法行使行政处罚权之外，法律、法规授权的具有管理公共事务职能的组织可以在法定职权范围内实施行政处罚。行政机关依照法律、法规、规章的规定，可以在其法定职权范围内书面委托符合条件的组织实施行政处罚。2021 年《全国人民代表大会宪法和法律委员会关于〈中华人民共和国行政处罚法（修订草案三次审议稿）〉修改意见的报告》指出“行政处罚的实施以行政机关为主，委托其他组织实施应当从严，坚持依法委托”。建议委托程序增加“委托应当采用书面形式；委托书应当载明委托的具体事项、权限、期限等内容；委托应当公布”。[①] 行政处罚法最终采纳了上述意见作了修订。除了以上传统的行政执法实施机关之外，新修订的行政处罚法对行政处罚主体制度进行重大革新，乡镇、街道执法打破了传统的执法层级，综合执法整合了传统执法部门。

二、行政处罚的适用对象是违反行政管理秩序的公民、法人或者其他组织

行政处罚的适用对象是违反行政管理秩序的公民、法人或者其他组

---

① 《全国人民代表大会宪法和法律委员会关于〈中华人民共和国行政处罚法（修订草案三次审议稿）〉修改意见的报告》，载中国人大网，http：//www.npc.gov.cn/npc/c30834/202101/415750d389c943e4ae09eab5e93b8fa3.shtml，最后访问时间：2021 年 3 月 2 日。

织，在这一点有别于处罚对象为公务员的行政处分。维护行政管理秩序是行政机关职责。行政管理秩序是法律规定的行政机关与行政相对人之间的权利义务关系，行政机关为了维护行政管理秩序依法行使行政管理职权，行政相对人必须遵守和履行行政法律规范设定的义务。公民、法人或者其他组织违反行政管理秩序，损害公共利益和社会秩序，行政机关可以对违反行政管理秩序的公民、法人或者其他组织实施行政处罚。被处罚的当事人必须年龄达到责任年龄即14周岁，同时具备责任能力，能辨认或者控制自己的行为，否则不予行政处罚。有学者认为“公民、法人或者其他组织”不能准确地涵盖行政相对人范围，比如外国人、无国籍人等，建议改称为“行政相对人”，因为“行政相对人”已在2014年《中华人民共和国行政诉讼法》中使用，也有人建议将“公民”改称为“自然人”，行政处罚法最终行政处罚对象范围通过附则加以明确，附则第八十四条规定“外国人、无国籍人、外国组织在中华人民共和国领域内有违法行为，应当给予行政处罚的，适用本法，法律另有规定的除外”。

三、行政处罚的前提是存在行政违法行为

行政处罚的前提是行政违法行为的客观存在。如果没有当事人的违反行政管理秩序的行为的客观存在，就没有行政处罚的实施。

（一）维护行政管理秩序是行政法律规范设定和实施的目的

用法律解决矛盾冲突和维持良好的生产生活秩序是人类文明的成果。在行政管理领域，法律调整当事人和行政机关之间关系而形成行政法律关系。在这对关系中，为了维持良好的行政管理秩序，当事人有遵守相关法律规范的义务，行政机关依照法律的规定行使权力。如果当事人没有遵守行政法律规范的义务，必然破坏行政法律建构的行政管理秩序，行政机关在此情形下就需要根据违法行为的情节、危害后果、行为能力等对当事人的行为作出相应的惩罚行为。如果行政机关违法行使行政权力，在主体资格、法律依据、职权范围、程序等方面不符合法律规定，则其作出的行政处罚行为的预期目的就难以实现。行政处罚法是保障和监督行政机关有效实施行政管理，维护公共利益和社会秩序，保护公民、法人或者其他组织合法权益的法律，存在当事人违反行政管理秩序行为才可以依照法律规定给予行政处罚。行政管理秩序是行政法律规定设定和实施的目的，当事人有遵守行政法律规范规定的义务。

（二）当事人违反行政法律规范规定的义务

首先，当事人违反行政法律规范。根据行政处罚法和相关法律规定，一般而言，行政法律规范主要指法律、法规、规章，所以当事人违反的应是法律、法规和规章。

其次，当事人违反行政法律规范规定的义务。行政法律规范有关于当事人享有的权利，也规定当事人应该履行和遵守的义务。权利可以放弃，但是义务必须履行和遵守，如果当事人违反行政法律规范规定的义务，对命令其必须作为的不作为，禁止其不得作为的而作为，则违反了行政管理秩序，需要面临行政处罚的后果。

四、行政主体依法对当事人减损权益或者增加义务的方式

（一）关于“依法”

行政处罚的定义是对行政处罚行为的客观描述，无论是否“依法”均不影响定义——只要符合行政处罚的性质就属于行政处罚行为。缘何本条加入“依法”二字？笔者认为，“依法”二字虽然在定义中逻辑不完全自洽，但具有防止行政机关产生扩大行政权力冲动的作用，也为了避免公众误解，且加上“依法”二字不影响行政处罚定义内涵。“依法”中的“法”是广义的法律，既包括全国人大及其常委会的法律，也包括行政法规、地方性法规、部门规章和地方政府规章等法律规范。

（二）关于“减损权益或者增加义务”

行政处罚的后果是当事人权益的减损或者义务的增加。“减损权益或者增加义务”的表述，来自立法法对规章不能设定减损公民、法人或者其他组织的权利或者增加其义务的规定。为了减少创造的负累，行政处罚法选择了“减损权益或者增加义务”的表述。立法法中使用的是“减损权利”，在行政处罚法中则称为“减损权益”。当事人权益的减损包括当事人权利的限制或剥夺和利益的减少。实践中存在当事人权利被限制或剥夺但是利益未减少，利益减少但并未伤及权利的情况，所以当事人“权益”减损的表述更全面，能容纳行政处罚各种类。

“减损权益或者增加义务”与行政处罚的种类并非一一对应。比如没收违法所得是对本不属于被处罚人的财产的剥夺，是对合法状态的恢复，没有额外增加被处罚人负担或者减损其权益，是被处罚人本来应该做的。在立法中对没收违法所得作了扩充解释，不以合法财产作为基础，只要被处罚人财产的付出都是对其权益的影响和减损。

五、行政处罚的性质是惩戒或制裁

行政处罚是通过对当事人权益的减损或者义务的增加，让其权益有损失，义务有增加，让当事人有损失权益和成本作为其违法代价的惩戒。行政处罚的惩戒性质与行政处罚实施的第六条规定处罚与教育相结合内容一致、逻辑一贯。通过权益的减损或义务的增加惩罚当事人，同时教育公民、法人或者其他组织自觉守法，纠正违法行为，引以为鉴。

学界常用“制裁”[①]，惩戒与制裁在行政处罚中基本是同义，都是对当事人不利的行为。本次修订将行政处罚的定义落脚于“惩戒”，“惩”意味着行政处罚的首要功能是惩罚，而“戒”有防备的含义，意味着行政处罚还有预防违法的目标和作用，也对应行政处罚法的处罚与教育相结合的功能。

【相关规定】

《中华人民共和国行政诉讼法》第二十五条；《中华人民共和国行政强制法》第二条。

第三条 【适用范围】行政处罚的设定和实施，适用本法。

【条文主旨】

本条是关于行政处罚法适用范围的规定。

【立法背景】

行政处罚是各级政府有效行使行政管理职权，保障法律贯彻执行的手段。1996 年《关于〈中华人民共和国行政处罚法（草案）〉的说明》指出，由于行政处罚的一些基本原则没有统一的法律规定，实践中存在有些地方政府和部门随意罚款，或一事几次罚、几个部门罚等。造成乱处罚、乱罚款的主要原因是：一是行政处罚设定权不明确，行政机关及其部门随意设定行政处罚；二是行政处罚实施主体混乱，没有行政处罚权的组织和人员实施行政处罚；三是行政处罚程序缺乏统一明确的规定，缺乏必要的监督、制约机制，随意性大，致使一些行政处罚不当。所以为了从法律制度上规范行政机关行政处罚行为，制止乱处罚、乱罚款现象，制定行政处罚法。[②] 1996 年行政处罚法规定“行政处罚的设定和实施，适用本法”，确定了行政处罚法在行政处罚领域“通用性规范”的地位。新修订的行政处罚法不改初心理念，依然坚守具

---

① 王贵松：《论行政处罚的制裁性》，载《法商研究》2020 年第 6 期。

② 曹志：《关于〈中华人民共和国行政处罚法（草案）〉的说明——1996 年 3 月 12 日在第八届全国人民代表大会第四次会议上》，载《人大工作通讯》1996 年第 7 期。

有里程碑意义的成果。

【条文释义】

一、规范行政处罚的设定

乱处罚、乱罚款现象产生的原因之一是行政处罚的设定权不明确，行政机关随意设定行政处罚。设定是对行政处罚权的配置，主要是明确哪个国家机关有权通过哪类法律规范对哪类行政处罚作出规定。行政处罚对公民、法人或者其他组织的人身自由权、财产权、名誉权、从业资格资质等权益产生不利影响，而影响程度是不尽相同的，有的会限制公民的人身自由，有的是声誉上的影响。因行政处罚对当事人影响程度不同，就需要结合我国不同法律规范的层级和权限，并考虑我国法制建设的实际情况，确定不同法律规范设定行政处罚的权力。行政处罚法对行政处罚设定作出了明确规定，旨在从源头上防止行政处罚的滥用。一是法律可以设定各种行政处罚，且限制人身自由的行政处罚只能由法律设定，属于法律保留事项。二是行政法规可以设定除限制人身自由以外的行政处罚。法律对违法行为已经作出行政处罚规定，行政法规需要作出具体规定的，必须在法律规定的给予行政处罚的行为、种类和幅度的范围内规定。2021 年行政处罚法修订又赋予行政法规补充设定权，即法律对违法行为未作出行政处罚规定，行政法规为实施法律，可以补充设定行政处罚。三是地方性法规可以设定除限制人身自由、吊销营业执照以外的行政处罚；法律、行政法规对违法行为已经作出行政处罚规定的，地方性法规在法律、行政法规规定的给予行政处罚的行为、种类和幅度的范围内作规定；同时新增加、扩大了地方性法规行政处罚设定权限，即地方性法规为实施法律、行政法规，对法律、行政法规未规定的违法行为可以补充设定行政处罚。四是国务院部门规章和地方政府规章在各自上位法规定的行政处罚的行为、种类和幅度的范围内作出具体规定，在各自上位法未制定情况下，对违反行政管理秩序的行为，可以设定警告、通报批评或者一定数额罚款的行政处罚。五是除法律、法规、规章以外，其他任何规范性文件不得设定行政处罚。

二、规范行政处罚的实施

在实施行政处罚时，实施处罚的主体范围结合我国的执法体制合理确定，实施行政处罚的程序、违反行政处罚规定责任等方面依照行政处罚法的规定实施。

（一）实施行政处罚的执法体制规范

行政处罚由具有行政处罚权的行政机关在法定职权范围内行使。并不是所有的行政机关都可以实施行政处罚权，这是由行政处罚对当事人权益重大影响决定的，所以乡镇、街道办事处行使行政处罚权有严格限制；并不是具有行政处罚权的机关可以行使任何行政处罚种类惩戒当事人，这是由不同各种类的行政处罚对当事人权益影响程度不同决定的，限制人身自由的行政处罚权只能由公安机关和法律规定的其他机关如国家安全机关行使；并不是职能部门只能在各自领域行使行政处罚权，这是因为多头执法、重复执法和执法力量分散影响执法成效，行政处罚法规定，国务院或省、自治区、直辖市人民政府可以决定一个行政机关行使有关行政机关的行政处罚权。2021 年修订的行政处罚法又规定国家在城市管理、市场监管、生态环境、文化市场、交通运输、应急管理、农业等领域推行建立综合行政执法制度，相对集中行政处罚权。

（二）行政处罚的程序规范

行政处罚程序是行政机关在行使行政处罚时应遵守的方式、步骤、顺序和时限。程序包括如下内容：巩固行政执法公示制度、执法全过程记录制度、重大执法决定法制审核制度的改革成果，明确具体的操作流程；非现场执法规范操作，规定作出行政处罚决定的机关依照法律、行政法规规定利用电子技术监控设备收集、固定违法事实应当经过法制和技术审核，确保设置合理、标准合格、标志明显，设置地点向社会公布并对记录内容和方便当事人查询作出规定；行政处罚决定的作出和执行过程要依法调查取证、告知；回避、听证范围期限以及集体讨论方面有程序的规范。简易程序以及突发事件应急处置程序的规定，以及其他的罚没收入管理、行政处罚实施的协助等，都是行政处罚执行的程序组成部分。

（三）行政处罚行为监督规范

实施行政处罚的过程中，需要对行政机关及其工作人员是否依法实施行政处罚进行监督。本法一方面明确规定行政机关及其工作人员的执法责任和监督制度，确定不同行政执法机关及其工作人员的执法责任和责任的追究制度；规定投诉举报、情况通报等制度，防止和克服行政机关追求部门利益和执法人员受利益驱动腐败的行为。另一方面从制度正义方面，要求行政处罚决定的行政机关及其工作人员的考核、考评不得同罚没收入挂钩。同时新增加了县级以上政府定期组织开展执法评议、考核，规范和保障行政处罚的实施。

（四）行政执法人员管理规范

行政处罚应由具有行政执法资格的执法人员实施，调查或者进行检查时出示执法证件；行政机关初次从事行政处罚决定法制审核的人员，要通过国家统一法律职业资格考试取得法律职业资格。确定执法人员的资格和能力的管理，执法人员文明执法，尊重和保护当事人合法权益才能落实。

（五）行政执法保障规范

行政机关实施行政处罚，依法履行维持行政管理秩序的职责，其履行法定职责应获得有效保障。一方面，对行政执法机关履行职责所需经费的足额拨付，合理安排执法装备配备、科技建设方面投入；另一方面，执行罚缴分离制度和收支两条线管理，严禁将罚没收入同部门利益直接或者间接变相挂钩。

三、“适用本法”的行政处罚通用性规范地位

行政强制法第三条规定了“行政强制的设定和实施，适用本法”，并且除外规定了突发事件和金融业审慎监管的“依照有关法律、行政法规的规定执行”的情况。行政处罚法并未规定除外条款是为了突出其通用规范地位。2020 年，全国人大常委会法制工作委员会副主任许安标所作的《关于〈中华人民共和国行政处罚法（修订草案）〉的说明》指出修改工作应把握几点，其中之一就是“把握通用性，从行政处罚法是行政领域的通用出发，认真总结实践经验，发展和完善行政处罚的实体和程序规则，为单行法律、法规设定行政处罚和行政机关实施性处罚提供基本的遵循”。① 立法实践中，《环境行政处罚办法》《中国银保监会行政处罚办法》等部门规章都将行政处罚法列为首要的制定依据，突发事件紧急处置在行政处罚法具体条文中，并未如同行政强制法规定除外规定。司法实践中，比如“方某炒货店行政处罚案”② 中，在遵循作为一般法的行政处罚法还是作为特别法的广告法方面，受案法院裁判理由为“除了应适用广告法，还应遵循行政处罚法的规定”，否定了行政机关仅仅适用特别法的做法。行政处罚法是行政处罚领域的通用性规范，有学者称之为“扮演着中央框架性立法的角色”③，也有学者称之为“行政处罚法在行政处罚领域的‘宪法性’地位”④，并且认为“如果一部法律在总则部分一揽子式地规定‘其他法律有特别规定，从其规定’，这不仅不是突出了该法的‘总则’地位，相反时降低了其地位”。强调行政处罚法在行政处罚领域的“总则性”“通用

---

① 许安标：《关于〈中华人民共和国行政处罚法（修订草案）〉的说明》，载中国人大网，http：//www.npc.gov.cn/npc/c30834/202101/5936c4478a8b4d79a0edcdc589151a9b.shtml，最后访问时间：2021 年 3 月 2 日。

② 参见杭州市西湖区人民法院（2016）浙 0106 行初 240 号行政判决书。

③ 章志远：《作为行政处罚总则的〈行政处罚法〉》，载《国家检察官学院学报》2020 年第 5 期。

④ 黄学贤：《确立〈行政处罚法〉总则地位的几个问题》，载《苏州大学学报（哲学社会科学版）》2020 年第 5 期。

性”“宪法性”地位的意义在于处理行政处罚法与特别法之间的关系。如果按照立法法第九十二条规定的“特别法优于一般法”“新法优于旧法”的处理原则，则无法凸显其基础性、总则性和优先性的特点。虽然司法实践中特别法和一般法往往结合适用，但是行政处罚的设定和行政处罚种类的辨明必须根据行政处罚法。

【相关规定】

《中华人民共和国行政强制法》第三条。

第四条　【处罚法定】公民、法人或者其他组织违反行政管理秩序的行为，应当给予行政处罚的，依照本法由法律、法规、规章规定，并由行政机关依照本法规定的程序实施。

【条文主旨】

本条是关于处罚法定的规定。

【立法背景】

行政处罚法前三条确定了行政处罚的框架，确定了行政处罚法的立法目的、概念以及适用范围，而本条要求对当事人的处罚按照行政处罚的设定和实施的要求依法进行。公民、法人或者其他组织的行为是否违反行政管理秩序，是否给予行政处罚，由谁给予怎样的行政处罚种类，以及如何处罚都需要由法律、法规、规章规定。

【条文释义】

本条内容包括以下几个方面：

一、应受处罚的行为法定

当事人应否受行政处罚的行为由法律、法规和规章规定，是否受到行政处罚，应否不予处罚，以及从轻、减轻和不予处罚的都应由法律、法规和规章规定。当事人违反行政管理秩序的行为应受到行政处罚的，须有法律依据；当事人虽有违法行为但不给予行政处罚的，也须有法律依据，如当事人未满 14 周岁和无行为能力人的违法行为不予行政处罚。当事人受处罚的程度也要由法律、法规和规章规定。当事人同等程度或者相近程度违法行为，在当事人主动消除或者减轻违法后果、受胁迫诱骗、主动供述以及立功的情形应从轻或者减轻处罚。

二、行政处罚的依据法定

行政处罚法规定，法律、法规和规章可以设定行政处罚，所以行政处罚的依据是法律、法规和规章。以上法律规范规定了公民违反行政管理秩序给予行政处罚的行为、种类和幅度的范围，是否给予当事人行政处罚应根据以上法律规范的规定执行。法律、法规和规章规定当事人的违法行为要受行政处罚的，要以事实为依据，以法律为准绳实施行政处罚。如果行政处罚没有依据的，行政处罚无效。

三、实施行政处罚的主体法定

根据行政处罚法规定，法律、法规或者规章规定的行政机关，法律、法规和规章规定的授权组织，以及法律、法规或者规章规定的行政机关依照法定程序委托的组织可以实施行政处罚，除此之外，其他任何机关、组织和个人，不得行使行政处罚权。主体间还存在管辖问题：上下级行政机关之间对某项行政管理事务有分工和权限划分即层级管辖；行政部门分为公安、卫生健康、住房建设、交通、文化旅游、教育、农业农村、市场管理、税务、海关等相应行政管理部门即部门管辖；违法行为被处理的发生地有地域范围即地域管辖。哪些行政机关有权实施行政处罚由法律、法规或者规章规定，而非任何行政机关都有行政处罚的主体资格。新修订的行政处罚法第十八条规定了相对集中行政处罚权的综合行政执法，第二十四条新增加规定了省、自治区、直辖市根据当地实际情况，可以决定符合条件的乡镇人民政府、街道办事处对其管辖区域内的违法行为行使有关县级人民政府部门的部分行政处罚权。其他不具备条件的乡镇和街道办事处则不具备行政处罚的主体资格。实施主体不具有行政主体资格的，行政处罚无效。

四、实施行政处罚的主体职权法定

有权实施行政处罚的主体必须在自己的职权范围内对违反行政管理秩序的行为给予行政处罚，给予什么种类的行政处罚，依照法律、法规和规章的规定。

实施行政处罚的行政机关在法定职权范围内行使职权，行政机关处理某类行政处罚的范围、采取的种类以及幅度即法定事务职权。如公安机关有权实施限制人身自由的行政处罚权，这是公安机关可以采取的行政处罚种类。《中华人民共和国行政诉讼法》第七十条规定，行政行为超越职权的，人民法院判决撤销或者部分撤销。所以行政机关所作出的行政处罚不在职权范围内，行政处罚可被法院撤销，并要求重新作出。

五、实施行政处罚程序法定

行政程序是行政机关管理公共事务的方式、步骤、顺序和时限。实施行政处罚的程序不得违反行政处罚法规定。第一，行政机关实施行政处罚必须严格按照法律规定的方式、步骤、顺序和时限进行，不得违反规定。第二，根据2021年修订的行政处罚法第四十九条规定，在突发事件应急处置中作出行政处罚行为时，为了控制、减轻和消除突发事件引起的社会危害，行政机关可依法快速处理。第三，行政机关违反法律规范规定的程序，造成当事人财产权、人身权损害的，行政机关应当承担赔偿责任。行政机关必须按照法律、法规或者规章的规定程序实施，违反法定程序构成重大且明显违法的，行政处罚无效。

六、行政处罚种类法定

新修订的行政处罚法明确规定了行政处罚的种类为：警告、通报批评；罚款、没收违法所得、没收非法财物；暂扣证件、降低资质等级、吊销许可证件；限制开展生产经营活动、责令停产停业、责令关闭、限制从业；行政拘留以及法律、行政法规规定的其他行政处罚。行政处罚种类必须由法律、行政法规设定，这是行政处罚种类辨明的形式标准。而行政处罚法中定义的"减损权益或者增加义务"，则是行政措施是否为行政处罚实质辨明标准。只有符合形式标准和实质标准的行政处罚，才是合法的行政处罚种类。

【相关规定】

《中华人民共和国行政诉讼法》第七十条；《中华人民共和国治安管理处罚法》第十条。

第五条　【公正公开原则】行政处罚遵循公正、公开的原则。

设定和实施行政处罚必须以事实为依据，与违法行为的事实、性质、情节以及社会危害程度相当。

对违法行为给予行政处罚的规定必须公布；未经公布的，不得作为行政处罚的依据。

【条文主旨】

本条是关于行政处罚设定和实施的公正公开原则的规定。

【立法背景】

处罚法定是行政处罚法治的形式要求，回应的是有法可依、有法必依、执法必严、违法必究的形式法治要求。正如美国法学家博登海默（Edgar Bodenheimer）所言，“正义有着一张普罗透斯（Proteus）似的脸，变幻无常，可随时呈现不同形状并具有极不相同的面貌”。[①] 正义虽然变幻莫测，但是有两个基本的要素：一个是“平等”，这被称为公正的形式要素，含义为“相同情况相同对待、不同情况不同对待”。另一个是“正当”，这是公正的实质要素，“正当”明确何种的平等是可接受的、合理的。具体到行政处罚设定和实施，即要贯彻公正公开原则。一是公正原则，要求行政处罚的设定和实施要合理、合宪，除了追求法律效果还要追求社会效果。[②] 设定和实施行政处罚要考虑具体情境，合理正当。二是公开原则，要求设定行政处罚的机关在完成立法后，应该将有关行政处罚的规定公布，使公民、法人或者其他组织能够知道法律要求，并自觉履行法律义务，遵守法律规定。

【条文释义】

一、设定和实施行政处罚遵循公正原则

（一）行政处罚设定公正

设定行政处罚时，应以公正的观念对行为事实、性质、情节以及社会危害程度综合考虑是否需要给予行政处罚，以及给予怎样的行政处罚种类、幅度，保证行政处罚设定的公正性和行政处罚存在的正当性。一方面，在设定行政处罚的行为、种类和幅度时，以公正的形式要素“平等”确定尺度——相同情况相同对待、不同情况不同对待。另一方面，要考虑公正的实质要素，尤其对“不同情况”以合理的、能被社会成员接受的结果“差别对待”，根据行为的事实、性质、情节以及社会危害程度综合考

---

① ［美］博登海默：《法理学：法律哲学与法律方法》，邓正来译，中国政法大学出版社 2004 年版，第 156 页。

② 何海波：《实质法治——寻求行政判决的合法性》，法律出版社 2009 年版，第 175 页。

虑。同时对行政处罚的实施情况和必要性评估，对不适当的行政处罚事项及种类、罚款数额等修改和废止，考虑社会效果和社会成员的可接受性，确保行政处罚的设定公正。

（二）行政处罚实施公正

行政处罚的实施公正，指行政机关在适用法律作出具体行政处罚时，应保证个案行政处罚的公正性。一是行政处罚的轻重程度与当事人的违法行为事实、性质、情节以及社会危害性相当，形成可接受的行政处罚决定。二是行政处罚的加重与特殊情境下社会危害程度相当，特殊状态下也要结合社会危害程度作出适当的处罚，而非过度处罚。三是行政处罚的从轻、减轻以及免除与当事人违法行为的事实、性质、情节和社会危害程度相关，应结合当事人的年龄、责任能力、主动消除或减轻违法行为后果、意志受胁迫、违法次数、主观过错等方面综合考量确定处罚程度和方式。四是行政处罚的实施过罚相当，避免出现畸轻畸重，同等情况不同对待、不同情况同等对待的问题，所以在自由裁量的范围内应确定平等的要素。五是行政处罚实施机关应全面客观公正地调查和收集有关证据，不能以偏概全，以点带面确认事实。

二、设定和实施行政处罚遵循公开原则

（一）行政处罚的依据公开

公开原则要求设定行政处罚的机关在完成立法后，应该将有关行政处罚的规定公布，使公民、法人或者其他组织能够知道法律要求，并自觉履行法律义务，遵守法律规定。实施行政处罚的机关必须以法律为准绳，如果法律没有公布，当事人不知晓法律的内容，实施行政处罚的行政机关不得以此作为行政处罚的依据。同时，那些具有行政处罚实施权的机关也应在执法中公开，让当事人判断行政处罚行为的合法性，维护自身合法权益，本法第二十条规定了行政机关将其法定权限内其他组织个人实施行政处罚的委托书应当向社会公布；行政处罚的实施主体一般是县级以上地方政府的行政机关，本法第二十四条规定省、自治区、直辖市根据当地实际情况，可以决定将基层管理迫切需要的县级人民政府部门的行政处罚权交由能够有效承接的乡镇人民政府、街道办事处行使，该决定应当公布。此为行政处罚主体资格的依据公开。

（二）行政处罚的过程公开

行政处罚的公开原则在实施中还包括行政处罚的过程公开和行政处罚的结果公开。行政过程公开是为了保障当事人的参与权，维护当事人合法利益，因为当事人参与的前提是知情，公民应知情的信息就是行政机关应公开的，主要有：表明身份，行政执法人员出示证件表明自己执法资格，让当事人知晓执法主体适格，既配合调查和履行相应义务，同时又监督行政机关的执法行为。如果执法人员不出示执法证件，当事人有权拒绝接受调查或者检查。监控设备设置地点的公开，依照法律、行政法规规定利用电子监控设备收集、固定违法事实的设备设置地点应当向社会公开；行政机关依法制定行政处罚裁量基准的，行政处罚的裁量基准也应当向社会公开。告知相关事项，行政机关告知当事人拟作出的行政处罚决定的事实、理由，表明执法的事实根据和法律依据，为当事人据此作出陈述意见和申辩意见提供信息基础。在获知拟被处罚的行政决定的事实、理由后，当事人可以通过听证程序向行政处罚机关表明自己对事实、理由和证据的态度以及意见，维护自身合法利益，促使行政处罚公正合理、可接受。

（三）行政处罚的结果公开

行政结果公开是指行政处罚决定的结果要向当事人公开，即将行政处罚决定书送达当事人，以便当事人了解处罚结果，一方面可以及时履行行政处罚决定，另一方面在当事人不服行政处罚决定时，可以在法定的期限内申请复议或者提起诉讼，维护当事人权益。行政结果公开的内容主要包括当事人的基本信息，违反法律、法规和规章的事实和证据，行政处罚的种类，依据，履行方式和期限、不服行政处罚的决定的救济渠道和期限，作出行政处罚决定的机关名称和作出日期等。处罚结果是否还应向社会公开，这是一个有争议的话题。根据《国务院办公厅关于全面推行行政执法公示制度执法全过程记录制度重大执法决定法制审核制度的指导意见》，行政处罚执法决定信息在执法决定作出之日起 7 个工作日内向社会公布执法机关、执法对象、执法类别、执法结论，但是法律、行政法规另有规定的除外。而在行政处罚信息是否公开的问题上，一直存在争议，在确定行政处罚决定向社会公开后其范围如何划定、标准如何拿捏更是争论不休，行政处罚法修订一审稿表述为“行政处罚决定应当依法公开”，行政处罚法修订二审稿修改为“行政处罚决定应当按照政府信息公开的有关规定予以公开”，最终本法第四十八条第一款规定为：“具有一定社会影响的行政处罚决定应当依法公开。”于行政机关而言，行政处罚的过程应该透明公开，所以行政处罚决定结果也应该公开；于其他社会成员而言，行政处罚结果的公开有助于根据法律对他人的惩罚评估自己的行为，自觉遵守法律规定；但于当事人而言，行政处罚结果的公开会影响当事人的声誉甚至隐私权，对当事人的影响很大。在对当事人处罚结果的公开上有《中华人民共和国政府信息公开条例》的规定，其第二十条第六项规定了“实施行政处罚、行政强制的依据、条件、程序以及本行政机关认为具有一定社会影响的行政处罚决定”行政机关主动公开。因此，一般主要从两个方面考量：一是社会危害性，根据社会危害性的大小判断是否公开以及公开的范围，如食品安全领域的行政处罚，因为违法行为的社会危害性大很多，处罚结果就公开，公开的范围有大有小；二是违法行为的时间，突发事件发生期间的处罚就比常态下的处罚时间特殊，处罚程度也更重，在特殊时期的处罚公开有助于威慑其他社会成员自觉守法。总之行政处罚结果的公开其目的有二：一是落脚在监督行政机关依法；二是特殊时期的处罚结果公开促进普通公民、法人或者其他组织自觉守法。

【相关规定】

《中华人民共和国政府信息公开条例》第二十条；《国务院办公厅关于全面推行行政执法公示制度执法全过程记录制度重大执法决定法制审核制度的指导意见》。

第六条　【处罚与教育结合】实施行政处罚，纠正违法行为，应当坚持处罚与教育相结合，教育公民、法人或者其他组织自觉守法。

【条文主旨】

本条是关于实施行政处罚坚持处罚和教育相结合的规定。

【立法背景】

行政处罚与教育相结合原则是指行政机关针对公民、法人或者其他组织违反行政管理秩序行为实施行政处罚应既纠正违法行为，又教育公民、法人或者其他组织自觉守法。1996 年《关于〈中华人民共和国行政处罚法（修订草案）〉的说明》就曾明确，“行政处罚的目的，重在纠正违法行为，教育公民、法人或者其他组织自觉遵守法律”。[①] 行政处罚应当达到预

① 曹志：《关于〈中华人民共和国行政处罚法（草案）〉的说明——1996 年 3 月 12 日在第八届全国人民代表大会第四次会议上》，载《人大工作通讯》1996 年第 7 期。

防违法的实际效果，具有制止和惩戒违法行为性质，纠正违法行为目的，教育违法者及其他公民自觉守法的作用。

【条文释义】

处罚与教育相结合原则有如下表现：

一、实施行政处罚并责令改正违法行为

行政机关是法治环境建设的重要负责人，政府法治能力影响着社会法治的发展和建设，政府的依法办事、高效廉洁会对社会成员遵守法治、信仰法治进行塑造，对法治价值、法治精神和法治文化的积累产生影响。政府的执法活动是宣传和普及法律的重要渠道。依法办事就是“法治教育实践课”，落实“谁执法谁普法”的责任制，在适用法律中通过深刻理解法律的条款规定背后体现的法治精神和法治价值，在每一次执法活动中沉淀法治观念和法治文化，帮助相对人领会法治理念。在行政处罚的实施中，在对当事人违法行为进行处罚的同时，会伴有责令改正的要求，这是典型的处罚与教育相结合的实践，本法第二十八条规定：“行政机关实施行政处罚时，应当责令当事人改正或者限期改正违法行为。”对当事人的违法行为并不是“一罚了之”，而是常常伴随着责令改正违法行为的教育，纠正其违法行为并认识到自己的问题，促使相对人以后不再违法。

二、可以不予行政处罚的，对当事人进行教育

处罚和教育相结合是有所偏重的，即重在教育。应根据当事人的年龄、责任能力、主观恶性、违法情节、社会危害程度、是否初犯等因素考量是否给予行政处罚。对违法行为和危害后果轻微及时改正的可以不予行政处罚，本法第三十三条规定：“违法行为轻微并及时改正，没有造成危害后果的，不予行政处罚。初次违法且危害后果轻微并及时改正的，可以不予行政处罚。”在当事人有证据足以证明自己没有主观过错时，不予行政处罚。该条第三款明确指出“对当事人的违法行为依法不予行政处罚的，行政机关应当对当事人进行教育”。为强化处罚与教育相结合，提高社会对行政处罚的认可度，主要内容可归纳为：第一，增加首次违法可以不处罚，条件为初次违法且危害后果轻微并及时改正；第二，明确没有主观过错的不罚，规定当事人有证据足以证明没有主观过错，不予行政处罚。第三，修订后的行政处罚法第三十七条增加从旧兼从轻适用的规则，实施行政处罚适用法律从旧兼从轻。对当事人教育是指导行政处罚实施的重要原则。

三、处罚与教育相结合，不能“以罚代教”和“以教代罚”

处罚与教育相结合，不能“以罚代教”，也不能“以教代罚”。行政处罚坚持处罚与教育相结合，既要对当事人违反法律秩序的行为进行处罚，更要通过执法部门的普法宣传进行教育，教育当事人遵守法律，沉淀社会的法治精神和文化。如果对当事人“以罚代教”既不利于当事人改正违法行为、维持良好的社会秩序，更有可能产生行政机关以惩罚为目的的执法行为，引发当事人的抵触，损害行政机关公信力，破坏社会和谐稳定。对轻微违法者进行说服教育、劝诫也能起到防止和减少严重违法行为，降低社会危害性作用。同时也不能走向“以教代罚”的极端。行政处罚是行政机关有效行使行政管理职权的手段，没有了处罚的手段，在维持社会公共秩序方面就会软弱无力，对严重违法进行严厉查处、严厉打击，这既是对违法者的惩戒也是对潜在违法活动的警示。实施行政处罚应按照法律、法规和规章的规定，遵循公正公开的原则，过罚相当，依法进行。

【相关规定】

《中华人民共和国行政处罚法》第三十三条。

第七条 【权利保障】公民、法人或者其他组织对行政机关所给予的行政处罚，享有陈述权、申辩权；对行政处罚不服的，有权依法申请行政复议或者提起行政诉讼。

公民、法人或者其他组织因行政机关违法给予行政处罚受到损害的，有权依法提出赔偿要求。

【条文主旨】

本条是关于行政处罚中当事人权利保障的规定。

【立法背景】

赋予当事人陈述权和申辩权有以下作用：一是使行政机关在作出行政处罚时，注意以事实为根据、以法律为准绳，防止和减少错误，这是监督行政机关依法处罚的要求；二是事先告诉当事人有申辩、维护自己的合法权利，这是公正公开原则的体现；三是符合教育原则，使当事人知道自己哪些行为违反了法律，有利于提高法治观念，建设法治社会、法治国家。

【条文释义】

一、当事人对行政机关所给予的行政处罚，享有陈述权、申辩权

陈述权与申辩权是当事人重要的程序性权利。陈述权是指当事人对行政机关拟作出的行政处罚决定提出事实、理由和证据的权利。申辩权是指当事人针对行政机关拟作出的行政处罚决定中的事实、理由、依据等提出质疑、质问和辩解的权利。行政处罚不得因当事人的陈述、申辩而给予更重的处罚；行政机关及其执法人员在作出行政处罚决定前，未依法向当事人告知拟作出行政处罚的内容及事实、理由、依据，或者拒绝听取当事人陈述、申辩的，不得作出行政处罚决定。本规定的目的在于通过当事人享有的程序性权利制约行政机关的权力行使，保障当事人实体权利的实现。

二、当事人对行政处罚不服，有权依法申请行政复议或者提起行政诉讼

当事人对行政机关作出的减损其权益或增加其义务的惩罚行为不服的，有权依法申请复议或者提起行政诉讼。“无救济则无权利”，有权利必有救济，行政救济权是当事人权益能够得到有效保障的前提。

三、当事人因行政机关违法给予行政处罚受到损害，有权依法提出赔偿要求

行政处罚过程中存在行政机关及其执法人员在行政处罚的调查措施、强制措施以及强制执行中损害其权益的情形。新修订的行政处罚法第八十条和第八十一条规定了行政机关使用或者损毁查封、扣押当事人财物，违法实施检查措施或者执行措施，给公民人身或财产造成损害或者给法人组织造成损失的应该依法赔偿。在行政赔偿方面，国家赔偿法是基本法，针对行政机关违法行为侵犯人身自由和侵犯财产权的赔偿范围、造成当事人权益损害的赔偿问题有明确规定。

【相关规定】

《中华人民共和国行政诉讼法》第二条、第十二条；《中华人民共和国国家赔偿法》第三条、第四条。

第八条　【被处罚者承担的其他法律责任】公民、法人或者其他组织因违法行为受到行政处罚，其违法行为对他人造成损害的，应当依法承担民事责任。

违法行为构成犯罪，应当依法追究刑事责任的，不得以行政处罚代替刑事处罚。

【条文主旨】

本条是关于被处罚者承担其他法律责任的规定。

【立法背景】

我国法律责任制度包括刑事责任、民事责任和行政责任。当事人违反行政管理秩序的行为同时存在对他人权益造成损害的，则在承担行政责任的同时还应当依法承担民事责任。当事人的违法行为如果达到了犯罪的程度，则要依法追究刑事责任，按照刑事法律规定执行，不得以行政处罚代替刑事处罚。

【条文释义】

一、当事人违法行为对他人造成损害的，应当同时依法承担民事责任

当事人违反行政管理秩序受到行政处罚的行为可能同时也损害了第三人合法权益，在这种情况下，受害人可以通过民事法律关系寻求救济，当事人依法承担相应的民事责任。行政机关对当事人违反行政管理秩序的行政处罚与当事人因其行为造成他人权益损害应承担的民事责任，在责任上可同时负担，并不冲突，这是因为两种责任的性质完全不同，前者行政处罚是行政法上的责任，后者是平等主体之间的民事责任。不能因为给予行政处罚而免除或从轻、减轻民事责任，也不能因为承担民事责任而免除或从轻、减轻行政处罚。在行政处罚和民事赔偿的问题方面，新修订的行政处罚法第二十八条第二款规定：“当事人有违法所得，除依法应当退赔的外，应当予以没收……”这是行政处罚与民事赔偿受害人在违法所得方面的衔接，但是衔接不解决民事赔偿和没收的顺序问题，还需在实践中根据不同情况来区别对待。在行政处罚执行环节也有退赔民事受害人的规定，即本法第七十四条第三款规定的除依法应当退还和退赔外，财政部门不得以任何形式向作出行政处罚决定的行政机关返还罚没款项。此款是新增内容。为了保障受害人的权益，在退赔的操作方面还需进一步健全机制。

二、违法行为构成犯罪，应当依法追究刑事责任

行政处罚与刑事责任的承担不发生冲突，但是和行政处罚与民事责任的承担不同，行政处罚与刑事责任追究存在重责吸收轻责的情况。

行政执法领域中有案不移、有案难移、以罚代刑的问题比较突出。为了加强行政执法与刑事司法衔接工作，2011 年有关部门制定了《关于加强行政执法与刑事司法衔接工作的意见》。当事人的违法行为在给予行政处罚和追究刑事责任方面需要衔接，行政处罚实施机关与司法机关之间协调配合，建立健全案件移送制度，证据材料移交、接收衔接，以及案件处理信息通报机制。

一是违法行为涉嫌犯罪的，不能以行政处罚代替刑事处罚，应当及时移送司法机关处理，依法追究刑事责任。

二是依法不需要追究刑事责任或者免予刑事处罚，但应当给予行政处罚的，司法机关应当及时将案件移送有关行政机关，这是新修订的行政处罚法第二十七条第一款规定内容，是对行政案件移送司法机关存在的不追究或者免予追究刑事责任的但仍然追究行政责任的情况完善，即司法移回的回溯制度。

三是违法行为构成犯罪，根据本法第三十五条，人民法院判处拘役或者有期徒刑时，行政机关已经给予当事人行政拘留的，应当折抵相应刑期；违法行为构成犯罪判处罚金的，行政机关已经给予当事人罚款的，应当折抵相应罚金，行政机关尚未给予当事人罚款的，不再给予罚款。这是司法优先原则的体现，即人民法院作出的已生效刑事判决优先，行政机关不应该对同一违法行为追加和刑罚性质相同或者类似罚种的处罚。理由如下：第一，行政处罚一事不再罚，罚款罚金的折抵是对当事人的同一违法行为不能两次罚款精神的落实。第二，行政责任和刑事责任是单项递进的关系，是一般违法行为和严重违法行为的递进处罚关系，对一般违法行为进行行政处罚，严重违法行为构成犯罪的则予以刑罚，进入司法领域后，行政权不再介入，体现的是司法是最后一道防线的功能。第三，行政处罚和刑事处罚的主体都是国家机关，二者功能定位不同，行政处罚侧重财产罚和人身罚，刑罚侧重人身罚，这可能会导致行政处罚的罚金额度比司法刑事的额度更高，因为刑罚一般不靠罚金惩戒当事人，而是靠人身惩罚。如果当事人已经受到了较重的人身罚，再被行政主体处以较高的财产罚，就叠加了双重的公法责任，而且都是较重的公法责任，有违过罚相当原则。第四，法院判决之后行政机关再介入可能会打乱先后有序的制度安排，影响当事人对法律的预期。

四是不同罚则各自适用。第一种是先行政处罚后刑罚，《行政执法机关移送涉嫌犯罪案件的规定》第十一条规定："行政执法机关对应当向公安机关移送的涉嫌犯罪案件，不得以行政处罚代替移送。行政执法机关向公安机关移送涉嫌犯罪案件前已经作出的警告，责令停产停业，暂扣或者吊销许可证、暂扣或者吊销执照的行政处罚决定，不停止执行……"第二种是先刑罚后行政处罚，在刑事判决之后需要继续追究行为人行政责任的，行政机关应当以刑事裁判所认定的事实和证据为依据作出行政处罚。因"先刑后罚"的竞合情境具有自身的特性，在适用双重处罚时应当灵活把握"司法优先"原则。对于行政处罚和刑罚所具有的性质相近的处罚种类，即罚金与罚款，限制人身自由的刑罚与行政拘留，司法机关已经给予行为人刑罚处罚的，行政机关不能再给予其同质行政处罚。基于行政违法自身的特殊性和行政领域法律法规所规定的特殊处罚方式，刑事处罚并不能当然地吸收或替代行政处罚。在已经判处刑罚后，行政机关认为需要依法追究行为人特定行政责任的，可以再给予其相应的行政处罚。刑罚是对违法行为最严厉的制裁，依照刑罚处罚能够实现对犯罪行为制裁的效果。刑罚没有资格罚和行为罚，从有效制止和预防行为的角度，作出刑事判决后，允许行政机关采取不同于刑罚种类的行政处罚，主要是声誉和资格的处罚，不同罚则各自适用。

【相关规定】

《关于加强行政执法与刑事司法衔接工作的意见》；《行政执法机关移送涉嫌犯罪案件的规定》第十一条；《食品药品行政执法与刑事司法衔接工作办法》第十五条；《中华人民共和国治安管理处罚法》第二条、第八条；《中华人民共和国海关行政处罚实施条例》第二条、第四条。

案例评析

行政处罚法总则规定与特别法处罚规则的关系

——方林某诉甲市乙区市场监督管理局广告行政处罚案①

【案情简介】

2015 年 11 月 5 日，乙区市场监督管理局接到消费者投诉举报后至方林某的店铺进行现场检查，发现方林某在其经营场所内外及包装袋上发布“方林某炒货店甲市最优秀的炒货特色店铺”“方林某甲市最优秀的炒货店”“中国最好最优品质荔枝干”等广告用语，使用“最好”“最优”“最香”“最特色”“最高端”等绝对化宣传用语，违反了《中华人民共和国广告法》第九条第三项规定，根据广告法第五十七条第一项等规定，研究决定依法从轻处罚，即责令方林某停止发布使用绝对化用语的广告，并处罚款 20 万元。方林某 2016 年 8 月 19 日向甲市乙区法院提起行政诉讼。

法院认为：罚款是行政处罚的种类之一，对广告违法行为处以罚款，除了应适用广告法的规定外，还应遵循行政处罚法的规定。行政处罚法②第四条第二款规定了过罚相当原则，即“设定和实施行政处罚必须以事实为依据，与违法行为的事实、性质、情节以及社会危害程度相当”；第五条规定了处罚与教育相结合原则，即“实施行政处罚，纠正违法行为，应当坚持处罚与教育相结合，教育公民、法人或者其他组织自觉守法”。行政处罚法第二十七条第一款规定了从轻、减轻的情形，第二款规定了不予处罚的情形：“违法行为轻微并及时纠正，没有造成危害后果的，不予行政处罚。”其中“从轻处罚”是指在最低限以上适用较低限的处罚，“减轻处罚”是指在最低限以下处罚。法院认为，具体到本案，乙区市场监督管理局适用了从轻处罚，将罚款数额裁量确定为广告法规定的最低限，即 20 万元。法院作为司法机关，对行政机关的裁量，一般予以认可，但是，根据《中华人民共和国行政诉讼法》第七十七条第一款规定，行政处罚明显不当的，人民法院可以判决变更。因此，本案 20 万元罚款是否明显不当，应结合广告法禁止使用绝对化用语所需要保护的法益，以及案件的具体违法情形予以综合认定。

广告法是一部规范广告活动，保护消费者合法权益，促进广告业健康发展，维护社会经济秩序的法律。该法明确禁止使用“国家级”“最高级”

---

① 参见杭州市西湖区人民法院（2016）浙 0106 行初 240 号行政判决书。

② 指 2021 年修订前的行政处罚法，本案“案情简介”部分下同。

"最佳"等绝对化用语。在广告中使用绝对化用语，不仅误导消费者，不当刺激消费心理，造成广告乱象，而且贬低同行，属于不正当的商业手段，扰乱市场秩序。对方林某的广告违法行为既要予以惩戒，同时也应过罚相当，以起到教育作用为度。

根据案涉违法行为的具体情况，来考量违法情节及危害后果。首先，方林某系个体工商户，在自己店铺和包装袋上发布了相关违法广告，广告影响力和影响范围较小，客观上对市场秩序的扰乱程度较轻微，对同行业商品的贬低危害较小。其次，广告针对的是大众比较熟悉的日常炒货，栗子等炒货的口感、功效为大众所熟悉，相较于不熟悉的商品，广告宣传虽会刺激消费心理，但不会对消费者产生太大误导，商品是否真如商家所宣称"最好"，消费者自有判断。综合以上因素，法院认为方林某的案涉违法行为情节较为轻微，社会危害性较小，对此处以20万元罚款，在处罚数额的裁量上存在明显不当。根据本案前述具体情况，一审法院将罚款数额变更为10万元。

此后方林某认为即使是变更后的10万元，也明显超出普通人承受范围，不符合比例原则，继续寻求救济。经过二审和再审，再审法院最终维持此判决。

【专家评析】

在本案中，乙区市场监督管理局对方林某广告违法行为的认定依据是广告法第九条第三项，处罚依据是广告法第五十七条第一款，即当事人广告宣传语使用"国家级""最高级""最佳"等用语，由市场监督管理部门责令停止发布广告，"对广告主处二十万元以上一百万元以下罚款"。该法没有对从轻、减轻或者不予处罚等情形进行规定，在此情况下，乙区市场监督管理局根据该规定将案涉广告违法行为确定为一般情形，并在广告法规定的"处二十万元以上一百万元以下"的处罚幅度内将罚款数额裁量为最低限20万元。

一审判决将罚款变更为10万元，其判决依据是行政诉讼法第七十七条第一款的规定即"行政处罚明显不当……人民法院可以判决变更"。处罚依据是广告法第九条"最"字宣传语，处罚实施依据是行政处罚法"设定和实施行政处罚必须以事实为依据，与违法行为的事实、性质、情节以及社会危害程度相当"与"实施行政处罚，纠正违法行为，应当坚持处罚与教育相结合，教育公民、法人或者其他组织自觉守法"，以及应当依法从轻或者减轻行政处罚规定。司法实践中"结合适用"广告法和行政处罚法，其意义在于通过强调结合适用否定了行政机关仅仅适用特别法的做法。

当广告法已经明确具体规定了处罚的种类、幅度时，行政机关在作出行政处罚时，该不该再适用行政处罚法的有关规定？其答案的实质在于如何处理行政处罚法与特别法的关系。行政处罚法以规范行政处罚的设定和实施为目的，特别法以特定领域行政管理秩序为目的。如何选择适用法律？一般认为，在实施行政处罚方面特别法有关行政处罚的具体规定优先适用，同时应与行政处罚法的结合适用。但又有以下几种特殊情形。①

（一）行政处罚法第一章总则中原则与特别法的具体规则的关系

在特别法有具体规则的前提下，能不能优先适用行政处罚法确立的处罚原则对被诉行政行为的合法性或合理性进行审查？特别法与一般法确立的原则之间的适用，理论上是这样安排的：当特别法或者法律规则对某个行为有具体明确的规定时，任何主体不应该在此之外适用原则；具体规则未能体现一般法律原则和精神，只能通过修改规则实现法律原则和精神。在二者关系上是优先适用具体规则结合适用行政处罚法原则。

（二）行政处罚法的具体规定与特别法的具体规定关系

一般情形下的冲突有两种：一是行政处罚法与特别法都有具体规定，但是行政处罚法具体规定是无除外条款的封闭规定，应该优先适用行政处罚法，如行政处罚简易程序的规定；二是行政处罚法与特别法都有具体规定，行政处罚法具体规定有除外规定，则优先适用特别法的具体规定和行政处罚法的结合适用。

本案中，在遵循一般法行政处罚法还是特别法广告法方面，审理法院裁判理由为“除了应适用广告法，还应遵循行政处罚法的规定”，否定了行政机关仅仅适用特别法的做法。在优先适用特别法规则时也适用了行政处罚的过罚相当原则、处罚与教育相结合原则和具体规定中的依法从轻或者依法减轻的规则。

食品安全法与行政处罚法的关系

——甲商店诉乙市丙区
食品药品监督管理局食品安全处罚案②

【案情简介】

2017年6月14日丙区食品药品监督管理局接到市民投诉热线，投诉

① 黄学贤：《确立〈行政处罚法〉总则地位的几个问题》，载《苏州大学学报》2020年第5期。

② 参见北京市第一中级人民法院（2018）京01行终763号行政判决书。

人冯某反映其2017年6月12日在甲商店购买了一袋超过保质期的“××蜜汁山核桃味瓜子”，生产日期是2016年9月18日，保质期8个月，售价为12.8元。丙区食品药品监督管理局现场检查发现甲商店货架有“××蜜汁山核桃味瓜子”但没有投诉的涉案生产日期批次食品。投诉人与甲商店质证中，商店无法提供有效证据证明投诉瓜子不是从其店里购买。2017年丙区食品药品监督管理局认定甲商店违反了《中华人民共和国食品安全法》第三十四条第十项规定，依据食品安全法第一百二十四条第一款第五项，以及甲市相关规定处以没收违法所得12.8元、罚款50000元的行政处罚。甲商店后向丙区政府申请复议，复议结果为维持处罚决定；甲商店后提起行政诉讼，一审法院认定甲商店的撤销被诉处罚决定和复议决定的请求无事实和法律依据，驳回诉讼请求。二审法院同意一审法院对证据的认证，对一审判决查明的事实予以确认。在法律适用方面，二审法院认为：

食品安全关系国计民生，国家实行严格的食品安全监管制度，其目的在于保障公众的身体健康和生命安全，维护社会稳定。关于处罚幅度是否适当的问题，行政处罚法是规范行政处罚的种类、设定及实施的基本法律，食品安全法是规范食品生产经营活动及其监督管理的基本法律。在处罚食品安全违法方面，二者之间是一般法与特别法的关系，通常应优先适用食品安全法，但在食品安全法没有明确规定时，可以适用行政处罚法。行政处罚法①第四条第二款规定：“设定和实施行政处罚必须以事实为依据，与违法行为的事实、性质、情节以及危害程度相当。”行政处罚法第五条规定：“实施行政处罚，纠正违法行为，应当坚持处罚与教育相结合，教育公民、法人或者其他组织自觉守法。”行政处罚应遵循过罚相当原则，行政处罚所适用的处罚种类和处罚幅度要与违法行为的性质、情节以及社会危害程度相适应。行政处罚兼具惩罚与教育的双重功能，通过处罚既应达到纠正违法行为的目的，也应起到教育违法者及其他公民自觉守法的作用。对违法行为施以适度的处罚，既能纠正违法行为，又能使违法者自我反省，同时还能教育其他公民自觉守法。如果处罚过度，则非但起不到教育的作用，反而会使被处罚者产生抵触心理，甚至采取各种手段拖延或抗拒执行，无形中增加了行政机关的执法成本，也不利于树立行政处罚的公信力。行政处罚法第二十七条第一款规定了应当依法从轻或者减轻行政处罚规定。食品安全法第一百二十四条第一款第五项规定的生产经营标注虚假生产日期、保质期或者超过保质期的食品、食品添加剂，尚不构成犯罪的，由县级以上人民政府食品药品监督管理部门没收违法所得和违法生产经营的食品、食品

---

① 指2021年修订前的行政处罚法，本案“案情简介”部分下同。

添加剂，并可以没收用于违法生产经营的工具、设备、原料等物品；违法生产经营的食品、食品添加剂货值金额不足1万元的，并处5万元以上10万元以下罚款；货值金额1万元以上的，并处货值金额10倍以上20倍以下的罚款；情节严重的，吊销许可证。

涉案过期瓜子只有一袋，货值金额仅为12.8元，未造成任何实际危害后果，且现场检查时未发现销售被投诉的同类过期商品，依据行政处罚法第二十七条第一款第四项规定应予以减轻处罚。依据食品安全法对上诉人处以5万元罚款，在处罚幅度上存在明显不当。行政诉讼法第七十七条第一款规定，"行政处罚明显不当，或者其他行政行为涉及对款额的确定、认定确有错误的，人民法院可以判决变更"，故二审法院将罚款变更为1万元。

【专家评析】

本案与上一案在处理特别法与行政处罚法的关系的决定上，实质上是一致的，即优先适用特别法的同时也结合适用行政处罚法，违法行为定性上依据特别法，在处罚实施依据上适用行政处罚法。章志远教授认为在处理二者关系上，虽然结果一样，但是逻辑上有不同。上一案中倾向于行政处罚法与广告法是原则与具体的关系，广告法有明确规定的优先适用，只有当广告法没有具体规定时适用行政处罚法，二者要结合适用；本案中，法院认为行政处罚法与食品安全法都是基本法，是一般法与特别法的关系，通常优先适用食品安全法，但在食品安全法没有明确规定时，可以适用行政处罚法。① 司法实践到底秉持哪一个逻辑链条尚不明朗。

全国人大常委会法制工作委员会副主任许安标在《关于〈中华人民共和国行政处罚法（修订草案）〉的说明》中，指出修法的主要考虑之一就是把握通用性，"从行政处罚法是行政处罚领域的通用规范出发认真总结实践经验，发展和完善行政处罚的实体和程序，为单行法律、法规设定行政处罚和行政机关实施行政处罚提供基本遵循"。② 这一说明凸显了行政处罚法在行政处罚领域的总则地位，展现了行政处罚法的基础性和根本性特点。2021年修订后的行政处罚法第三条并未如一些专家提出的修法建议，增加规定"其他法律对行政处罚有特别规定，适用其他法律，"而是保留

---

① 章志远：《作为行政处罚总则的〈行政处罚法〉》，载《国家检察官学院学报》2020年第5期。

② 许安标：《关于〈中华人民共和国行政处罚法（修订草案）〉的说明》，载中国人大网，http://www.npc.gov.cn/npc/c30834/202101/5936c4478a8b4d79a0edcdc589151a9b.shtml，最后访问时间：2021年3月2日。

原来的表述，即“行政处罚的设定和实施，适用本法”。凸显着行政处罚法为单行法律、法规设定行政处罚和行政机关实施行政处罚提供基本遵循，为各个行政管理领域的行政处罚活动提供依据，确保行政处罚法律规范体系的统一性。立法实践中，《环境行政处罚办法》《中国银保监会行政处罚办法》等部门规章都将行政处罚法列为首要的制定依据。

在行政处罚的司法实践中，在处理行政处罚法和特殊法的关系方面有如上一案例对行政处罚法基本原则和一般规则适用结合，凸显行政处罚法在各类行政处罚活动的通用性地位，但也有一些新动向。2020 年 1 月 2 日浙江省高级人民法院对方林某申请再审理由中的被诉处罚决定适用法律错误，仅适用广告法，未适用行政处罚法过罚相当、处罚与教育相结合的原则以及从轻、减轻、免予处罚等规定，裁定认为广告法没有对从轻、减轻或者不予处罚的情形规定，但是乙区市场监督管理局根据广告违法的一般情形的最低线处罚幅度进行处理，实质上在适用广告法同时，适用了行政处罚法规定的从轻处罚，故再审申请人方林某关于乙区市场监督管理局仅适用广告法未适用行政处罚法的再审申请理由，不能成立。该裁定没有直接适用行政处罚法的从轻处罚规定而是将行政处罚法的从轻处罚应用在广告法的处罚实践解释中，显示出在特别法中适用行政处罚法相当克制。在量刑方面，在量罚“明显不当”需要变更判决的情况下，适用了行政处罚的基本原则。浙江省高级人民法院认为乙区市场监督管理局查明了本案基本事实，也查明了部分因素并纳入了裁量考虑范围，但对再审申请人违法行为之社会危害性、整改情况等具体问题缺乏深入调查，未能全面查明及综合考虑案涉全部因素，由此作出的行政处罚决定量罚明显不当。浙江省高级人民法院认为再审申请人实施的广告活动虽有社会危害性但并不严重，应当遵循行政处罚法规定的实施行政处罚应当与违法行为的事实、性质、情节以及社会危害程度相当，处罚与教育相结合原则，在依法给予行政处罚的同时，应当综合全案情形予以减轻处罚。① 今后在如何适用特别法和行政处罚法的原则、制度和规则方面，还需要司法实践继续探索。

① 参见浙江省高级人民法院（2019）浙行申 64 号工商行政管理（工商）再审审查与审判监督行政裁定书。

第二章　行政处罚的种类和设定

第九条　【行政处罚的种类】行政处罚的种类：

（一）警告、通报批评；

（二）罚款、没收违法所得、没收非法财物；

（三）暂扣许可证件、降低资质等级、吊销许可证件；

（四）限制开展生产经营活动、责令停产停业、责令关闭、限制从业；

（五）行政拘留；

（六）法律、行政法规规定的其他行政处罚。

【条文主旨】

本条是关于行政处罚种类的规定。

【立法背景】

该条文是本次行政处罚法修订中变化最大的规定之一，也是在整个修法过程中，引起理论界和实务界讨论最多的条文之一。可以说，围绕每项规定乃至每个词、每个字都有过激烈讨论，最终的修改充分体现了我国行政法理论和政府法治实践的进步，也是本次修法的最大亮点之一。因新修订的行政处罚法增加了第二条，本条规定也从原法的第八条改变为新法的第九条。

一、行政处罚种类规定的重要意义

本条对行政处罚种类的规定，要与新法第二条关于行政处罚的定义的规定结合起来理解。原行政处罚法没有对行政处罚作出规定，长久以来对行政处罚的认知和理解，主要是依据本条规定。本次修订的重大变化之一就是增加了行政处罚的定义，在定义的基础上，本条的规定除了列明行政处罚的种类，还有对行政处罚定义予以具体化和细化的作用。根据新法第二条的规定，“行政处罚是指行政机关依法对违反行政管理秩序的公民、法人或者其他组织，以减损权益或者增加义务的方式予以惩戒的行为”。本条规定的所有行政处罚的种类，都首先符合行政处罚的定义，具备行政处罚的基本特征，即行政处罚的主体是行政机关，对象是公民、法人或者其他组织，方式是减损权益或者增加义务，性质和目的是对违反行政管理秩序的行为予以惩戒。

我国的行政处罚法是第一部以某类行政行为作为规范对象的法律，体现了我国法治政府建设是以行政行为类型化为基础而推进的。1996 年通过本法时，面临的是行政处罚“满天飞”、行政处罚滥设的局面，为了对行政处罚予以规范，也对已生效施行的《中华人民共和国行政诉讼法》和《中华人民共和国行政复议法》予以回应，为法院审理行政诉讼案件、行政复议机关审查行政复议案件提供依据，也为行政机关依法行政提供法律依据，行政处罚法既对制度的具体内容，也对作出行政处罚的程序等作了规定，成为日后包括《中华人民共和国行政许可法》和《中华人民共和国行政强制法》在内的行政行为专门法律的范本。作为一类行政行为的专门法律，首先要解决的是法律的适用范围，即哪些行政行为属于本法所规定的这一类行政行为，要遵循本法所确定的原则和规定。① 三部行政行为法实施以来，在实务中面临的最大问题就是对行政机关的行为的定性，除了严格依法作出的以外，还有大量行政行为是否应当接受专门行政行为法律的约束，由此产生了不少具体案件和争议。②

行政处罚法此次修订，之所以对本条规定既深入研究又慎重考虑，就是因为每一项规定的修改都会带来对行政权力行使和公民权利保护的巨大影响。因此，如何理解和适用本条和本法第二条的规定对新修订的行政处罚法具有极其重要的作用，本书将予以详细讲解。

二、行政处罚种类归纳的方法

应当对行政处罚种类予以规定，理论与实务界对此没有争议，但是对行政处罚种类如何归纳、如何规定是有争议的。原行政处罚法对行政处罚种类的规定是列举的方式，其实是延续了《中华人民共和国行政诉讼法》第十二条行政诉讼受案范围规定的做法。行政诉讼法第十二条第一款第一

---

① 参见应松年、刘莘：《行政处罚立法探讨》，载《中国法学》1994 年第 5 期。

② 马怀德：《〈行政处罚法〉修改中的几个争议问题》，载《华东政法大学学报》2020 年第 4 期。

项规定，法院应当受理公民、法人或者其他组织对行政拘留、暂扣或者吊销许可证和执照、责令停产停业、没收违法所得、没收非法财物、罚款、警告等行政处罚不服的案件。行政诉讼法之所以作出列举规定，是因为行政诉讼制度建立初期，考虑到无论是行政机关，还是行政相对人，对哪些行为可以进入行政诉讼受案范围，可能是不熟悉的，列举方式直接明了，有助于对新生制度的推广。原行政处罚法就是对上述行政诉讼法规定的重复，以回应行政诉讼制度，也为了不给当事人造成认知麻烦和歧义。两部重要法律实施30多年来的实践也证明，这一做法是符合我国国情的，一提到警告、罚款、吊销许可证和执照、责令停产停业和行政拘留等，无论是行政机关还是行政相对人，都知道要适用行政处罚法，应当说，相比较而言，行政处罚法在三部行政行为法中也是为当事人最为熟知的一部法律。

列举行政处罚的具体种类也有弊端。只要是列举，就可能会存在列举不全的情形，而且也有个别行政机关为了规避适用行政处罚法，有意使用与本条规定不一样的概念。为了使行政处罚法的规定更为严谨科学，减少适用法律的争议，修法之前和之中，都有意见主张应当按照行政处罚的学理分类来作出规定，即改变归纳方法，明确将声誉罚、财产罚、行为罚、人身自由罚作为行政处罚的种类，以解决列举方法所产生的不周延问题。为了保证法律规定的稳定性，修法没有采纳这些意见，延续了原行政处罚法列举的方法。“实际上可以作这样的理解——‘警告类’的处罚、‘责令停产停业类’的处罚、‘暂扣或者吊销许可证、暂扣或者吊销执照类’的处罚等，行政处罚法第八条规定的并非处罚的名称，而是类别。如果将其都理解为名称，无疑是过于狭窄了。这也显现出一些类型化的倾向，只不过相较于申诫罚、财产罚、资格罚、人身罚的‘大类型’，是一种‘小类型’罢了。”①

对照修订前后的行政处罚法，关于行政处罚种类规定的变化如下：一是将七项规定重新予以排列组合，改为六项，并调整了顺序。主要是把第二项和第三项对财产罚的规定予以合并，而且按照行政处罚严重程度调整了具体种类的顺序，将责令停产停业调整到后面。二是增加了一些近年来对公民、法人或者其他组织权益影响较大的、比较常见的，也符合行政处罚定义的一些种类，如通报批评、降低资质等级、限制开展生产经营活动和责令关闭、限制从业，也纳入了本条规定中来。这些新增的行政处罚种

① 应松年、张晓莹：《〈行政处罚法〉二十四年：回望与前瞻》，载《国家检察官学院学报》2020年第5期。

类在实践中的表达方式多种多样，具体适用中还会有模糊和不确定的地方，需要进一步结合本法精神、目的和原则予以确定。

三、行政处罚种类规定对现实需要的回应

行政处罚法修订的重要原因之一是对现实需求予以回应，“将现行单行法律、法规中已经明确规定，行政执法实践中常用的行政处罚种类纳入本法”。①

其中，以“黑名单”为载体的社会信用管理、失信联合惩戒是社会各方反应最强烈的问题之一。2012 年《中华人民共和国民事诉讼法》修订之后，失信联合惩戒首先在司法判决执行领域，通过限制购买飞机票和动车高铁票等，促使失信被执行人慑于失信惩戒而主动履行法律义务。② 此后这一做法逐渐拓展到行政执法领域。从行政资源有限、监管手段不足的角度来看，行政机关创设信用监管手段，以信用名单的方式来加强经济社会管理具有正当性③，但是，也产生了很多问题。④

一是信用管理的范围过宽，对社会主体的信用予以记录并管理本是从征信领域开始的，而且主要是出于银行审核放贷需要，对借款人的信用进行“画像”，这一制度在发达国家早已存在，并有严格的限定范围。从“征信”到“信用”监管，信用管理的范围不仅是经济行为的记录，而且涉及方面众多。

二是信用管理的威力在于失信联合惩戒，即由于一种违法行为，导致在其他领域也产生惩戒效果。所谓“一处失信，处处受限”，既反映了这一做法的目的，也反映出失信联合惩戒存在的突出问题：在何种情况下被列入失信名单，导致其他领域的权利和行为受限？二者之间是否构成不当

---

① 许安标：《关于〈中华人民共和国行政处罚法（修订草案）〉的说明》，载中国人大网，http://www.npc.gov.cn/npc/c30834/202101/5936c4478a8b4d79a0edcdc589151a9b.shtml，最后访问时间：2021 年 3 月 2 日。

② 《最高人民法院关于公布失信被执行人名单信息的若干规定》第一条规定：“被执行人未履行生效法律文书确定的义务，并具有下列情形之一的，人民法院应当将其纳入失信被执行人名单，依法对其进行失信惩戒：（一）有履行能力而拒不履行生效法律文书确定义务的；（二）以伪造证据、暴力、威胁等方法妨碍、抗拒执行的；（三）以虚假诉讼、虚假仲裁或者以隐匿、转移财产等方法规避执行的；（四）违反财产报告制度的；（五）违反限制消费令的；（六）无正当理由拒不履行执行和解协议的。”

③ 罗培新：《社会信用法：原则、规则、案例》，北京大学出版社 2018 年版，第 107 页。

④ 王伟：《论失信“黑名单”制度的法治化》，载《人民法治》2018 年第 21 期；沈岿：《社会信用体系建设的法治之道》，载《“社会信用法的本土建构”研讨会会议论文集》，第 22 页。

连接？而且处处受限而产生的惩戒效果甚至超过传统的行政处罚种类，违法行为和最终所产生的连锁反应之间是否符合过罚相当和比例原则？这些重要问题在失信联合惩戒的做法不断扩张过程中没有得到充分的讨论和关照，因此引发了一定的社会反感和争议。

三是创设主体五花八门，有些创设的文件层次很低，导致信用管理的做法满天飞，出现了与行政处罚法颁布之前类似的社会现象。

关于行政处罚法是否要对信用管理的乱象作出回应、如何回应，都有很多讨论，甚至在法律修订前夕，还有人大代表建议应当将“列入信用名单”作为行政处罚的种类予以规定。从新修订的行政处罚法本条规定来看，对信用管理存在的问题明确作出了回应。

一是列入信用名单本身不作为行政处罚予以规定。列入信用名单是信用管理的第一个步骤，是否可以作为单独的行为种类，是有争议的。一方面，列入信用名单本身尚未对行政相对人的权利义务产生影响，将其列为行政处罚，那么后续产生的失信联合惩戒措施也是行政处罚的话，是否对同一行为进行了两次处罚、是否与学理上“一事不二罚”原则相冲突，这一争议在修法中没有得到解决。因此，不宜明确将其作为行政处罚种类。另一方面，也是从实践层面考虑，不列入更为妥当。如果将列入信用名单作为行政处罚种类，那么要遵循行政处罚法关于行政处罚设定的规定，即法律和行政法规才可以设定，即便地方性法规可以有限定地予以设定，还有大量部门规章、地方政府规章乃至难以计数的规范性文件也对列入信用名单作了规定，在修改法律之后将面临缺乏法律依据而必须予以清理的复杂局面。不将列入信用名单作为行政处罚种类，但是对失信联合惩戒措施予以严格规范，同样可以达到对信用管理问题予以整顿和规范的目的，修改最终采用了这一思路。

二是将失信联合惩戒措施中对公民、法人或者其他组织权益影响最高的一些行为规定为行政处罚。有研究以《对失信被执行人实施联合惩戒的合作备忘录》为分析样本，发现“这些备忘录中规定的惩戒措施基本上涵盖了对任何失信人可能采取的所有措施，并且都有相应的法律法规、部门规章作为依据（在每个备忘录规定的惩戒措施后，都有关于该措施实施依据的说明）”①，进而全面细致地分析了失信联合惩戒措施，对其予以类型化，可将其分为参考类与决定类两种。参考类惩戒措施分为行政给付、行政许可、行政协议三种。决定类惩戒措施可被分为可类型化的行政行为与

---

① 赵旭东等：《黑名单制度》，中国法制出版社 2018 年版，第 282～283 页。

不可类型化的行政行为。可类型化的行政行为包括行政检查、行政许可、行政处罚、行政给付、行政奖励、行政指导、行政协议七种。① 比如，限制设立公司、发行债券等，属于行为罚。而通过“信用中国”网站、主要新闻网站及企业信用信息公示系统向社会公布，类似通报批评，属于声誉罚。限制公民担任从事一定职业，如金融机构或生产经营单位董事、监事、高级管理人员以及限制担任公务员，属于限制从业，也属于行为罚。上述种类的行为，与行政处罚法原有规定的警告、暂扣或者吊销许可证、责令停产停业等类似，具有对违反行政管理秩序的惩戒性，可以作为行政处罚的种类予以明确规定。还有一些行为，如限制出境、限制公民在一定范围的旅游、度假以及相关消费活动，限制子女就读高收费私立学校等属于对行为的限制，不可类型化，无法纳入行政处罚种类。其他诸如协助查询政府采购项目信息，查询身份、护照、车辆财产信息，禁止参评文明单位、道德模范，限制律师、律师事务所参与评先、评优；加强日常监管检查，对进出口货物实施严密监管，供设立商业银行或分行、代表处以及参股、收购商业银行审批时审慎性参考等，形式很多，相比较而言，制裁性不足，不宜作为行政处罚种类。

【条文释义】

一、警告、通报批评

这一类行政处罚在性质上属于声誉罚，是对违法者的名誉、荣誉、信誉造成损害，或者影响其精神，以实现警示和惩罚的效果，又称为申诫罚或者精神罚，声誉罚适用于违法行为比较轻微、尚未造成严重后果的违法行为，目的是对行政相对人起到教育和惩戒的作用，防止其作出更为严重的违法行为，造成严重违法后果。法律、行政法规和地方性法规可以依法设定警告或者通报批评。新修订的行政处罚法对国务院部门规章和地方政府规章关于声誉罚的设定作了明确规定，即尚未制定法律、行政法规的，部门规章可以设定警告或者通报批评，尚未制定法律、法规的，地方政府规章可以设定警告或者通报批评，其中“通报批评”是本次修订新增的。

（一）警告

警告是在原行政处罚法中就有规定的，也是大家最为熟悉的行政处罚种类之一，在单行法律、法规和规章中规定得最多，也是在规章层级可以在上位法没有设定情况下设定的行政处罚。需要注意的是，此处规定的警

---

① 李烁、王静：《失信联合惩戒制度研究报告》（内部报告），2020 年 6 月。

告与日常生活中的口头批评、口头警告是区别的，法定的行政处罚种类警告是指书面警告，是以书面形式对行政处罚作出决定并予以送达的形式。因为警告虽然比起其他行政处罚惩罚力度要轻一些，但是也是正式的行政处罚，所以在行政处罚决定书中同样也要有行政处罚的事实、理由、法律依据，并告知行政相对人法律救济途径。比如《中华人民共和国食品安全法》第一百二十六条规定，食品、食品添加剂生产者未按规定对采购的食品原料和生产的食品、食品添加剂进行检验的，由县级以上人民政府食品安全监督管理部门责令改正，给予警告。《中华人民共和国治安管理处罚法》第二十四条规定，有扰乱文化、体育等大型群众性活动秩序行为的，比如强行进入场内的，违反规定、在场内燃放烟花爆竹或者其他物品的，展示侮辱性标语、条幅等物品的，处警告或者200元以下罚款。

此外，值得注意的是，在监察机关作出的政务处分，公职人员任免机关、单位作出的处分（包括行政机关对工作人员的行政处分、人民法院工作人员和检察人员的纪律处分等）以及党纪处分中，警告也是其中一类处分。这些处分中的警告与行政处罚法中的警告不同，是对公职人员或者党员的违法违纪行为作出的处分。

（二）通报批评

通报批评是本次修法新增加的一类行政处罚种类。此前在一些单行法律、法规和规章中也有通报批评的规定，由于当时行政处罚法没有明确其作为行政处罚种类，实践中产生了一些争议。与警告相比较，通报批评比警告多了一个通知其所在工作单位或者在一定范围内进一步公示的环节。比如《中华人民共和国审计法》第四十三条规定，被审计单位违反本法规定，拒绝或者拖延提供与审计事项有关的资料的，或者拒绝、阻碍检查的，由审计机关责令改正，可以通报批评，给予警告；拒不改正的，依法追究责任。

日常生活中常见的“通报批评”是在工作单位内部进行的，属于工作单位内部的管理措施，不是行政机关对行政相对人的惩戒措施，不是行政处罚；如果是在行政机关内部对行政机关工作人员的“通报批评”，也不是行政处罚，也是内部管理措施。

实务中常见的还有行政约谈，有些约谈针对的是行政相对人等违法行为，也有类似于通报批评的效果，但是主要目的还是行政机关向当事人调查了解情况，与当事人进行沟通协商，探讨研究问题的解决办法，类似于行政指导。这种情况下，没有书面决定的行政约谈还不属于通报批评，不是行政处罚。比如《互联网新闻信息服务单位约谈工作规定》将约谈定义为国家互联网信息办公室、地方互联网信息办公室在互联网新闻信息服务单位发生严重违法违规情形时，约见其相关负责人，进行警示谈话、指出问题、责令整改纠正的行政行为。约谈是作为行政处罚的前置程序发挥作用，互联网新闻信息服务单位未按要求整改，或经综合评估未达到整改要求的，将依照《互联网信息服务管理办法》和《互联网新闻信息服务管理规定》等有关规定给予警告、罚款、责令停业整顿、吊销许可证等处罚；如果被多次约谈仍然存在违法行为的，依法从重处罚。

二、罚款、没收违法所得、没收非法财物

这一类行政处罚在性质上属于财产罚，即对行政违法人的财产权利予以减损从而达到对违法行为予以惩戒的行政处罚类型。原行政处罚法对这三种行政处罚是规定在两项中，而本次修订按照其属性合并到一项中，体现其同属于财产罚的立法意图更为凸显。

（一）罚款

罚款是最为常见的行政处罚种类之一，几乎在所有的法律规范中都有规定，通过要求违法行为人履行一定的金钱给付义务，即在指定时间内缴纳一定数额的货币收缴入国库，给违法行为人造成财产上的直接损失，从而使其对违法行为形成正确认知，警示其日后不再重复违法行为。

从罚款的设定上来讲，首先，罚款作为财产罚，其设定主体也是最为广泛的，法律、法规和规章都有权予以设定，不过规章在创设时需受有关机关规定的数额限制。其次，罚款的数额与违法行为的情节的轻重、危害后果的严重程度是成正比的，以达到通过行政处罚法来惩戒行政违法行为的目的。最后，罚款的计算方法在设定中有三种主要方式：一是直接规定罚款数额，在绝大多数法律规范中都采用这种方法。有的是规定罚款的幅度，即规定罚款的最低额和最高额，供执法时行政机关根据案件具体情况来予以选择；有的是规定具体的罚款数额，没有可以选择的空间。二是根据违法所得的倍数来确定罚款的数额。法律规范不规定罚款的金额，而是将罚款金额与违法所得倍数联系起来确定，实务中常见的问题是违法所得的计算方法，后文将有讨论。三是根据违法主体上一年度营业额的倍数来确定罚款的金额。这一种计算方法多见于对企业的罚款，而且在近年来新型违法处罚中更为常见，比如针对垄断、违反个人信息保护的处罚等。

从罚款的执行上来讲，我国行政处罚法有两项重要制度是具有创设性的。一是罚款的“收支两条线”制度，即负责作出罚款决定的行政机关与实际收缴罚款的行政机关是分离的，所有罚款除了现场执法的以外，都要通过缴纳到指定银行，本次修订还增加了通过电子支付系统缴纳罚款的规定，银行再将罚款直接上缴国库。二是新修订的行政处罚法第二十九条规定，对当事人的同一个违法行为，不得给予两次以上罚款的行政处罚。同一个违法行为违反多个法律规范应当给予罚款处罚的，按照罚款数额高的规定处罚。详细解释见本书后文。

（二）没收违法所得

没收违法所得也是常见的行政处罚种类，对违法行为人因从事违法行为而获利需要在制度上就予以否定，没收违法所得在法理上具有正当性和必要性。实务中存在争议的问题之一是违法所得的计算方法。一是查处违法案件之后，行政违法行为有受害者，需要民事赔偿的，行政机关如果直接没收违法所得，受害者再寻求司法救济向违法者索赔，很多情况下已经没有可以执行的财产。行政处罚与民事赔偿之间的关系不应当是发生冲突的，违法所得没收后也是进入国库，从法律要保护的法益来讲，受害者的财产权应当优先得到保护，应当先退赔给受害者，然后再将剩余的违法所得没收国库。行政处罚法第二十九条第一款有规定，本书将进一步详细分析。二是违法所得计算是否扣除成本。对此有两种意见，一种意见认为不应当扣除成本，因为行政处罚就是为了给违法者的财产权造成惩戒的后果，包括成本在内的违法所得即使数额巨大，也符合行政处罚的立法目的。另一种意见则认为违法所得不包括违法成本，因为成本不属于所得收益，应当予以扣除。违法所得的计算标准不仅关系到本类行政处罚的执行，而且关系到罚款金额的确定，特别是在罚款金额按照违法所得倍数来计算时，是否扣除成本造成的罚款金额的差别在很多情况下是巨大的。新修订的行政处罚法采纳了“扣除成本说”，但是也保留了例外规定，详细解释见本书后文。

三、暂扣许可证件、降低资质等级、吊销许可证件

这一类行政处罚在性质上属于资格罚，即对违法行为人所持有的资质许可予以暂扣和吊销，或者对资质等级予以降低，其中降低资质等级是新增的。原行政处罚法的规定是“暂扣或者吊销许可证、暂扣或者吊销执照”，本次修改，将许可证和执照合并，参照行政许可法规定表述为“许可证件”。行政许可证件的种类包括许可证、执照或者其他许可证书，资格证、资质证或者其他合格证书，行政机关的批准文件或者证明文件，以及法律法规规定的其他行政许可证件。按照行政处罚的严厉程度依次表述，在资格罚中，暂扣为最轻的，吊销为最重的，居于中间的是降低资质等级。

（一）暂扣许可证件

暂扣许可证件，是对违法行为人所拥有的资质的限制，一般附有期限或者条件，是比声誉罚、财产罚更为严苛的行政处罚。暂扣许可证件和扣押财物不同，后者是行政强制措施，是依据行政强制法对违法行为采取的临时性措施，而前者是对资质许可的暂时性剥夺。比如《安全生产许可证条例》第十四条第二款规定，安全生产许可证颁发管理机关应当加强对取得安全生产许可证的企业的监督检查，发现其不再具备本条例规定的安全生产条件的，应当暂扣或者吊销安全生产许可证。再如《中华人民共和国道路交通安全法》第二十四条第一款规定，公安机关交通管理部门对累积记分达到规定分值的机动车驾驶人，扣留机动车驾驶证，对其进行道路交通安全法律、法规教育，重新考试；考试合格的，发还其机动车驾驶证。此处，“扣留机动车驾驶证”即属于暂扣许可证件的具体表现形式。该法第九十一条还对酒后驾车规定了期限不同的暂扣机动车驾驶证的行政处罚，而且应当出具正式行政处罚决定书。

（二）降低资质等级

这是本次修订明确新增的行政处罚种类。资质等级是企业在行业内专业水准、质量保障、人员队伍、良好信誉的综合评价，在现代市场经济中，资质等级含金量越来越高，企业在获取一定级别的资质等级以及申请更高级别的资质等级时往往都要满足相应的一系列条件，并履行相应的程序，付出资金、人员和时间的成本才有可能获得。比如，房地产开发企业资质按照企业条件分为一、二、三、四四个资质等级，分别对应其注册资本、从事房地产开发经营的时间，近三年房屋建筑面积累计竣工面积或者累计完成与此相当的房地产开发投资额，专业管理人员人数、业务负责人的职称和主要制度完备程度等基本条件。资质等级对于企业的降级，效果仅次于许可证件的吊销，往往对市场主体的后续经营活动有不小的影响，比如参与招投标和政府采购受限等。在本次修订之前，一些法律、法规对降低资质等级已有规定，本类处罚是法定的行政处罚，但是长期没有在行政处罚法中予以明确。比如，《中华人民共和国建筑法》第六十五条第二款规定，超越本单位资质等级承揽工程的，责令停止违法行为，处以罚款，可以责令停业整顿，降低资质等级；情节严重的，吊销资质证书；有违法所得的，予以没收。该法第六十六条到第七十六条也有降低资质等级的规定。

（三）吊销许可证件

吊销许可证件是对行政相对人行政违法行为的惩戒，而且是针对严重违法的惩戒，相比较而言，是非常严厉的处罚，意味着剥夺了当事人从事许可证件所赋予的许可事项的活动权利，是一种对民事权利的剥夺。比如《中华人民共和国证券法》多个条文规定撤销任职资格或者证券从业资格。

再如《中华人民共和国食品安全法》第一百三十四条规定，食品生产经营者在一年内累计三次因违反本法规定受到责令停产停业、吊销许可证以外处罚的，由食品安全监督管理部门责令停产停业，直至吊销许可证。也就是说，如果行政相对人受到申诫罚和财产罚累计超过三次，则可能导致行为罚乃至资格罚。因此，资格罚这一类行政处罚在行政处罚法中是仅次于自由罚的，也是规范最为严格的，当事人如果申请听证，行政机关应当组织听证，听取当事人的陈述和申辩。

容易混淆的三个概念是行政许可证件的吊销、撤销与注销，三者在法律层面上是不同的。吊销和撤销许可，虽然从最终的效果上来看都是被许可人资质的剥夺，但是产生原因不同，性质也不同。吊销的条件一般是行政相对人在取得资质之后作出违反行政管理秩序的行为，即构成行政违法，其已经取得的许可证件被行政机关吊销，意味着资质的剥夺，属于行政处罚。而撤销的条件一般是行政机关颁发行政许可存在违法之处，而非被许可人在取得许可后有违法行为，违反行政管理秩序，所以不是行政处罚，而是对违法行政许可的纠正。① 此外，如被许可人以欺骗、贿赂等不正当手段取得行政许可，而不是取得行政许可以后的违法，则应当予以撤销，而不是吊销。根据行政许可法第六十九条的规定，作出行政许可决定的行政机关或者其上级行政机关，可以根据利害关系人的请求或者依据职权撤销行政许可，具体情形包括：第一，行政机关工作人员滥用职权、玩忽职守作出准予行政许可决定的；第二，超越法定职权作出准予行政许可决定的；第三，违反法定程序作出准予行政许可决定的；第四，对不具备申请资格或者不符合法定条件的申请人准予行政许可的；第五，其他情形。撤销的例外情形是如果撤销可能对公共利益造成重大损害的，则不予撤销，如果被许可人没有过错，则应当对被许可人的合法权益的损害予以赔偿。注销是对许可证件无法继续使用的状态的一种确认。根据行政许可法第七十条的规定，注销一般发生在以下情形：第一，行政许可有效期届满未延续的；第二，赋予公民特定资格的行政许可，该公民死亡或者丧失行为能力的；第三，法人或者其他组织依法终止的；第四，行政许可依法被撤销、撤回，或者行政许可证件依法被吊销的；第五，因不可抗力导致行政许可事项无法实施的；第六，法律、法规规定的其他情形。实务中，有对吊销和注销的误解，以为二者没有差别，有些市场主体坐等市场监管

① 《全国人民代表大会常务委员会法制工作委员会关于公司法第一百九十八条“撤销公司登记”法律性质问题的答复意见》（法工委复〔2017〕2 号）。

部门吊销其营业执照，吊销是对行政违法行为的惩罚，后续会产生一系列后果，比如根据《中华人民共和国公司法》第一百四十六条规定，担任因违法被吊销营业执照、责令关闭的公司、企业的法定代表人，并负有个人责任的，自该公司、企业被吊销营业执照之日起未逾三年的，不得担任公司的董事、监事、高级管理人员。而注销是在出现法定情形下，市场主体正常的权利，依法注销企业，对后续继续经营不产生影响。所以，已经破产或者解散，清算结束后却不办理注销登记的企业，应当依法注销，否则市场监管部门可以依法吊销其营业执照。

四、限制开展生产经营活动、责令停产停业、责令关闭、限制从业

这一类行政处罚属于行为罚，是对被处罚人的民事活动予以限制或者禁止的比较严厉的行政处罚。原行政处罚法仅规定了责令停产停业，长期以来对行为罚的认知也更多停留在这一类，其他类型的对公民、法人或者其他组织的行为活动的限制或者禁止，以往没有完全纳入行政处罚法的规范范围之内，本次修法解决了这一问题。在一些法律中，这几种行为罚往往在法律责任中一并规定，根据情节和后果的严重程度可以选择适用，而且行为罚还常与资格罚在一起适用，在行为罚不能制止被处罚人的违法行为时，可以继续采用更为严重的资格罚。比如《中华人民共和国食品安全法》法律责任部分有多个条款都规定，情节严重的，责令停产停业，直至吊销许可证。本项下规定的四个具体种类，在其他法律规范中的表述不一定完全对应，还有进一步解释和探讨的必要。

（一）限制开展生产经营活动

限制开展生产经营活动是本次修法新增的，是介乎于责令停产停业和财产罚之间的一种行为罚，即对生产经营活动的类型和范围予以限制。从民事活动的原理来讲，个人和企业具有经营自主权，可以自行决定生产经营活动的时间界限和空间范围，但是如果从事违法活动，就有必要限制其活动。实务中常见的限制开展生产经营活动还有限制参加招投标和政府采购、限制参与基础设施和公用事业特许经营、限制参与有关公共资源交易活动、限制发行企业债券及公司债券、限制注册非金融企业债务融资工具等，限制开展生产经营活动的规定多见于失信联合惩戒的相关文件中，对市场主体的影响很大。本次修法将这一类行为纳入行政处罚的种类，也有对失信联合惩戒和社会信用管理予以规范的意图。

（二）责令停产停业

责令停产停业是行政机关要求从事违法生产经营活动的公民、法人或其他组织停止生产、停止经营的行政处罚。比如，《幼儿园管理条例》第二十七条规定，由教育行政部门对幼儿园给予停止招生、停止办园的行政处罚；《中华人民共和国计量法》第二十五条规定的责令停止使用；《中华人民共和国草原法》第六十六条规定的责令停止违法行为和《中华人民共和国环境噪声污染防治法》第五十二条规定的责令停业等。实务中对责令停产停业与停产停业整顿是否有区别存在争议，笔者认为，停产停业整顿不是一种单独的行政措施，还是应当按照行政处罚的要求来作出正式决定，鉴于此类处罚对市场主体影响巨大，应当严格把握适用条件，适当限缩使用范围。

（三）责令关闭

责令关闭是最为严厉的行政处罚种类之一，适用于严重违法行为，在不能通过限制生产经营活动和责令停产停业的严重情况下，可能会责令关闭。比如，《中华人民共和国环境保护法》第六十条规定，企业事业单位和其他生产经营者超过污染物排放标准或者超过重点污染物排放总量控制指标排放污染物的，县级以上人民政府环境保护主管部门可以责令其采取限制生产、停产整治等措施；情节严重的，报经有批准权的人民政府批准，责令停业、关闭。《中华人民共和国水污染防治法》第六十六条第一款规定，禁止在饮用水水源二级保护区内新建、改建、扩建排放污染物的建设项目；已建成的排放污染物的建设项目，由县级以上人民政府责令拆除或者关闭。再如，《中华人民共和国安全生产法》第一百一十三条第四项规定，生产经营单位拒不执行负有安全生产监督管理职责的部门作出的停产停业整顿决定的，负有安全生产监督管理职责的部门应当提请地方人民政府予以关闭，有关部门应当依法吊销其有关证照。

近年来互联网技术快速发展，网络空间的违法行为也屡禁不止，针对线上违法行为，法律法规规定了责令关闭，主管部门也加大违法行为查处和打击力度。如《中华人民共和国网络安全法》“法律责任”一章中多个条文规定了“关闭网站”“关闭用于实施违法犯罪活动的网站、通讯群组”的行政处罚。①

① 2020 年二季度，全国网信系统持续加大行政执法工作力度、规范行政执法行为，依法查处网上各类违法违规行为。累计约谈网站 1009 家，给予警告网站 1100 家，暂停更新网站 281 家，会同电信主管部门取消违法网站许可或备案、关闭违法网站 2686 家，移送司法机关相关案件线索 1226 件；有关网站平台依据用户服务协议关闭各类违法违规账号群组 3.1 万个。参见《二季度全国网信行政执法工作扎实推进》，载国家互联网信息办公室官网，http：//www.cac.gov.cn/，最后访问时间：2020 年 7 月 18 日。

（四）限制从业

限制从业是对公民个人行为的限制，即限制公民从事一定职业，如金融机构或生产经营单位董事、监事、高级管理人员或者限制担任公务员。限制从业也是比较严厉的一类行政处罚，针对的是在行业内因严重违法行为而不宜再允许其进入本行业的情形，是针对公民个人作出限制。限制从业从时间上来讲包括两类：一类是一定时间内不得从事生产经营活动，一般包括五年或者十年之内；另一类是终身禁止从事经营活动。例如，《中华人民共和国证券法》第一百零三条规定，有《中华人民共和国公司法》第一百四十六条规定的情形或者下列情形之一的，不得担任证券交易所的负责人：（一）因违法行为或者违纪行为被解除职务的证券交易场所、证券登记结算机构的负责人或者证券公司的董事、监事、高级管理人员，自被解除职务之日起未逾五年；（二）因违法行为或者违纪行为被吊销执业证书或者被取消资格的律师、注册会计师或者其他证券服务机构的专业人员，自被吊销执业证书或者被取消资格之日起未逾五年。再如《中华人民共和国药品管理法》第一百二十五条第一项规定，未经批准开展药物临床试验，除了对违法机构予以处罚外，对法定代表人、主要负责人、直接负责的主管人员和其他责任人员处 2 万元以上 20 万元以下的罚款，十年直至终身禁止从事药品生产经营活动。第一百四十一条第二款规定，药品上市许可持有人、药品生产企业、药品经营企业在药品研制、生产、经营中向国家工作人员行贿的，对法定代表人、主要负责人、直接负责的主管人员和其他责任人员终身禁止从事药品生产经营活动。

五、行政拘留

行政拘留是人身自由罚，是对违法行为人限制人身自由的行政处罚，是最为严厉的行政处罚。由于涉及人身自由，因此行政拘留的设定在立法法、行政处罚法中有严格限定，只能由全国人大及其常委会制定的法律可以设定，而且只能由县级以上公安机关等法定机构来决定和执行。行政拘留通常适用于违反《中华人民共和国治安管理处罚法》的行政违法行为，处以警告和罚款不足以惩戒违法行为人的，处以 5 日以下、5 日以上 10 日以下、10 日以上 15 日以下的拘留，行政拘留处罚合并执行的，最长不超过 20 日。对被决定给予行政拘留处罚的人，由作出决定的公安机关送达拘留所执行。需要注意的是，行政拘留和刑事拘留不同，刑事拘留是依照刑事诉讼法的规定，采取的临时剥夺犯罪嫌疑人的人身自由的刑事强制措施，一般为 14 日，对流窜作案、多次作案、结伙作案的重大嫌疑分子的最长拘留期限为 37 日。

《中华人民共和国治安管理处罚法》还对部分人群规定了不予行政拘留，主要是已满 14 周岁不满 16 周岁的、已满 16 周岁不满 18 周岁初次违反治安管理的、70 周岁以上的和怀孕或者哺乳自己不满 1 周岁婴儿的违法行为人。随着时间的推移，在法律渊源上，除了治安管理处罚法，《中华人民共和国环境保护法》第六十三条、《中华人民共和国食品安全法》第一百二十三条、《中华人民共和国疫苗管理法》第八十条和第八十一条等法律中也规定了行政拘留。① 在执行主体上，除了公安机关，国家安全机关根据国家安全法的规定也可以作出行政拘留的处罚决定。

六、法律、行政法规规定的其他行政处罚

（一）其他行政处罚

法律和行政法规可以设定多种类型的行政处罚，除了上面列举的，还有：《中华人民共和国土地管理法》第八十三条规定的“依照本法规定，责令限期拆除在非法占用的土地上新建的建筑物和其他设施的，建设单位或者个人必须立即停止施工，自行拆除；对继续施工的，作出处罚决定的机关有权制止。建设单位或者个人对责令限期拆除的行政处罚决定不服的，可以在接到责令限期拆除决定之日起十五日内，向人民法院起诉；期满不起诉又不自行拆除的，由作出处罚决定的机关依法申请人民法院强制执行，费用由违法者承担”②；《中华人民共和国海域使用管理法》第四十三条、第四十六条和第四十八条规定的收回海域使用；《教师资格条例》第二十条规定的三年内不得再次参加教师资格考试；《中国公民往来台湾地区管理办法》第三十二条规定的六个月以内不受理其出境、入境申请；《中华人民共和国学位条例》第十七条和第十八条规定的撤销学位；《中华人民共和国内河交通安全管理条例》第六十四条规定的责令停止航行或者作业，没收船舶、浮动设施。③

（二）责令改正不属于行政处罚

对责令改正的性质，一直存在两种不同意见。一种意见认为，责令改正是要求违法行为人将破坏的行政管理秩序予以修复，将违法状态恢复到

---

① 黄海华：《行政处罚的重新定义与分类配置》，载《华东政法大学学报》2020 年第 4 期。

② 对这一规定，也有意见认为限期拆除违法建设，属于恢复原状，没有对当事人形成制裁，不是行政处罚，应当在未来修改土地管理法时予以明确。另外还有争议的是《中华人民共和国城乡规划法》第六十四条、第六十八条明确规定县级以上地方人民政府城乡规划主管部门对违法建设可作出责令停止建设或者限期拆除的决定，对该拆除决定是否为行政处罚有不同看法。《国务院法制办函复陕西省人民政府法制办〈关于“责令限期拆除”是否属于行政处罚行为的请示〉的复函》中明确此限期拆除行为不属于行政处罚。

③ 胡建淼：《“其他行政处罚”若干问题研究》，载《法学研究》2005 年第 1 期。

从前，行政相对人的权利义务没有新的变化，也没有惩戒性和制裁性，不是行政处罚；另一种意见认为，行政机关既然向行政相对人作出责令改正的决定，就意味着已经对行政相对人的行为的合法性作出判断，也就对其权利义务关系已经施加了影响。比如实践中常见的主管部门对违法建设行为人下达责令改正通知书，但是没有作出其他行政处罚决定。如何认定责令改正的法律性质，各地法院在判决中的理解不一，出现了上述两种不同认定。本次修法对责令改正是否属于行政处罚、是否应当列入本条规定也有过讨论，最终没有采纳将其认定为行政处罚的意见，也就是说根据新修订的行政处罚法，责令改正不是行政处罚的法定种类。在二审稿中曾规定了"责令停止行为、责令作出行为"作为行政处罚的种类，但是最终又删除了，说明对这一问题的认识是复杂的。责令改正可以是责令作出某种行为[①]，比如《公路安全保护条例》规定责令补种擅自更新采伐的林木；也可能是责令停止某种行为[②]，责令行为大多数情况下不是行政处罚，属于行政命令。[③]

新修订的行政处罚法第二十八条第一款规定，行政机关实施行政处罚时，应当责令当事人改正或者限期改正违法行为。也就是说，责令改正是行政机关在作出行政处罚决定时应当同时要求当事人履行的义务。

（三）训诫不属于行政处罚

根据《中华人民共和国治安管理处罚法》第十条第一款规定，训诫不是治安管理处罚的一种，公安机关对违法行为进行训诫后，再依据《中华人民共和国治安管理处罚法》的规定作出治安处罚，不属于重复处罚。法院的大量判决中也明确训诫不属于行政处罚，此次修法对这一行为的认定没有影响。

【相关规定】

《中华人民共和国治安管理处罚法》；《中华人民共和国证券法》；《中

---

① 王贵松：《论行政处罚的制裁性》，载《法商研究》2020 年第 6 期。

② 《公路安全保护条例》第二十六条规定，禁止破坏公路、公路用地范围内的绿化物。需要更新采伐护路林的，应当向公路管理机构提出申请，经批准方可更新采伐，并及时补种；不能及时补种的，应当交纳补种所需费用，由公路管理机构代为补种。

③ 也有意见认为某些责令作出某些行为超出了恢复原状的程度和范围，增加了行政相对人的义务和负担，比如《中华人民共和国森林法》规定滥伐林木，责令补种五倍滥伐林木株数，应当属于行政处罚。参见黄海华：《行政处罚的重新定义与分类配置》，载《华东政法大学学报》2020 年第 4 期。

华人民共和国药品管理法》;《中华人民共和国安全生产法》;《国务院法制办公室对陕西省人民政府法制办公室〈关于“责令限期拆除”是否属于行政处罚行为的请示〉的复函》。

第十条 【法律对行政处罚的设定权】 法律可以设定各种行政处罚。

限制人身自由的行政处罚,只能由法律设定。

【条文主旨】

本条是关于法律设定行政处罚的权力范围的规定。

【立法背景】

本条文内容未修改。原行政处罚法将本条文规定于第九条,新修订的行政处罚法为第十条。

我国宪法、立法法对法律效力等级作了规定,宪法之下位阶最高的是全国人大及其常委会制定颁布的法律,法律效力高于行政法规、地方性法规、规章。

我国立法遵循法律优先和法律保留两大原则。“法律可以设定各种行政处罚”,就是法律优先原则的体现,其又称法律优位原则(supremacy of law),是指与行政机关及其活动相比,法律具有优先地位,强调行政机关要服从法律。这一原则的基本背景是要解决立法机关(权力机关)和行政机关之间的关系,即立法机关或者议会至上。所以这一原则首先是宪法原则,也是最为基本的公法原则,同时也是行政法原则。我国宪法第五条规定“一切法律,行政法规和地方性法规都不得同宪法相抵触”,“一切国家机关和武装力量,各政党和社会团体,各企业事业组织都必须遵守宪法和法律”,“任何组织和个人都不得有超越宪法和法律的特权”等,都是法律优先原则的具体化。法律优先原则的含义即“上位法优于下位法”,人民代表选举的立法机关(权力机关)制定的法律规定要高于行政机关制定的规则。

“限制人身自由的行政处罚,只能由法律设定”就属于法律保留原则,而且是法律绝对保留。这一原则来源于德国、法国等西方国家(英语:principle of legal reservation;德语:Gesetzesvorbehalt),是指法律对于重要事项的立法权予以保留,行政机关不得作出规定。这些重要事项一般是涉及宪法所规定的公民基本权利中的最为重要的内容，比如人身权利。法律保留原则是重要的宪法原则，也是行政法原则。在我国，法律保留原则是指某些事项专属于全国人大及其常委会负责，只能通过法律加以规定，其他任何国家机关包括行政机关均不能涉足，除非有法律的特别授权。法律保留分为绝对保留和相对保留，根据立法法第九条的规定，“有关犯罪和刑罚、对公民政治权利的剥夺和限制人身自由的强制措施和处罚、司法制度等事项”属于全国人大及其常务委员会绝对保留的立法事项，不得向其他任何国家机关授权。

【条文释义】

本条规定就是立法法所规定的“绝对保留”。人身自由是国际公约和各国宪法所保护的重要人身权利，也是其他权利的基础，丧失人身自由，就无法从事各类民事活动，也无法履行诸多权利。早在1215年英国《大宪章》就出现了自由民和贵族人身不受侵犯的规定。我国宪法规定公民的人身自由不受侵犯，人身自由包括多项内容，包括任何公民非经人民检察院批准或者决定或者人民法院决定，并由公安机关执行，不受逮捕和拘留；禁止非法拘禁和以其他方法非法剥夺或者限制公民的人身自由；禁止非法搜查公民的身体；禁止用任何方法对公民进行侮辱和诽谤；禁止非法搜查或非法侵入公民的住宅；任何组织或个人不得以任何理由侵犯公民的通信自由和通信秘密；等等。对人身自由进行行政处罚、刑事处罚或者采取行政强制措施、刑事强制措施等，必须有法律依据。行政处罚法第九条规定的行政拘留仅是人身自由罚的一种，第十条规定的“法律可以设定各种行政处罚”，包括各种类型的人身自由罚，而且只能由法律设定。此外，其他应当由法律规定的事项则属于“相对保留”①，在必要时，可以授权其他国家机关包括国务院制定法规。②

---

① 根据立法法第八条的规定，我国法律保留的内容主要涉及国家基本制度、国家机构组织和职权、有关选举权和被选举权、人身自由、纳税、服兵役等公民基本权利和义务以及战争与和平、对外缔结条约等其他重要问题。

② 具体到行政立法和制定规范性文件，凡须由法律规定的事项，行政机关不得以行政法规、规章及其他规范性文件作出规定。凡属必须由行政法规规定的事项，行政机关不得以规章及其他规范性文件作出规定。凡属必须由地方性法规规定的事项，行政机关不得以地方政府规章及其他规范性文件作出规定。凡属必须由规章规定的事项，行政机关不得以规章之外其他规范性文件作出规定。

【相关规定】

《中华人民共和国立法法》第九条。

第十一条 【行政法规对行政处罚的设定权】行政法规可以设定除限制人身自由以外的行政处罚。

法律对违法行为已经作出行政处罚规定，行政法规需要作出具体规定的，必须在法律规定的给予行政处罚的行为、种类和幅度的范围内规定。

法律对违法行为未作出行政处罚规定，行政法规为实施法律，可以补充设定行政处罚。拟补充设定行政处罚的，应当通过听证会、论证会等形式广泛听取意见，并向制定机关作出书面说明。行政法规报送备案时，应当说明补充设定行政处罚的情况。

【条文主旨】

本条是关于行政法规设定行政处罚的权力范围的规定。

【立法背景】

本条文是将原行政处罚法第十条的内容改为第十一条，并增加了第三款规定。

国务院，即中央人民政府，是最高国家权力机关的执行机关，是最高国家行政机关。宪法第八十九条规定的国务院职权的第一项就是根据宪法和法律，规定行政措施，制定行政法规，发布决定和命令。国务院根据宪法和法律，制定行政法规，一般称“条例”“规定”“办法”等，国务院根据全国人民代表大会及其常务委员会的授权决定制定的行政法规，一般称“暂行条例”或者“暂行规定”。

【条文释义】

本条是对行政法规设定行政处罚的规定，贯穿的精神也是法律优先原则和法律保留原则。

首先，人身自由罚属于法律绝对保留事项，只能由法律作出规定，行政法规不得设定，因此，第一款的规定即划定行政法规设定行政处罚的范围——只能是人身自由以外的行政处罚。

其次，与法律相比，行政法规是下位法，要遵循上位法优于下位法的原则，在法律对违法行为已经作出行政处罚规定的情况下，行政法规需要作出具体的规定，而不是创设性的规定，也就是说只能是对法律规定的进一步细化，是在法律规定的给予行政处罚的行为、种类和幅度的范围内作出规定，否则就是超越立法权限。

最后，新修订的行政处罚法在本条第三款新增的内容是对法律对违法行为未作出行政处罚规定，行政法规为实施法律而对行政处罚的设定。本条第三款规定是对行政处罚更为全面周延的补充性规定。

一是行政法规对行政处罚的设定的目的，是实施法律，并且是补充性的。本条规定新增的内容和第十二条是一致的，总体思路是向行政法规和地方性法规赋予一定的行政处罚的设定权。相比较而言，国务院通过行政法规来设定行政处罚引起的争议很小，讨论主要是针对向地方性法规放权，是否会引起行政处罚滥设。从法律修订草案的提出的经过来看，先是有了第十二条对地方性法规的赋权，最后才有了对行政法规的赋权。

二是新修订的行政处罚法为行政法规的补充设定设计了更为严格的程序要求，即必须举行听证会、论证会等形式来广泛听取意见，并向制定机关作出书面说明。这里有两个关键点。第一，广泛听取意见，既包括听取公众意见，也包括听取专家意见，因此是听证会和论证会等正式听取意见的形式。听证会和论证会是《行政法规制定程序条例》所规定的法定程序，适用于行政法规送审稿涉及重大利益调整或者存在重大意见分歧，对公民、法人或者其他组织的权利义务有较大影响，人民群众普遍关注的等情形，需要补充设定行政处罚就属于应当举行听证会和论证会的情形。第二，国务院法制机构或者国务院部门作为行政法规的起草机构，应当向国务院提交书面说明。《行政法规制定程序条例》第十七条对起草机构的说明义务有明确规定，即行政法规送审稿的说明应当对立法的必要性，主要思路，确立的主要制度，征求有关机关、组织和公民意见的情况，各方面对送审稿主要问题的不同意见及其协调处理情况，拟设定、取消或者调整行政许可、行政强制的情况等作出说明。有关材料主要包括所规范领域的实际情况和相关数据、实践中存在的主要问题、国内外的有关立法资料、调研报告、考察报告等。结合本条规定，应当对设定行政处罚的情况作出说明，同样也应当提交法定的有关材料。

三是根据立法法和行政法规制定程序条例，行政法规应当在公布后的

30日内由国务院办公厅报送全国人大常委会备案，备案时，应当说明补充设定行政处罚的情况。上述立法程序规定和备案规定都是为了进一步规范行政法规对行政处罚的补充性设定。

【相关规定】

《中华人民共和国立法法》第九十八条；《行政法规制定程序条例》第三十条。

第十二条　【地方性法规对行政处罚的设定权】地方性法规可以设定除限制人身自由、吊销营业执照以外的行政处罚。

法律、行政法规对违法行为已经作出行政处罚规定，地方性法规需要作出具体规定的，必须在法律、行政法规规定的给予行政处罚的行为、种类和幅度的范围内规定。

法律、行政法规对违法行为未作出行政处罚规定，地方性法规为实施法律、行政法规，可以补充设定行政处罚。拟补充设定行政处罚的，应当通过听证会、论证会等形式广泛听取意见，并向制定机关作出书面说明。地方性法规报送备案时，应当说明补充设定行政处罚的情况。

【条文主旨】

本条是关于地方性法规设定行政处罚的权力范围的规定。

【立法背景】

本条文是将原行政处罚法第十一条的内容改为第十二条，并增加了第三款规定。

地方性法规是我国法律体系中重要的法律渊源，是指省、自治区、直辖市、设区的市的人民代表大会及其常务委员会根据本行政区域的具体情况和实际需要，在不同宪法、法律、行政法规相抵触的前提下所制定的法律规范。我国宪法、立法法和地方人民代表大会和地方人民政府组织法对地方性法规立法权限、立法程序等作了规定。本条是对地方性法规设定行政处罚的规定，贯穿的也是法律优先原则和法律保留原则。

本条的规定比起第十一条的意义和影响更大，因为涉及向地方授权的问题，在修法过程中也引起了广泛讨论。立法法和三部行政行为法一以贯之的立法思路都是向上集中行政行为的设定权，越是低位阶的法律规范，设定权越小甚至没有。依法行政和法治政府建设推进几十年来，行政处罚等滥设现象已经得到根本改观，同时，地方人大立法水平也得到长足进步，不断发展和变化的经济社会现象对地方立法提出更高要求，各地发展水平差异和情况不同也对地方立法提出要求，各地方需要根据本行政区域的实际情况作具体规定，以保障地方治理的科学有效推进。“地方行政处罚立法权限问题，再次凸显了地方治理手段的不足，即使完全是地方事权，也没有完全的治理手段。”[①]因此，“多年来，一些地方人大同志反映，现行行政处罚法中有关地方性法规设定行政处罚的规定限制过严，地方保障法律法规实施的手段受限”[②]。2015 年立法法修改时，将过去 49 个较大的市才享有的地方立法权扩大至全国 284 个设区的市[③]，同时规定设区的市制定地方性法规是对城市建设、市容卫生、环境保护等城市管理方面的事项予以立法。[④] 本次修改行政处罚法给省、自治区、直辖市和设区的市、自治州制定地方性法规赋予一定的行政处罚设定权是重要议题和热点问题之一。“既要大胆授予行政处罚权，又要防止行政处罚权的滥用；既要恪守行政法治的基本立场，又要兼顾行政任务变迁的客观需求。”[⑤] 对于赋予

---

① 袁雪石：《整体主义、放管结合、高效便民：〈行政处罚法〉修改的“新原则”》，载《华东政法大学学报》2020 年第 4 期。

② 许安标：《关于〈中华人民共和国行政处罚法（修订草案）〉的说明》，载中国人大网，http://www.npc.gov.cn/npc/c30834/202101/5936c4478a8b4d79a0edcdc589151a9b.shtml，最后访问时间：2021 年 3 月 2 日。

③ 全国 284 个设区的市中，享有地方性法规制定权的有 49 个，包括 27 个省会市、18 个经国务院批准的较大的市（其中，重庆市在 1997 年经全国人大批准为直辖市）以及 4 个经济特区所在地的市，尚没有地方立法权的有 235 个。李建国：《关于〈中华人民共和国立法法修正案（草案）〉的说明——2015 年 3 月 8 日在第十二届全国人民代表大会第三次会议上》，载中国人大网，http://www.npc.gov.cn/wxzl/gongbao/2015-05/07/content_1939099.htm，最后访问时间：2021 年 2 月 20 日。

④ 截至 2020 年 11 月，新赋予 273 个设区的市、自治州地方立法权；全部设区的市共制定出台 1800 余件地方性法规，其中新赋予地方立法权的设区的市共制定地方性法规 1300 余件。参见《立法法颁布实施 20 周年 5 年新赋予 273 个设区的市地方立法权》，载中国长安网，http://www.chinapeace.gov.cn/chinapeace/c100007/2020-11/10/content_12412981.shtml，最后访问时间：2021 年 2 月 10 日。

⑤ 章志远：《作为行政处罚总则的〈行政处罚法〉》，载《国家检察学院学报》2020 年第 5 期。

地方性法规行政处罚设定权的必要性和重要性没有争议，立法赋予多大权力，如何规范其运行是重点讨论的问题。

【条文释义】

首先，人身自由罚是法律绝对保留事项，只能由法律作出规定，地方性法规不得设定，吊销营业执照属于剥夺市场经营主体资格的行政处罚，对被处罚人权益影响巨大，行政处罚法保留给法律和行政法规来作出规定，地方性法规不得作出规定。那么，地方性法规能作出设定的是声誉罚、财产罚、吊销营业执照以外的资格罚和行为罚。

其次，与法律、行政法规相比，地方性法规是下位法，要遵循上位法优于下位法的原则，在法律、行政法规对违法行为已经作出行政处罚规定的情况下，地方性法规需要作出具体规定的，不是创设性的规定，也就是说只能是对法律和行政法规规定的进一步细化，是在法律、行政法规规定的给予行政处罚的行为、种类和幅度的范围内作出规定，否则就是超越立法权限。

最后，本条第三款新增的是法律、行政法规对违法行为未作出行政处罚规定，地方性法规为实施法律和行政法规而对行政处罚的设定。本条规定是更为全面周延的补充性规定。

一是地方性法规对行政处罚的设定的目的，是实施法律和行政法规，并且是补充性的。

二是“法律、行政法规对违法行为已经作出行政处罚规定，地方性法规需要作出具体规定的，必须在法律、行政法规规定的给予行政处罚的行为、种类和幅度的范围内规定”。[①] 如何理解法律和行政法规对违法行为已经作出规定，对违法行为如何界定，有“领域说”“事项说”“行为说”三种意见。“立法机关在对这一问题的理解和把握上一直倾向于更加严格的‘领域说’。但经过二十多年的发展，行政处罚法制定时的社会经济条件和法治环境发生了巨大改变……在这种新形势下，要求地方性法规在处罚领域与法律、行政法规完全‘上下一般粗’已难以满足地方行政管理的实际需求”[②]，应当给地方性法规实现更大限度的放权，地方性法规可以在

---

① 地方性法规在法律之外，增加新的行政处罚违法行为的情形，详见乔晓阳：《如何把握〈行政处罚法〉有关规定与地方立法权限的关系——在第二十三次全国地方立法工作座谈会上的讲话》，载《地方立法研究》2017 年第 6 期。

② 应松年、张晓莹：《〈行政处罚法〉二十四年：回望与前瞻》，载《国家检察官学院学报》2020 年第 5 期。

“不抵触”的情况下，对法律和行政法规规定的违法行为规定罚则。

三是新修订的行政处罚法为地方性法规的补充设定设计了更为严格的程序要求，即必须通过举行听证会、论证会等形式来广泛听取意见，并向制定机关作出书面说明。这里也有两个关键点。第一，广泛听取意见，既包括听取公众意见，也包括听取专家意见，因此是听证会和论证会等正式听取意见的形式。根据各地地方性法规制定程序条例和相关规定，听证会和论证会也是最为常见的立法程序，地方性法规需要补充设定行政处罚就属于应当举行听证会和论证会的情形。第二，地方人大法制工作机构或者地方人民政府作为地方性法规的起草机构，应当向地方人大常委会提交书面说明。结合本条规定，应当对设定行政处罚的情况作出说明，同样也应当提交法定的有关材料。

四是根据立法法和地方各级人民代表大会和地方各级人民政府组织法，地方性法规应当在公布后的30日内由国务院办公厅报送报全国人民代表大会常务委员会、上级人大常委会和国务院备案，备案时，应当说明补充设定行政处罚的情况。上述立法程序规定和备案规定都是为了进一步规范行政法规对行政处罚的补充性设定。

【相关规定】

《中华人民共和国立法法》第四章、第五章；《中华人民共和国地方各级人民代表大会和地方各级人民政府组织法》第六条。

第十三条　【部门规章对行政处罚的设定权】国务院部门规章可以在法律、行政法规规定的给予行政处罚的行为、种类和幅度的范围内作出具体规定。

尚未制定法律、行政法规的，国务院部门规章对违反行政管理秩序的行为，可以设定警告、通报批评或者一定数额罚款的行政处罚。罚款的限额由国务院规定。

【条文主旨】

本条是关于国务院部门规章设定行政处罚的权力范围的规定。

【立法背景】

本条文未作实质性修改，是将原行政处罚法第十二条的内容改为第十三条，删除了原第三款，增加了“通报批评”，修改了个别文字。

国务院各部、委员会、中国人民银行、审计署和具有行政管理职能的直属机构，可以根据法律和国务院的行政法规、决定、命令，在本部门的权限范围内，制定规章。部门规章规定的事项应当属于执行法律或者国务院的行政法规、决定、命令的事项。没有法律或者国务院的行政法规、决定、命令的依据，部门规章不得设定减损公民、法人或者其他组织权利或者增加其义务的规范，不得增加本部门的权力或者减少本部门的法定职责。

【条文释义】

本条除增加“通报批评”外，未作实质性修改，是对部门规章对行政处罚予以规定的权力作出规定。部门规章对行政处罚作出规定分为两种情况：

第一，法律和行政法规已有规定的，部门规章作具体规定。根据立法法和《规章制定程序条例》，国务院各部、委员会、中国人民银行、审计署和具有行政管理职能的直属机构，可以根据法律和国务院的行政法规、决定、命令，在本部门的权限范围内，制定规章。部门规章规定的事项应当属于执行法律或者国务院的行政法规、决定、命令的事项，对于行政处罚，也只能是在法律、行政法规规定的给予行政处罚的行为、种类和幅度的范围内作出具体规定。这一条规定是在原行政处罚法就有的规定，文字上将“国务院部、委员会制定的规章”修改为“国务院部门规章”，并删除了原第三款“国务院可以授权具有行政处罚权的直属机构依照本条第一款、第二款的规定，规定行政处罚”，直属机构也同属于国务院部门，新的表述更为简洁。

第二，未制定法律、行政法规的，部门规章有一定的行政处罚的设定权。根据法律优先原则，没有法律或者国务院的行政法规、决定、命令的依据，部门规章不得设定减损公民、法人或者其他组织权利或者增加其义务的规范，不得增加本部门的权力或者减少本部门的法定职责。行政处罚法作为全国人大通过的法律，向部门规章直接授权，符合立法法和法律优先原则。而且部门规章对行政处罚的设定权，也必须符合行政处罚法的规定，即只能是有限的行政处罚种类，具体来讲包括两类：一类是声誉罚，即警告和通报批评，其中通报批评是此次修法根据第九条的规定新增的。

另一类是财产罚，而且只能是罚款，罚款也只能是一定数额罚款，而限额由国务院规定。本次修法将“数量”改为“数额”，立法表述更为准确。根据 1996 年 4 月 15 日发布的《国务院关于贯彻实施〈中华人民共和国行政处罚法〉的通知》的规定，国务院部门规章对非经营活动中的违法行为设定罚款不得超过 1000 元；对经营活动中的违法行为，有违法所得的，设定罚款不得超过违法所得的 3 倍，但是最高不得超过 30000 元，没有违法所得的，设定罚款不得超过 10000 元；超过上述限额的，应当报国务院批准。新修订的行政处罚法通过后，新的罚款限额的规定将有所调整，标准将有所提高。

【相关规定】

《中华人民共和国立法法》第四章；《规章制定程序条例》。

第十四条　【地方政府规章对行政处罚的设定权】地方政府规章可以在法律、法规规定的给予行政处罚的行为、种类和幅度的范围内作出具体规定。

尚未制定法律、法规的，地方政府规章对违反行政管理秩序的行为，可以设定警告、通报批评或者一定数额罚款的行政处罚。罚款的限额由省、自治区、直辖市人民代表大会常务委员会规定。

【条文主旨】

本条是关于地方政府规章设定行政处罚的权力范围的规定。

【立法背景】

本条文未作实质性修改，是将原行政处罚法第十三条的内容改为第十四条，增加了“通报批评”，修改了个别文字。

【条文释义】

本条是关于地方政府规章设定行政处罚的权力范围的规定。地方政府规章对行政处罚作出规定分为两种情况：

第一，法律、行政法规和地方性法规已有规定的，地方政府规章作具体规定。根据立法法和规章制定程序条例，省、自治区、直辖市和设区的市、自治州的人民政府，可以根据法律、行政法规和本省、自治区、直辖市的地方性法规，制定规章。地方政府规章为执行法律、行政法规、地方性法规的规定需要制定规章的事项，对于行政处罚，也只能是在法律、行政法规和地方性法规规定的给予行政处罚的行为、种类和幅度的范围内作出具体规定，这一条规定是在原行政处罚法就有的规定。文字上将“省、自治区、直辖市人民政府和省、自治区人民政府所在地的市人民政府以及经国务院批准的较大的市人民政府制定的规章”修改为“地方政府规章”，表述更为简洁。需要注意的是，地方政府规章对行政处罚的设定权，还必须在立法法等法律赋予的地方立法权限之内，如设区的市、自治州政府制定的地方政府规章原则上限于城乡建设与管理、环境保护、历史文化保护等方面的事项。

第二，未制定法律、行政法规和地方性法规的，地方政府规章有一定的行政处罚的设定权。行政处罚法作为全国人大通过的法律，向地方政府规章直接授权，符合立法法和法律优先原则。而且地方政府规章对行政处罚的设定权，也必须符合行政处罚法的规定，即只能是有限的行政处罚种类，具体来讲包括两类：一类是声誉罚，即警告和通报批评，其中通报批评是此次修法根据第九条的规定新增的。另一类是财产罚，而且只能是罚款，罚款也只能是一定数额罚款，而限额由省、自治区、直辖市人民代表大会常务委员会规定。本次修法将“数量”改为“数额”，立法表述更为准确。各地人大常委会在行政处罚法1996年通过后都曾规定各地限额，并根据情况作过多次调整和修改。

【相关规定】

《中华人民共和国立法法》第四章；《规章制定程序条例》。

第十五条　【行政处罚设定的评估】国务院部门和省、自治区、直辖市人民政府及其有关部门应当定期组织评估行政处罚的实施情况和必要性，对不适当的行政处罚事项及种类、罚款数额等，应当提出修改或者废止的建议。

【条文主旨】

本条是关于对行政处罚进行定期评估的规定。

【立法背景】

该条文是本次修法新增的内容，是对行政处罚制度予以完善的重要规定，也是对实务中行政处罚评估经验的总结与吸收。

近年来，立法后评估成为立法完善和动态调整的重要途径，各立法机关都积累了不少经验。以行政审批制度改革为主线的简政放权的改革中，行政许可的评估也为各地所采纳。① 特别是在加快政府职能转变和优化营商环境工作中，对行政行为的评估也为不少国务院部门和地方政府所采用，以此作为营商环境和法治政府建设的重要推进手段。

【条文释义】

一是行政处罚评估的主体。国务院部门和省、自治区、直辖市人民政府及其有关部门是行政处罚实施的执法主体，对行政处罚的实施情况最为熟悉和了解，因此，也应当是组织行政处罚评估的主体。

二是行政处罚评估的频率。行政处罚评估应当成为正式制度，必须定期进行组织评估。

三是行政处罚评估的内容。行政处罚评估应当针对行政处罚的实施情况和必要性进行评估，由于这一制度的设置目的是对行政处罚的设定进行评估，因此主要是针对设定不够科学合理的问题进行评估，最后应当给出基本结论，如行政处罚设定的事项、种类和罚款数额等是否适当。至于何为适当，需要结合具体执法领域和实施情况来确定。

四是行政处罚评估的建议。行政处罚评估作为正式制度，其结论应当以报告的形式呈现，如果存在不适当的行政处罚事项及种类、罚款数额，必须提出修改或者废止的建议。

---

① 《中华人民共和国行政许可法》使用的是"评价"，笔者认为评价与评估同义，在对行政许可予以调查评判这一含义上来讲，二者没有差别。行政许可法第二十条第一款、第二款规定，行政许可的设定机关应当定期对其设定的行政许可进行评价；对已设定的行政许可，认为通过本法第十三条所列方式能够解决的，应当对设定该行政许可的规定及时予以修改或者废止。行政许可的实施机关可以对已设定的行政许可的实施情况及存在的必要性适时进行评价，并将意见报告该行政许可的设定机关。

五是行政处罚评估的细化规定。本条规定是对实践做法的总结和吸收并予以制度化，国务院应当对此制定行政法规，对行政处罚评估予以细化规定，国务院部门和各地人民政府也应当就此作出进一步规定。

【相关规定】

《中华人民共和国行政许可法》第二十条。

第十六条　【行政规范性文件对行政处罚的设定】除法律、法规、规章外，其他规范性文件不得设定行政处罚。

【条文主旨】

本条是关于行政规范性文件对行政处罚设定的规定。

【立法背景】

该条文未作实质性修改，仅作文字调整，将原行政处罚法第十四条的内容改为第十六条。

立法法和三部行政行为法一以贯之的立法思路都是向上集中行政行为的设定权，越是低位阶的法律规范，设定权就越小甚至没有，行政规范性文件没有对行政处罚的设定权即体现这一思路。之所以作这样的规定，也与行政处罚法 1996 年颁布前“红头文件满天飞”，滥设行政处罚有很大关系，治理“文件乱”的重要手段之一就是控制住行政处罚的设定权。

【条文释义】

行政规范性文件是各层级行政机关都可以颁布的，针对不特定多数人颁布的具有普遍约束力的正式文件，其形式多样，难以计数。虽然不同层级的行政机关的行政规范性文件本身效力也有不同，但是不赋予行政规范性文件行政处罚设定权，更为突出地体现了行政处罚法保护公民、法人或者其他组织合法权益、规范行政处罚的立法目的。在行政许可法、行政强制法中也有类似规定，因此，规范性文件不仅不得设定行政处罚，也不得设定行政许可和行政强制等事项，不得违法减损公民、法人或者其他组织的合法权益或者增加其义务，侵犯公民人身权、财产权、人格权、劳动权、休息权等基本权利。

实践中，一些行政规范性文件设定的措施或者方法，虽然没有以行政处罚法所明确列举的行政处罚种类来明确表达，但是对公民、法人或者其他组织的合法权益造成损害的，应当根据具体情况按照行政处罚法第二条对于行政处罚的定义并结合第九条对行政处罚种类的列举来作出判断并予以规范。本条的文字改动是将“本法第九条、第十条、第十一条、第十二条以及第十三条的规定”修改为“法律、法规、规章”，表述更为简洁准确。

【相关规定】

《中华人民共和国行政许可法》第十七条；《中华人民共和国行政强制法》第十条；《国务院办公厅关于加强行政规范性文件制定和监督管理工作的通知》。

案例评析

责令关闭是行政处罚

——刘某诉甲市乙区人民政府环境行政管理案①

【案情简介】

刘某在甲市乙区经营造纸厂，并于2009年12月1日取得营业执照，系个体工商户。2015年9月21日，甲市乙区环境保护局作出《责令停产通知书》，以该厂属于年产5000吨以下造纸厂、年生产能力小于1.7万吨的化学制浆生产线的小型造纸行业属“十五小”范围，对刘某造纸厂责令停产。刘某接到通知后，停止生产。2015年10月20日，甲市乙区环境保护局组织公安、环保、供电等相关部门对刘某造纸厂采取了切断生产供电线路的措施。2016年5月5日，甲市乙区人民检察院经走访调查发现，造纸厂在甲市乙区环保下达《责令停产通知书》和《省环境监察执法通知书》后，仍处于待生产状态，尚未彻底关闭，故向该局提出检察建议，建议该局报请被告乙区政府实施关闭。2016年5月10日，甲市乙区环境保护局作出《关于对×××等10家小造纸厂（作坊）实施关停取缔的报告》（碧环呈〔2016〕22号），建议被告对原告造纸厂实行取缔关闭。2016年

① 参见贵州省高级人民法院（2019）黔行终921号行政判决书。

12 月 18 日，被告作出《乙区人民政府关于依法关闭刘某小型造纸厂（作坊）的通知》，决定对刘某小型造纸厂（作坊）实施关闭处理，并由其自行拆除生产设备。刘某不服，诉至一审法院，请求：确认甲市乙区环境保护局于2016 年12 月18 日作出的《乙区人民政府关于依法关闭刘某小型造纸厂（作坊）的通知》违法。

本案所涉法律依据：1.《中华人民共和国水污染防治法》第七十八条规定，“违反本法规定，建设不符合国家产业政策的小型造纸、制革、印染、染料、炼焦、炼硫、炼砷、炼汞、炼油、电镀、农药、石棉、水泥、玻璃、钢铁、火电以及其他严重污染水环境的生产项目的，由所在地的市、县人民政府责令关闭”。2.《国务院关于环境保护若干问题的决定》（国发〔1996〕31 号）第四条规定，“……在1996 年9 月30 日以前，对现有年产5000 吨以下的造纸厂……等企业，由县级以上地方人民政府责令其关闭或停产……”

甲市中级人民法院和贵州省高级人民法院认为，责令关闭属于行政处罚法[①]第八条第七项中法律、行政法规规定的其他行政处罚。而且认为根据《环境行政处罚办法》第十条“根据法律、行政法规和部门规章，环境行政处罚的种类有：（一）警告；（二）罚款；（三）责令停产整顿；（四）责令停产、停业、关闭；（五）暂扣、吊销许可证或者其他具有许可性质的证件；（六）没收违法所得、没收非法财物；（七）行政拘留；（八）法律、行政法规设定的其他行政处罚种类”的规定，责令关闭属于环境行政处罚种类。根据水污染防治法第七十八条（对应现行该法第八十七条）的规定，甲市乙区政府具有依法关闭不符合国家产业政策的小型造纸及其他严重污染水环境的生产项目的职权，具有行政处罚权。《环境行政处罚办法》第十四条规定县级以上环境保护主管部门在法定职权范围内实施环境行政处罚。该办法第十六条第二款规定：“涉嫌违法依法应当由人民政府实施责令停产整顿、责令停业、关闭的案件，环境保护主管部门应当立案调查，并提出处理建议报本级人民政府。”据此，2016 年5 月10 日甲市乙区环境保护局作出《关于对×××等10 家小造纸厂（作坊）实施关停取缔的报告》，建议乙区政府对被上诉人造纸厂实行取缔关闭。在此基础上，作出的《乙区人民政府关于依法关闭刘某小型造纸厂（作坊）的通知》显然属于《中华人民共和国行政处罚法》第八条第七项法律、行政法规规定的其他行政处罚。

---

① 指2021 年修订前的行政处罚法，本案“案情简介”部分下同。

【专家评析】

案件的焦点问题是被告作出的关闭通知是否属于行政处罚。原《中华人民共和国行政处罚法》第八条规定中没有明确列举责令关闭属于行政处罚的种类，在实务中，对责令关闭存在认识不一的问题，各地法院出现不一致的判决。

责令关闭是最为严厉的行政处罚种类之一，适用于严重违法行为，在不能通过限制生产经营活动和责令停产停业的严重情况下，可能会责令关闭。此次行政处罚法修订，责令关闭在第九条第四项中明确规定为行政处罚的种类，对各地人民政府和相关主管部门依法行政将产生很大的影响，如何依据行政处罚法和部门法的规定依法履行职责，需要引起高度关注。

以责令改正为名的责令停产是行政处罚

——甲市乙区丙畜禽养殖场诉甲市乙区环境保护局、甲市环境保护局行政命令案①

【案情简介】

甲市乙区丙畜禽养殖场于2001年3月19日成立，系个人独资企业，2006年5月26日取得被告乙区环保局核发的《排放污染物临时许可证》，有效期限至2007年5月26日。丙畜禽养殖场缴纳2011年、2012年、2014年、2015年的排污费。2017年4月1日，乙区环保局工作人员到丙畜禽养殖场进行现场检查。同日乙区环保局作出《责令改正违法行为决定书》，责令原告立即停止生产。丙畜禽养殖场不服，于2017年5月19日向甲市环保局申请行政复议，甲市环保局于2017年7月10日作出《行政复议决定书》，维持乙区环保局作出的《责令改正违法行为决定书》。丙畜禽养殖场仍不服，向法院提起行政诉讼。

案件的争议焦点是责令改正是否为行政处罚，乙区环保局的行政行为是否程序违法。

丙畜禽养殖场认为《责令改正违法行为决定书》是行政处罚。“作出的责令停止生产决定是一种行政处罚，并不是行政命令，因该处罚未按行政处罚法规定进行申辩、听证等程序，严重侵犯原告的合法权益，应当予以撤销。行政命令是责令将一种非法状态回归到合法状态，而乙区环保局作出的责令整改决定整改内容是停止原告养殖场生产，跨过整改，且该停

① 参见福建省高级人民法院（2018）闽行申611号行政裁定书和福建省莆田市荔城区人民法院（2017）闽0304行初156号行政判决书。

产决定不可回转、不可撤销，显然具有惩罚性。”

福建省高级人民法院经审理认为，行政行为性质不同，其行政程序亦有不同。被诉责令改正决定书的程序是否合法，取决于应定性为行政命令还是行政处罚。《环境行政处罚办法》第十二条将“责令停止生产或者使用”列为行政命令具体形式之一，本案中，乙区环保局作出责令停止生产的决定，目的是制止环境违法行为，督促其回归合法状态，不具有惩罚性。故乙区环保局作出的责令改正决定书属于行政命令，而非行政处罚。

【专家评析】

不同法院对责令改正曾经出现不同意见，比较有代表性的意见是认为责令改正不具备惩戒和制裁的属性，是对原有法律秩序的恢复，没有给相对人造成新的、更为不利的结果，所以不是行政处罚。而相反意见认为，责令改正意味着被处罚人要额外作出更多行为，其权益减损是客观的，而且已经有对其行为合法与否的判断，因此是行政处罚。本案就是实践中很有争议的一种情况。本次修改行政处罚法，责令改正没有规定为行政处罚，并且二审稿中第九条关于行政处罚的种类中曾规定的“责令停止行为、责令作出行为”最终被删除了。修订后的行政处罚法第二十八条第一款规定，行政机关实施行政处罚时，应当责令当事人改正或者限期改正违法行为，也就是说，责令改正是行政机关在作出行政处罚决定时应当同时要求当事人履行的义务。

但是，无论是原行政处罚法第八条，还是修订后的行政处罚法第九条，都将责令停产停业规定为行政处罚的种类。责令停产停业已经不是一般的责令改正，虽然本案中环保机关使用了《责令改正违法行为决定书》，但是其内容是责令停产。按照新修订的行政处罚法，责令停止生产或者使用，具有对行政相对人的制裁和惩戒，不属于责令改正的范围，是行政处罚确定无疑。《环境行政处罚办法》（环境保护部令第 8 号）第十二条将“责令停止生产或者使用”列为行政命令具体形式之一，应当由修订后的行政处罚法予以调整。

不良行为公示与限制从业的实际后果不应分割考量

——甲公司诉乙市住房和城乡建设局案①

【案情简介】

2013 年 10 月 8 日乙市住房和城乡建设局印发《关于公布 2013 年第六次乙市建设市场不良行为记录名单的通知》，该通知中将甲公司列为 2013 年第六次乙市建设市场不良行为新增记录名单，不良行为等级严重，公示时间为 24 个月。《乙市建设市场严重不良行为记录和公示暂行办法》第十二条规定了“被公示乙市建设市场严重不良行为记录期限内的单位或个人，不得在乙市范围内承接业务”。甲公司起诉乙市住房和城乡建设局。

案件争议为“不良行为记录上网公示”是否为行政处罚。

甲公司认为被列入不良记录人名单并进行网上公示，其后果就是“不得在该市范围内承接业务”，无须行政部门再另行裁决，“不良行为记录上网公示”这一行政行为具备了惩罚性、制裁性的法律特征，表明“上网公示”本身就是行政处罚的一种措施或手段。

该案发生在行政处罚法修订之前，法院审查认为，“认定被诉行政行为内容最直接、有效的证据应是该行政行为所依附的载体”，从通知的内容看，该通知仅是将天恒公司及天恒列为 2013 年第六次乙市建设市场不良行为新增记录名单，并没有载明“两年内不得在乙市范围内承接业务”的内容。“不得在乙市范围内承接业务”只是被作出“不良行为公示”行政行为后所要承担的后果，而非行政行为本身。同时，从上述不良行为公示的内容看，该行为仅系行政机关对天恒公司违法违规行为的一种记录和客观反映，仅是对已经发生的事实和行为进行的信息公开，制裁性不是不良行为公示行为本身的内容，而是基于规范性法律文件规定产生的后果；不良行为公示也不属于原《中华人民共和国行政处罚法》第八条第七项规定的“法律、行政法规规定的其他行政处罚”。而且法院判决认为，“但由于不良行为公示会间接对再审申请人产生不利影响，依据正当程序的要求，应给予当事人必要的陈述申辩等程序权利，本案被申请人在作出涉案不良行为公示前未赋予再审申请人该权利，程序上存在瑕疵，但鉴于本案被诉行政行为本身不属于行政处罚的范畴，并不受行政处罚程序规范的规制，

---

① 参见浙江省高级人民法院（2015）浙行申字第 313 号行政裁定书。

且……所监理的工程项目虚报的工程量多为管线、井坑等非常容易测量和确定数量的项目，其存在重大失职行为的事实清楚”，该程序瑕疵未实际影响甲公司的权利。

【专家评析】

行政处罚法修订没有将列入不良行为记录等失信名单作为行政处罚种类来规定，但是将限制从业明确为行政处罚种类，对于本案例中的行政行为的审查，不应当将列入不良行为名单及公示与限制从业分割来考量，应当分析行政机关行为造成的实质性影响，对其作为行政处罚种类并按照行政处罚法所确定的行政程序要求来对其合法性予以审查。

要将新修订的行政处罚法第二条和第九条结合起来对行政行为的性质予以判断。第二条规定，“行政处罚是指行政机关依法对违反行政管理秩序的公民、法人或者其他组织，以减损权益或者增加义务的方式予以惩戒的行为”。第九条第四项将“限制从业”明确列为行政处罚的种类。根据修订后的行政处罚法的规定及其精神，应将不良行为名单公示的实际后果考虑在内，“揭开面纱”对其行为的本质予以考量，凡对公民权益造成减损的惩戒性行为都应当纳入行政处罚的范围。

第三章　行政处罚的实施机关

第十七条　【行政处罚的实施】行政处罚由具有行政处罚权的行政机关在法定职权范围内实施。

【条文主旨】

本条是关于行政处罚实施机关的一般性规定，旨在确立我国行政处罚实施机关的一般原则。

【立法背景】

本条在原行政处罚法中就已存在，本次行政处罚法修订未修改这一条款内容，仍保持原样。只不过在原行政处罚法中，本条为第十五条。本次行政处罚法修改增加了很多新的条款，本条改为新修订的行政处罚法第十七条。

因为本条仍保持行政处罚法 1996 年颁布时的原样，所以探究本条的立法背景，要追溯至行政处罚法最初颁布时。在当时的背景下，本条出台的最大意义就是确立了行政处罚实施主体的三要素：行政机关、行政处罚权和法定职权范围内，即除法律法规规定的特殊情形外，行政处罚只能由具有行政处罚权的行政机关在法定职权范围内实施。

1996 年颁布行政处罚法时如此规定的背景是，当时行政处罚乱象丛生，一些部门甚至企事业单位也争相实施行政处罚，严重破坏了社会主义法制和市场经济体制，严重损害公民、法人或者其他组织的合法权益。[①]为此，本条明确了实施行政处罚的主体必须具备以下三个要素：首先必须

---

① 参见应松年：《规范行政处罚的基本法律》，载《政法论坛》1996 年第 2 期。

是行政机关；其次必须是具有行政处罚权的行政机关；最后要求行政处罚也必须在法定范围内实施。除法律、法规有特殊规定外，行政机关以外的其他组织和个人以及不具有行政处罚权的行政机关，无权实施任何类型的行政处罚或变相行政处罚。这一规定在当时进一步明确了行政处罚法所规范的范围。

【条文释义】

理解本条需要注意以下三个要点：

一、只有行政机关有权实施行政处罚

除法律、法规特殊规定外（参见本法第十九条），只有行政机关有权实施行政处罚，行政机关以外的其他机关、企事业单位、社会组织和个人等都无权实施行政处罚。

（一）何谓“行政机关”

在我国，行政机关有狭义和广义之分。狭义的行政机关是指《中华人民共和国宪法》规定的行政机关。宪法第八十五条规定，“中华人民共和国国务院，即中央人民政府，是最高国家权力机关的执行机关，是最高国家行政机关”；第一百零五条第一款规定，“地方各级人民政府是地方各级国家权力机关的执行机关，是地方各级国家行政机关”。因此，狭义的行政机关就是国务院和各级地方人民政府，包括乡镇人民政府。广义的行政机关则不仅指国务院和各级人民政府，也包括各级行政机关所属的工作部门、直属机构、特设机构、派出机关等行政机构，比如各级人民政府所属的部、委、办、厅、局以及地区行署、区公所、街道办事处等。一般来说，纳入广义行政机关的行政机构，应当具备以下两个要件：

首先，必须具有独立的行政单位法人资格，没有独立的法人资格，就无法独立地承担法律责任，无法成为行政机关。看一个行政机构是否具有行政单位法人资格，比较方便的办法是看是否有编制管理机构颁布的《统一社会信用代码证书》（原《组织机构代码证》），在该证书上的机构性质应当属于“机关”。如果没有自己的《统一社会信用代码证书》，就不是独立的机关法人，不能成为行政机关。

其次，必须具有独立的行政编制，没有独立行政编制的行政机构不能成为行政机关。看是否具有行政编制，要看各级行政机关的“三定”方案即各类机构的职能配置、内设机构和人员编制规定，以及编制管理机构依据法律法规和党内法规作出的编制决定。如果没有“三定”方案和编制管理机构依法作出的决定规定其具有独立的行政编制，则不属于行政机关。

（二）哪些不属于“行政机关”

根据上述标准，符合《事业单位登记管理暂行条例》《企业法人登记条例》《社会团体登记管理条例》的事业单位法人、企业法人和社会团体法人不属于行政机关。个人当然也不属于行政机关。需要特别说明的是以下情形：

第一，中国共产党各级组织及其所属工作部门、直属机构、派出机构等。这些组织符合机关法人标准的，属于机关法人，但不属于行政机关。值得注意的是，当前一些行政机关与党的机关通过“一个机构、两块牌子”等方式实现合署办公，在这种情况下要区分同一个机构的不同身份。党的组织机构还有行政机关牌子，其以行政机关名义依法开展行政管理活动的，尽管这个机关本身已经不是行政机关，但针对其具体行政管理活动进行行政复议、行政诉讼活动时，按照行政机关对待。比如，国家互联网信息办公室与中央网络安全和信息化委员会办公室，通过“一个机构、两块牌子”方式实现合署办公。尽管这个机关本身属于中共中央直属机构，属于中国共产党组织及其直属机构范畴，但其以国家互联网信息办公室名义依法实施行政管理活动时，参照行政机关处理。

第二，行政议事协调机构、临时机构。行政议事协调机构是行政机关或党政机关为了实现特定目的组建的、不具有独立法人资格的组织。这种组织主要起到协调各组成单位行动的目的，也会发布简报、文件。这些简报和文件对参与单位具有约束和指导作用，但行政议事协调机构不具有独立法人资格，不是行政机关。在特殊情形下，行政议事协调机构也会通过内部会议等作出行政处罚决定，但此行政处罚决定还要交由具体行政机关以其名义具体实施。行政临时机构是为了实现行政任务临时设立的没有独立法人资格的行政组织，比如政府设立的拆迁指挥部、重大工程项目推进指挥部等。此类临时机构因为不具有独立法人资格，也不被视为行政机关。

第三，行政内设机构和行政派出机构。行政内设机构就是行政机关内设的不具有独立法人资格的行政机构，比如行政机关内设的办公室、政策法规处、执法处等。行政内设机构因没有独立法人资格，而不属于行政机关。值得注意的是，行政内设机构虽然不属于行政机关，但不代表其不能以自己的名义实施行政处罚，只不过其实施行政处罚需要依据行政处罚法第十九条的法律法规特别授权，而非基于行政处罚法第十七条的行政处罚实施机关规定。行政派出机构也是同理。

第四，监察机关、审判机关、检察机关、军事机关和各级人民代表大会也不属于行政机关。

这里要注意的是，不同国家机关也有合署办公的情况，有些行政机关还同时有多重性质的职能。比如，公安机关属于行政机关，但公安机关刑事侦查行为属于司法行为，不按照行政行为对待。

二、只有拥有行政处罚权的行政机关才能实施行政处罚

只有行政机关才能实施行政处罚，但不是所有的行政机关都能实施行政处罚。实施行政处罚的行政机关必须还拥有行政处罚权。所谓行政处罚权就是依法对特定的违反行政管理秩序的公民、法人或者其他组织，以减损权益或者增加义务的方式予以惩戒的权力。从纵向看，一般只有县级以上人民政府及其相关部门等才有行政处罚权。在特殊情形下，省、自治区、直辖市可以决定将一些行政处罚权交由乡镇人民政府、街道办事处行使。从横向看，具体哪个行政机关具有何种行政处罚权，还要看法律法规和规章的规定。比如《单用途商业预付卡管理办法（试行）》第五条规定，商务部负责全国单用途卡行业管理工作，县级以上地方人民政府商务主管部门负责本行政区域内单用途卡监督管理工作。由此可见，有关单用途商业预付卡相关违法行为的行政处罚，由商务主管部门而非市场监管部门实施。在实践中，根据中共中央办公厅和国务院办公厅颁布的《关于推行地方各级政府工作部门权力清单制度的指导意见》、国务院办公厅颁布的《关于印发国务院部门权力和责任清单编制试点方案的通知》及《国务院部门权力和责任清单编制试点方案》，行政处罚权应当明确地列入各级行政机关的权力清单。因此，看特定行政机关是否有行政处罚权，比较方便的方法就是查阅各级行政机关的权力清单。

三、有行政处罚权的行政机关只能在法定范围内实施行政处罚权

即使是拥有行政处罚权的行政机关，在实施过程中也不能任意行使权力，其必须在法定范围内实施行政处罚权。这里的“法定范围”应当进行扩张解释，不仅包括行政处罚的种类和幅度，也包括行政处罚的程序等其他法定要求，也就是说行政处罚必须在法定轨道上进行，遵守法定规则和法治原则。此外，这里的“法定范围”的“法定”，不能仅仅理解为法律、法规和规章规定。法律、法规和规章以外的其他规范性文件，只要是合法合理地对行政处罚的种类、幅度、裁量基准、程序进行了具体的规定，行政处罚实施机关在实施行政处罚过程中都要遵守。

【相关规定】

《中华人民共和国宪法》第八十五条、第一百零五条；《中华人民共和国地方各级人民代表大会和地方各级人民政府组织法》第一条；《最高人民法院关于适用〈中华人民共和国行政诉讼法〉的解释》第二十条。

第十八条　【综合执法与相对集中行使处罚权】国家在城市管理、市场监管、生态环境、文化市场、交通运输、应急管理、农业等领域推行建立综合行政执法制度，相对集中行政处罚权。

国务院或者省、自治区、直辖市人民政府可以决定一个行政机关行使有关行政机关的行政处罚权。

限制人身自由的行政处罚权只能由公安机关和法律规定的其他机关行使。

【条文主旨】

本条第一款和第二款是关于我国行政综合执法体制的基本框架的规定，本条第三款是关于限制人身自由的行政处罚权的实施权的法律保留制度的规定。

【立法背景】

本条的三款规定与原行政处罚法相比均有变化，其中第一款是新增条款，第二款和第三款则是对原行政处罚法第十六条相关内容的修改完善。其中第一款是关于综合行政执法制度的规定，是对我国长期以来推进综合行政执法制度改革经验的总结，体现了党和国家机构改革的成就，也回应了目前应急管理领域综合执法的更高要求。第二款主要是原行政处罚法的规定，作了修改以回应这些年关于放权地方推进改革的呼声。第三款则是对原行政处罚法相关条款的完善，适应行政处罚实施工作的实际情况，并确立了限制人身自由的行政处罚权的实施权的法律保留制度。

【条文释义】

本条第一款列明的七大综合行政执法领域中，城市管理综合执法是 20 世纪 80 年代就已经着手推进的改革。市场监管、生态环境、文化市场、交通运输、农业五大领域综合行政执法是 2018 年党的十八届三中全会通过的

《深化党和国家机构改革方案》中的明确要求。而应急管理领域综合执法则是在2020年《行政处罚法修订案（二审稿）》中新增的内容，体现了2020年新冠肺炎疫情应对工作的新需要。值得注意的是，在列举了七大综合行政执法领域之后使用了“等”字样，这里的“等”意味着可以实行综合行政执法改革的行政管理领域不仅限于列举的这七个领域，其他领域在条件成熟后也可以实施综合行政执法改革。

本条第二款将原行政处罚法规定的“国务院或者经国务院授权的省、自治区、直辖市人民政府可以决定一个行政机关行使有关行政机关的行政处罚权”改为“国务院或者省、自治区、直辖市人民政府可以决定一个行政机关行使有关行政机关的行政处罚权”，意味着省、自治区、直辖市人民政府无需国务院的授权就可以决定省（自治区、直辖市）内一个行政机关行使有关行政机关的行政处罚权。值得注意的是，省、自治区、直辖市人民政府可以决定一个行政机关行使有关行政机关的行政处罚权，这个过程也要依法进行。因为只有法律、法规和规章才有行政处罚设定权，所以省、自治区、直辖市人民政府决定一个行政机关行使有关行政机关的行政处罚权时应当受到地方政府规章制定程序的约束。

本条第三款将原行政处罚法中“限制人身自由的行政处罚权只能由公安机关行使”修改为“限制人身自由的行政处罚权只能由公安机关和法律规定的其他机关行使”，明确规定法律规定的其他机关也可以行使限制人身自由的行政处罚权，有助于将国家安全机关依据国家安全法实施限制人身自由的行政处罚纳入法律法规中来，反映了行政处罚权实施的客观情况。

【相关规定】

《中华人民共和国国家安全法》第四十二条。

第十九条　【授权实施行政处罚】法律、法规授权的具有管理公共事务职能的组织可以在法定授权范围内实施行政处罚。

【条文主旨】

本条是关于授权实施行政处罚一般制度的规定，规定了授权的依据、授权的对象和授权实施行政处罚的基本规则。

【立法背景】

本条内容与原行政处罚法第十七条一致，只是因为2021年行政处罚法条款增多而成为新修订的行政处罚法第十九条。本条的立法背景有二：一是行政管理的社会化，即人们逐渐认识到，实施行政处罚不能仅仅通过行政机关来完成，行政机关以外的其他行政组织或社会组织，也应当在特殊情况下成为行政处罚的实施主体、发挥其在行政管理中的独特优势。二是在1996年制定行政处罚法时，我国在一些领域“政企合一”的现象还比较突出，在烟草、铁路等“政企合一”的领域实施行政处罚，还需要通过相关国有企业来实施，因此也需要本条规定授权国有企业实施行政处罚。

【条文释义】

本条规范含义主要是规定了授权实施行政处罚的基本规则，具体有如下要点需要理解和掌握：

一、谁能授权

根据本条规范的内容，只有法律、法规才能授权。根据立法法的规定，在我国，能够制定法律、法规的机关有全国人大及其常委会、国务院、省（自治区、直辖市）和设区的市（自治州）人大及其常委会，因此只有全国人大及其常委会、国务院、省（自治区、直辖市）和设区的市（自治州）人大及其常委会才能授权其他组织实施行政处罚。地方各级政府无权授权其他组织实施行政处罚。

二、谁能被授权

由于行政处罚是对公民、法人或其他组织权利义务影响较大的行政行为，而且是专门对公民、法人或其他组织权利义务造成不利影响的行政行为，因此不是什么组织都能被授权实施行政处罚。能够获得授权实施行政处罚的组织，必须为具有管理公共事务职能的组织。这里有以下要点需要强调：

首先，被授权实施行政处罚的组织不能是行政机关。如果有法律法规依据，行政机关实施行政处罚权是依据行政处罚法第十七条，而不是第十九条。本条立法的宗旨不是解决行政机关的职权问题，而是解决行政机关以外的其他组织的行政处罚实施权问题。因此，行政机关不能成为行政处罚实施权的授权对象。

其次，行政机关以外的其他组织必须具有管理公共事务的职能，才能被授权。如何判断一个组织是否具有管理公共事务的职能？对此仍然需要由法律、法规加以明确规定。比如，《中华人民共和国律师法》第四十六条规定，律师协会应当履行“保障律师依法执业，维护律师的合法权益”“组织管理申请律师执业人员的实习活动，对实习人员进行考核”“对律师、律师事务所实施奖励和惩戒”等职责，因此律师协会就是具有管理公共事务职能的组织。再如，《中华人民共和国工会法》第六条规定，“维护职工合法权益是工会的基本职责……”，工会组织就成为具有管理公共事务职能的组织。因此，特定组织要想通过授权成为行政处罚实施主体，必须得到法律法规的“双重授权”，首先要有法律法规授权其具有管理公共事务的职能，其次还要有法律法规授权其实施具体的行政处罚。

最后，判断一个组织是不是具有管理公共事务职能的组织，关键看其是否有法律、法规授予其管理公共事务的职能。只要法律法规授予其管理公共事务的职能，无论是营利法人还是非营利法人，无论是事业单位、社会团体、基金会还是企业，都可以因法律、法规对具体行政处罚实施权的授权，而成为行政处罚的实施主体。

三、通过何种方式授权

有权授权其他组织实施行政处罚的机关，也就是有权制定法律法规的机关也不可以一纸通知就实施授权，授权本身必须符合法定形式：

第一，必须通过制定（修改）法律、法规实施授权。有权制定法律法规的机关，必须通过制定（修改）法律、法规的方式实施授权。有权制定法律、法规的机关有权实施授权，但这个权力的行使也要依法。有权制定法律、法规的机关不能仅仅通过一个通知方式将行政处罚实施权授权给具有管理公共事务职能的组织，必须通过制定（修改）法律、法规的方式实施授权。因此，合法的授权必须是规定在法律、法规之中，而不是法律、法规之外的规章或其他规范性文件。

第二，必须在法律法规中通过具体条款明确授权。在司法实践中，诸多典型案例已经表明，行政处罚必须有法律、法规的具体明确依据。法律、法规、规章中将特定领域行政管理权概括性地授权给其他组织，不被视为行政处罚实施权的授权。授权应当在法律、法规中进行具体规定，即明确规定特定行政处罚实施权归由何组织实施。

四、被授权组织实施行政处罚的基本规则

首先，应当在法定授权范围内实施。尽管只有法律、法规才能授权其他组织实施行政处罚，但是这里的“法定范围”不仅指法律、法规限定的范围，也包括规章限定的范围。因为有一些行政处罚权是规章设定的，而法律、法规可以授权其他组织实施此类行政处罚。这里的“法定范围”，不仅仅指行政处罚的种类、幅度、裁量基准等，也包括行政处罚的程序。

其次，应当以自己的名义实施行政处罚。被授权实施行政处罚的组织，应当以自己的名义实施行政处罚。因为法律、法规的授权，本身具有创设性，其将权力授予其他组织，也就意味着这些组织自己拥有了行政处罚实施权。对自己拥有的行政处罚实施权，就要以自己的名义实施。

最后，应当独立承担实施行政处罚的法律后果。以自己的名义实施、自己承担责任，是“一个硬币的两个方面”，相辅相成。被授权实施行政处罚的组织，如果在实施过程中侵犯了公民、法人或其他组织的权益，被提起行政复议或行政诉讼，也要以自己的名义独立参加行政复议和行政诉讼，独立承担复议和诉讼的法律后果。根据《最高人民法院关于适用〈中华人民共和国行政诉讼法〉的解释》第二十条的规定，被授权组织超出法定授权范围实施行政行为，当事人不服提起诉讼的，应当以实施该行为的机构或者组织为被告。

五、被授权实施行政处罚的常见类型

第一，法律、法规授权事业单位实施行政处罚。比如，《中华人民共和国学位条例》第十七条规定，“学位授予单位对于已经授予的学位，如发现有舞弊作伪等严重违反本条例规定的情况，经学位评定委员会复议，可以撤销”。根据学位条例，学位授予单位主要是事业单位属性的高等教育机构和科研院所。因此，这些事业单位根据学位条例拥有撤销学位的行政处罚实施权。

第二，法律、法规授权群团组织实施行政处罚。群团组织是人民团体和群众团体的简称，在我国具有专门的含义和指代范围。在我国法律体系中，一些群团组织也被法律、法规授权实施行政处罚。比如《中华人民共和国妇女权益保障法》第五十四条第二款规定，“妇女联合会或者相关妇女组织对侵害特定妇女群体利益的行为，可以通过大众传播媒介揭露、批评”，就是授权妇联实施行政处罚中的“通报批评”处罚。

第三，法律、法规授权行政机关内设机构、派出机构实施行政处罚。行政内设机构、派出机构因为不具有独立法人资格，而不是行政机关，因此无法依据行政处罚法第十七条实施行政处罚。但在实践中，行政内设机构和派出机构会因为法律法规的授权实施行政处罚。比如《中华人民共和国治安管理处罚法》第九十一条规定，“治安管理处罚由县级以上人民政府公安机关决定；其中警告、五百元以下的罚款可以由公安派出所决定”，即授权公安派出所实施警告、500 元以下罚款的行政处罚。《最高人民法院关于适用〈中华人民共和国行政诉讼法〉的解释》第二十条规定，“法律、法规或者规章授权行使行政职权的行政机关内设机构、派出机构或者其他组织，超出法定授权范围实施行政行为，当事人不服提起诉讼的，应当以实施该行为的机构或者组织为被告”。这条规定将行政机关内设机构、派出机构和其他组织并列，意味着行政机关内设机构、派出机构在实施行政行为时的法律地位与其他组织是同一性质。

第四，法律、法规授权社会组织实施行政处罚。这里的社会组织包括社会团体、基金会、社会服务机构等。比如《中华人民共和国律师法》第四十六条规定，律师协会有权对律师、律师事务所实施奖励和惩戒。这里的惩戒权属于行政处罚权，律师协会依法授权实施行政处罚。

第五，法律、法规授权企业实施行政处罚。随着政企分离改革的全面开展，我国“政企合一”的领域已经少之又少，因此法律、法规授权企业实施行政处罚的情形也比较少。但在市政管理等领域，仍存在法律法规授权企业实施行政处罚的情形。比如《上海市轨道交通管理条例》第四条第二款规定，“市人民政府确定的轨道交通企业具体负责本市轨道交通的建设和运营，并按照本条例的授权实施行政处罚”；第四十九条第一款规定，“违反本条例第三十条第三款，冒用他人证件乘车的，由轨道交通企业处五十元以上五百元以下罚款”，就是法律、法规授权企业实施行政处罚的情形。

【相关规定】

《中华人民共和国律师法》第四十六条；《中华人民共和国妇女权益保障法》第五十四条；《中华人民共和国治安管理处罚法》第九十一条；《中华人民共和国学位条例》第十七条；《上海市轨道交通管理条例》第四条、第四十九条；《最高人民法院关于适用〈中华人民共和国行政诉讼法〉的解释》第二十条。

第二十条　【委托实施行政处罚】行政机关依照法律、法规、规章的规定，可以在其法定权限内书面委托符合本法第二十一条规定条件的组织实施行政处罚。行政机关不得委托其他组织或者个人实施行政处罚。

委托书应当载明委托的具体事项、权限、期限等内容。委托行政机关和受委托组织应当将委托书向社会公布。

委托行政机关对受委托组织实施行政处罚的行为应当负责监督，并对该行为的后果承担法律责任。

受委托组织在委托范围内，以委托行政机关名义实施行政处罚；不得再委托其他组织或者个人实施行政处罚。

【条文主旨】

本条是关于行政处罚实施权委托制度的一般规定，规定了委托实施行政处罚权的基本规则。

【立法背景】

委托实施行政处罚制度在行政处罚法最初制定颁布时就有规定，已经成为行政处罚制度不可或缺的内容。2021 年新修订的行政处罚法，主要是对委托实施行政处罚制度进行了完善，明确了委托实施行政处罚必须采用书面协议方式，并对委托协议的基本内容和委托协议的公开制度进行了规定。

当前，对委托实施行政处罚制度完善的立法背景是，随着行政体制改革的深化，尤其是对行政编制越来越严格的控制，相当多的行政机关不得不通过“外包”的方式利用各种社会资源实现行政任务。委托其他组织实施行政处罚，或将行政处罚中部分环节委托给其他组织，越来越普遍。但这种委托背后也蕴含着行政处罚实施权失控的风险、蕴含着“权力寻租”和腐败的风险。为此，需要对委托实施行政处罚制度进行完善，核心要旨就是加强对委托权行使全过程的控制。

【条文释义】

本条包含以下几方面要点：

一、谁能委托

不是所有的组织都能委托其他组织实施行政处罚，能委托其他组织实施行政处罚的，必须具备以下要件：

（一）必须是行政机关

只有行政机关才能委托其他组织实施行政处罚，除了行政机关以外，行政机关内设机构、派出机构、经法律法规授权实施行政处罚的组织等，都无权委托其他组织实施行政处罚。

（二）必须是拥有行政处罚实施权的行政机关

不是所有的行政机关都拥有行政处罚实施权。自己没有行政处罚实施权的行政机关，自然也无权委托其他组织实施行政处罚。这里的“拥有行政处罚实施权”是指经过法律、法规的规定，自身具有行政处罚实施权的行政机关，不是经过授权拥有行政处罚实施权的机关。因此，基于法律、法规授权拥有行政处罚实施权的行政机关内设机构、派出机构，无权将自己的行政处罚实施权委托给其他组织实施。

二、谁能被委托

被委托的组织必须是符合行政处罚法第二十一条规定的组织，即依法成立并具有管理公共事务职能；有熟悉有关法律、法规、规章和业务并取得行政执法资格的工作人员；需要进行技术检查或者技术鉴定的，应当有条件组织进行相应的技术检查或者技术鉴定。对此，下文在针对行政处罚法第二十一条进行释义时会具体阐述，在此不赘述。

三、依据何种依据委托

有权委托其他组织实施行政处罚的机关，也不是想委托就委托，必须有法律、法规和规章的依据。这里的“有法律、法规和规章的依据”，应当是法律、法规和规章中明确授权有关行政机关可以将行政处罚实施权委托给其他机关行使。比如，《中华人民共和国基本医疗卫生与健康促进法》第九十四条规定，“县级以上地方人民政府卫生健康主管部门及其委托的卫生健康监督机构，依法开展本行政区域医疗卫生等行政执法工作”。根据该条的规定，县级以上人民政府就有权委托卫生健康监督机构实施相关行政处罚。

可以看出，委托实施行政处罚的上位法依据相对较多，依据规章的规定也能进行委托。不仅如此，授权实施行政处罚必须由法律、法规明确规定，而委托实施行政处罚只要法律、法规、规章规定可以委托即可，无须在条文中指明“委托行政处罚实施”。这是因为在委托关系中，受托组织仍旧以委托主体的名义实施行政处罚，其实施行政处罚的法律后果也归于委托主体，相关行政处罚实施权并没有移转给受托组织，因此对其的法律控制相较于授权实施行政处罚的情形更宽松。

四、以何种方式委托

根据行政处罚法第二十条的规定，有权机关委托其他组织实施行政处罚，必须满足以下形式要件：

首先，必须通过书面委托书方式委托。书面委托书就是书面委托协议，是记录委托主体和受托方之间的委托关系的书面形式。这里的“书面”不仅仅指“纸面”，电子协议等方式也是书面。这里强调“书面”的核心要旨是禁止口头委托。

其次，书面委托书必须载明委托的具体事项、权限、期限等内容。书面委托书中对具体事项、权限、期限三要素的载明，是书面委托书的法定必备要件，不具备这三要素的委托书无效。书面委托书对具体事项、权限、期限三要素的载明，必须具体、明确，最大限度地减少模糊空间。记载严重模糊的，视为没有记载。因为本条在列举了具体事项、权限、期限三要素之后采用了“等”字，意味着委托书中必须载明的事项也不仅仅是具体事项、权限、期限三要素。新的要素有赖于执法与司法实践的进一步探索。一般认为，与具体事项、权限、期限三要素法律地位类似的其他要素，也必须载明，比如委托方和受托方，也是必须载明的要素。

最后，委托书应当公开，委托行政机关和受委托组织应当将委托书向社会公布。这一规定有两个要点：一是委托方和受托方都有义务公开委托书，不仅仅乙方有义务，双方均有义务；二是公开的范围是“社会”，不能仅仅向利害关系人公开，要向全社会公开。

五、委托的法律后果

有权机关将行政处罚实施权委托给受托组织实施，并不意味着行政处罚实施权的移转，受托组织并不会因为接受委托拥有行政处罚实施权。因此，委托关系呈现如下特点：

第一，受托组织不能以自己的名义实施行政处罚，只能以委托方的名义实施行政处罚。因为受托组织没有获得行政处罚的实施权，所以不能以自己名义实施行政处罚。受托组织相当于委托机关“四肢”的延伸，行政处罚实施权的“大脑”和“心脏”仍旧在委托方。

第二，委托方就受托组织在实施行政处罚过程中的行为承担法律后果，受托方不直接承担受托实施行政处罚过程中行为的法律后果。但根据委托书和委托协议，委托组织在承担法律责任之后，可以根据委托书和委托协议向受托组织追偿。

第三，委托方在行政复议和行政诉讼中成为行政复议被申请人和行政诉讼被告。行政诉讼法第二十六条规定，“行政机关委托的组织所作的行政行为，委托的行政机关是被告”。受托组织不以自己名义实施行政处罚、不直接承担实施行政处罚过程中行为的法律后果，自然不适合担任行政诉讼被告和行政复议的被申请人。在行政复议和行政诉讼中，被申请人和被告只能是委托方。

六、禁止“转委托”

所谓“转委托”，是指受托方将委托事项再次委托给第三方的行为。无论在民法还是行政法领域，“转委托”都受到严格控制。因为委托关系是基于委托方对受托方的信任产生的法律关系，受托方将委托事项再次委托给第三方会使得委托方的信任落空。在行政法领域，这种委托关系涉及国家行政权的行使，更要慎重。因此行政处罚法明确规定，受托组织不得再委托其他组织或者个人实施行政处罚。

七、对受托方的监督

在行政处罚实施权的委托关系中，一方面受托方成为行政处罚实施主体，另一方面受托方又不直接承担行政处罚实施过程中的法律后果。因此，必须加强对受托方的监督。加强对受托方监督的主体，首当其冲的就是委托方。毕竟委托方是对受托方实施行政处罚行为的法律后果直接承受者。因此，行政处罚法明确规定，委托行政机关对受委托组织实施行政处罚的行为应当负责监督。

八、委托实施行政处罚的常见类型

根据现行法律、法规、规章的规定，委托实施行政处罚主要分为以下几种情形：

（一）委托其他行政机关实施行政处罚

委托其他行政机关实施行政处罚，主要发生在上下级行政机关之间，是简政放权改革的一种方式。比如，根据《广东省人民政府关于调整实施一批省级权责清单事项的决定》（广东省人民政府令第270号）和《广东省商务厅 广东省市场监督管理局关于做好省级行政处罚事项承接工作的通知》（粤商务法函〔2020〕7号）要求，广东省云浮市市场监督管理局发布《云浮市市场监督管理局关于承接省级商务行政处罚委托事项的公告》，接受广东省商务厅的委托实施33项行政处罚。再如，当前很多地方都探索将县级以上人民政府及其主管部门实施的行政处罚权委托给街道办事处、乡镇人民政府实施，产生了大量委托给街道办事处、乡镇人民政府实施行政处罚的现象。值得注意的是，此类委托和行政处罚法第二十四条规定的性质完全不同[①]，后者规定的是授权实施行政处罚的一种形式，不可混淆。

（二）委托行政内设机构、派出机构实施行政处罚

在行政管理实践中，委托行政机关内设机构、派出机构实施行政处罚的情形也比较多，尤其是委托派出机构实施行政处罚。这里的派出机构，常见的是各类“新区管委会”。因为各类“新区管委会”的法律地位不明确、难以成为派出机关，只能以派出机构的形式存在，不属于行政机关，不能拥有自己的行政处罚实施权。但此类派出机构实际上已经成为类似于派出机关的“一级政府”，也不能任其在法外行使权力。为解决这个问题，很多地方不得不通过委托实施行政处罚的方式解决这些派出机构行使处罚权的合法性问题。比如，根据《国务院办公厅关于促进开发区改革和创新发展的若干意见》（国办发〔2017〕7号）、《江西省开发区条例》、《中共江西省委江西省人民政府关于促进开发区改革和创新发展的实施意见》（赣发〔2017〕30号）和《中共南昌市委南昌市人民政府关于促进开发区改革和创新发展的实施意见》（洪发〔2018〕14号）要求，南昌市人民政府颁布《关于公布委托南昌经开区行使的行政处罚事项的通知》《委托南昌经开区（含南昌临空经济区）行使的市级行政处罚事项清单》《委托南昌经开区（含南昌临空经济区）行使的县级行政处罚事项清单》，决定委托南昌经开区（含南昌临空经济区）行使10项市级和115项县级行政处罚事项。考虑到实际情况，《最高人民法院关于适用〈中华人民共和国行政诉讼法〉的解释》第二十一条规定：“当事人对由国务院、省级人民政府批准设立的开发区管理机构作出的行政行为不服提起诉讼的，以该开发区管理机构为被告；对由国务院、省级人民政府批准设立的开发区管理机构所属职能部门作出的行政行为不服提起诉讼的，以其职能部门为被告；对其他开发区管理机构所属职能部门作出的行政行为不服提起诉讼的，以开发区管理机构为被告；开发区管理机构没有行政主体资格的，以设立该机构的地方人民政府为被告。”这条规定可以视为最高人民法院通过司法解释的方式为此类委托的行政诉讼被告问题作出了特殊规定，是改革过程中的临时性措施。彻底解决这个问题，还需要通过法律修改明确各类开发区、新区管委会的法律地位。

（三）委托事业单位、社会组织和机构实施行政处罚

委托事业单位、社会组织和机构实施行政处罚也是一种常见的委托实

---

① 行政处罚法第二十四条规定，省、自治区、直辖市根据当地实际情况，可以决定将基层管理迫切需要的县级人民政府部门的行政处罚权交由能够有效承接的乡镇人民政府、街道办事处行使，并定期组织评估。决定应当公布。

施行政处罚的情形。比如，《机动车维修管理规定》第三十五条第二款规定，“道路运输管理机构可以委托具有法定资格的机动车维修质量监督检验单位，对机动车维修质量进行监督检验”。根据这条规定，道路运输管理机构可以委托具有法定资格的机动车维修质量监督检验单位就实施对机动车维修经营者使用假冒伪劣配件维修机动车，或承修已报废的机动车或者擅自改装机动车的处罚。在实践中，一些执法机构从名称上看似乎是行政机构，但实际上是事业单位编制，因此委托这些机构实施行政处罚，也属于委托事业单位实施行政处罚。比如，甘肃省交通厅颁布《关于委托省交通基建工程质量监督站实施公路工程质量监督行政处罚权的通知》（甘交政法〔2011〕29 号），将原本属于甘肃省交通厅行使的处罚权委托给甘肃省交通基建工程质量监督站行使。甘肃省交通基建工程质量监督站属于事业单位，而非行政机关或行政机关内设机构、派出机构。

【相关规定】

《中华人民共和国行政诉讼法》第二十六条；《中华人民共和国基本医疗卫生与健康促进法》第九十四条。

第二十一条　【受托组织的条件】受委托组织必须符合以下条件：

（一）依法成立并具有管理公共事务职能；

（二）有熟悉有关法律、法规、规章和业务并取得行政执法资格的工作人员；

（三）需要进行技术检查或者技术鉴定的，应当有条件组织进行相应的技术检查或者技术鉴定。

【条文主旨】

本条是关于受托组织资格的规定，是对行政处罚法第二十条规定的补充。

【立法背景】

本条是从原行政处罚法第十九条修改而来。本次对原行政处罚法第十九条的修改，主要基于两个背景：

第一，行政执法资格制度已经全面实施。在这种情况下，受托组织相关执法人员也要具备行政执法资格。行政处罚法 1996 年颁布之后，2004 年国务院印发《全面推进依法行政实施纲要》，明确要求“建立健全行政执法主体资格制度……没有取得执法资格的不得从事行政执法工作”。2014 年中国共产党十八届四中全会通过的《中共中央关于全面推进依法治国若干重大问题的决定》，要求“严格实行行政执法人员持证上岗和资格管理制度，未经执法资格考试合格，不得授予执法资格，不得从事执法活动”，对行政执法资格制度进行了更具体、更刚性的要求。2015 年中共中央、国务院印发的《法治政府建设实施纲要（2015—2020 年）》也规定：“2016 年年底前，各地区各部门对行政执法人员进行一次严格清理，全面实行行政执法人员持证上岗和资格管理制度，未经执法资格考试合格，不得授予执法资格，不得从事执法活动。”中共中央印发的《法治中国建设规划（2020—2025 年）》同时规定：“推进统一的行政执法人员资格和证件管理、行政执法文书基本标准、行政执法综合管理监督信息系统建设。”如今，经过多年的制度建设和实践，我国行政执法人员资格制度已经基本成型。在这种情况下，本次行政处罚法的修改就是这一法治政府建设成果的体现。

第二，事业单位改革持续深化。随着事业单位改革的推进，一些事业单位已经转为企业和社会团体，不再具有事业单位的身份和编制。我国对保留下来的事业单位的管理，也逐渐规范化、严格化，对事业编制的控制也越来越严格。在这种情况下，如果还将受托组织严格限定在事业单位组织，不利于全面发挥委托实施行政处罚制度的功能。因此，本次修改删去了这一限制。

【条文释义】

本条款规范含义比较清晰，主要是受托组织资格的规定。具体而言，受托组织必须具备以下条件才能成为委托实施行政处罚的受托方。

一、依法成立并具有管理公共事务职能

受托组织应当依法成立，并具有管理公共事务职能。值得注意的是，这是两个并列的条件，不是一个条件。考虑到特定组织具有管理公共事务的职能，也都是依法确定的，因此本条包含两个“依法”：一是必须依法成立；二是必须依法具有管理公共事务的职能。所依之“法”应该包括法律、法规、规章。值得注意的是，在行政处罚法第十九条关于授权实施行政处罚制度的规定中也出现了“具有管理公共事务职能的组织”的概念，两个“具有管理公共事务职能的组织”的概念有所不同。其中，行政处罚法第十九条关于授权实施行政处罚制度规定中的“具有管理公共事务职能的组织”应该是依据法律、法规成立并依据法律、法规规定具有管理公共事务职能的组织。而行政处罚法第二十一条关于委托实施行政处罚制度中的“具有管理公共事务职能的组织”应该是依据法律、法规、规章成立并依据法律、法规规定具有管理公共事务职能的组织。由此可见，授权实施行政处罚制度需要法律法规规定才可实施，而委托实施行政处罚实施制度只需要规章以上规定即可实施。授权和委托的法律后果不一样，因此合法性控制的强度也有所不同。

原行政处罚法规定为“依法成立的管理公共事务的事业组织”，本次修订删去了“事业组织”的限定，意味着不仅事业单位可以成为委托实施行政处罚的受托方，其他社会组织乃至企业，也可以在有法律、法规、规章依据的情况下成为委托实施行政处罚的受托方。企业成为受托方的情况很少。

二、有熟悉有关法律、法规、规章和业务并取得行政执法资格的工作人员

本条是关于受托组织人员资格的规定，其亮点是突出必须具备取得行政执法资格的工作人员。我国行政执法人员资格制度已经建立并运行多年了，但关于行政执法人员的范围一直存在争议。有的认为只有行政编制人员才能参加行政执法人员资格培训考试，获得行政执法人员资格；有的认为只有行政编制和事业编制的人员才能参加行政执法人员资格培训考试，获得行政执法人员资格。但从本条规定看，能够参加行政执法人员资格培训考试并获得行政执法人员资格的人应当不限于行政编制内人员和事业编制内人员。既然要求其他组织必须具备取得行政执法资格的工作人员，就要允许其他组织人员参加行政执法人员资格培训考试并获得行政执法人员资格，否则其他组织只能从行政执法机关招募已经取得行政执法资格的工作人员完成受托工作，这显然是不现实的。因此，本条规定实际上也在倒逼行政执法人员资格制度改革，要求这个制度增强开放性，这也有利于更多的懂法律、懂科学、懂业务的公民获得行政执法人员资格，增强行政执法的力量。

三、需要进行技术检查或者技术鉴定的，应当有条件组织进行相应的技术检查或者技术鉴定

本条是关于受托方技术能力的要求。原行政处罚法相应规定为“对违法行为需要进行技术检查或者技术鉴定的，应当有条件组织进行相应的技术检查或者技术鉴定”。本次修改删除了“对违法行为”的限定，更加科学合理。从实践中看，将行政处罚中技术性较强的工作委托给专业机构完成，是建立委托实施行政处罚制度的主要初衷之一。值得注意的是，这里所说的技术能力，必须是受托组织自己具备相应的技术能力，可以自主实施相关技术检查和技术鉴定。受托组织不能再将相关技术工作委托给其他专业机构，因为这样就违反了“禁止转委托”的规则。

【相关规定】

《中共中央关于全面推进依法治国若干重大问题的决定》；《法治政府建设实施纲要（2015—2020 年）》；《法治中国建设规划（2020—2025 年）》。

案例评析

行政机关内设机构无法律法规授权不能对外作出处罚决定

——彭某诉甲市国土资源监察大队土地行政处罚案①

【案情简介】

1997 年 12 月 15 日，甲市政府批复同意将 995 亩土地划拨给彭某所办的乙科技示范农场（以下简称农场）进行农业综合开发，开发期三年。2004 年 12 月 7 日，被告公告注销该土地开发许可证。2006 年 9 月至 10 月期间，原告彭某持过期的土地开发证雇人开发荒地 874.35 亩。同年 10 月 18 日，甲市国土资源监察大队立案调查，并于 2007 年 6 月 28 日以监察大队名义作出《土地行政处罚决定书》，决定收回非法开垦的 874.35 亩土地，处以 87435 元人民币罚款。彭某对此提起行政诉讼。

法院经审理判决，本案有权作出行政处罚的行政主体是甲市国土资源局，甲市国土资源局土地监察大队是甲市国土资源局内设机构，在没有法律、法规授权的情况下无权对外作出行政处罚决定。

---

① 参见最高人民法院行政审判庭编：《中国行政审判案例（第四卷）》，中国法制出版社 2012 年版，第 155 页。

【专家评析】

本案是关于行政处罚实施主体的典型案例。正如本书相关条款释义所述，能够成为行政处罚实施主体的要么是行政机关，要么是法律法规授权的其他组织，包括法律法规授权的行政机关内设机构、派出机构和其他组织。本案中，根据2004年《中华人民共和国土地管理法》第七十六条的规定，行政处罚的实施机关是县级以上人民政府土地行政主管部门，也就是县级以上国土资源局（如今的自然资源局等）。国土资源局下设的土地监察大队，作为行政机关的内设机构，除非获得法律法规授权，否则不能成为行政处罚的实施主体，只能在行政处罚中经办相关事务，但对外必须以法律法规授权的国土资源局名义作出决定。

设立综合行政执法主体之后
原执法主体不应再拥有行政处罚实施权

——甲银行乙支行诉丙市丁区版权局行政处罚案①

【案情简介】

中央编办于2002年9月17日下发了《关于清理整顿行政执法队伍实行综合行政执法试点工作的意见》，同年10月11日国务院办公厅转发了中央编办该工作意见。该工作意见的主要内容是，要改变多头执法的状况，组建相对独立、集中统一的行政执法机构。同时明确经批准成立的综合行政执法机构，具有行政执法主体资格。2011年6月21日，根据上级机构改革精神，丙市丁区人民政府办公室印发文件，经丁区人民政府批准，设立丙市丁区文化市场综合执法大队，明确其查处计算机软件等文化市场违法行为的职责。

2013年5月22日，丙市丁区文化市场综合执法大队的执法人员在对甲银行乙支行进行相关检查时，发现该行办公电脑装配的操作系统属于盗版系统。次日，丁区文化市场综合执法大队以书面的形式，通知甲银行乙支行3日内提供相关软件作品的合法来源及相关授权证明。乙支行到庭审时未能提供上述软件的合法来源及相关授权证明。2013年9月16日，被告丁区版权局作出行政处罚决定书，责令该行立即停止侵权行为，并处罚款32000元。该行不服，遂于2013年12月13日向法院提起行政诉讼，要求法院判决撤销被告的处罚决定书。

---

① 参见张效羽：《行政法视角下的法治思维》，国家行政管理出版社2020年版，第62~65页。

法院判决认为，丁区版权局作出的行政处罚决定，属于超越职权的行政行为。首先，依据国办和中央编办的文件精神，设立行政综合执法机构的目的，就是要改变多头执法的乱象问题。经丁区编办审核，丁区人民政府批准设立的丁区文化市场综合执法大队，具有独立的文化市场综合执法的主体资格，丁区文化行政机关执法权划归到文化市场综合执法大队集中统一行使，丁区版权局便剥离了版权方面的执法权，只享有管理权。其次，依据丁区人民政府办公室相关文件内容，丁区版权局与丁区文化市场综合执法大队不是上下隶属关系，丁区文化市场综合执法大队也不是丁区版权局的派出机构。故丁区版权局不能行使丁区文化市场综合执法大队的职责。

【专家评析】

本案是一个行政综合执法改革背景下的新型案例，本案背后的法理基础在于对行政综合执法改革的理解。改革开放之后，随着社会主义法律体系的健全以及市场经济思维的深入人心，人们逐渐认识到人民政府主要的职能是执行法律，而不是全面管理社会经济事务，政府管理社会经济事务也必须以法律为依据、以执行法律的形式表现出来。据此，我国的行政在整体上已初步实现了由“管理型”到“执法型”的转变，行政管理在很大程度上转化为行政执法。①

根据行政综合执法改革的本意，在行政综合执法改革完成后，行政执法机关的执法权限已经出现较大的调整，行政处罚权、行政许可权、行政强制权都会进行重新分配，在这种情况下，如果还按照原先的职权划分行使行政职权，就属于超越职权。

高新区管委会及其部门受托实施行政处罚的法律认定

——曾某诉甲高新区综合执法局行政处罚案②

【案情简介】

2018 年 6 月 25 日，甲高新区综合执法局向行政相对人曾某送达《乙市城市管理行政执法责令限期改正通知书》，载明“你（单位）于 2006 年在高新区建设的行为，违反了《中华人民共和国城乡规划法》第四十条的

---

① 姜明安主编：《行政执法研究》，北京大学出版社 2004 年版，第 5 页。

② 参见湖北省襄阳高新技术产业开发区人民法院（2018）鄂 0691 行初 16 号行政裁定书。

规定，依据《中华人民共和国城乡规划法》第六十四条的规定，现责令你（单位）于三日内自行改正”。右下方为“乙市城市管理执法局”，盖章为“乙市城市管理执法局行政执法专用章（高新区）”。曾某认为该限期改正通知书违法，诉至甲高新区人民法院。

法院查明，根据《乙市机构编制委员会关于组建甲高新区行政审批局、市场监督管理局、综合执法局的指导意见》，甲高新区综合执法局是甲高新区管委会的直属事业单位。甲高新区综合执法局成立后，受托行使乙市城市管理执法局相关执法权，加盖“乙市城市管理执法局行政执法专用章（高新区）”。

《中华人民共和国行政诉讼法》第二十六条规定，“行政机关委托的组织所作的行政行为，委托的行政机关是被告”。本案中的《乙市城市管理行政执法责令限期改正通知书》中加盖的公章明确为乙市城市管理执法局，因此本案行政主体是乙市城市管理执法局，应当以乙市城市管理执法局为被告。法院于2018年11月6日、12月24日两次明确告知曾某变更被告，曾某表示不同意变更，法院依法裁定驳回曾某的起诉。

【专家评析】

本案的核心问题是关于高新区管委会及其部门的法律地位问题。改革开放以来，各地纷纷成立各类开发区、试验区、高新区等，并在这些新区设立管理委员会，作为新区的行政管理机关。从实践中看，此类管委会的职能相当于一级政府，类似于上级人民政府的派出机关。但是《中华人民共和国地方各级人民代表大会和地方各级人民政府组织法》对派出机关设定的控制程序规定得很严格，规定“省、自治区的人民政府在必要的时候，经国务院批准，可以设立若干派出机关”。据此，很多地方的新区管委会，都无法获得派出机关的法律地位，无法成为行政主体。为了解决行政执法的实际需要，各地政府纷纷采用委托执法、委托实施行政处罚的方式，委托管委会及其部门实施相关行政处罚。

采取委托实施行政处罚的方式使得各类管委会及其部门得以实施行政处罚，满足了实际需求，但也只能是“权宜之计”。从管委会的实际作用看，也应当令其就实施行政处罚等执法事项发生的法律后果独立承担责任。为此，《最高人民法院关于适用〈中华人民共和国行政诉讼法〉的解释》第二十一条规定：“当事人对由国务院、省级人民政府批准设立的开发区管理机构作出的行政行为不服提起诉讼的，以该开发区管理机构为被告；对由国务院、省级人民政府批准设立的开发区管理机构所属职能部门作出的行政行为不服提起诉讼的，以其职能部门为被告；对其他开发区管理机构所属职能部门作出的行政行为不服提起诉讼的，以开发区管理机构为被告；开发区管理机构没有行政主体资格的，以设立该机构的地方人民政府为被告。”这条规定实际上承认经国务院或省级人民政府批准设立的开发区、新区等管委会具有行政主体地位，可以独立地行使行政处罚权或其他执法权。

从本案事实看，甲高新区是经湖北省委、省政府批准设立的新区，因此应当适用《最高人民法院关于适用〈中华人民共和国行政诉讼法〉的解释》第二十一条。但本案又存在一个问题，即甲高新区综合执法局本身属于事业单位，不是行政机关或行政机构。根据行政处罚法的规定，事业单位要想获得实施行政处罚的权力、以自己的名义独立实施行政处罚，必须获得法律、法规的授权。本案甲高新区综合执法局没有获得法律、法规的授权，仍旧只能通过委托实施行政处罚权的方式实施行政处罚。因此，本案真正的行政主体，是乙市城市管理执法局，也应当以乙市城市管理执法局为被告。接下来随着行政执法体制改革的推进，应当尽快明确高新区综合执法局的行政机关地位。

第四章　行政处罚的管辖和适用

第二十二条　【地域管辖】行政处罚由违法行为发生地的行政机关管辖。法律、行政法规、部门规章另有规定的，从其规定。

【条文主旨】

本条是关于行政处罚地域管辖的规定。

【立法背景】

本次修法将原行政处罚法第二十条关于行政处罚管辖的规定进行了细分，在新法的第二十二条规定了行政处罚的地域管辖，在第二十三条规定了行政处罚的职能管辖与级别管辖。本条是关于行政处罚地域管辖的规定，同时明确法律、行政法规、部门规章有权对行政处罚地域管辖的连接点进行特别规定。

违法行为发生地原则是行政处罚确定地域管辖的基本原则。自行政处罚法颁布实施以来，行政处罚关于地域管辖的规定一直遵循违法行为发生地原则。立法者一直在纠正和制止行政执法违法行为与提高执法效率之间寻求平衡。“违法行为发生地”是所有违法行为的必备要素，设立统一的地域管辖规则有利于在全国范围内提高行政效率，降低执法成本，防止职权冲突。

扩大行政处罚地域管辖的设定权是回应执法实践的现实需要。此次修订明确了部门规章有权设定行政处罚的地域管辖权，对行政处罚地域管辖的连接点作出具体规定，扩大了规章的权力。从执法实践来看，主要原因有二：一是增强不同行政管理领域中，行政处罚地域管辖原则适用的合理性，避免对行政处罚地域管辖的连接点作出“一刀切”式的规定，有利于行政执法实践灵活适用地域管辖的规则，同时提高执法效率。二是解决属地管辖原则不能有效应对网络行政处罚案件的问题。在网络行政处罚案件中，行政机关面临着“网络无界”与“行政有界”的根本矛盾，“违法行为发生地”在网络世界中不再具有单一确定性，复杂的社会现实情况已经超越了本条的调整范围，亟须通过修订法律对社会的重大变化作出回应。①

【条文释义】

行政处罚权与行政处罚的管辖权分别解决不同性质的权力归属问题。行政处罚权解决的是哪个行政管理部门有行政处罚职能的问题，是职能管辖的体现；行政处罚管辖权解决的是具体由哪个行政机关行使行政处罚权的问题。就行政处罚管辖权的确定，需要在纵向和横向两个层面上确定最终有权行使行政处罚管辖权的具体机关。在纵向上需要明确行政处罚实施机关的级别，是级别管辖的体现；在横向上需要明确行政处罚实施机关的具体地点，是地域管辖的体现。职能管辖是地域管辖的前提，是职权法定原则的要求。行政机关有行政处罚权是确定行政处罚管辖权的前提，管辖权是行政处罚权的进一步落实。②

本条规定的是行政处罚地域管辖的确定规则。地域管辖是指根据行政机关的管理区域确定其实施行政处罚权的地域范围，是横向划分同级人民政府之间及其所属部门在各自管辖区内实施行政处罚的权限分工。③ 行政处罚地域管辖解决的是同级行政机关在各自管辖区域内行政处罚权的横向配置问题。本条对地域管辖的规定以违法行为发生地为一般原则，兼顾其他执法领域的特殊性，允许法律、行政法规、部门规章扩大行政处罚的地域管辖的连接点。地域管辖连接点也会随着法律、行政法规、部门规章的设定逐渐丰富。

根据本条规定，“违法行为发生地”是行政处罚法确立行政处罚地域管辖的一般原则。以违法行为发生地作为确定地域管辖的连接点考虑了以下三方面因素：一是违法行为发生地是违法活动的核心环节，把握违法行为发生地符合查处违法活动的一般规律，有利于有效打击违法活动；二是

---

① 熊樟林：《行政处罚地域管辖权的设定规则——〈行政处罚法（修订草案）〉第21条评介》，载《中国法律评论》2020年第5期。

② 全国人大常委会法制工作委员会国家法、行政法室编著：《〈中华人民共和国行政处罚法〉释义》，法律出版社1996年版，第52页。

③ 吴高盛主编：《〈中华人民共和国行政处罚法〉释义及实用指南》，中国民主法制出版社2015年版，第64页。

调查取证一般都发生在违法行为发生地，有利于降低执法成本，提高执法效率；三是我国行政管理一般都遵循属地管辖原则，有利于行政处罚执法体制的上令下达与各司其职。

所谓违法行为发生地的核心是行为发生地或行为实施地。[①] 违法行为发生地适用起来范围较广，既包括实施违法行为地也包括危害结果发生地，它囊括了行为人实施行政违法行为的全过程，无论违法行为人在其实施违法行为的哪个阶段被发现，都可以立即依法就地给予行政处罚。[②]

除了一般地域管辖之外，本条还规定法律、行政法规、部门规章有权对其他地域管辖的连接点进行设定。本次修法将地域管辖的设定权扩大到了部门规章。部门规章能够有效回应行政处罚执法实践在各个执法领域的迫切需求，并充分兼顾行政执法的合理性，作出适合不同执法领域的具体规定。“法律、行政法规、部门规章另有规定的，从其规定”的新安排，表明本次行政处罚法的修订尊重并肯定了原来由法律、行政法规在地域管辖连接点上已经形成的管辖秩序，并在将来继续允许以上位阶的法律规范作出地域管辖连接点的创设。因地域管辖涉及一国法制统一问题，不宜由地方各自确定，否则会出现各地不一的规定，故地域管辖的设定没有授予地方性法规。

例如，在网络行政处罚案件中，国家网信办的部门规章已经作出探索。《互联网信息内容管理行政执法程序规定》属于国家互联网信息办公室制定的部门规章，该规定第六条对“违法行为发生地”的连接点作出规定，“行政处罚由违法行为发生地的互联网信息内容管理部门管辖。违法行为发生地包括实施违法行为的网站备案地，工商登记地（工商登记地与主营业地不一致的，应按主营业地），网站建立者、管理者、使用者所在地，网络接入地，计算机等终端设备所在地等”。该规定以违法行为发生地为基本原则，考虑到网络违法行为的特点，将违法行为发生地进行扩大解释，其连接点包括：实施违法行为的网站备案地，工商登记地，网站建立者、管理者、使用者所在地，网络接入地，计算机等终端设备所在地。

在公安行政处罚案件中，《公安机关办理行政案件程序规定》第十条第二款在行政处罚地域管辖的连接点上也作出多样化的规定：“违法行为地包括违法行为发生地和违法结果发生地。违法行为发生地，包括违法行为的实施地以及开始地、途经地、结束地等与违法行为有关的地点；违法

---

① 汪永清编著：《行政处罚法适用手册》，中国方正出版社 1996 年版，第 87 页。

② 吴高盛主编：《〈中华人民共和国行政处罚法〉释义及实用指南》，中国民主法制出版社 2015 年版，第 64 页。

行为有连续、持续或者继续状态的，违法行为连续、持续或者继续实施的地方都属于违法行为发生地。违法结果发生地，包括违法对象被侵害地、违法所得的实际取得地、藏匿地、转移地、使用地、销售地。”

【相关规定】

《互联网信息内容管理行政执法程序规定》第六条；《道路交通安全违法行为处理程序规定》第五条；《农业行政处罚程序规定》第十四条；《公安机关办理行政案件程序规定》第十条。

第二十三条　【级别管辖与职能管辖】行政处罚由县级以上地方人民政府具有行政处罚权的行政机关管辖。法律、行政法规另有规定的，从其规定。

【条文主旨】

本条是关于行政处罚级别管辖与职能管辖的一般规定。

【立法背景】

新修订的行政处罚法将原行政处罚法第二十条关于行政处罚管辖的规定进行详细划分，在新法的第二十二条明确了地域管辖的基本规则；在第二十三条明确了行政处罚的级别管辖与职能管辖的基本规则。新法区分了行政处罚级别管辖的一般情形与例外情形，对行政处罚级别管辖的规定作出逻辑体系上的完善。行政处罚级别管辖的例外情形在新法第二十四条中予以规定。行政处罚职能管辖延续了原行政处罚法的规定，即由“具有行政处罚权的行政机关管辖”。

【条文释义】

本条坚持并明确了行政处罚的级别管辖与职能管辖的一般原则，即行政处罚由县级以上地方人民政府具有行政处罚权的行政机关管辖。新法维护了行政处罚法根据原级别管辖与职能管辖规则已经建立的秩序，即以县级以上地方人民政府有行政处罚权的行政机关为执法主体的管辖秩序。

就职能管辖而言，“具有行政处罚权的行政机关”表明行政处罚的实施机关应当根据职权法定的原则首先获得行政处罚权这项职能。无论是地域管辖还是级别管辖，职权法定是管辖权确定的基本前提。行政处罚权的权力来源应当具有合法性和正当性，这也是行政处罚法定原则的基本要求。根据行政处罚法定原则，行政处罚的实施主体法定。一般情况下，只有县级以上地方人民政府才能依法获得行政处罚的级别管辖权。在例外情形下，有权实施行政处罚的主体还包括通过执法权下移取得级别管辖权的街道和乡镇。新法在第二十四条对执法权下移作出详细规定。

就级别管辖而言，“县级以上地方人民政府”是行政处罚法在制定之初就已经确定下来的级别管辖秩序。由县级以上地方人民政府管辖的优势在于，其机构设置较为完善，已经形成较为成熟的执法条件，执法综合能力较强，执法专业性有一定保证，执法人员具有良好的专业素质、执法经验和技能，能够较好地完成行政执法工作。维持已经形成的行政执法秩序，对保持行政处罚法的安定性至关重要。

相较原行政处罚法，新法将“法律、行政法规另有规定的除外”改为“法律、行政法规另有规定的，从其规定”。该处内容的修改进一步明晰了行政处罚级别管辖在例外情形下如何适用法律的问题，即其他的法律、行政法规如果对行政处罚的级别管辖作出其他规定，要优先适用这些规定。

【相关规定】

《中华人民共和国治安管理处罚法》第九十一条；《工商行政管理所条例》第八条；《中华人民共和国税收征收管理法》第七十四条。

第二十四条　【行政处罚权下移】省、自治区、直辖市根据当地实际情况，可以决定将基层管理迫切需要的县级人民政府部门的行政处罚权交由能够有效承接的乡镇人民政府、街道办事处行使，并定期组织评估。决定应当公布。

承接行政处罚权的乡镇人民政府、街道办事处应当加强执法能力建设，按照规定范围、依照法定程序实施行政处罚。

有关地方人民政府及其部门应当加强组织协调、业务指导、执法监督，建立健全行政处罚协调配合机制，完善评议、考核制度。

【条文主旨】

本条是对行政处罚权下移的规定，是行政处罚级别管辖的例外。

【立法背景】

本次修法新增了行政处罚权下移的规定。一般情况下，县级以上地方人民政府具有行政处罚权的行政机关才有管辖权，本条规定的是行政处罚权下移的例外情形。原行政处罚法关于行政处罚级别管辖的规定，并未赋予街道和乡镇行政执法权，造成实践中基层管理出现一定的问题。近年来，为了在纵向上理顺不同层级政府的事权和职能，减少执法层次，国家推进了乡镇街道执法体制改革。① 新法顺应基层行政执法体制改革的需要，明确街道和乡镇在符合一定条件的情况下可以成为行政处罚的实施机关，有利于发挥地方积极性，有利于行政执法权限和力量向基层延伸，有利于加强基层政权建设，完善基层政府功能。②

党的十八大以来，党和国家对国家治理中基层政权的作用提出了要求，为行政处罚权下移到乡镇和街道提供了方向。党的十八届三中全会提出，“对吸纳人口多，经济实力强的镇，可以赋予同人口和经济规模相适应的管理权”③。党的十九届四中全会提到，要“推动执法重心下移，提高行政执法能力水平”④。我国的行政执法体制改革的实践也不断探索和尝试。国家多次出台相关文件和政策指引执法重心下移的实践探索。2016 年《中共中央办公厅、国务院办公厅关于深入推进经济发达镇行政管理体制改革的指导意见》明确省政府可以将基层管理迫切需要且能够有效承接的一些县级管理权限包括行政处罚等赋予经济发达镇，明确镇政府成为行政执法权的实施主体。2019 年《中共中央办公厅、国务院办公厅关于推进基层整合审批服务执法力量的实施意见》允许国务院授权乡镇人民政府和街道办事处行使区县人民政府相关职能部门的行政处罚权。2019 年《中共中

---

① 应松年、张晓莹：《〈行政处罚法〉二十四年：回望与前瞻》，载《国家检察官学院学报》2020 年第 5 期。

② 应松年、张晓莹：《〈行政处罚法〉二十四年：回望与前瞻》，载《国家检察官学院学报》2020 年第 5 期。

③ 《中共中央关于全面深化改革若干重大问题的决定》，载中新网，http://www.chinanews.com/gn/2013/11－15/5509681.shtml，最后访问日期：2021 年 3 月 9 日。

④ 《〈中共中央关于坚持和完善中国特色社会主义制度、推进国家治理体系和治理能力现代化若干重大问题的决定〉辅导读本》，人民出版社 2019 年版，第 17 页。

央办公厅、国务院办公厅印发关于深入推进城市执法体制改革改进城市管理工作的指导意见》明确下移执法重心，逐步实现城市管理执法工作全覆盖，并向乡镇延伸，推进城乡一体化发展。地方行政执法体制改革的实践也持续探索出新，北京、上海、浙江、广东、山东、内蒙古等地也以地方性法规、政府规章或规范性文件的方式授权街道和乡镇实施综合执法权。

在原行政处罚法的规定下，行政处罚权下移的实践虽然取得成效，但面临法律障碍，执法权下移的合法性问题没有得到解决，原因在于行政处罚法定原则对执法主体权力来源的合法性有严格限制。行政处罚法定原则的内容之一是行政处罚的实施主体法定。原行政处罚法规定行政处罚权的实施主体包括如下种类：一是县级以上地方人民政府有行政处罚权的行政机关；二是经法律或行政法规授权的主体；三是被授权或委托的组织。街道和乡镇不属于以上任何种类，因而其执法资格面临法律依据不足的困境。新法的修改应运而生。

【条文释义】

根据本条规定，有权决定行政处罚权下移的主体是省、自治区、直辖市，但未对决定形式作出明确、统一的规定，省、自治区、直辖市可以以政府规章或决定的形式对行政处罚权的下移作出安排，也可以通过地方性法规或地方人民代表大会的决定等形式对此作出规定。

行政处罚权下移应当同时满足两个条件：一是只限于县级人民政府部门的行政处罚权，二是基层管理迫切需要的行政处罚权。基层管理迫切需要解决的执法问题一般主要集中在市容环境、市场监管、社会治安、民生事业等领域。为了避免行政处罚权随意下移及下移后的管理混乱问题，在下移的程序方面要做到两次“评估”。第一次评估是事前评估，即省、自治区、直辖市要对当地的实际情况作出事前评估，包括下移的必要性、合理性、合法性的评估，尤其需要同时满足“基层迫切需要”和“有效承接”两个要素。在下移行政处罚权后，并非一放了之，还需进行第二次评估，对承接情况进行“回头看”。行政处罚权下移对省、自治区、直辖市提出基本程序要求，本条规定了行政处罚权下移的执法监督制度。即省、自治区、直辖市应当对下移的行政处罚权的决定进行公布，对该权力下移的实施状况定期组织评估。

本条对承接主体应当履行的职责作出规定。我国的乡镇政府是由乡镇人大选举产生的，向乡镇人大负责的一级人民政府，街道作为区县政府的派出机关。承接行政处罚权的乡镇人民政府、街道办事处应当具备有效承接的能力，具备完备的执法机构，专业的执法队伍，完善的执法程序制度。为了保证承接的有效性，承接主体还应当加强执法能力建设，按照规定范围、依照法定程序实施行政处罚。

执法权下移后的执法监督工作由有关地方人民政府及其部门具体负责，职责包括：应当加强组织协调、业务指导、执法监督，建立健全行政处罚协调配合机制，完善评议、考核制度。

【相关规定】

《天津市街道综合执法暂行办法》第五条；《郑州市城市管理综合执法办法》第六条；《上海市城市管理行政执法条例》第二条、第四条。

第二十五条　【管辖权争议的解决】两个以上行政机关都有管辖权的，由最先立案的行政机关管辖。

对管辖发生争议的，应当协商解决，协商不成的，报请共同的上一级行政机关指定管辖；也可以直接由共同的上一级行政机关指定管辖。

【条文主旨】

本条是对行政处罚案件管辖权争议解决的规定。

【立法背景】

原行政处罚法第二十一条规定“对管辖发生争议的，报请共同的上一级行政机关指定管辖”。新法优化了管辖权争议的处理程序。首先明确了管辖权争议发生的前提，即“两个以上行政机关都有管辖权”；其次明确了“先行立案”是管辖权争议解决的一般规则，即最先立案的行政机关取得行政处罚案件的管辖权。先行立案规则目前已经成为行政诉讼和民事诉讼处理管辖权争议的一般规则，有利于防止行政机关争夺或推诿管辖权，督促行政机关积极作为，提高行政管理效率。

新法还增加了协商解决管辖权争议的补充规定，并且明确协商不成的情况下才通过指定管辖解决争议。原行政处罚法对管辖权争议的解决途径较为单一，只能通过报请上级机关指定管辖的方式进行。新法的规定优化了管辖权争议的解决途径，允许采取多种解决争议方式，有利于提高效率，通过争议机关依法自行确定管辖权的方式，减少内部行政程序的消耗，有利于及时纠正和制止违法行为，有效维护行政管理秩序。

【条文释义】

当两个以上的行政机关都有行政处罚案件的管辖权时，应当按照以下顺序确定管辖权的归属。首先，依据先行立案规则，谁先立案，谁有管辖权。其次，根据协商确定管辖权规则，在无法确定先立案的行政机关，或者行政机关均未立案，或者行政机关均认为自己没有管辖权时，争议主体可以通过协商确定管辖权的归属。最后，仍无法达成协议的，由共同的上一级行政机关指定管辖。

【相关规定】

《海关行政处罚实施条例》第三条；《建设行政处罚程序暂行规定》第六条；《互联网信息内容管理行政执法程序规定》第六条。

第二十六条　【职务协助】行政机关因实施行政处罚的需要，可以向有关机关提出协助请求。协助事项属于被请求机关职权范围内的，应当依法予以协助。

【条文主旨】

本条是关于行政处罚实施过程中职务协助的规定。

【立法背景】

本条属于新增条款，主要规定行政机关因实施行政处罚的需要，可以向有关机关提出协助请求。行政处罚职务协助制度有利于及时纠正违法行为，提高执法部门间的配合效率。行政执法中的职务协助在地方和部门的行政立法实践中已经积累了较为丰富的经验。从地方的行政立法经验来看，上海市人民政府2017年印发的《上海市行政协助管理办法（试行）》与厦门市人民政府办公厅2020年印发的《行政协助管理办法》，是我国地方实践对行政执法职务协助制度的专门探索。此外，多个省、自治区在有关行政执法的地方性法规中以专门条款的形式对行政执法职务协助作出规定。一些省份在文化旅游[①]、商贸物资[②]、生产安全[③]等领域专门制定有关行政执法职务协助的地方规范性文件。从部门的行政立法经验来看，国务院部委在打击传销[④]、渔业执法[⑤]、打击证券期货违法[⑥]、知识产权[⑦]等领域的跨部门执法协作也有较为成熟的探索经验。行政处罚的实施也有请求其他有关机关进行执法协助的需求，本次修法对此需求予以回应。本条概括规定了行政处罚职务协助制度，需要通过配套的行政立法或法律解释的方式予以进一步明确。

【条文释义】

行政处罚实施中的职务协助制度是行政处罚制度发展和完善的重要探索，其对于整合行政资源、提高行政效率和行政质量具有重要意义。行政处罚实施中的职务协助由行政机关向其他机关提出，请求主体限于行政机关，不包括被授权组织。被请求主体不包括被授权组织、受托组织，但本条并未将其他国家机关排除在被请求主体外。

行政处罚职务协助中请求机关与协助机关的关系。请求协助是请求机关实施行政处罚的权力。对于可以请求协助的情形，本条概括为“行政机关因实施行政处罚的需要”，但该需要具体包含的内容行政处罚法没有具体规定。从地方立法的实践经验来看，有专门规定行政执法程序的地方性法规将行政执法请求协助的情形归纳为如下条件：单独行使行政执法权不能实现行政管理目的，不能通过自行调查取得所需资料的；所需要的文

---

① 《广西壮族自治区文化厅关于印发〈广西文化异地行政执法协助办法（试行）〉的通知》，2017 年 11 月 28 日发布实施；《广西壮族自治区旅游发展委员会关于印发〈广西壮族自治区旅游异地行政执法协助办法（试行）〉的通知》，2017 年 11 月 30 日发布实施。

② 《广西壮族自治区商务厅关于印发广西商务系统异地执法协助制度（试行）的通知》，2017 年 11 月 30 日发布实施。

③ 《浙江省住房和城乡建设厅关于建立瓶装燃气跨区域违法经营执法协助机制的通知》，2018 年 10 月 23 日发布，12 月 1 日实施。

④ 《国家工商行政管理总局、公安部关于印发〈工商行政管理机关和公安机关打击传销执法协作规定〉的通知》，2007 年 9 月 24 日发布实施。

⑤ 《农业部办公厅关于印发〈渔业行政执法协作办案工作制度〉的通知》（2013 修订），2013 年 1 月 31 日发布实施。

⑥ 《中国证券监督管理委员会关于在打击证券期货违法犯罪中加强执法协作的通知》，2006 年 3 月 2 日发布实施。

⑦ 《公安部、海关总署关于印发〈关于加强知识产权执法协作的暂行规定〉的通知》，2006 年 3 月 24 日发布实施。

书、资料、信息为其他行政执法机关所掌握，难以自行收集的；需要请求行政执法协助的其他情形。[①] 当请求协助的事项属于协助机关的职权范围内的，协助机关有义务依法予以协助。

对行政处罚职务协助中的程序，本条没有具体规定。一般情况下，实施行政执法协助的，请求机关应当向被请求协助的机关发出协助函。遇突发事件或者不可抗力等紧急情况，请求机关可以口头告知需要协助的事项和要求，并在紧急情况消失后的规定期限内补办手续；被请求协助的行政执法机关应当履行协助义务，不能提供协助的，应当及时以书面形式告知请求机关并说明理由。[②] 但是协助不是随意的、无范围的，而应当具有明确的流程，加入“依法”二字也为后续有关部门颁布行政协助的实施细则提供了法律依据。

【相关规定】

《福建省行政执法条例》第二十二条；《上海市行政协助管理办法（试行）》；《厦门市人民政府办公厅关于印发行政协助管理办法的通知》；《浙江省行政程序办法》第三十九条。

第二十七条　【行刑衔接】 违法行为涉嫌犯罪的，行政机关应当及时将案件移送司法机关，依法追究刑事责任。对依法不需要追究刑事责任或者免予刑事处罚，但应当给予行政处罚的，司法机关应当及时将案件移送有关行政机关。

行政处罚实施机关与司法机关之间应当加强协调配合，建立健全案件移送制度，加强证据材料移交、接收衔接，完善案件处理信息通报机制。

【条文主旨】

本条是关于行政处罚与刑事处罚的衔接的规定。

---

① 《福建省行政执法条例》第二十二条。

② 参见《福建省行政执法条例》第二十二条第二款、第三款。

【立法背景】

党的十八届三中全会通过的《中共中央关于全面深化改革若干重大问题的决定》将“完善行政执法与刑事司法衔接机制”作为全面深化改革的战略部署之一。党的十八届四中全会提出要“健全行政执法与刑事司法衔接机制，完善案件移送标准和程序，建立行政执法机关、公安机关、检察机关、审判机关信息共享、案情通报、案件移送制度，坚决克服有案不移、有案难移、以罚代刑现象，实现行政处罚与刑事处罚无缝衔接”。在行政机关向刑事司法机关移送案件方面，我国的行政立法已经作出先行探索。国务院《行政执法机关移送涉嫌犯罪案件的规定》对行政机关向刑事司法机关移送案件作出框架性规定。此外公安部《公安机关办理刑事案件程序规定》和《公安机关受理行政执法机关移送涉嫌犯罪案件规定》对有关行刑程序衔接的问题作出较为详细的规定。对于刑事司法机关向行政执法机关移送案件的情况，在本次行政处罚法修订之前基本处于立法空白。①

原行政处罚法第二十二条规定，违法行为构成犯罪的，行政机关必须将案件移送司法机关，依法追究刑事责任。原规定对行政处罚的实施机关作出义务性规定，违法行为构成犯罪的，必须移送。行政处罚的构成要件与犯罪的构成要件是有区别的。原行政处罚法对行政处罚案件的证据是否能够达到构成犯罪的标准没有规定。两种程序中的证明标准不同，且客观上行政执法机关的调查取证权也难以实现刑事案件的证据要求。在原行政处罚法的规定下，行政处罚案件由于很难达到刑事案件的证明标准，客观上很难发生移送，因而也出现了有案不移、有案难移的情况。新法将“违法行为构成犯罪”改为“违法行为涉嫌犯罪”，有利于改善有案不移、有案难移的困境，减少案件移送在证据证明标准上的阻碍。

原行政处罚法仅对行政机关向司法机关移送案件作出规定，对司法机关向行政机关移送案件没有规定，司法机关认定不构成刑事犯罪但应处以行政处罚的情形如何处理存在立法空白，给执法实践带来一定困难。新法在此方面作出调整和补充，规定了行刑衔接案件的双向移送制度，并对建立健全双向衔接程序的内容提出要求。双向衔接的规定有利于行政处罚程序与刑事司法程序的衔接，有利于有效打击违法犯罪，有利于节约有限的执法资源、降低执法成本，有利于刑法疑罪从无原则在行刑衔接程序上得到实现。

---

① 张红：《让行政的归行政，司法的归司法——行政处罚与刑罚处罚的立法衔接》，载《华东政法学院学报》2020 年第 4 期。

【条文释义】

本条对行政处罚与刑罚处罚案件的双向衔接程序作出了规定，并明确了行政处罚实施机关与司法机关应当遵守的原则与规定。本条关于移送情形的规定包括两方面：一是行政机关向司法机关移送的情形，即“违法行为涉嫌犯罪”；二是司法机关向行政机关移送的情形，即“对依法不需要追究刑事责任或者免予刑事处罚，但应当给予行政处罚的”，司法机关应当及时将案件移送行政机关。根据我国刑事诉讼的一般程序，司法机关向行政机关的移送情形包括三种[①]：一是公安机关移送，即刑事案件立案后，公安机关对于不需要追究刑事责任的犯罪嫌疑人，但依法应当追究行政责任的案件，应当依法移送给行政机关；二是检察机关移送，即检察机关对于不起诉但需要给予行政处罚的案件，应当依法移送给行政机关；三是法院移送，即法院审理后认为被告人的行为构成犯罪但不需要判处刑罚的、宣告无罪的或者构成犯罪已判处刑罚，但依法应当给予行政处罚的案件，应当依法移送给行政机关。行政处罚法对于移送案件的程序没有作出具体规定，有待于其他法律规定予以补充。

本条第二款明确了行政处罚实施机关与司法机关在移送案件方面应当履行的职责，具体包括应当加强协调配合，应当建立健全案件移送制度，应当加强证据材料移交、接收衔接，应当完善案件处理信息通报机制。行政处罚实施机关与司法机关在移送案件的规定内容上需要涵盖以上四个“应当”的规定。

【相关规定】

《中华人民共和国刑法》第三十七条；《行政执法机关移送涉嫌犯罪案件的规定》；《公安机关办理刑事案件程序规定》；《公安机关受理行政执法机关移送涉嫌犯罪案件规定》。

---

① 参见张红：《行政处罚与刑罚处罚的双向衔接》，载《中国法律评论》2020 年第 5 期。

第二十八条 【违法行为纠正与违法所得处理】 行政机关实施行政处罚时，应当责令当事人改正或者限期改正违法行为。

当事人有违法所得，除依法应当退赔的外，应当予以没收。违法所得是指实施违法行为所取得的款项。法律、行政法规、部门规章对违法所得的计算另有规定的，从其规定。

【条文主旨】

本条是关于违法行为纠正与违法所得处理的规定。

【立法背景】

本条第二款为本次修法新增内容。责令改正行为是行政执法方式的一种，当违法行为人不履行或不依法履行行政义务时，行政机关有权要求其在行为上恢复原状，纠正违法行为的效果。责令改正的性质在理论和实践中都有过争议，本次修法明确了责令改正不属于行政处罚，但是把责令关闭明确为行政处罚，相关讨论参考本书第二章。本次修法从实质上界定了行政处罚的概念，并从形式上对行政处罚的种类予以廓清。新法第二条对行政处罚的概念作出界定，行政处罚本身应当对违法行为人有减损权益或增加义务的效果，应当具有惩罚性，能够使违法行为人因为违法而付出额外代价。从形式上看，行政处罚的法定种类并未纳入责令改正。责令改正从本质上看是一种恢复性行为，是执法机关对违法行为的纠正，一般情况下属于行政命令。

关于违法所得，本次立法明确了不得因违法而获利的基本原则。违法所得的计算在基本原则的基础上，兼顾国家利益与相对人权益，在合法性与合理性方面作出恰当协调，允许部门规章对违法所得的计算作出规定。

【条文释义】

责令当事人改正或者限期改正违法行为是指行政机关要求违法当事人作为或不作为，使其终止违法行为，履行义务。责令改正包括两层含义：一是责令停止违法行为，旨在停止破坏行政管理秩序的状态或行为持续存在，阻止危害后果的持续产生与不断扩大；二是责令恢复原状，旨在消除违法行为所产生的危害后果，从而使被打破的行政管理秩序得到恢复。[①] 改正违法行为的措施包括恢复原状、赔偿损失、消除影响、防止违法行为再次发生等多种方式，以达到促使违法行为人认真承担责任，避免同类事件再次发生的目的。[②]

行政机关实施行政处罚，应当首先纠正违法行为，通过责令当事人改正或者限期改正的方式，维护行政管理秩序。责令改正或限期改正是行政处罚实施机关的职责，是作出行政处罚决定的必要前提，是不可或缺和不得逾越的执法阶段。无论是责令改正还是责令限期改正，均不能以罚代改，违法行为必须依法纠正。需要注意的是，无论其后是否作出行政处罚的决定，都必须先作出责令改正或责令限期改正的命令，纠正违法行为是行政处罚实施机关的首要任务。

本条对违法所得作出界定，即违法所得是指实施违法行为所取得的款项。不得因违法而获利是基本原则。违法所得从来源上具有非法属性。本次修法重申了没收违法所得的性质属于行政处罚的基本立场。对违法所得进行没收，是对违法行为人占有违法所得的剥夺，具有减损其权益的客观效果，能够发挥惩罚和制裁的作用。

当事人有违法所得，除依法应当退赔的外，应当予以没收。本法未对“先退后赔”还是“先赔后退”的顺序作出规定，具体的退赔顺序由其他法律、行政法规、部门规章另行规定。依法应当退赔的部分是否应当扣除相关的成本和税费等开支，实践中各有不同的规定与解释，考虑到不同执法领域的特殊性，本法并未将实践中的任何一种计算方式列为法定计算方式。一般而言，违法所得应指违反法律法规等义务性规范产生的全部利益，应当扣除已经缴纳的税费，但不能扣除所谓的成本。[③] 税费由于已经上缴国库，如再对此部分数额一并没收，则相当于要求相对人用其他合法款项予以填补。不能扣除成本的原因在于成本一旦用于从事违法活动，其本身即丧失合法性。考虑到执法实践的复杂情形，不能排除有其他更为合理的计算方式，因而本条授权法律、行政法规、部门规章有权对违法所得的计算作出规定。

---

① 参见黄锫：《行政执法中责令改正的法理特质与行为结构》，载《浙江学刊》2019年第2期。

② 吴高盛主编：《〈中华人民共和国行政处罚法〉释义及实用指南》，中国民主法制出版社2015年版，第71页。

③ 马怀德：《〈行政处罚法〉修改中的几个争议问题》，载《华东政法大学学报》2020年第4期。

【相关规定】

《中华人民共和国行政处罚法》第二条、第九条；《中华人民共和国固体废物污染环境防治法》第七十七条；《工商行政管理机关行政处罚案件违法所得认定办法》第三条；《国家能源局行政处罚案件违法所得认定办法》第五条；《农业农村部办公厅关于〈农药管理条例〉中认定“违法所得”“货值金额”问题的函》；《农业部办公厅关于如何认定违法所得问题的函》。

第二十九条　【一事不再罚与规范竞合】对当事人的同一个违法行为，不得给予两次以上罚款的行政处罚。同一个违法行为违反多个法律规范应当给予罚款处罚的，按照罚款数额高的规定处罚。

【条文主旨】

本条是关于行政处罚一事不再罚与规范竞合的规定。

【立法背景】

“一事不再罚”又被称为“禁止双重处罚原则”，其本质是禁止对同一当事人的同一违法行为，以相同或类似之措施多次处罚。[①] 行政处罚法在颁布之初就将此原则吸纳其中，即“对当事人的同一个违法行为，不得给予两次以上罚款的行政处罚”。一事不再罚原则有利于防止重复处罚和多头处罚，体现过罚相当的法律原则，有利于保障相对人的合法权益。

本次修法对违法行为涉及的规范竞合问题作出进一步规定。因为一个违法行为可能同时触犯多个法律规范，面临多重罚款的可能。新法关于规范竞合的规定明确在发生规范竞合时应按照罚款数额高的规定从重处罚，立法者在罚款数额的认定上采取了从重主义。

---

① 马怀德：《〈行政处罚法〉修改中的几个争议问题》，载《华东政法大学学报》2020年第4期。

【条文释义】

一事不再罚原则是指对违法行为人的同一违法行为不得以同一事实和同一依据，给予两次以上的处罚。[①] 在行政处罚法中，一事不再罚的“一事”指“同一违法行为”，即“构成要件上只符合一个违法行为的特征”[②]。实践中对如何认定“一事”有很多争议，不同领域、不同事项的认定标准差别很大，对行政违法是连续犯、状态犯还是持续犯等有不同意见。以交通违法行为的查处为例，持续或继续的违法行为有可能因法律拟制而被认定为多个行为，也有可能因对违法行为的查处而中断或单独视为另一个行为。

第一种情形是同一违法行为可能因为法律拟制的原因而被认定为数个违法行为。例如有以行政辖区为标准划分违法行为个数的情形。“同一辆机动车在同一道路的同一行驶方向，违反限速规定交通违法行为处于持续状态，被同一县（市、区）公安交通管理部门或者高速公路交警大队辖区的测速取证设备记录多次的，选择一次最为严重的违反限速规定行为实施处罚。”[③] 该规定对超速行驶的认定根据行政辖区的不同来确定交通违法行为的次数和处罚规则，只有发生在不同的辖区才可能被认定为数个违法行为。[④]

第二种情形是违法行为在处罚后仍然继续或持续，在达到一定处罚次数后会认定为另一个违法行为。例如，《北京市查处非法客运若干规定》第六条规定，驾驶人员从事非法客运经营被执法部门处罚两次的，由公安机关交通管理部门暂扣三个月机动车驾驶证；从事非法客运经营被执法部门处罚三次以上的，由公安机关交通管理部门暂扣六个月机动车驾驶证。[⑤]

---

① 全国人大常委会法制工作委员会国家法、行政法室编著：《〈中华人民共和国行政处罚法〉释义》，法律出版社 1996 年版，第 67 页。

② 全国人大常委会法制工作委员会国家法、行政法室编著：《〈中华人民共和国行政处罚法〉释义》，法律出版社 1996 年版，第 67 页。

③ 《公安部交通管理局关于印发〈关于规范查处机动车违反限速规定交通违法行为的指导意见〉的通知》。

④ 参见山东省济南市中级人民法院（2014）济行终字第 347 号行政判决书，该判决认为上诉人在枣庄、济宁两个行政区域内，被交警部门的两个节点设备记录超速，应属两次违法。

⑤ 参见《违反〈北京市查处非法客运若干规定〉处罚裁量基准》，载《北京市道路安全管理处罚裁量基准表》，载北京市公安局网站，http：//gaj. beijing. gov. cn/wsgs/zqxx/xzcf-cljz/202003/t20200327_ 1742296. html，最后访问时间：2021 年 2 月 17 日。

该规定将已经作出数次处罚的非法客运经营行为视为另一违法行为，成为另一种行政处罚（暂扣机动车驾驶证三个月或六个月）的构成要件。

还有观点认为，连续或继续的违法行为也可因中断而构成数个行为，中断原因包括违法意识中断、是否受到改正之命令或限期改正之命令或被查获等情形、行为的时间间隔、空间距离等紧密关联因素。[①] 以连续或继续的交通违法行为为例，这类行为也可因违法意识的中断而构成数个行为，如闯红灯或对限速有明显的标牌提示超速且超速之后有令人感知的拍照。[②] 可见，同一违法行为的认定在实践中较为复杂。

“不再罚”是指不得处以两次以上罚款的行政处罚。同一依据是指同一法律依据。当调整不同社会关系的法律规范在违法行为的构成要件上有交叉时，就会产生一个违法行为违反不同法律规范的情况，即规范竞合。在处理规范竞合问题时，同一违法行为违反两个以上法律规范时，应依据不同法律规范分别处罚；但具体实践中，已经有行政主体作出了行政处罚，其他行政主体不得再对同一违法行为作出相同种类的行政处罚；在依法作出其他种类的行政处罚时，可以考虑当事人已受处罚的事实，从轻或者减轻处罚。[③] 新法对罚款数额作出补充规定，从文义解释的角度出发，立法者将“一事不再罚”限定为“一事不再罚款”，也是为了理解和操作方便；就同一违法行为，在同时违反多个法律规范时，可以给予多个行政处罚；但若选择罚款进行处罚的话，只能进行一次罚款，而不能进行多次罚款。[④]

在规范竞合的情况下，行政处罚的实施机关如何进行处罚？如果是上位法与下位法关于罚款数额的规定不同，则须根据上位法确定罚款数额。如果上位法不属于行政处罚机关职能管辖的依据，则须根据本法第二十五条的规定，通过行政执法职务协助制度予以解决，有需要的还需移送管辖。“按照罚款数额高的规定”在实践当中还存在困难，原因在于罚款的确定方式多种多样，比如对直接规定数额幅度的罚款，是按照罚款的最低额度还是最高额度来比较，对按照违法所得计算罚款数额的如何比较，不结合具体案情很难对数额高低作出认定。行政处罚实施机关客观上也没有

---

① 晏山嵘：《行政处罚实务与判例解释》，法律出版社2019年版，第61页。

② 晏山嵘：《行政处罚实务与判例解释》，法律出版社2019年版，第72页。

③ 参见全国人大常委会法制工作委员会国家法、行政法室编著：《〈中华人民共和国行政处罚法〉释义》，法律出版社1996年版，第68页。

④ 马怀德：《〈行政处罚法〉修改中的几个争议问题》，载《华东政法大学学报》2020年第4期。

能力对属于其他执法领域的法律规范予以准确了解和适用。为此应当秉承的基本原则是“职权法定原则”，即行政处罚实施机关只能依据法定授权来执行法律、适用法律，不能越权。对于罚款数额高低的法律适用问题，可能有赖于执法机关根据本法第二十五条的规定，通过行政执法职务协助制度协商解决。

【相关规定】

《生产安全事故罚款处罚规定（试行）》第二十条；《中华人民共和国行政处罚法》第二十五条。

第三十条　【行政处罚责任年龄】不满十四周岁的未成年人有违法行为的，不予行政处罚，责令监护人加以管教；已满十四周岁不满十八周岁的未成年人有违法行为的，应当从轻或者减轻行政处罚。

【条文主旨】

本条是关于行政处罚责任年龄的规定。

【立法背景】

在行政处罚责任年龄的规定上，本次修法基本上延续了原行政处罚法第二十五条的规定。新法在未成年人从轻或减轻处罚的规定方面，增加了“应当”两字，进一步明确了从轻或者减轻行政处罚的法定情节包含“已满十四周岁不满十八周岁的未成年人有违法行为”的情形。立法者贯彻对违法未成年人进行教育、感化、挽救方针，对未成年人的行政处罚责任年龄进行规定，有利于对未成年人进行法治教育，是坚持教育为主、惩罚为辅原则的体现。[①]

---

① 参见吴高盛主编：《〈中华人民共和国行政处罚法〉释义及实用指南》，中国民主法制出版社 2015 年版，第 73 页；参见全国人大常委会法制工作委员会国家法、行政法室编著：《〈中华人民共和国行政处罚法〉释义》，法律出版社 1996 年版，第 71 页。

【条文释义】

行政处罚责任年龄是指违法行为人对自己的违法行为负行政处罚责任必须达到的年龄。行政处罚的责任年龄以 14 周岁为界，不满 14 周岁的未成年人有违法行为的，不予行政处罚。14 周岁以下的违法行为人不符合行政处罚的主体要件，不构成行政处罚，同时不负行政处罚责任。但是不满 14 周岁的未成年人有违法行为的，不能免除监护人的管教责任。因此在不予行政处罚的同时，应当责令监护人加以管教。《中华人民共和国民法典》第二十七条规定："父母是未成年子女的监护人。未成年人的父母已经死亡或者没有监护能力的，由下列有监护能力的人按顺序担任监护人：（一）祖父母、外祖父母；（二）兄、姐；（三）其他愿意担任监护人的个人或者组织，但是须经未成年人住所地的居民委员会、村民委员会或者民政部门同意。"无法确定监护人的，应当根据《中华人民共和国未成年人保护法》第九十二条的规定由民政部门依法对未成年人进行临时监护。① 有《中华人民共和国未成年人保护法》第九十四条的情形，民政部门还须对未成年人进行长期监护。②

已满 14 周岁不满 18 周岁的未成年人有违法行为的，应当从轻或者减轻行政处罚。从轻处罚是指在规定的处罚方式和处罚幅度内，在几种处罚方式内选择一种较轻的处罚方式，或者在一种处罚方式下在允许的幅度内选择一种较低的处罚幅度。减轻处罚是指在法定的处罚方式和处罚幅度的最低限以下进行处罚。应当从轻或者减轻行政处罚对行政处罚实施机关设定了义务，即必须按照本条规定，对已满 14 周岁不满 18 周岁的未成年人进行从轻或者减轻处罚。

---

① 《中华人民共和国未成年人保护法》第九十二条规定，具有下列情形之一的，民政部门应当依法对未成年人进行临时监护：（一）未成年人流浪乞讨或者身份不明，暂时查找不到父母或者其他监护人；（二）监护人下落不明且无其他人可以担任监护人；（三）监护人因自身客观原因或者因发生自然灾害、事故灾难、公共卫生事件等突发事件不能履行监护职责，导致未成年人监护缺失；（四）监护人拒绝或者怠于履行监护职责，导致未成年人处于无人照料的状态；（五）监护人教唆、利用未成年人实施违法犯罪行为，未成年人需要被带离安置；（六）未成年人遭受监护人严重伤害或者面临人身安全威胁，需要被紧急安置；（七）法律规定的其他情形。

② 《中华人民共和国未成年人保护法》第九十四条规定，具有下列情形之一的，民政部门应当依法对未成年人进行长期监护：（一）查找不到未成年人的父母或者其他监护人；（二）监护人死亡或者被宣告死亡且无其他人可以担任监护人；（三）监护人丧失监护能力且无其他人可以担任监护人；（四）人民法院判决撤销监护人资格并指定由民政部门担任监护人；（五）法律规定的其他情形。

【相关规定】

《中华人民共和国民法典》第二十七条；《中华人民共和国未成年人保护法》第十六条、第九十二条、第九十四条。

第三十一条　【精神病人与智力残疾人适用行政处罚】 精神病人、智力残疾人在不能辨认或者不能控制自己行为时有违法行为的，不予行政处罚，但应当责令其监护人严加看管和治疗。间歇性精神病人在精神正常时有违法行为的，应当给予行政处罚。尚未完全丧失辨认或者控制自己行为能力的精神病人、智力残疾人有违法行为的，可以从轻或者减轻行政处罚。

【条文主旨】

本条是关于精神病人与智力残疾人适用行政处罚的规定。

【立法背景】

本条增加了关于智力残疾人适用行政处罚的规定，并且增加了可以从轻或者减轻行政处罚的酌定情节，即尚未完全丧失辨认或者控制自己行为能力的精神病人、智力残疾人有违法行为的，可以从轻或者减轻行政处罚。此外，对于有违法行为的精神病人和智力残疾人不予行政处罚的规定，是以行为人在行为时的无责任能力状态为根据的，这是对原行政处罚法关于行政责任规定的继承。智力残疾人的行为能力因智力残疾而缺损。根据《中国残疾人评定标准》的规定，智力残疾人在医学上分为四级。这类群体缺乏社会适应能力，无法完全认识和控制自己的行为及行为所能产生的后果，所以对其行为和主观动机缺乏预先判断，不具备承担行政处罚责任的能力。此次修订体现了立法者对弱势群体的重视，更是错罚相当原则的体现。

【条文释义】

本条对精神病人、智力残疾人是否追究行政处罚责任作出规定。精神病人、智力残疾人在不能辨认或者不能控制自己行为时有违法行为的，不予行政处罚。这里的“不能辨认”或“不能控制”是选择性的，只要行为人符合其中一种情形，就不予处罚。[①] 在“不能辨认”或“不能控制”其行为时，行为人处于无责任能力的状态，在这种状态下应当作出不予处罚的决定。不予处罚是指违法事实不构成行政处罚意义上的违法。例如没有行政责任能力的人违法，不应该对该行为人给予行政处罚，因为该行为不具有可谴责性。

在上述情况下虽然不予处罚，但不免除其监护人的看管和治疗的责任。行政处罚实施机关应当同时责令其监护人严加看管和治疗。《中华人民共和国民法典》第二十八条对无民事行为能力或者限制民事行为能力的成年人如何确定监护人作出规定，有监护能力的人按以下顺序担任监护人：（1）配偶；（2）父母、子女；（3）其他近亲属；（4）其他愿意担任监护人的个人或者组织，但是须经被监护人住所地的居民委员会、村民委员会或者民政部门同意。《中华人民共和国民法典》总则编第二章第二节专门就监护人作出规定。

间歇性精神病人在实施违法行为时，如果精神是正常的，没有丧失辨认或控制自己行为的能力，与常人无异，应当给予行政处罚。间歇性精神病人实施违法行为不予行政处罚的，应当有证据证明行为人在实施违法行为时确实处于无行为能力的状态。在处理精神病人以及智力残疾人实施的行政违法行为案件时，必须对其精神状态或智力状态进行鉴定。

本次修法新增了“尚未完全丧失辨认或者控制自己行为能力的精神病人、智力残疾人有违法行为的，可以从轻或者减轻行政处罚”的规定。需要注意的是，尚未完全丧失辨认能力或控制能力的违法行为人，应当承担行政处罚责任，但是可以从轻或者减轻处罚，也可以不从轻或者减轻处罚，这是行政处罚的酌定情节。

【相关规定】

《中华人民共和国民法典》第二十六条至第三十九条。

---

① 参见吴高盛主编：《〈中华人民共和国行政处罚法〉释义及实用指南》，中国民主法制出版社2015年版，第75页。

第三十二条　【从轻或者减轻行政处罚的法定情节】 当事人有下列情形之一，应当从轻或者减轻行政处罚：

（一）主动消除或者减轻违法行为危害后果的；

（二）受他人胁迫或者诱骗实施违法行为的；

（三）主动供述行政机关尚未掌握的违法行为的；

（四）配合行政机关查处违法行为有立功表现的；

（五）法律、法规、规章规定其他应当从轻或者减轻行政处罚的。

【条文主旨】

本条是关于从轻或者减轻行政处罚的法定情节的规定。

【立法背景】

新法增加了从轻或减轻行政处罚的法定情节，将受他人“诱骗实施违法行为”“主动供述行政机关尚未掌握的违法行为”写入法定情节。同时还规定法律、法规、规章有权规定其他应当从轻或者减轻行政处罚的情节。

增加行政处罚应当从轻或减轻的法定情节，有利于贯彻处罚与教育相结合的原则。行政处罚法旨在维护行政管理秩序，但处罚不是目的，目的是纠正违法行为，在处罚的同时对违法者进行教育。[①] 受他人诱骗实施违法行为比主动实施违法行为的可谴责性低，如此修改有利于贯彻过罚相当的原则。主动供述行政机关尚未掌握的违法行为，有利于及时纠正违法行为，维护行政管理秩序。新法允许法律、法规、规章对其他从轻或者减轻行政处罚的情形作出规定，有利于实现合理行政，有利于不同位阶法律规范发挥不同的作用。

【条文释义】

本法第三十二条列出了应当从轻或者减轻处罚的五种法定情形。从轻

---

① 全国人大常委会法制工作委员会国家法、行政法室编著：《〈中华人民共和国行政处罚法〉释义》，法律出版社 1996 年版，第 76 页。

处罚是指行政处罚的实施机关在法定的处罚方式和处罚幅度内，对行政违法行为人在几种可能的处罚方式内选择较轻的处罚方式或者在一种处罚方式下在允许的幅度内选择幅度较低的进行处罚。① 减轻处罚是指行政处罚在法定的处罚方式和处罚幅度的最低限度以下，对违法行为人适用行政处罚。②

主动消除或者减轻违法行为危害后果是指行为人实施违法行为后幡然悔悟，主动采取措施消除或减轻已经产生或将要产生的危害后果。受他人胁迫或者诱骗实施违法行为是指违法行为人在主观上一开始并没有实施违法行为的动机，在受他人胁迫或诱骗后才实施了违法行为。主动供述行政机关尚未掌握的违法行为，是本次修法新增的内容，是指违法行为人在执法机关尚未发觉违法事实或违法行为人时，主动向执法机关供述的行为。配合行政机关查处违法行为有立功表现是指违法行为人在到案后检举揭发他人违法行为且查证属实的。修法过程中曾拟规定配合行政机关查处违法行为，或者有立功表现，择其一属于从轻减轻的情形，最终新法没有如此修订，仍然规定配合行政机关查处违法行为并有立功表现才是应当从轻或者减轻的情形。此外，考虑到不同案件的具体情形与不同执法领域的合理性边界不同，本条还明确“法律、法规、规章规定其他应当从轻或者减轻行政处罚的”也应当予以从轻或减轻行政处罚。

【相关规定】

《中华人民共和国食品安全法》第一百三十六条。

---

① 参见全国人大常委会法制工作委员会国家法、行政法室编著：《〈中华人民共和国行政处罚法〉释义》，法律出版社 1996 年版，第 77 页。

② 参见全国人大常委会法制工作委员会国家法、行政法室编著：《〈中华人民共和国行政处罚法〉释义》，法律出版社 1996 年版，第 78 页。

第三十三条　【不予行政处罚】违法行为轻微并及时改正，没有造成危害后果的，不予行政处罚。初次违法且危害后果轻微并及时改正的，可以不予行政处罚。

当事人有证据足以证明没有主观过错的，不予行政处罚。法律、行政法规另有规定的，从其规定。

对当事人的违法行为依法不予行政处罚的，行政机关应当对当事人进行教育。

【条文主旨】

本条是关于不予行政处罚的规定。

【立法背景】

原行政处罚法在第二十七条第二款对不予行政处罚作出规定，即“违法行为轻微并及时纠正，没有造成危害后果的，不予行政处罚”。新法在第三十三条对此进行专门规定并予以细化。新法将“纠正”改为“改正”，并加入初次违法可以不予处罚的具体规定。新法将不予处罚时教育应当发挥替代纠正违法行为的作用写入本条第三款，将“纠正”改为“改正”意味着立法者要强调违法行为人“主动改正”违法行为的主观动机。“纠正”多用于被动纠正，在行政处罚的语境下，通常的含义是在行政处罚实施机关的压力下才被迫改正行为。

有关初次违法可以不予处罚的规定，体现出行政处罚法处罚与教育相结合的原则和处罚不是目的、惩戒和预防违法才是目的的精神，也体现出尊重执法实践的立场和在一定程度上给予行政相对人容错机会的态度，是对包容审慎监管精神的贯彻。

行政处罚法与绝大多数单行法并没有将违法行为人的主观因素设定为构成行政处罚的必要条件。考虑到提高行政执法效率和节约执法资源，原行政处罚法并未要求行政处罚的实施机关必须证明违法行为人具有主观过错。新法秉持了该立场，并未要求行政处罚实施机关对主观过错承担证明责任，没有加重行政处罚实施机关的执法负担。同时，为了保障行政处罚相对人的基本权利，明确了过错推定的免责事由，即当事人有权提出反证，若有证据足以证明没有主观过错的，则不予行政处罚。

处罚与教育相结合原则一直是行政处罚法的立法原则。本条规定有利于积极发挥教育的替代性作用，有利于及时防止违法行为的再发生，是文明执法、柔性执法的制度体现。

【条文释义】

本条第一款规定了不予处罚的一般情形，即违法行为轻微并及时改正，没有造成危害后果的，不予行政处罚。初次违法且危害后果轻微并及时改正的，可以不予行政处罚。一般违法行为的不予处罚须同时满足“违法行为轻微并及时改正”和“没有造成危害后果”两个条件。初次违法的不予处罚须同时满足“初次违法且危害后果轻微”和“及时改正”两个条件。这是因为行政处罚并非以处罚为唯一目的，错罚相当是基本原则，即实施行政处罚要以与违法行为的实施、性质、情节以及社会危害程度相当为原则。①

本条第二款的规定延续了旧法关于行政处罚的过错推定原则。一般情形下，行政处罚采取过错推定原则，有违法行为发生，即推定违法行为人有主观过错，执法者无须另行证明。但是，当事人有证据足以证明没有主观过错的，可以不予行政处罚。证明没有主观过错，是不予行政处罚的免责事由。

在例外情况下，法律、行政法规另有规定的，从其规定。现行法律规定对违法行为人主观状态的规定通常有三种情形。一般情况下，不考虑违法行为人的主观状态，只要实施了违法行为，即应当予以处罚。例如，根据《中华人民共和国道路交通安全法》第九十二条第一款②的规定，只要公路客运车辆存在载客超过额定乘员的情况，即应当受到行政处罚。部分情况下，相对人实施违法行为，具有主观过错，才给予行政处罚。例如，《中华人民共和国道路交通安全法》第九十五条第二款规定：“故意遮挡、污损或者不按规定安装机动车号牌的，依照本法第九十条的规定予以处罚。”该条将“故意”作为处罚的主观要件。有些情况下，违法行为除主观过错外，还需客观上造成一定危害后果才给予处罚。例如，《国有资产

---

① 参见全国人大常委会法制工作委员会国家法、行政法室编著：《〈中华人民共和国行政处罚法〉释义》，法律出版社 1996 年版，第 78 页。

② 《中华人民共和国道路交通安全法》第九十二条规定，公路客运车辆载客超过额定乘员的，处 200 元以上 500 元以下罚款；超过额定乘员 20% 或者违反规定载货的，处 500 元以上 2000 元以下罚款。货运机动车超过核定载质量的，处 200 元以上 500 元以下罚款；超过核定载质量 30% 或者违反规定载客的，处 500 元以上 2000 元以下罚款。

评估管理办法》第三十二条①规定，资产评估机构作弊或者玩忽职守，致使资产评估结果失实的，要受到相应的行政处罚。②

本条第三款是新增规定，对处罚与教育相结合的原则予以明确。本法第六条对处罚与教育相结合原则作出规定，本条是处罚与教育相结合原则在不予处罚方面发挥作用的实例。对当事人的违法行为依法不予行政处罚的，行政机关应当对当事人进行教育。不予处罚意味着行政处罚的惩戒功能发挥受限。行政处罚的实施机关应当重视发挥教育的作用，在处罚作用发挥受限的情形下，让教育发挥替代纠正违法行为或制止违法行为继续发生的作用。处罚与教育不可偏废，既不能完全以罚代教，又不能完全只教不罚，两者应当协同配合，共同发挥维护行政管理秩序的作用。

【相关规定】

《中华人民共和国行政处罚法》第六条；《中华人民共和国道路交通安全法》第九十二条、第九十五条。

第三十四条　【行政处罚裁量基准】 行政机关可以依法制定行政处罚裁量基准，规范行使行政处罚裁量权。行政处罚裁量基准应当向社会公布。

【条文主旨】

本条是关于行政处罚裁量基准制度的规定。

【立法背景】

2004年国务院颁布的《全面推进依法行政实施纲要》明确提出“行政机关行使自由裁量权的，应当在行政决定中说明理由”。2008年《国务

---

① 《国有资产评估管理办法》第三十二条规定，资产评估机构作弊或者玩忽职守，致使资产评估结果失实的，国有资产管理行政主管部门可以宣布资产评估结果无效，并可以根据情节轻重，对该资产评估机构给予下列处罚：（一）警告；（二）停业整顿；（三）吊销国有资产评估资格证书。

② 马怀德：《〈行政处罚法〉修改中的几个争议问题》，载《华东政法大学学报》2020年第4期。

院关于加强市县依法行政的决定》提出“要抓紧组织行政执法机关对法律、法规、规章规定的有裁量幅度的行政处罚、行政许可条款进行梳理，根据当地经济社会发展实际，对行政裁量权予以细化，能够量化的予以量化并将细化、量化的行政裁量标准予以公布、执行”。党的十八届四中全会通过的《全面推进依法治国若干重大问题的决定》再次重申并明确要求：“建立健全行政裁量权基准制度，细化、量化行政裁量标准，规范裁量范围、种类、幅度。”由此，建立健全行政裁量基准制度将上升到国家战略层面，成为推进依法行政、加快建设法治政府的重要举措。

【条文释义】

行政处罚的裁量指行政处罚实施机关在法律规定的范围内进行自由裁量的权力，行政处罚的裁量基准是行政处罚机关在自由裁量的空间内根据案件的具体情况，如情节、危害后果等要素进行裁量空间格次的划分，指引执法行为在相对固定的处罚种类和量罚幅度内进行依法且合理的处罚。错罚相当原则具有一定的抽象性和模糊性，行政处罚裁量基准制度通过具有可操作性的规则，有利于作出公平合理的行政处罚决定，规范执法行为，进而保护行政相对人的合法权益。

行政机关有权制定行政处罚的裁量基准。行政处罚裁量基准应当公布。本法对于公布的形式没有具体规定，但是结合政府信息公开条例某些执法领域的行政处罚裁量基准属于政府应当主动公开的信息范畴，这部分有关裁量基准的信息应当按照《中华人民共和国政府信息公开条例》规定的程序和方式进行主动公开。《中华人民共和国政府信息公开条例》第十九条规定，行政机关应当依法主动公开涉及公众利益调整、需要公众广泛知晓或者需要公众参与决策的政府信息；同时根据该条例第二十条规定，对以上信息，政府应当主动公开实施行政处罚的依据、条件、程序；主动公开的政府信息通过政府公报、政府网站或者其他互联网政务媒体、新闻发布会以及报刊、广播、电视等途径予以公开。

【相关规定】

《中华人民共和国政府信息公开条例》第十九条、第二十条、第二十三条。

第三十五条　【刑期折抵与罚金折抵】违法行为构成犯罪，人民法院判处拘役或者有期徒刑时，行政机关已经给予当事人行政拘留的，应当依法折抵相应刑期。

违法行为构成犯罪，人民法院判处罚金时，行政机关已经给予当事人罚款的，应当折抵相应罚金；行政机关尚未给予当事人罚款的，不再给予罚款。

【条文主旨】

本条是关于行政处罚与刑事处罚刑期折抵与罚金折抵的规定。

【立法背景】

行政处罚属于行政制裁的范畴，刑事处罚属于刑事制裁的范畴，两者性质不同，虽然不可相互替代，但是在一定情况下存在行政处罚折抵刑事处罚的情况。为了保护当事人的合法权益，在一事不再罚原则的指引下，不应对同一违法行为增加性质相同的处罚。同一违法行为可能同时触犯行政处罚法与刑法，但行政处罚与刑罚发生会存在先后顺序。新法增加了对当事人已判处罚金时，“行政机关尚未给予当事人罚款的，不再给予罚款”的新规定，进一步完善了折抵制度。

【条文释义】

行政处罚实施机关对违法行为的处理先于司法机关作出了行政拘留或者罚款的处罚，司法机关在这之后又必须对同一行为处以有期徒刑、拘役或者罚金的处罚，对前一个行政处罚的执行就可以在后一个处罚执行时相应折抵；如此规定是考虑到对同一行政违法行为构成犯罪的，原则上只应作出一次处罚，已经判处刑事处罚的，对于同种类的行政处罚就不宜再适用了。①

在行政执法实践中，可能会出现对同一违法行为的罚款数额高于罚金数额的情况，在此情形之下，行政处罚机关可否对高出的差额部分进行补

---

①　吴高盛主编：《〈中华人民共和国行政处罚法〉释义及实用指南》，中国民主法制出版社 2015 年版，第 81 页。

罚呢？新法对此予以澄清，即只要对违法行为人先判处了罚金，就不能对违法行为人再次处以罚款的行政处罚。如此规定的原因如下：一是考虑到行政责任与刑事责任都是公法责任且两种责任是递进关系，如果允许补罚则对相对人叠加了双重公法责任，有违错罚相当原则和一事不再罚原则；二是考虑到刑罚是最严厉的法律制裁方式，已经能够实现对犯罪行为的制裁效果，已经达到纠正、制止、惩戒违法行为的目的；三是考虑到刑法与行政处罚法的处罚重点不同，刑法侧重人身罚，行政处罚法侧重财产罚和行为罚，虽然不允许再次罚款，但允许行政处罚实施机关对违法行为人增加与刑事处罚种类不同的其他处罚，以实现不同的处罚目的。

【相关规定】

《公安部关于刑事拘留时间可否折抵行政拘留时间问题的批复》。

第三十六条　【追罚时效】违法行为在二年内未被发现的，不再给予行政处罚；涉及公民生命健康安全、金融安全且有危害后果的，上述期限延长至五年。法律另有规定的除外。

前款规定的期限，从违法行为发生之日起计算；违法行为有连续或者继续状态的，从行为终了之日起计算。

【条文主旨】

本条是关于行政处罚追罚时效的规定。

【立法背景】

考虑到违法行为的性质和轻重，本次修法在时效期限上分别作出一般规定和特殊规定。一般时效延续原行政处罚法二年的期限，例外时效则延续到五年，增加了对重大违法行为追罚时效规定，即涉及公民生命健康安全、金融安全且有危害后果的，违法行为在五年内未被发现的，不再给予行政处罚。对以上情形的行政处罚时效作出规定，有利于有效遏制和纠正这些领域的重大违法行为，更好地保护公民的生命健康安全，保护金融投资者和消费者的合法权益。

【条文释义】

行政处罚的追罚时效是指对违法行为人违反行政处罚法的行为追究行政责任，给予行政处罚的有效期限。[①] 违法行为在二年内未被发现的，不再给予行政处罚。此处的“发现”是指国家机关对违法或违纪行为启动调查、取证和立案程序，均可视为“发现”；群众举报后被认定属实的，发现时效以举报时间为准。[②] “在两年内未被发现，不再给予行政处罚”，这意味着在发生违法行为的二年以后，无论行政处罚实施机关在何时发现该违法事实，均不得再对违法行为人予以行政处罚。涉及公民生命健康安全、金融安全且有危害后果的，行政处罚的时效期限延长至五年。并非所有涉及公民生命健康安全和金融安全的违法行为都适用五年的规定，还需同时满足“有危害后果的”条件。“涉及公民生命健康安全、金融安全”的范围包括食品药品疫苗、证券保险银行等，也包括更为宽泛的领域，具体哪些领域行政处罚追罚时效延长为五年仅限于全国人大及其常委会制定的法律才有权规定。

行政处罚的时效期限从违法行为发生之日起计算；违法行为有连续或继续状态的，从行为终了之日起计算。对于一次性完成的违法行为，行为发生之日较为容易确定的，即行为完成之日。[③] 但实践中存在违法行为连续出现或者不断继续的情况，这时以违法行为的终了之日为起算点。所谓“连续”是指违法行为人连续实施同一行为，数个独立的违法行为基于同一行为目的反复出现。所谓“继续”是指违法行为人实施的某一个违法行为一直处于继续状态没有停止。无论是继续还是连续，均以违法行为终了之日为时效期限的起算日。

【相关规定】

《中华人民共和国治安管理处罚法》第二十二条；《中华人民共和国税收征收管理法》第八十六条。

---

① 全国人大常委会法制工作委员会国家法、行政法室编著：《〈中华人民共和国行政处罚法〉释义》，法律出版社 1996 年版，第 80 页。

② 吴高盛主编：《〈中华人民共和国行政处罚法〉释义及实用指南》，中国民主法制出版社 2015 年版，第 83 页。

③ 吴高盛主编：《〈中华人民共和国行政处罚法〉释义及实用指南》，中国民主法制出版社 2015 年版，第 84 页；全国人大常委会法制工作委员会国家法、行政法室编著：《〈中华人民共和国行政处罚法〉释义》，法律出版社 1996 年版，第 81 页。

第三十七条 【从旧兼从轻】 实施行政处罚，适用违法行为发生时的法律、法规、规章的规定。但是，作出行政处罚决定时，法律、法规、规章已被修改或者废止，且新的规定处罚较轻或者不认为是违法的，适用新的规定。

【条文主旨】

本条是关于行政处罚法律适用以从旧兼从轻的原则解决适用冲突的规定。

【立法背景】

本条属于新增法律规范，将解决法律适用冲突的法理原则上升为法律制度，是对行政处罚实践问题的回应。本次修订增加了从旧兼从轻原则，即行政处罚的依据适用违法行为发生时的法律、法规和规章的规定，但是新的法律、法规和规章的规定更有利于当事人的，适用新的法律、法规和规章的规定。

【条文释义】

行政处罚适用法律的一般规则是从旧原则，即适用违法行为发生时的法律、法规、规章的规定。在作出行政处罚决定遇到法律规范的变化时，只有新的规定较轻或不认为是违法时，才适用新的规定。“只有新的规定较轻或不认为是违法时”的表述是对违法行为性质的判断，属于案件的实体问题。本条的从旧兼从轻原则也仅限于对违法行为实体问题之判断，对于程序问题则适用新法的规定，此所谓“实体从旧和程序从新原则”。①

最高人民法院法官曾就行政案件适用法律的问题作出解释，“调整同一对象的两个或者两个以上的法律规范因规定不同的法律后果而产生冲突的，一般情况下应当按照立法法规定的上位法优于下位法、后法优于前法以及特别法优于一般法等法律适用规则，判断和选择所应适用的法律规范；冲突规范所涉及的事项比较重大、有关机关对是否存在冲突有不同意

---

① 江必新、梁凤云：《行政诉讼理论与实务（第三版）》，法律出版社 2016 年版，第1539 页。

见、应当优先适用的法律规范的合法有效性尚有疑问或者按照法律适用规则不能确定如何适用时，依据立法法规定的程序逐级送请有权机关裁决”。[①] 如果依照本条规定仍然无法确定法律适用问题的，则可参考以上规定予以解决。

【相关规定】

《最高人民法院关于印发〈关于审理行政案件适用法律规范问题的座谈会纪要〉的通知》；《最高人民法院办公厅关于印发〈行政审判办案指南（一）的通知〉》。

第三十八条 【行政处罚无效制度】 行政处罚没有依据或者实施主体不具有行政主体资格的，行政处罚无效。

违反法定程序构成重大且明显违法的，行政处罚无效。

【条文主旨】

本条是关于行政处罚无效制度的规定。

【立法背景】

原行政处罚法第三条第二款规定：“没有法定依据或者不遵守法定程序的，行政处罚无效”，该规定在早年是为了强调法定依据和法定程序的重要性，但与行政行为无效的理论不一致，对行政执法实践和司法实践也缺乏指导作用，甚至会引发无效行政行为与一般违法行政行为认定的混乱。[②]

行政行为的无效和违法是两个不同的概念，主要区别在于：第一，违法的行政行为与无效的行政行为的违法程度不同，前者的违法程度轻于后

---

① 《最高人民法院关于印发〈关于审理行政案件适用法律规范问题的座谈会纪要〉的通知》（法〔2004〕96号）。

② 马怀德：《〈行政处罚法〉修改中的几个争议问题》，载《华东政法大学学报》2020年第4期。

者。违法的行政行为有可能被判决撤销[①]或被判决确认违法[②]，而无效的行政行为会被判决确认无效。第二，二者的效力起算时点不同，无效的行政行为自始无效，当然无效，确定无效。自始无效，即从行政行为作出之时起没有法律效力，强调该行政行为的时间效力从作出之时起无效；当然无效，即行政行为不具有约束力、确定力、执行力；确定无效，即不允许通过补正使无效变为有效。[③]而违法行政行为丧失效力是从被撤销开始，而被确认违法意味着由于考虑到国家利益、公共利益等不能被撤销。

由于设定哪些情形属于无效对行政活动和社会秩序影响巨大，需要考虑多重因素，本次行政处罚法的修订对行政处罚无效进行了较大的修正与调整，并予以明确。《中华人民共和国行政诉讼法》第七十五条对行政行为无效的情形规定："行政行为有实施主体不具有行政主体资格或者没有依据等重大且明显违法情形，原告申请确认行政行为无效的，人民法院判决确认无效。"本次修法对行政处罚的无效情形作出更新，与行政诉讼法的规定保持一致。同时，新法也在一定程度上延续了原规定关于违反法定程序构成行政行为无效的认识，但提高了认定行政处罚无效的门槛，不是只要程序违法就使得处罚无效，而是必须叠加情节，即"违反法定程序构成重大且明显违法"，方使得行政处罚无效。

【条文释义】

行政诉讼法第七十五条明确了行政行为无效须满足"重大且明显违法"的判断标准，即具有一般认知能力的普通人能够通过常识来判断出该行政行为违法，那么则可推断该行为存在"重大且明显违法"的情形。根据行政行为无效的法律规定，本条规定"行政处罚没有依据或者实施主体

---

① 《中华人民共和国行政诉讼法》第七十条规定，行政行为有下列情形之一的，人民法院判决撤销或者部分撤销，并可以判决被告重新作出行政行为：（一）主要证据不足的；（二）适用法律、法规错误的；（三）违反法定程序的；（四）超越职权的；（五）滥用职权的；（六）明显不当的。

② 《中华人民共和国行政诉讼法》第七十四条规定，行政行为有下列情形之一的，人民法院判决确认违法，但不撤销行政行为：（一）行政行为依法应当撤销，但撤销会给国家利益、社会公共利益造成重大损害的；（二）行政行为程序轻微违法，但对原告权利不产生实际影响的。行政行为有下列情形之一，不需要撤销或者判决履行的，人民法院判决确认违法：（一）行政行为违法，但不具有可撤销内容的；（二）被告改变原违法行政行为，原告仍要求确认原行政行为违法的；（三）被告不履行或者拖延履行法定职责，判决履行没有意义的。

③ 胡建森：《行政法学（第四版）》，法律出版社 2015 年版，第 143 ~ 144 页。

不具有行政主体资格的，行政处罚无效”。一般情况下，行政处罚无效的构成要件包括：第一，行政处罚没有法律依据；第二，行政处罚的实施主体不具有行政主体资格。无效的行政处罚行为自始无效，当然无效，确定无效。

本条第二款仍然以“重大且明显违法”为前提，明确了在违反法定程序方面构成重大且明显违法的，行政处罚无效。这是对违反法定程序的一般情况与特殊情况的区分。行政诉讼法第七十条规定，违反法定程序可导致行政行为撤销或部分撤销。本条对违反法定程序的程度进行区分，一般情况下违反法定程序可导致行政处罚行为的撤销，只有在违反行政程序构成重大且明显违法的情况下，才会认定行政处罚的无效。关于“重大且明显违法”在司法实践中的判断，请参阅本章案例评析关于“确认无效判决在行政处罚案件中的适用标准”的部分。

【相关规定】

《中华人民共和国行政诉讼法》第七十条、第七十五条。

案例评析

程序从新、实体从旧兼从轻原则的适用

——甲橡塑制品有限公司诉乙海关行政处罚案①

【案情简介】

2008年2月21日，甲橡塑制品有限公司（以下简称甲橡胶）以一般贸易方式向乙海关申报进口初级形状的丁腈橡胶，报关单号为108007212。经查验，乙海关发现该货物疑似受火灾损毁，局部呈黑色焦状，且扭曲变形。随后，乙海关组织甲橡胶一起进行取样，以化验确定该商品是否为国家禁止进口的固体废物。2008年2月27日，甲橡胶委托固研所对上述取样货物进行鉴别。2008年4月2日，固研所作出20080011HB号《进口物品固体废物属性鉴别报告》，鉴别结果为“样品整体是橡胶和树脂的混装物”“样品属于固体废物”。甲橡胶得知该鉴别结果后，未缴纳鉴别费用，亦未领取鉴别报告。2009年1月21日，乙海关在见证人见证下重新取样，并委托深检局对所取样品重新鉴别。2009年2月9日，深检局作出

---

① 山东省青岛市中级人民法院（2009）青行初字第13号行政判决书。

20090005ZJ《进口物品固体废物属性鉴别报告》，鉴别结果为“样品整体是部分烧焦的多种橡胶的混杂物”“样品属于固体废物”。根据深检局的鉴别报告并依据归类总规则，乙海关将甲橡胶货物归入税则号列4004000090。2009年3月3日，乙海关作出扣留决定，将甲橡胶的货物予以扣留。2009年6月9日，乙海关作出《行政处罚告知单》。2009年6月16日，乙海关作出××（2009）254号《行政处罚决定书》。甲橡胶不服，向丙海关提起复议。2009年8月6日，丙海关作出行政复议决定，维持了乙海关作出的具体行政行为。甲橡胶仍不服，诉至山东省青岛市中级人民法院。山东省青岛市中级人民法院作出判决，驳回甲橡胶要求确认乙海关2009年6月16日作出的××（2009）254号《行政处罚决定书》违法并予以撤销的诉讼请求。案件受理费人民币50元，由甲橡胶负担。

【专家评析】

行政相对人的行为发生在新法实施前，行政机关处理期间新法实施的，行政机关一般应当按照新法的程序要求作出具体行政行为，行政机关对实体问题一般应当以旧法为判断依据，但新法对相对人更有利的除外。①

关于涉案货物是否属于限制进口类固体废物的问题。甲橡胶进口商品属于固体废物，但应列入禁止进口类的固体废物还是限制进口类的固体废物存在争议。我国对固体废物的管理是以普遍性禁止为原则，以允许限制进口为例外。本案货物在甲橡胶申报进口时属于禁止进口的固体废物。但是2008年3月1日开始执行的国家环境保护总局、商务部、国家发展和改革委员会、海关总署、国家质量监督检验检疫总局2008年第11号公告附件二《限制进口类可用作原料的固体废物目录》将本案货物列入限制进口类固体废物。本案中新的执法依据对当事人较为有利，适用新规则，采从新兼从轻的原则，因而乙海关将涉案货物归入限制进口类可用作原料的固体废物合法合理。

关于乙海关是否可以委托鉴定机构对本案货物进行固体废物属性鉴定的问题。本案中《废物进口环境保护管理暂行规定》“环控〔1996〕204号文”与“环发〔2008〕18号文”均为国务院部门制定发布的有关进口废物检验问题具有普遍约束力的规范性文件，但对于废物属性鉴别的程序规定有所不同。根据程序从新的原则，法院认为黄岛海关适用“环发〔2008〕18号文”并无不当。

---

① 总主编：刘德权，本卷主编：陈裕琨、缪蕾：《最高人民法院司法观点集成：行政及国家赔偿卷Ⅱ》，中国法制出版社2017年版，第652页。

2021 年修订后的行政处罚法第三十七条首次将行政处罚的认定从旧兼从轻的原则写入其中，这是对法律适用基本原则与保护相对人合法权益的均衡考量，是司法经验与执法经验上升到制度层面的有益探索。这类新旧法冲突导致的法律适用问题，已经在司法领域进行过经验的总结，例如：《最高人民法院关于印发〈关于审理行政案件适用法律规范问题的座谈会纪要〉的通知》（法〔2004〕96 号），《最高人民法院办公厅关于印发〈行政审判办案指南（一）的通知〉》（法办〔2014〕17 号），这些司法审判经验也有助于指导行政执法机关规范行政执法行为，推动依法行政。

确认无效判决在行政处罚案件中的适用标准

——俞某诉市城管局城市管理行政处罚案①

【案情简介】

俞某位于某路 365 号的建筑物系俞某于 2000 年前建造。2009 年 4 月，市城管局在对俞某的上述建筑物巡查后，证实俞某建筑物现状与房屋权属证明登记事实不一致，且无建设工程规划许可证，依据城乡规划法第四十条第一款、第六十四条的规定，于 2009 年 6 月 25 日以张贴的方式将《行政处罚事先告知书》送达给俞某，并载明了相关权利，有邹某了（街道工作人员）证明，但俞某不在现场；市城管局于 2009 年 7 月 3 日又以张贴的方式将《行政处罚决定书》送达给俞某，并载明了相关权利，要求俞某在 15 日内自行拆除，也有邹某了证明，但俞某不在现场。《行政处罚决定书》载明：2000 年俞某在未办理建设工程规划许可证的情况下，在某路 365 号建造二幢三层建筑物，总面积为 275.58 平方米。俞某的上述行为违反了城乡规划法第六十四条的规定，责令俞某自收到《行政处罚决定书》之日起 15 日内自行拆除该违法建设，逾期不拆除的，有关部门将组织强制拆除，所需费用由俞某承担。另，在一审审理过程中，某路 365 号被滨湖区人民政府强行拆除。

法院经审理认为，行政处罚法②第四十条规定，行政处罚决定书应当在宣告后当场交付当事人；当事人不在场的，行政机关应当在七日内依照民事诉讼法的有关规定，将行政处罚决定书送达当事人。第四十一条规

① 参见江苏省无锡市中级人民法院（2010）锡行终字第 43 号行政判决书，载最高人民法院行政审判庭编：《中国行政审判案例（第三卷）》，中国法制出版社 2013 年版，第 164 ~170 页。

② 指 2021 年修订前的行政处罚法，本案“案情简介”部分下同。

定，行政机关及其执法人员在作出行政处罚决定之前，不依照本法第三十一条、第三十二条的规定向当事人告知给予行政处罚的事实、理由和依据，或者拒绝听取当事人的陈述、申辩，行政处罚决定不能成立；当事人放弃陈述或者申辩权利的除外。本案中，市城管局通过查询证实俞某在某路365号建筑物的建筑面积与产权部门登记的面积不一致，即以张贴的方式将《行政处罚事先告知书》《行政处罚决定书》送达给俞某，虽有在场人证明已张贴送达，但俞某表示未收到，上述送达方式不合法，不能视为送达，故上述送达方式不能证明被告已向俞某告知给予行政处罚的事实、理由和依据，以及被告已经告知俞某有权要求陈述和申辩，《行政处罚事先告知书》不能视为送达，《行政处罚决定书》送达方式不符合留置送达和公告送达的规定，也不能视为送达。根据行政处罚法的有关规定，被告所作的行政处罚决定不能成立。法院判决确认被告作出的行政处罚决定无效。

市城管局提起上诉，认为其以张贴的方式送达行政文书符合留置送达与公告送达的规定，行政程序合法，请求撤销一审判决。二审法院经审理查明，确认一审法院认定的事实。二审法院经审理认为，为保障行政处罚的公正合法，市城管局在作出行政处罚决定之前，应当将行政处罚的事实、理由和依据事先告知俞某，以保障俞某及时了解行政处罚的内容，可以充分行使陈述和申辩权。2009年6月25日，在当事人俞某不在现场的情况下，市城管局将《行政处罚事先告知书》采用张贴的方式进行告知，但俞某提出并未收到该告知书，市城管局未进行合法送达。市城管局提交的现场拍摄照片也不能证明其张贴地址是在何处。根据本案现有证据和法院的调查进行综合评判，不能认定在作出行政处罚决定之前，市城管局已经向被处罚人履行了法定的告知义务，《行政处罚决定书》亦未以合法方式进行有效送达。因此，市城管局作出的行政处罚决定不能成立。依照《中华人民共和国行政诉讼法》第六十一条第一项之规定，判决驳回上诉，维持原判。

【专家评析】

行政处罚决定前的事前告知程序能够保障俞某及时知晓处罚的内容，是其充分行使救济权的前提。“张贴”《行政处罚事先告知书》《行政处罚决定书》不是合法的告知和送达方式，且本案也没有证据证明该张贴地点的具体位置。本案无法得出结论认为市城管局已经履行了法定的告知义务。

在学理上，行政行为不成立与无效是两个概念，不成立是指欠缺行政行为成立的法定要件，如送达，某一行政行为如果没有送达到行政相对人，该行政行为是没有成立；而无效是指存在严重违法，使得行政行为自始无效，这个无效是指效力，而该行政行为已经成立。原行政处罚法和新修订的行政处罚法对送达的法律地位作了不同的规定，需要引起关注。

第一，原行政处罚法第四十一条规定，行政机关及其执法人员在作出行政处罚决定之前，不依照本法第三十一条、第三十二条的规定向当事人告知给予行政处罚的事实、理由和依据，或者拒绝听取当事人的陈述、申辩，行政处罚决定不能成立。在原法的规定下，本案中的行政处罚行为因“张贴”方式不合法而导致该行政处罚行为未对当事人发生法律效力，因此法院认定该行政处罚决定不成立。①

第二，在新修订的行政处罚法的规定下，类似本案情形可能会被法院直接认定为行政处罚决定无效。原因在于新修订的行政处罚法第三十八条第二款明确“违反法定程序构成重大且明显违法的，行政处罚无效”。一般认为“重大且明显违法”，即具有一般认知能力的普通人能够通过常识判断出该行政行为违法，则可推断该行为存在“重大且明显违法”的情形。“重大且明显违法”的认定应当相对谨慎，主要针对处罚机关遗漏和拒绝行政处罚关键程序的行为，如法律明确规定应当听证而未经听证作出的行政处罚，执法人员应当回避而未回避作出的行政处罚。②送达亦如此，行政机关在送达行政处罚事先告知书与行政处罚决定书时应依照法定方式告知和送达，否则行政相对人陈述、申辩的权利可能无法实现，客观上造成重大程序遗漏。在新法的规定下，本案中的告知方式和送达方式很有可能因为其属于“重大且明显违法”而被法院直接认定为行政处罚决定无效。

---

① 我国行政诉讼法上没有针对行政行为不成立设置相应的判决类型，对于不成立的行政行为，人民法院受理后，也只能确认无效，不成立的行政行为不发生法律效力。参见胡建森:《行政法学（第四版）》，法律出版社 2015 年版，第 145 页。

② 马怀德:《〈行政处罚法〉修改中的几个争议问题》，载《华东政法大学学报》2020 年第 4 期。

第五章　行政处罚的决定

第一节　一般规定

第三十九条　【处罚公示】行政处罚的实施机关、立案依据、实施程序和救济渠道等信息应当公示。

【条文主旨】

本条是关于处罚公示的规定。

【立法背景】

原行政处罚法中没有规定公示制度，在其第三十一条规定了处罚告知制度："行政机关在作出行政处罚决定之前，应当告知当事人作出行政处罚决定的事实、理由及依据，并告知当事人依法享有的权利。"2009 年和 2017 年行政处罚法的两次修改，均未涉及处罚公示制度，对第三十一条的规定未有改动。处罚公示制度的发展以党的十八大以来严格推进依法行政和建设法治政府为背景，是行政执法体制改革和政府信息公开制度发展完善的必然结果。

2014 年 10 月 20 日至 23 日，党的十八届四中全会在北京举行。全会审议通过了《中共中央关于全面推进依法治国若干重大问题的决定》，决定要求"坚持严格规范公正文明执法。依法惩处各类违法行为，加大关系群众切身利益的重点领域执法度……明确具体操作流程，重点规范行政许可、行政处罚、行政强制、行政征收、行政收费、行政检查等执法行为"。同时要求"全面推进政务公开。坚持以公开为常态、不公开为例外原则，推进决策公开、执行公开、管理公开、服务公开、结果公开。各级政府及其工作部门依据权力清单，向社会全面公开政府职能、法律依据、实施主体、职责权限、管理流程、监督方式等事项”。

《中共中央关于全面推进依法治国若干重大问题的决定》和《法治政府建设实施纲要（2015—2020年）》对全面推行行政执法公示制度、执法全过程记录制度、重大执法决定法制审核制度（统称“三项制度”）作出了具体部署，2018年国务院办公厅发布《关于全面推行行政执法公示制度执法全过程记录制度重大执法决定法制审核制度的指导意见》，对“谁执法谁公示”的原则，明确公示内容的采集、传递、审核、发布职责，规范信息公示内容的标准、格式。

行政处罚法本次修订增加本条规定，是对上述决策、精神的贯彻，也是对行政执法实践的回应，对有效保障行政相对人和社会公众的知情权、参与权、表达权、监督权，贯彻行政执法公示制度的要求，规范行政处罚权的行使，推进法治政府建设，具有重要意义。

【条文释义】

行政处罚是行政执法的重要方式，当前行政处罚领域的不规范行为，包括处罚的畸轻畸重、处罚不公开、暗箱操作等问题依然在一定程度上存在。在新的国际国内背景下，释放经济增长的内生动力，转变政府职能，降低制度性交易成本，贯彻党中央、国务院包括放管服改革在内的各项改革措施，在行政处罚领域坚持执法公开公示制度，意义重大。理解本条款应当注意把握以下要点：

第一，本条规定的是处罚公示制度的事前公示制度。《关于全面推行行政执法公示制度执法全过程记录制度重大执法决定法制审核制度的指导意见》将处罚公示分为事前公示、事中公示和事后公示三个阶段，每个阶段的公开内容和目的各有侧重。事前公示的重点在于遵守政府信息主动公开的要求，打造阳光政府，对行政处罚权的行使形成监督和制约。

第二，处罚公示制度是政府信息公开制度的组成部分，法律基础是政府信息公开条例。2019年修订的政府信息公开条例第十九条规定：“对涉及公众利益调整、需要公众广泛知晓或者需要公众参与决策的政府信息，行政机关应当主动公开。”第二十条第六项规定“实施行政处罚、行政强制的依据、条件、程序以及本行政机关认为具有一定社会影响的行政处罚决定”应当主动公开。

第三，行政处罚事前公示的主要内容包括行政处罚主体、人员、职责、权限、依据、程序、救济渠道等信息。《关于全面推行行政执法公示制度执法全过程记录制度重大执法决定法制审核制度的指导意见》要求享有行政处罚权的机关应当“根据有关法律法规，结合自身职权职责，编制并公开本机关的服务指南、执法流程图，明确执法事项名称、受理机构、审批机构、受理条件、办理时限等内容。公开的信息要简明扼要、通俗易懂，并及时根据法律法规及机构职能变化情况进行动态调整”。

第四，处罚事前公示的要点要与权责清单制度衔接。[①] 权责清单制度对事前公示提出了明确要求，《中共中央办公厅、国务院办公厅印发〈关于推行地方各级政府工作部门权力清单制度的指导意见〉的通知》（中办发〔2015〕21号）、《国务院办公厅关于印发国务院部门权力和责任清单编制试点方案的通知》（国办发〔2015〕92号）要求“按照简政放权、放管结合、优化服务和转变政府职能要求，以清单形式列明试点部门的行政权责及其依据、行使主体、运行流程等，推进行政权责依法公开，强化行政权力监督和制约，防止出现权力真空和监管缺失”。尤其是在行政处罚法扩大了地方法规的行政处罚设定权的情况下，事前公示变得更加关键。

第五，行政处罚的实施机关公示，主要指的是行政处罚权的法定主体和具体实施主体，都应当进行事前公示，保证主体合法；立案依据公示，指的是行政处罚依据的公开，包括一般法和特别法中对行政处罚主体的权限、处罚方式、处罚裁量等的规定，处罚法定；行政处罚的实施程序公示，指的是行政处罚实施的程序约束，行政处罚的执法人员数量、步骤、时限等都应当公开，并且得到遵守；行政处罚的救济渠道公示，指的是相对人对行政处罚行为可以通过申请行政复议、提起行政诉讼、申请国家赔偿等法定救济途径获得救济，上述途径的提起方式、受理部门、救济时效以及其他的程序性规定，应当事前一并公示，保障相对人获得救济的权利。根据行政处罚法第五条的规定，不得根据未经公示的依据作出行政处罚决定，由此可以看出事前公示对行政处罚构成了有法律效力的约束。

【相关规定】

《关于全面推行行政执法公示制度执法全过程记录制度重大执法决定法制审核制度的指导意见》；《中华人民共和国政府信息公开条例》第十九条、第二十条；《中共中央办公厅、国务院办公厅印发〈关于推行地方各

---

① 袁雪石：《行政执法三项制度的背景、理念和制度要义》，载《中国司法》2019年第2期。

级政府工作部门权力清单制度的指导意见〉的通知》;《国务院办公厅关于印发国务院部门权力和责任清单编制试点方案的通知》。

第四十条　【事实查明】公民、法人或者其他组织违反行政管理秩序的行为,依法应当给予行政处罚的,行政机关必须查明事实;违法事实不清、证据不足的,不得给予行政处罚。

【条文主旨】

本条是关于行政处罚事实查明要求的规定。

【立法背景】

本条在此次修订中加入了"证据不足的"表述,突出了证据在查明事实中的重要地位。

【条文释义】

一、关于查明事实

查明事实指的是处罚机关经过法定的调查取证程序,查明当事人是否实施了违反行政管理秩序的行为。需要指出的是,"以事实为依据、以法律为准绳"虽然长期以来都是我国法治实践中的重要准则,但是在司法、刑事领域对此研究多,行政法领域对此研究相对较少。关于真相和事实真相的查明,在诉讼法学界和整个法学界都存在定义上的混乱和分歧①。

行政处罚过程中的查明事实与司法审判过程中的查明事实和刑事侦查过程中的查明事实既有区别也有联系,不同类型案件的事实清楚、证据充

---

① 陈光中教授指出,理解诉讼中的真相和查明案件事实应当注意五点:第一,案件的"真相"与"事实"存在联系,但二者并非同一概念;第二,办案人员在一定条件下能够准确查明、正确判断案件事实,所谓查明案件事实真相就是指办案人员运用所收集的合格证据对案件事实作出的、认定符合客观存在的事实;第三,追求真相的主要目的是实现实体公正,最大限度防范冤假错案的发生,当查明真相确有困难时,应当坚持无罪推定原则;第四,查明案件事实真相并非要查清所有细节,而是指查明案件的基本事实和关键事实,诉讼中要查明的案件事实通常是指犯罪事实是否已经发生、该事实是不是被告人所为以及与量刑有直接关联的事实;第五,办案人员必须在公正程序的框架下查明真相,不可以非法取证的手段来达到目的。参见陈光中、李章仙:《论庭审模式与查明案件事实真相》,载《法学杂志》2017 年第 6 期。

分的标准各有不同，行政处罚法第五条规定，设定和实施行政处罚必须以事实为依据。处罚机关在事实查明阶段，必须查明的事实包括[①]：第一，是否存在违法行为；第二，是谁实施了该违法行为；第三，是在什么时间实施的行为；第四，是在什么地点实施的行为；第五，行为的具体情况、过程等；第六，行为造成了什么结果；第七，当事人举证证明自己不存在主观过错的，对证据的相关判断以及对是否存在主观过错的认定。

不同类型行政处罚案件中的关键事实、与行政处罚强度相关的事实和细节，决定了查明的强度是不一样的，该问题的认定与行政处罚查明事实的程序、举证责任、证据规则等的设计都有密切关系。

二、关于违法事实不清

本条规定违法事实不清、证据不足的，不得给予行政处罚，本法第五条第二款规定实施行政处罚应当与违法行为的事实、性质、情节以及社会危害程度相当。这里面涉及的是行政处罚的证明标准和事实审查标准的问题。事实审查标准以证明标准为基础，是行政处罚主体对其认定的事实是否符合证明标准进行的审查，用证明标准来衡量案件是否“违法事实清楚”。建立和完善各类行政案件的行政处罚证明标准，应当考虑以下因素：

第一，设立系统性、多层次的证明标准[②]，考虑到行政管理的复杂性和多样性，证明标准应当与行政实体法的目的相一致。行政行为证明标准的多层次化或者体系化，是从诉讼制度尤其是刑事诉讼中借鉴而来。行政处罚法的“违法事实清楚、证据确实充分”是一个判断的标准，而非确定性规则，而证明标准应当是灵活的、变化的，因为个案中运用证据认定的案件事实是复杂和多样的。[③]案件的严重程度、拟采取的处罚措施是否对相对人造成“重大影响”，行政处罚处于立案阶段、调查阶段还是处罚决定阶段等因素，都可能对行政处罚的“违法事实清楚、证据确实充分”的证明标准带来影响。具体证明标准的介绍和讨论见下文。

第二，兼顾效率与公平。《最高人民法院关于行政诉讼证据若干问题的规定》第二十二条、第二十三条规定了法院依职权调查收取证据和依申请调取证据的情形，一方面是对行政诉讼中法庭事实查明的规定，另一方面也是确定行政处罚案件中，行政处罚主体收集证据的手段、事实查明的

---

① 晏山嵘：《行政处罚实务与判例解释》（第二版），法律出版社2019年版，第490页。

② 应松年主编：《行政程序法》，法律出版社2009年版，第123页。

③ 证明标准是对程序中各方利益权衡的结果，利益权衡时考量的不同因素决定了证明标准的层次性。不同主体的举证能力、相关利益和价值的位阶以及证明对象的差异等，都可能影响证明标准体系的构建。

程度，不必事无巨细①，应当与法庭事实查明有所区分。

第三，“违法事实清楚、证据确实充分”，作为行政处罚案件查明事实的证明标准，需要行政处罚主体在认定案件事实时充分行使自由裁量权，但是应当根据行政处罚的不同阶段、行政处罚的轻重、是否属于推定责任以及实体性事实和程序性事实等分别适用不同证明标准，并考虑是否存在应当适当降低证明标准的情形。②以不同行政处罚阶段为例，在行政处罚案件的立案阶段，立案的证明标准只要达到“有理由怀疑”即可，具备初步的证据和一定的理由怀疑涉嫌违反行政管理秩序，且没有超过时效。在行政处罚案件的决定阶段，一般至少要达到“优势证据”的标准。具体而言，证明标准主要有如下种类：

（1）排除合理怀疑的证明标准。在证明标准中，要求最高的是“排除合理怀疑”，这是在刑事诉讼中对是否构成犯罪进行判断的证明标准，在这一标准下，对证据的合法性和正当性的要求是最高的，排除“毒树之果”即非法证据，就是在刑事程序中对证据的要求，所对应的即排除合理怀疑。在行政处罚中，一般以对当事人合法权益的损益程度、是否举行听证来确定是否适用排除合理怀疑的证明标准。③ 对于涉及限制人身自由、数额较大的罚款和没收财物等对行政相对人权益有重大影响的案件，“可以比照适用类似于刑事案件的证明标准”④，即排除合理怀疑标准。⑤

---

① “由于行政机关在调查时，原则上并无强制处分权，在证据之掌握上，向来不若司法机关之有效及完整，因此，对其证据证明力之判断，自不宜采用刑事诉讼法上之严格证据主义，此亦为比例原则之表现。”洪家毅：《论行政调查中职权调查之概念及范围——以行政程序法相关规定为中心》，载《东吴法律学报》第21卷第3期。

② 晏山嵘：《行政处罚实务与判例解释（第二版）》，法律出版社2019年版，第357~374页。

③ 目前很多法院对经过听证程序和限制人身自由的案件持“排除合理怀疑”的证明标准。参见福建省霞浦县人民法院（2007）霞行初字第28号行政判决书和山东省菏泽市（地区）中级人民法院（2014）菏行终字第43号行政判决书。

④ 李国光：《努力开创行政审判工作新局面，为全面建设小康社会提供司法保障》，载《最高人民法院公报》2003年第2期。也有意见认为，在较大额度的财产罚等案件中，不宜一律适用排除合理怀疑的证明标准，否则部分海关案件和反垄断案件认定案件事实将变得极为困难。

⑤ 人身自由罚案件中，适用排除合理怀疑标准抑或优势证据标准，有不同意见。例如，宿某燕不服劳动教养案中，“若行政机关在未取得优势证据的情况下仅凭劣势证据即认定相关的案件事实，构成主要证据不足”。参见《最高人民法院公报》2000年第1期。“在通常情况下，相对于刑事活动而言，行政行为一般对行政相对人合法权益的影响并不大，且基于行政效率的要求，采用较低要求的证据标准的合理。但是，在涉及人身自由如劳动教养、行政拘留等行政案件时，提高证明标准的要求也是必要的。”章剑生：《现代行政法总论（第二版）》，法律出版社2019年版，第274页。

（2）优势证据标准。比排除合理怀疑的证明标准略低的是“优势证据”标准，这一标准在民事诉讼中常见，是判定说服力强的、盖然性占优势的一方当事人的主张可以成立的证明标准，对事实认定比刑事诉讼的要求低。优势证据标准根据是否能够达到“清楚而有说服力”或“明确而令人信服”，又分为明显优势证据标准和优势证据标准。明显优势证据标准，虽然不能够排除所有怀疑，但是能够达到让人信服的程度。而优势证据标准，未必能够让人信服，只是在对比的时候能够占优势，具体到行政执法中，执法人员的陈述相比行政相对人的陈述更具信服力，就属于优势证据。①

（3）均衡证据及排除滥用职权的证明标准。一般在单处申诫罚案件和简易程序案件中可以适用，是指执法人员和行政相对人提供的证据大体相当，而且没有证据证明执法人员有滥用职权的行为，则采信执法人员的证据。② 一般都是当场看见、当场处罚，案情简单且相应处罚对相对人权益影响较小的案件中适用。该证明标准一方面能够保障行政执法的效率，另一方面在简易程序中，出现一比一证据时，均衡证据及排除滥用职权的证明标准能够较好地解决问题，同时要求执法人员按照行政处罚的程序收集证据，听取当事人陈述和申辩等。

（4）适当降低证明标准。降低证明标准原则上属于法定的降低证明标准，而不是任意的降低证明标准。例如，在行政处罚法、反垄断法等明确规定了当事人协助调查和提供证据的情形下，当事人拒不配合或者妨碍调查的，应当降低行政处罚证明标准。再如，在证明难度极大、所需要的专业性和技术性极强的领域，可以考虑降低证明标准。

三、关于证据不足

证据不足的概念与证明对象紧密相关，行政处罚的证明对象指的是行政处罚过程中必须用证据予以证明或者确认的案件事实，包括实体性事实和程序性事实。对于行政处罚主体而言，应当查明的事实，必须有符合证明标准的证据予以支撑，如果认定案件情况的主要事实材料，不足以作为认定的根据，即证据不足，不得予以处罚。结合诉讼制度和证据规定，证

---

① 还有意见认为可以借鉴民事诉讼中盖然性证据的标准，通过百分比来划定证据的优势程度，如以行政检查为例，例行检查的证明标准可以控制在“怀疑”（10%）及以下；作为一般行政强制措施的强制人身检查的证明标准应该达到“合理怀疑”（20%）；作为即时强制即紧急情形下的强制人身检查的证明标准应该达到“相当理由”（超过 50%）。晏山嵘：《行政处罚实务与判例解释（第二版）》，法律出版社 2019 年版，第 360 页。

② 也有意见认为，均衡证据属于优势证据证明标准，不是单独的一种证明标准。

据不足的标准主要包括：

第一，证据不具备客观性、关联性和合法性，不能够作为认定案件事实的确实可靠的标准。

第二，案件事实中的主要要素，包括主体、时间、地点、行为方式、行为过程以及行为后果等，其中的某一个或某几个要素的事实，没有必要的证据加以证明。

第三，据以认定案件事实的全部证据，无法排除矛盾和疑点，不能形成结论。

这就要求在审查证据时，既要对证据的证明力、合法性等进行逐项审查和判断，又要对关联性等进行审查，排除证据之间的矛盾，若无法符合上述标准的一项或几项，都属于证据不足。

【相关规定】

《最高人民法院关于行政诉讼证据若干问题的规定》第二十二条、第二十三条；《中华人民共和国海关行政处罚实施条例》第三十四条。

第四十一条　【电子证据】行政机关依照法律、行政法规规定利用电子技术监控设备收集、固定违法事实的，应当经过法制和技术审核，确保电子技术监控设备符合标准、设置合理、标志明显，设置地点应当向社会公布。

电子技术监控设备记录违法事实应当真实、清晰、完整、准确。行政机关应当审核记录内容是否符合要求；未经审核或者经审核不符合要求的，不得作为行政处罚的证据。

行政机关应当及时告知当事人违法事实，并采取信息化手段或者其他措施，为当事人查询、陈述和申辩提供便利。不得限制或者变相限制当事人享有的陈述权、申辩权。

【条文主旨】

本条是关于行政处罚中如何收集并使用电子证据的规定。

【立法背景】

原行政处罚法中没有关于电子技术监控设备记录违法事实的相关规定，2009年和2017年行政处罚法的两次修改也没有相关规定。此次修法专门用一条来规定行政处罚中的电子证据问题，有两个主要的背景：一个是我国行政诉讼法修改后，第三十三条第一款第四项明确规定行政诉讼案件中的证据包括电子数据。另一个是行政执法领域，尤其是交通非现场执法领域大量电子证据的使用。

1996年5月，北京市公安交管局在北京西四路口试验成功国内第一台"抢红灯自动拍摄器"，我国道路交通非现场执法模式由此开启。[①] 2008年公安部通过《道路交通安全违法行为处理程序规定》，第三章第二节规定了交通技术监控，从第十五条到第二十一条，共七条，对交通技术监控设备的设置、使用、维护、检测，固定式交通技术监控设备设置地点应当向社会公布，以及交通技术监控设备收集并固定的记录资料的要求，相关数据的审核与系统录入、告知当事人和应当予以消除记录的相关情形等都进行了具体的规定。

十几年来，道路交通领域的非现场执法处罚次数和处罚规模，都已远非现场执法方式可比。继道路交通领域之后，海事、卫生、水上交通、城管、互联网监管、市场监管等领域也积极推行非现场执法方式。2018年11月中共中央办公厅、国务院办公厅印发《关于深化交通运输综合行政执法改革的指导意见》（中办发〔2018〕63号），明确要求大力推进非现场执法，并对非现场执法的程序等作出了基本的规定。但是因为缺乏上位法更具体、更细致的规定，尤其是非现场执法程序性规范的缺失，在非现场执法方式快速推行的同时，其权力任性、为罚而罚、误罚错罚、告知不充分、仅凭通知书或短信处罚、便行（行政机关）不便民、陈述申辩难、获得救济难等令人诟病的大量问题也逐渐暴露出来，违法侵权现象频发[②]。

---

① 茅铭晨：《从自定走向法定——我国〈行政处罚法〉修改背景下的非现场执法程序立法研究》，载《政治与法律》2020年第6期。

② 茅铭晨：《从自定走向法定——我国〈行政处罚法〉修改背景下的非现场执法程序立法研究》，载《政治与法律》2020年第6期。

"杜某良事件"① 和四川绵阳"摸胸门"事件②都是非现场执法问题的集中暴露。

2014 年行政诉讼法修改后，电子证据正式成为行政诉讼的证据种类之一，随着执法记录仪等电子执法设备的普及，在现场执法领域电子证据也开始广泛适用。2016 年 1 月 1 日施行的反恐怖主义法第二十二条第二款规定："运输单位应当依照规定对运营中的危险化学品、民用爆炸物品、核与放射物品的运输工具通过定位系统实行监控。"第二十七条第二款规定："地方各级人民政府应当根据需要，组织、督促有关建设单位在主要道路、交通枢纽、城市公共区域的重点部位，配备、安装公共安全视频图像信息系统等防范恐怖袭击的技防、物防设备、设施。"由此，对运输工具通过定位系统实行监控，在交通枢纽配备、安装公共安全视频图像信息系统等，具备了法律依据，同时也成为地方政府的法定义务。

此次行政处罚法的修订增加本条规定，不仅是对上述问题的回应，也是在大数据时代和自动化行政兴起背景下的必然选择。

【条文释义】

本条规定共分为三款，第一款规定的是电子技术监控设备的设置；第二款规定的是电子技术监控设备记录的违法事实成为行政处罚证据的标准和审核要求；第三款规定的是行政机关的告知义务和当事人的申辩权与陈述权。

---

① 杜某良于 2004 年 7 月 20 日至 2005 年 5 月 23 日，驾驶小货车运菜每天经过北京市西城区真武庙头条西口，因误认北京市交通标志，在同一个地方被"电子眼"拍下闯禁行 105 次，被罚款 10500 元，扣分 210 分。2005 年 5 月 23 日，交管部门将累积近一年的交通违章记录一次性告知杜某良，罚单显示罚款 10500 元，交通违章记分 210 分。杜某良不服，提起诉讼。参见刘砥砺：《杜某良案彰显舆论监督力》，载《北京青年报》2011 年 7 月 4 日；《谁让你走单行道（上）》，载中央电视台东方时空节目，http：//www. cctv. com/news/society/20060327/102228. shtml，最后访问时间：2021 年 3 月 9 日；《杜宝良"105 次违章"事件》，载新华网专题报道，http：//www. xinhuanet. com/auto/zt20050602/index. htm，最后访问时间：2021 年 3 月 9 日。

② 2011 年 7 月 29 日，邓某驾驶车牌号为"川 BY0×××"的汽车以 92 公里的时速驶过四川省三台县至射洪县方向的幕禹百花村段，因超速 15% 被电子眼拍下。电子眼在拍下邓某超速的同时，也拍到邓某的手正放于副驾的女士胸上，而该照片却被泄露，导致邓某及当时位于副驾的女士被"人肉"，二人的声誉、隐私以及个人生活受到极大影响。照片泄露的原因是公安局交警支队的电脑维护公司的工作人员利用工作之便，私自拷贝车主违章照片并传到了网上。参见徐梅：《何处可隐？——"高速摸胸门"再曝电子眼霸权》，载《南方人物周刊》2011 年 9 月 2 日。

一、电子技术监控设备的设置

本条第一款规定："行政机关依照法律、行政法规规定利用电子技术监控设备收集、固定违法事实的，应当经过法制和技术审核，确保电子技术监控设备符合标准、设置合理、标志明显，设置地点应当向社会公布。"本款包括三项要求：

第一，行政机关利用电子技术监控设备收集、固定违法事实时需依据法律、行政法规的规定，利用电子技术监控设备收集信息的主体和权限都受到法律、行政法规的限定，不得滥用。

第二，电子技术监控设备的设置应当经过法制和技术审核，技术审核的目的是保证电子技术监控设备的质量符合标准，拍摄、收集和固定的违法事实符合本条第二款清晰、准确的要求；法制审核的目的在于保证设置的必要性和合理性，即设置合理、标志明显，包括是否有必要设置、设置的数量和规模、设置的地点、设置的标志和提示等。

第三，电子技术监控设备的设置地点应当向社会公布，此前在地方交通执法实践中经常出现的隐匿和伪装摄像头等行为都与本规定相抵触。此处涉及电子技术监控设备适用于行政处罚实践的目的，以交通执法为例，通过明确提示此处为拍摄路段，监督相对人不超速、不违章驾驶，目的在于保证交通安全和交通秩序，而不是拍摄更多的交通违章行为，增加行政处罚数量。

此前《道路交通安全违法行为处理程序规定》第十六条、第十七条第一款对此也有规定："交通技术监控设备的设置应当遵循科学、规范、合理的原则，设置的地点应当有明确规范相应交通行为的交通信号。固定式交通技术监控设备设置地点应当向社会公布。""使用固定式交通技术监控设备测速的路段，应当设置测速警告标志。"

二、电子技术监控设备记录违法事实的标准和审核要求

本条第二款规定："电子技术监控设备记录违法事实应当真实、清晰、完整、准确。行政机关应当审核记录内容是否符合要求；未经审核或者经审核不符合要求的，不得作为行政处罚的证据。"本款是对电子证据的标准和行政机关的审核义务的规定，具体包括下列要求：

第一，真实、清晰、完整、准确，是对电子技术监控设备记录的违法事实的要求。清晰、准确是对设备的技术标准要求，在拍摄、记录、固定违法事实时，相关的画面、声音等要清晰可辨而非模糊难辨。对此《道路交通安全违法行为处理程序规定》第十五条第二款、第三款和第十八条都有规定："交通技术监控设备、执法记录设备应当符合国家标准或者行业标准，需要认定、检定的交通技术监控设备应当经认定、检定合格后，方可用于收集、固定违法行为证据。”“交通技术监控设备应当定期维护、保养、检测，保持功能完好。”“作为处理依据的交通技术监控设备收集的违法行为记录资料，应当清晰、准确地反映机动车类型、号牌、外观等特征以及违法时间、地点、事实。”

真实、完整，是对控制电子技术监控设备的人的要求，在使用电子技术监控设备记录、固定和传输违法事实时，要保证电子数据的真实和完整，不得私自篡改、剪裁、删除、销毁等。

第二，行政机关应当对电子技术监控设备记录进行审核，这就意味着即使在自动化行政执法和行政决策的过程中，电子记录是否能够作为行政处罚的证据使用，判断权和决定权仍然由行政机关行使，由此保证现场执法和非现场执法在主体上是统一的。例如，《道路交通安全违法行为处理程序规定》第十九条的规定：“交通技术监控设备收集违法行为记录资料后五日内，违法行为发生地公安机关交通管理部门应当对记录内容进行审核，经审核无误后录入道路交通违法信息管理系统，作为处罚违法行为的证据。”

第三，未经审核或者经审核不符合要求的，不得作为行政处罚的证据。这里面有几个问题，一是要求使用电子技术监控设备的行政机关应当完善本领域的电子技术监控记录审核程序；二是在法定期限内未进行依法审核的证据，不得作为行政处罚的证据；三是经审核不符合要求的记录，也不得作为行政处罚的证据，此处的要求主要是真实、清晰、完整、准确。

三、行政机关的告知义务和当事人的申辩权

本条第三款规定：“行政机关应当及时告知当事人违法事实，并采取信息化手段或者其他措施，为当事人查询、陈述和申辩提供便利。不得限制或者变相限制当事人享有的陈述权、申辩权。”本款主要强调几个要点：

第一，何为“及时”告知。前引“杜某良案”中，集中了105次交通违章，间隔将近一年一次性告知肯定不是及时，《道路交通安全违法行为处理程序规定》第二十条规定：“交通技术监控设备记录的违法行为信息录入道路交通违法信息管理系统后当日，违法行为发生地和机动车登记地公安机关交通管理部门应当向社会提供查询。违法行为发生地公安机关交通管理部门应当在违法行为信息录入道路交通违法信息管理系统后五日内，按照机动车备案信息中的联系方式，通过移动互联网应用程序、手机短信或者邮寄等方式将违法时间、地点、事实通知违法行为人或者机动车所有人、管理人，并告知其在三十日内接受处理。”

第二，结合《道路交通安全违法行为处理程序规定》修改前关于告知相对人的时间的规定，可以发现2020年修改后，对于告知的时限进行了极大的压缩。由此可见，何为“及时”告知，应当是各执法机关结合本领域电子技术监控设备执法实践，对本领域进行的明确程序规定。

第三，不得变相限制当事人的陈述权和申辩权。此处强调了应当通过信息化手段和其他方式，为当事人提供查询、陈述和申辩的便利。不能因数字鸿沟和技术获取的便利程度差异的存在，减损当事人在行政处罚行为过程中的程序性权利。

【相关规定】

《中华人民共和国行政诉讼法》第三十三条；《道路交通安全违法行为处理程序规定》第三章第二节；《关于深化交通运输综合行政执法改革的指导意见》。

第四十二条　【文明执法】行政处罚应当由具有行政执法资格的执法人员实施。执法人员不得少于两人，法律另有规定的除外。

执法人员应当文明执法，尊重和保护当事人合法权益。

【条文主旨】

本条是对行政处罚文明执法和执法人员的规定。

【立法背景】

原行政处罚法第三十七条规定“行政机关在调查或者进行检查时，执法人员不得少于两人，并应当向当事人或者有关人员出示证件”，此次修改比较明显的变化在于：

第一，将对执法人员资格、人数和文明执法的规定，从行政处罚决定的普通（一般）程序规定，提升到行政处罚决定的一般规定中，使得该要求具有了“原则”性，适用于整个行政处罚决定过程；

第二，明确了行政执法资格的要求；

第三，在第二款中明确提出了文明执法的要求。

党的十八大报告明确指出，要推进依法行政，切实做到严格规范公正文明执法。党的十八大以来，习近平总书记反复强调必须坚持严格执法，切实维护公共利益、人民权益和社会秩序。党的十八届四中全会通过的《中共中央关于全面推进依法治国若干重大问题的决定》，就全面推进依法治国、建设社会主义法治国家作出了全面部署，对坚持严格规范公正文明执法提出了具体要求，“严格实行行政执法人员持证上岗和资格管理制度，未经执法资格考试合格，不得授予执法资格，不得从事执法活动……坚持严格规范公正文明执法”。《法治政府建设实施纲要（2015—2020年)》中明确要求健全行政执法人员管理制度，“2016 年年底前，各地区各部门对行政执法人员进行一次严格清理，全面实行行政执法人员持证上岗和资格管理制度，未经执法资格考试合格，不得授予执法资格，不得从事执法活动”。

在此背景下，行政处罚法的修改对执法实践中对执法资格和文明执法的规定进行回应，是非常有必要的。

【条文释义】

一、行政处罚的执法资格

本条第一款明确规定，行政处罚应当由具有行政执法资格的执法人员实施。通常具有执法资格的执法人员，即通过行政执法资格考试，取得行政执法资格，并申领和使用行政执法证件的执法人员。关于行政处罚的执法资格，应当从执法机关的执法资格和执法人员的执法资格两个层面来理解：

第一，关于执法机关的执法资格。在推动法治政府建设，规范行政执法行为的过程中，避免执法权的滥用一直是行政处罚法等的重点内容。随着信息公开制度的健全，对执法主体的资格认定、公示告知制度等也不断完善。例如，1998 年福建省政府制定了《福建省行政执法资格认证与执法证件管理办法》，其第三条规定县级以上人民政府领导本行政区域的行政执法资格认证与行政执法证件管理工作。第四条第一款规定：“行政机关应当具备行政执法资格和执法条件，并经本级人民政府审查确认和公告。未经审查确认和公告的，不得进行行政执法活动。”第五条第一款规定：“行政执法机关从事行政执法活动的工作人员，必须通过行政执法资格考试取得行政执法资格，并申领和使用福建省行政执法证和执法标志（以下统称行政执法证件）或者法律、行政法规规定的其他行政执法证件。”此后多个地方也对行政主体资格的审核认定以及公告等进行了相关的规定。执法人员的执法资格以所在执法机关的执法主体资格为前提，资格考试的组织、培训、考试内容、执法证管理等，都是以所在执法机关为依托的。

第二，关于执法人员的执法资格。执法人员的执法资格一般通过资格考试（以下简称资格考试）且成绩合格后方能取得，获得执法资格的人员可以申领执法证。2020 年修订的《烟草专卖执法资格管理办法》第二条规定：“各级烟草专卖局应严格实行烟草专卖执法人员持证上岗和资格管理制度。从事烟草专卖执法工作的人员应当参加烟草专卖执法人员资格考试且成绩合格，方可取得烟草专卖执法资格。取得资格后，按照有关程序，申领烟草专卖执法检查证和徽章。”烟草专卖人员因辞职、岗位调整、退休等原因不再从事烟草专卖执法工作的，执法资格自动丧失，检查证和徽章应当及时回收并由省级烟草专卖局统一销毁。

执法资格证对于行政处罚的执法人员，相当于他们在执法时的身份证，所谓表明身份，主要指的是向相对人出示执法资格证。表明身份的道理在于，只有向相对人表明身份，相对人才会产生协助执行公务的义务，不得妨碍执行公务，否则应当承担相应的法律责任；同时表明执法身份也能够获得相对人的合作，避免不必要的对抗①。

二、关于行政处罚应当由两个人执行的问题

此次行政处罚法明确行政处罚应当由两个以上的执法人员实施。对于行政执法是否必须由两个以上的执法人员实施，此前规定并不统一。行政强制法没有规定必须两人以上，《中华人民共和国行政强制法》第十七条第三款在行政强制措施实施程序的一般规定中规定：“行政强制措施应当由行政机关具备资格的行政执法人员实施，其他人员不得实施。”地方立法的规定不一，主要包括三种情形：

第一，必须两人以上。2018 年修订的《上海市城市管理行政执法条例》第十六条第三款规定：“城管执法人员从事行政执法活动时，应当向当事人出示行政执法证件；除法律另有规定外，必须两人以上共同进行。”《河南省行政执法条例》第二十四条规定：“行政执法机关在调查、检查或者核查时，行政执法人员不得少于两人，并应当主动向当事人或者相关人员出示行政执法证。未出示行政执法证的，当事人或者相关人员有权

---

① 余凌云：《行政法讲义（第三版）》，清华大学出版社 2019 年版，第 339 ~ 340 页。

拒绝。”《内蒙古自治区基层综合行政执法条例》第八条第二款规定：“基层综合行政执法机构在进行调查或者进行检查时，除法律另有规定外，执法人员不得少于两人，并应当向当事人或者有关人员出示执法证件。”

第二，没有明确规定。只规定行政执法人员应当通过考试并取得执法资格证，但是没有对行政执法的具体人数作出规定，如《广东省行政执法队伍管理条例》《辽宁省行政执法条例》《山西省行政执法条例》等。

第三，规定可以一人执法，主要是公安执法领域。2004 年 4 月 30 日公安部发布《道路交通安全违法行为处理程序规定》，明确规定适用简易程序处罚的，可以由一名交通警察作出。2012 年制定、2020 年修订的《公安机关办理行政案件程序规定》第三十九条第一款也规定：“适用简易程序处罚的，可以由人民警察一人作出行政处罚决定。”

应该说，行政处罚法对行政处罚执法过程中的执法人员人数作出规定后，第一种情形的地方立法将继续适用，第二种情形没有明确进行执法人员数量规定的要求，应当遵守行政处罚由两名以上执法人员实施的规定，而明确规定可以由一人执法的规范性文件，应当及时进行修订。

对于两名以上行政执法人员的规定，还有一个问题就是，行政处罚是否必须由两名以上具有执法资格的执法人员实施。从本条第一款的规定来看，显然是要求行政处罚必须由两名以上具有执法资格的执法人员实施。但是在行政执法体制改革，执法权不断往基层下放的背景下，执法编制和执法资格证无法满足基层执法的需求，实践中一般会有两个选择，第一个选择是作出变通规定，对行政处罚和行政执法程序进行流程分解，将辅助性事务交给没有执法资格证的人员执行。《福建省行政执法条例》第二十四条规定：“行政执法机关可以根据工作需要，配置一定数量的行政执法辅助人员。行政执法辅助人员应当经所属行政执法机关考试考核合格，并向社会公示后方可从事行政执法辅助工作。行政执法辅助人员不得从事行政执法。在行政执法机关及其行政执法人员的指挥和监督下，行政执法辅助人员可以从事劝阻、宣传、信息收集、后勤保障、接受申请、送达文书等辅助性事务。”《公安机关办理行政案件程序规定》第五十二条规定：“公安机关进行询问、辨认、检查、勘验，实施行政强制措施等调查取证工作时，人民警察不得少于二人，并表明执法身份。接报案、受案登记、接受证据、信息采集、调解、送达文书等工作，可以由一名人民警察带领警务辅助人员进行，但应当全程录音录像。”第二个选择便是一个部门共用仅有的几张执法资格证①。需要指出的是，类似做法是不规范的，需要根据新修订的行政处罚法及时改进。此外，新修订的行政处罚法已经规定受托组织实施行政处罚，也必须具备取得行政执法资格的人员，这意味着行政执法资格证不一定和行政编制挂钩。

三、关于文明执法的相关规定

本条第二款规定“执法人员应当文明执法，尊重和保护当事人合法权益”。文明执法是对执法人员的职业素养提出的要求，一方面要有文明执法的理念，“增强严格依法履行职责的观念、法律面前人人平等的观念、尊重和保障人权的观念，进一步强化证据意识、程序意识、权限意识和自觉接受监督意识”，另一方面又要改进执法方式，“要正确处理严格规范公正文明执法的关系，既要坚持以事实为依据，以法律为准绳，严格执法、不枉不纵，坚决维护法律的权威和尊严，又要准确把握社会心态和群众情绪，改进执法方式，理性文明执法，强化实体规范、程序规范，注重语言规范、行为规范，努力做到融法、理、情于一体，坚持以法为据、以理服人、以情感人，积极争取当事人的理解和支持，力求实现执法效果最大化”。②

【相关规定】

《中华人民共和国行政强制法》第十七条；《烟草专卖执法资格管理办法》第二条；《福建省行政执法资格认证与执法证件管理办法》第三条、第四条、第五条；《上海市城市管理行政执法条例》第十六条；《河南省行政执法条例》第二十四条；《内蒙古自治区基层综合行政执法条例》第八条；《福建省行政执法条例》第二十四条；《广东省行政执法队伍管理条

① 对该问题法院的判断也存在差异，在齐某华诉某市公安局前阳公安分局行政处罚案［参见辽宁省丹东市中级人民法院（2014）丹行终字第00087号行政判决书］中，法院认为被上诉人已向上诉人履行了告知义务，上诉人拒绝签字。在告知笔录上仅有一名办案人签字，应认定为执法程序存在瑕疵，但不影响被上诉人对案件事实的认定。法院的认定混淆了告知程序和执法事实查明过程，而调查阶段没有双人执法的，在有些法院会被明确认定为程序违法，而不考虑是否会影响当事人的认知。在高某芳诉某县公安局行政处罚案［参见《案例16.38 高廷芳诉安阳县公安局行政处罚案》，载晏山嵘：《行政处罚实务与判例解释（第二版）》，法律出版社2019年版，第294页］中，法院认为被告提供的现场照片显示现场取证时只有一名警察，且被告无证据证明取证时有两名以上警察在场，因此认定行政执法程序违法。

② 郭声琨：《人民日报：坚持严格规范公正文明执法》，载人民网，http：//opinion.people.com.cn/n/2014/1113/c1003－26013608.html，最后访问时间：2021年2月4日。

例》第十三条、第十五条;《辽宁省行政执法条例》(2020 年修正)第十一条;《山西省行政执法条例》(2019 年修订)第九条。

第四十三条　【回避制度】执法人员与案件有直接利害关系或者有其他关系可能影响公正执法的,应当回避。

当事人认为执法人员与案件有直接利害关系或者有其他关系可能影响公正执法的,有权申请回避。

当事人提出回避申请的,行政机关应当依法审查,由行政机关负责人决定。决定作出之前,不停止调查。

【条文主旨】

本条是关于行政处罚执法过程中的回避制度的规定。

【立法背景】

原行政处罚法对于回避的规定体现在其第三十七条第三款之中:"执法人员与当事人有直接利害关系的,应当回避。"但是,对于应当回避的执法人员的范围以及何为直接利害关系,并没有明确。不过,一些规范已作出规定。

原卫生部 1997 年发布的《卫生行政处罚程序》第十六条规定:"承办人有下列情形之一的,应当自行回避:(一)是本案当事人的近亲属;(二)与本案有利害关系;(三)与本案当事人有其它利害关系,可能影响案件公正处理的。当事人有权申请承办人回避。回避申请由受理的卫生行政机关负责人决定。"

原工商行政管理总局制订的《工商行政管理机关行政处罚程序规定》(已失效)第四十四条规定:"当事人认为办案人员与当事人有直接利害关系的,有权申请办案人员回避;办案人员认为自己与当事人有直接利害关系的,应当申请回避。办案人员的回避,由工商行政管理机关负责人决定。"此外税务部门、公安机关等也对本领域的行政回避制度作出了相应的规定,各个部委在分散的程序立法中对回避制度的规定也各有差异。

2020 年修订的《公务员回避规定》《公安机关办理行政案件程序规定》中对公务员、公安人员回避的具体情形作出了规定,尤其是公安机关办理行政案件程序规定，用第三章一章专门对回避制度进行了规定，对回避的类型、具体情形、回避决定、回避主体等都有涉及。

此次行政处罚法修订，在第四十三条中对回避制度专门加以具体规定，一方面是对行政处罚程序的完善，另一方面也是对此前实践中回避制度出现的各种问题的回应。尤其是将应当回避的情形，在直接利害关系的基础上增加了其他可能影响案件公正的因素，扩大了回避适用的情形，也使得行政处罚法作为行政执法领域的“总则性法律”，能够更好地统摄其他具体执法领域的程序规范。

【条文释义】

现代回避制度源自正当程序原则，“任何人不得做自己案件的法官”以及“应该听取双方意见”。回避制度最早在司法程序中确立，要求法官应当在审判过程中保持中立，与案件有利害关系、可能影响案件公正的人都不得参与审判。行政程序制度的发展将回避制度从司法程序引入行政领域，在行政程序中也排除行政机关工作人员和相对人之间的特殊关系。

行政回避，指行政机关工作人员在行使职权过程中，因其与所处理的事务有利害关系，为保证实体处理结果和程序进展的公正性，根据当事人的申请或行政机关工作人员的请求，有权机关依法终止其职务行使的法律制度。《公务员回避规定》中规定了三种回避，分别是任职回避、地域回避和公务回避。行政处罚法第四十三条规定的回避是公务回避，即公务员在执行公务活动时应当遵守的回避规定，存在应当回避的情形时，不得参加有关调查、讨论、审核、决定等，也不得以任何方式施加影响。行政回避包括两种类型：自行回避和申请回避。

一、自行回避

自行回避是指行政机关工作人员认为自身与法律规定的相关回避情形，主动向行政机关负责人提出回避请求，行政机关负责人进行审查并作出是否准许的决定。自行回避有以下三个内容：

（1）请求。行政机关工作人员在行政程序终止之前，如认为自身与案件有利害关系或其他关系的，可向行政机关负责人请求回避并说明回避理由。

（2）审查。行政负责人在收到执法人员的回避申请，对申请理由和事实进行审查，应尽快进行审查。

（3）决定。在对当事人的回避请求进行审查后，如执法人员确实符合回避情形的，应立即终止执法人员在该案的职权，并且任命其他执法人员继续执行案件。

二、申请回避

申请回避是指当事人认为执行本案的行政机关人员与本案有利害关系或其他情形的，在行政程序终止之前可向行政机关提出该执法人员回避的请求，行政机关负责人进行审查并作出是否准许的决定。申请回避有以下三个内容：

（1）申请。当事人在进行行政程序的过程中，如发现执法人员与本案有利害关系或其他关系的，可以向相关行政机关提出要求该执法人员回避案件的申请。

（2）审查。行政机关收到当事人的申请后要进行依法审查。

（3）决定。在对当事人的回避申请进行审查后，如执法人员确实符合回避情形的，应立即终止执法人员在该案的职权，并且任命其他执法人员继续执行案件。

三、申请不停止执行

行政负责人未作出决定前，不停止调查，也就是在行政负责人作出决定之前，执法人员在本案中仍有职权，保证行政程序的进行。

对于回避制度的理解，还有两点需要注意：

第一，关于利害关系。一般来说，利害关系包括执法人员是案件的当事人或者当事人的近亲属；执法人员或其近亲属与案件当事人有直接的利害关系；执法人员或其近亲属与案件当事人有其他关系，如师生、金钱等，可能影响案件公正的。不同规范性文件对此规定略有差异，如《公安机关办理行政案件程序规定》第十七条规定，公安机关负责人、办案人民警察有下列情形之一的，应当自行提出回避申请，案件当事人及其法定代理人有权要求他们回避：（1）是本案的当事人或者当事人近亲属的；（2）本人或者其近亲属与本案有利害关系的；（3）与本案当事人有其他关系，可能影响案件公正处理的。

《公务员回避规定》第十四条规定，公务员执行第十三条所列公务时，有下列情形之一的，应当回避，不得参加有关调查、讨论、审核、决定等，也不得以任何方式施加影响：（1）涉及本人利害关系的；（2）涉及与本人有本规定第五条所列亲属关系人员的利害关系的；（3）其他可能影响公正执行公务的。

第二，关于回避的主体。行政处罚法本条规定的回避主体是执法人员，在司法实践中有相对人要求执法机关整体回避的情形，严格来讲整体回避属于管辖制度的范畴，不宜在回避制度这里讨论。因此，回避的主体是否包括执法机关的负责人，在不同领域都有讨论。《公安机关办理行政案件程序规定》第十九条规定："办案人民警察的回避，由其所属的公安机关决定；公安机关负责人的回避，由上一级公安机关决定。"依据该规定，回避的主体既包括办案人员，也包括公安机关的负责人。该规定从程序上来讲是合理的，根据行政处罚法第五十七条的规定，普通程序的行政处罚案件由行政机关负责人作出行政处罚决定，如果行政机关的负责人与案件有利害关系，也应当遵守回避制度的相关规定。

【相关规定】

《卫生行政处罚程序》第十六条；《公安机关办理行政案件程序规定》第三章；《公务员回避规定》第十四条；《工商行政管理机关行政处罚程序规定》第四十四条；《中华人民共和国行政处罚法》第五十七条。

第四十四条　【处罚告知】行政机关在作出行政处罚决定之前，应当告知当事人拟作出的行政处罚内容及事实、理由、依据，并告知当事人依法享有的陈述、申辩、要求听证等权利。

【条文主旨】

本条是关于处罚告知的规定。

【立法背景】

行政处罚法修订前的第三十一条对处罚告知作出了规定，此次修订集中在两个地方：

第一，在告知当事人的事项上增加了"拟作出的行政处罚内容"；

第二，将告知当事人依法享有的权利具体表述为"告知当事人依法享有的陈述、申辩、要求听证等权利"。

1996 年出台的行政处罚法第一次以法律的形式确立了事先告知程序，并在第四十一条规定，未依法履行告知义务的，行政处罚决定不能成立。《中华人民共和国行政诉讼法》第七十条规定的因"违反法定程序"而撤销或部分撤销具体行政行为的，违反法定程序便包括未依法履行告知程序。2004 年

《国务院全面推进依法行政实施纲要》中提出我国行政法的六项原则，其中程序正当原则要求严格遵循法定程序，规定了应当“告知”“说明”等几种条件。

2004年7月1日开始实施的《中华人民共和国行政许可法》在形式上明确使用了“告知”一词，受告知的主体也扩大到“利害关系人”。此后《中华人民共和国行政强制法》《价格行政处罚程序规定》《湖南省行政程序规定》《山东省行政程序规定》《公安机关办理行政案件程序规定》等规定告知制度也多有涉及。从司法实践来看，“田某诉北京科技大学案”① 和“刘某文诉北京大学案”② 中，法院都判定被告因未依法履行行政告知程序而导致行为违法。

【条文释义】

行政告知是行政程序的重要环节，对于推进依法行政和公正文明执法意义重大。

一、行政告知制度的含义

行政告知指的是行政主体在行使行政职权的过程中，将行政行为通过法定程序向行政相对人展示，以使相对人知悉该行政行为的行政程序。行政告知程序的基本特征包括附属性、程序性和裁量性（主要指告知方法上的裁量）③。此外，行政告知是法定的强制程序，如果没有得到遵守的话，将导致行政行为因程序违法而承担否定性评价。

行政告知制度的目的在于通过保障当事人的知情权而保障当事人的实体权益，同时行政告知制度也是当事人有效行使陈述权和申辩权的前提。

二、行政处罚告知的对象和范围

本条规定的告知范围是当事人，没有包括利害关系人。《公安机关办理行政案件程序规定》第一百六十七条规定告知的对象是违法嫌疑人，单位违法的情况下，告知其法定代表人、主要负责人或者其授权的人员。

---

① 参见《最高人民法院38号指导案例：北京科技大学与田某拒绝履行颁发毕业证、学位证职责纠纷案》，载中国法律评论，http://www.chinalawreview.com.cn/article/20190315094919.html，最后访问时间：2021年3月11日；《田某诉北京科技大学拒绝颁发毕业证、学位证案行政判决书》[（1998）海行初字第142号]。

② 参见《刘某文诉北京大学行政判决书》[（1999）海行初字第104号]。

③ 章剑生：《论行政行为的告知》，载《法学》2001年第9期。

三、行政处罚告知的内容

告知制度包含了表明身份制度、通知制度、教示制度和说明理由制度。[①] 行政处罚告知的内容应当包括：行政处罚的执法人员和作出决定的负责人的身份、拟作出的行政处罚的内容及事实、理由、依据、相对人依法享有的权利、义务和救济途径，以及拒绝回答与案件无关的问题的权利等。

四、行政处罚告知的时限

本条规定告知的时限为行政处罚决定之前。实际上告知内容不同，告知的期限也存在差异，虽然都是行政处罚决定之前，但是程序节点不同。

1. 适用简易程序的案件

适用简易程序处理的案件一般由执法人员当场作出决定，口头告知当事人。《公安机关办理行政案件程序规定》第三十八条第三项规定："口头告知违法行为人拟作出行政处罚决定的事实、理由和依据，并告知违法行为人依法享有的陈述权和申辩权。"

2. 适用普通程序的案件

适用普通程序进行行政处罚的案件，在行政机关作出行政处罚决定之前。

五、行政处罚告知的方式

行政处罚告知的方式以书面告知为主，口头告知和公告告知为辅。行政处罚法中没有明确规定，《公安机关办理行政案件程序规定》第三十八条第三项规定了口头告知；第一百六十七条第二款规定适用一般程序作出行政处罚决定的，采用书面形式或笔录形式告知；第一百六十八条规定因违法行为人逃跑等原因无法履行告知义务的，公安机关可以采取公告方式告知。自公告之日起七日内，违法嫌疑人未提出申辩的，可以依法作出行政处罚决定。

【相关规定】

《公安机关办理行政案件程序规定》第三十八条、第一百六十七条、第一百六十八条；《中华人民共和国行政诉讼法》第五十四条。

---

① 阎铁毅、王国聚：《论行政行为的告知》，载《法学杂志》2014 年第 1 期。

第四十五条 【陈述和申辩】当事人有权进行陈述和申辩。行政机关必须充分听取当事人的意见，对当事人提出的事实、理由和证据，应当进行复核；当事人提出的事实、理由或者证据成立的，行政机关应当采纳。

行政机关不得因当事人陈述、申辩而给予更重的处罚。

【条文主旨】

本条是关于当事人在行政处罚程序中的陈述权和申辩权的规定。

【立法背景】

行政处罚机关充分听取相对人的陈述和辩解，对相对人提出的事实、理由和证据进行复核，成立的应当予以采纳，并且不得因当事人的陈述和申辩而加重处罚，本条规定的第一款此次修订没有改动，第二款从“行政机关不得因当事人申辩而加重处罚”改为“行政机关不得因当事人陈述、申辩而给予更重的处罚”。

对当事人陈述权和申辩权的保护是行政程序的重要内容，对于相对人而言是权利，对于处罚机关而言则是程序义务。陈述权和申辩权的行使对于当事人权利保障和处罚事实的查明，具有重要意义。具体而言，听取当事人的陈述和申辩的理由有：第一，听取当事人的辩解，能够帮助行政机关全面弄清案情，正确处罚；第二，听取当事人的辩解，也是当事人维护自身合法权益的表现；第三，有助于积极吸纳相对人参与行政，形成行政机关与相对人之间的互动合作关系，能够充分体现良好行政的要求。①

【条文释义】

对本条的规定可以从两个角度进行理解，一个是当事人依法充分行使陈述权和申辩权的角度，另一个是行政处罚机关应当保障当事人依法充分行使陈述权和申辩权的角度。

第一，从当事人的角度来讲，应当重视处罚程序的陈述权和申辩权的意义，对于处罚的主体、依据、事实认定等，有不同意见、理由和证据

---

① 余凌云：《行政法讲义（第三版）》，清华大学出版社 2019 年版，第 340 页。

的，要依法及时向行政处罚主体反映。依法意味着当事人的陈述和申辩要限于行政处罚主体拟作出的行政处罚决定及其依据的事实和理由等范畴，采用合法的方式，不得采用威胁、侮辱等手段，更不得妨碍公务执行。同时，本条第二款明确规定，不得因为当事人行使陈述权和申辩权，而给予更重的处罚，当事人可以消除顾虑，充分行使自己的程序权利。

第二，从行政处罚机关的角度来讲，要从以下方面保障当事人陈述权和申辩权的行使：

（1）不得妨碍当事人陈述权、申辩权的行使，允许当事人提出不同意见和主张，让当事人完整表达，即本条第一款规定的充分听取意见。

（2）对于当事人提出的意见、事实、理由和证据，应当依法复核，当事人提出的事实、理由和证据成立的，行政处罚主体应当采纳，要充分尊重当事人的意见和主张，维护法律尊严、确保处罚公正。

（3）不得因当事人的陈述和申辩而给予更重的处罚，即凡是在当事人申辩之后在原拟处罚告知意见的基础上作出更重的处罚决定的，都是禁止的。给予更重的处罚既包括给予更重的处罚种类，也包括同一种处罚种类的加重处罚。

【相关规定】

《中华人民共和国行政诉讼法》第七十条第三项；《中华人民共和国行政处罚法》第三十八条。

第四十六条　【法定证据】证据包括：

（一）书证；

（二）物证；

（三）视听资料；

（四）电子数据；

（五）证人证言；

（六）当事人的陈述；

（七）鉴定意见；

（八）勘验笔录、现场笔录。

证据必须经查证属实，方可作为认定案件事实的根据。

以非法手段取得的证据，不得作为认定案件事实的根据。

【条文主旨】

本条是关于行政处罚的证据的规定。

【立法背景】

传统意义上的行政证据指的是行政复议、行政诉讼和行政赔偿程序意义上的证据，如《中华人民共和国行政诉讼法》第三十三条规定，证据包括：（1）书证；（2）物证；（3）视听资料；（4）电子数据；（5）证人证言；（6）当事人的陈述；（7）鉴定意见；（8）勘验笔录、现场笔录。实际上司法程序中的证据和行政程序中的证据，在制度价值上存在一定的差异。

由于我国尚未制定统一的行政程序法，因此对行政证据的规定较为分散，也比较少。除上面所举的行政诉讼法第三十三条外，原行政处罚法第三十六条规定“行政机关发现公民、法人或者其他组织有依法应当给予行政处罚行为的，必须全面、客观、公正地调查，收集有关证据”。第三十九条规定，行政处罚决定书应当载明违反法律、法规或者规章的事实和证据。但实际上属于行政证据制度或者规则的，只有原行政处罚法第三十七条：“行政机关在调查或者进行检查时，执法人员不得少于两人，并应当向当事人或者有关人员出示证件。当事人或者有关人员应当如实回答询问，并协助调查或者检查，不得阻挠。询问或者检查应当制作笔录。”

2011 年原环保部印发了《环境行政处罚证据指南》，对于环境行政处罚案件中的证据定义、证据的种类和特点、证据收集的方式和要求、证据的审查方法、证据效力和判断方法进行了阐释，并提供了常见证据的证明对象、常见环境违法行为的事实证明和证据收集以及常见证据制作的示例，对各级环保部门办理行政处罚案件时的证据收集、审查和认定提供了规范和指引。

2011 年最高人民法院印发《关于审理证券行政处罚案件证据若干问题的座谈会纪要》（法〔2011〕225 号），会议纪要的主要内容是对原行政诉讼法第三十二条和最高人民法院《关于行政诉讼证据若干问题的规定》第一条由被告对被诉行政处罚决定承担举证责任进行了变通，人民法院在审理证券处罚案件时，考虑到部分类型的证券违法行为的特殊性，通过推定的方式适当向原告和第三人转移部分特定事实的证明责任。并对电子数据证据、专业意见、上市公司信息纰漏违法责任人的证明问题以及内幕交易行为的认定问题等进行了说明。①

2013 年国家发展和改革委员会印发《价格行政处罚证据规定》（已失效），对价格行政处罚领域的证据种类、证据收集、证据的审查认定等进行了明确，该规定于 2018 年废止，根据中央关于深化党和国家机构改革的决定和方案，价格监督检查和反垄断执法职责从国家发展改革委划归市场监管总局，2018 年 12 月 21 日公布《市场监督管理行政处罚程序暂行规定》，在第三章行政处罚的一般程序的第十八条到第四十二条集中规定了市场监督管理行政处罚的证据制度。

《公安机关办理行政案件程序规定》第四章、第七章也对证据问题进行了专门的规定。此外，地方的行政程序规定中，也对行政处罚证据制度多有涉及。此次行政处罚法的修改，专门对证据问题进行一般性规定，是非常有必要的，一方面可以避免行政程序中援引行政诉讼程序的证据规定而带来的不符合执法客观要求的情形，另一方面也能够提高理论和实践中对行政程序制度和行政程序中的证据制度的关注和研究。

【条文释义】

行政程序中的证据指的是行政机关在行政程序中收集或者由当事人向行政机关提供的，行政机关据以作出行政行为的事实和材料。行政处罚法本条的规定实际上涉及证据制度的三个问题：证据的种类、证据的认定和非法证据排除。

一、证据的种类

本条第一款确定了行政处罚法定证据的种类，即书证、物证、视听资料、电子数据、证人证言、当事人的陈述、鉴定意见和勘验笔录、现场笔录八个类型。

（一）书证

书证指的是以文字、符号、图形等记载或表示的内容来证明案件事实的书面文件或其他资料。书证以记载或反映的思想内容来证明案件事实，也可以为其他证据的鉴别提供依据。书证是行政处罚中运用最广、作用最大的证据种类，行政处罚中书证种类主要包括当事人及相关人员身份证、经营者各类许可证、营业执照、合同书、说明书、宣传页、信件、商标图案、标语、文件、财务账簿、凭证、票据、明细表等。书证的调取和收集

---

① 赵大光、杨临萍、蔡小雪、李涛：《〈关于审理证券行政处罚案件证据若干问题的座谈会纪要〉解析》，载《人民法院报》2011 年 8 月 31 日。

应当符合一定的要求，如《市场监督管理行政处罚程序暂行规定》第二十一条规定：“收集、调取的书证、物证应当是原件、原物。调取原件、原物有困难的，可以提取复制件、影印件或者抄录件，也可以拍摄或者制作足以反映原件、原物外形或者内容的照片、录像。复制件、影印件、抄录件和照片、录像由证据提供人核对无误后注明与原件、原物一致，并注明出证日期、证据出处，同时签名或者盖章。”对专业性较强的书证，如图纸、会计账册、专业技术资料、科技文献等，要附有说明材料。对外文书证，要附有中文译本。

（二）物证

物证指的是以自己的存在、形态和质量等外部特征和物质属性、存在状态来证明案件事实的物品或痕迹。物证与书证的主要区别在于，物证是用物体自身的属性来证明案件事实，而书证是用记载的内容和思想来证明案件事实。《环境行政处罚证据指南》将物证界定为：“以其存在状况、形状、特征、质量、属性等反映案件情况的物品和痕迹，如厂房、生产设施、环保设施、排污口标志牌、暗管，污水、废气、固体废物，受污染的农作物、水产品等。”

行政处罚中常见的物证有三类[①]：

（1）标的物。如生产销售的假冒伪劣产品、走私物等。

（2）媒介物。如违法的运输工具、生产假冒伪劣商品的机器设备、殴打他人的棍棒等。

（3）衍生物。如交通事故中产生的刹车痕迹、爆炸后留下的碎片或残渣等。

（三）视听资料

视听资料是以录音带、录像带、光盘、计算机等可视可听的科技设备存储的用以证明案件事实的电子音像信息。行政处罚中常见的视听资料有：对违法嫌疑人制作笔录时的同步录音录像资料，将企业账册的数据导入的光盘等。视听资料一般要求提取原始载体，不得对视听资料进行编辑。《市场监督管理行政处罚程序暂行规定》第二十二条规定：“收集、调取的视听资料应当是有关资料的原始载体。调取视听资料原始载体有困难的，可以提取复制件，并注明制作方法、制作时间、制作人等。声音资料应当附有该声音内容的文字记录。”《环境行政处罚证据指南》规定：“视

---

① 晏山嵘：《行政处罚实务与判例解释（第二版）》，法律出版社 2019 年版，第 294 页。

听资料和自动监控数据要提取原始载体。无法提取原始载体或者提取原始载体有困难的，可以采取打印、拷贝、拍照、录像等方式复制，制作笔录记载收集时间、地点、参与人员、技术方法、过程、事项名称、内容、规格、类别等信息。声音资料还要附有该声音内容的文字记录。”

（四）电子数据

电子数据是指借助计算机或其他类似设备生成、记录、存储或传递的，或是在计算机或其他类似设备中生成、记录、存储或传递的有关数据。行政处罚中常见的电子数据有：数码图片、电子邮件、聊天记录、手机短信、电话记录、电子报关单数据等。[①] 电子数据和视听资料是静态与动态的关系，原则上也要求收集原始载体。

（五）证人证言

证人证言指的是当事人以外的人就了解的案件情况向行政处罚主体作的陈述。在环境处罚案件中，如企业附近居民、村民的陈述，污染受害人的陈述等。证人证言在收集的过程中要注意：

第一，写明证人的姓名、年龄、性别、职业、住址、与本案关系等基本信息；

第二，注明出具日期，由证人签名、盖章或者按指印；

第三，附有居民身份证复印件、工作证复印件等证明证人身份的材料；

第四，证人证言中的添加、删除、改正文字之处，要有证人的签名、盖章或者按指印。

（六）当事人的陈述

当事人的陈述指的是当事人就案件事实向行政处罚主体作出的叙述和承认。当事人的陈述既是当事人的重要程序权利，也是行政处罚案件中的重要证据。在采集时也要写明当事人的基本信息，注明出具日期，并由当事人签名、盖章或者按指印，如有添加、删除或改正文字之处，也要有相应的签章。

（七）鉴定意见

鉴定意见指的是有资质的鉴定机构，受处罚机关、当事人或者相关人委托，运用专门知识和技能，通过分析、检验、鉴别、判断对专门性问题作出的数据报告和书面结论。行政处罚中常见的鉴定意见有火灾事故、交

---

① 晏山嵘：《行政处罚实务与判例解释（第二版）》，法律出版社 2019 年版，第 295 页。

通事故等的鉴定意见，环境行政处罚案件中的环境污染损害评估报告、渔业损失鉴定、农产品损失鉴定等。

（八）勘验笔录、现场笔录

勘验笔录和现场笔录指的是执法人员在对有关物品、场所等进行检查、勘查时当场制作的反映案件情况的文字记录，如现场检查笔录、勘查笔录、盘仓检查记录等。勘验笔录和现场笔录既包括行政执法人员检查过程中发现物品或行为的现场情况的记录，也包括对采集样品、收集证据等的情况记录。虽然勘验笔录和现场笔录名称不同，但并无大的区别，《环境行政处罚证据指南》等程序、证据类规定中，对现场笔录和勘验笔录都是一起规定，没有区分。

二、证据的认定

本条第二款规定："证据必须经查证属实，方可作为认定案件事实的根据。"这是对行政处罚主体审查判断证据的规定，包括两个层面的内容：一是对单项证据真实性、证明力的审查判断；二是对全案证据的审查判断，是否能够证明案件事实。《环境行政处罚证据指南》规定对单个证据的审查，按照证据形式进行，重点审查证据的关联性、合法性和真实性。证据的综合审查主要对所有证据进行全面、客观和公正的分析判断，确定证据材料与案件事实之间的证明关系，排除不具有关联性、合法性和真实性的证据。

三、非法证据排除

本条第三款规定："以非法手段取得的证据，不得作为认定案件事实的根据。"对于非法手段，一般指的是违反法定程序收集的证据，非法搜查、扣押等取得的证据，通过秘密手段取得的证据，以利诱、欺诈、胁迫、暴力等不正当手段取得的证据等。在证据审查认定阶段，要将不合法的证据予以排除之后再认定行政处罚案件的事实。

【相关规定】

《环境行政处罚证据指南》第二部分、第四部分；《市场监督管理行政处罚程序暂行规定》第二十条；《公安机关办理行政案件程序规定》第二十六条、第二十七条；《中华人民共和国行政诉讼法》第三十三条；《关于审理证券行政处罚案件证据若干问题的座谈会纪要》第二部分、第三部分；《最高人民法院关于行政诉讼证据若干问题的规定》第十条至第十五条、第五十七条。

第四十七条　【全程记录】行政机关应当依法以文字、音像等形式，对行政处罚的启动、调查取证、审核、决定、送达、执行等进行全过程记录，归档保存。

【条文主旨】

本条是关于行政处罚全过程记录和归档保存的规定。

【立法背景】

《中共中央关于全面推进依法治国若干重大问题的决定》和《法治政府建设实施纲要（2015—2020 年）》对全面推行行政执法公示制度、执法全过程记录制度、重大执法决定法制审核制度（统称“三项制度”）作出了具体部署、提出了明确要求。2018 年国务院办公厅发布《关于全面推行行政执法公示制度执法全过程记录制度重大执法决定法制审核制度的指导意见》，要求“各级行政执法机关全面推行，行政处罚、行政强制、行政检查、行政征收征用、行政许可等行为得到有效规范，行政执法公示制度机制不断健全，做到执法行为过程信息全程记载、执法全过程可回溯管理、重大执法决定法制审核全覆盖，全面实现执法信息公开透明、执法全过程留痕、执法决定合法有效，行政执法能力和水平整体大幅提升，行政执法行为被纠错率明显下降，行政执法的社会满意度显著提高”。

本条是对上述规定在行政处罚中的落实和体现。

【条文释义】

对本条的理解应当从三个层面把握：

一、全过程记录的时间节点

行政处罚从开始到结束，全部都应当予以记录，即行政处罚的启动、调查取证、审核、决定、送达、执行等各个环节，都包括在内。

二、全过程记录的方式

全过程记录的方式包括文字、音像等，文字主要指的是在行政处罚过程中，各个节点的内部申请和批准的表格、现场记录和听证记录等形成的文字资料等。以行政处罚普通程序为例，一般包括立案、调查取证、告知、审核、决定、送达、执行几个环节，在立案阶段，首先要记录案件来源，一般都要求行政处罚主体如实填写《案件来源登记表》，属于检查工作中发现线索的，要有现场笔录和有关人员的询问笔录；属于群众举报的，要有举报人笔录或举报记录表；属于受害人申诉、投诉和控告或违法行为人投案的，应当做好笔录并收集整理其提供的材料；属于上级机关交办和有关部门移送的，要办理好交接手续并保存好转交的材料。对于相关的材料和线索一般应当在七个工作日左右核查完毕，然后决定是否立案，如果立案的话，应当填写《立案审批表》，报请立案。所谓全过程留痕，指的是在行政处罚程序进行的过程中，行政处罚机关的所有行为、决定等，都应当如实得到文字或音像的记录。

音像主要指的是通过执法记录仪、固定的电子设备等记录的行政处罚过程。对行政执法过程进行全程记录，一方面是用于规范行政处罚主体的行为，推进执法规范化；另一方面是在相对人提起争议时，证明行政处罚行为的合法性。

三、全过程记录的结果

对行政处罚的全过程记录，应当在行政处罚行为结束后，形成案卷并归档保存。

《中共中央关于全面推进依法治国若干重大问题的决定》通过后，为规范行政执法行为，推进依法行政，从中央到地方都积极推进行政处罚的案卷评查工作，案卷评查中界定的行政处罚案卷，指的是按照法律、法规、规章的规定和档案管理的要求，将行政处罚实施过程中收集的证据、制作的文书等材料进行整理归档而形成的卷宗材料。案卷评查基本是一案一评一查，评查的主要内容包括①：

（一）处罚主体是否合法，执法人员是否具有执法资格；

（二）当事人是否适格、明确；

（三）认定事实是否清楚，证据是否充分、确凿；

（四）适用法律是否准确、适当；

（五）程序是否合法；

（六）文书使用是否符合法定要求，记录内容是否清楚，格式是否规范；

（七）文书送达是否符合法定形式与要求；

（八）行政处罚决定和执行是否符合法定形式与要求；

（九）文书和材料的立卷归档是否规范。

---

① 参见《新闻出版广电（版权）行政处罚案卷评查办法》第七条。

案卷评查工作实际上是对行政处罚全程记录和归档的自我约束和要求，而规范的案卷，对于保障行政处罚行为的规范化、保障相对人合法权益、落实行政处罚法所确立的各项程序制度，也具有重要的价值。

【相关规定】

《法治政府建设实施纲要（2015—2020 年）》；《关于全面推行行政执法公示制度执法全过程记录制度重大执法决定法制审核制度的指导意见》第三部分；《中共中央关于全面推进依法治国若干重大问题的决定》第三部分；《新闻出版广电（版权）行政处罚案卷评查办法》第七条。

第四十八条　【处罚决定公开】具有一定社会影响的行政处罚决定应当依法公开。

公开的行政处罚决定被依法变更、撤销、确认违法或者确认无效的，行政机关应当在三日内撤回行政处罚决定信息并公开说明理由。

【条文主旨】

本条是对行政处罚决定公开的规定。

【立法背景】

2017 年 1 月，国务院办公厅《关于印发推行行政执法公示制度执法全过程记录制度重大执法决定法制审核制度试点工作方案的通知》决定在交通运输部、商务部等 10 个部委单位和广东省、四川省、天津市等 22 个省（直辖市、自治区、市、区、管委会）开展执法公示试点，方案中提出了探索行政执法决定公开的范围、内容、方式、时限和程序的试点任务。试点工作于 2017 年年底结束。

2018 年 12 月，国务院办公厅《关于全面推行行政执法公示制度执法全过程记录制度重大执法决定法制审核制度的指导意见》对行政执法公示作出具体部署、提出明确要求，行政执法机关按照“谁执法谁公开”的原则，明确公开内容的采集、传递、审核、发布职责，规范信息公开内容的标准、格式。通过建立统一的执法信息公开平台，如政府网站及政务新媒体、办事大厅公示栏、服务窗口等向社会公开行政执法基本信息、结果信息。涉及国家秘密、商业秘密、个人隐私等不宜公开的信息，依法确需公开的，作适当处理后公开。发现公开的行政执法信息不准确的，及时予以更正。

2019 年修订的《中华人民共和国政府信息公开条例》第十九条规定："对涉及公众利益调整、需要公众广泛知晓或者需要公众参与决策的政府信息，行政机关应当主动公开。"第二十条第六项规定："实施行政处罚、行政强制的依据、条件、程序以及本行政机关认为具有一定社会影响的行政处罚决定"应当主动公开。并且取消了原来依申请公开的"三需要"的规定，即修订前的政府信息公开条例第十三条关于公民、法人或者其他组织申请获取相关政府信息需"根据自身生产、生活、科研等特殊需要"。从理论的角度来看，政府信息公开条例的修改为行政处罚决定公开制度提供了依据和基础。

此外，在中央执法体制改革和执法公示制度的一系列安排下，各地方的行政处罚决定公示实践也快速推进，处罚决定公开的范围和程度、公开的渠道、公开的方式和内容、公开的时限等，也存在诸多问题。行政处罚法第四十八条的规定，为行政处罚决定公示制度提供了总则性的规定。

【条文释义】

对本条的理解需要把握的关键词包括：具有一定社会影响、依法公开以及公开的撤回和说明理由。

一、行政处罚决定公开的范围

需要指出的是，不是所有的行政处罚决定都必须公开。本条第一款规定的是具有一定社会影响的行政处罚决定应当依法公开。因此，如何判断具有一定社会影响成为一个关键的问题。《中华人民共和国政府信息公开条例》第二十条第六项规定的是"本行政机关"认为具有一定社会影响的行政处罚决定，将判断权交由行政处罚机关行使，而行政处罚法采用的是客观标准，应该说行政处罚法的规定是更加合理的。

第一，行政处罚决定的公开应当实现保障公民知情权、保护相对人权益和社会成本之间的平衡。行政处罚决定公开的制度价值毋庸赘述，但一方面要避免处罚决定公示给当事人带来的"二次惩戒"，另一方面也应当考虑公示的成本和价值，由此来确定"具有一定社会影响"的标准，并建立行政处罚决定的分类公示机制，对不同类型的案件，公示的详细程度、公示的方式等应当有所区分。

第二，"具有一定社会影响"的标准应当充分调研，在总结行政处罚案件的实践基础上，确定客观的标准，如涉及重大人身权和财产权的案件、自由裁量空间较大的案件、社会广泛关注的案件等。

二、行政处罚决定的依法公开

从制度功能来讲，行政处罚决定的向社会公开，主要指的是以企业和其他社会组织为处罚对象的行政处罚决定。以公民为对象的行政处罚决定，原则是向处罚当事人公开，保障当事人的知情权、救济权和监督权。“依法”二字是对行政处罚决定公开提出的基本要求，除行政处罚法、信息公开立法外，其他法律法规中对于处罚决定公开、公民隐私权保护等的相关规定，也应当遵守。例如，在执法公开试点工作中，有的地方没有建立有效的信息过滤和处理机制，对处罚决定书原文公开，泄露了自然人的姓名、住址等，给自然人带来了权利侵害和困扰。对于企业而言，也要注意处罚决定公开后对被处罚者正常合法的生产、经营活动的影响，避免“二次处罚”的结果。另外，对《中华人民共和国政府信息公开条例》中规定的主动公开、依申请公开、不得公开等情形，也应当严格区分并遵守，如果某类案件的行政处罚属于不得公开或者依申请公开的情形，则不应当归入主动公开的范畴，将行政处罚决定向社会公布。

三、已公开行政处罚决定的撤回

公开的行政处罚决定被依法变更、撤销、确认违法或者确认无效的，行政机关应当在三日内撤回行政处罚决定信息并公开说明理由，将对相对人的影响降到最低。

【相关规定】

《中华人民共和国政府信息公开条例》第十九条、第二十条；《关于全面推行行政执法公示制度执法全过程记录制度重大执法决定法制审核制度的指导意见》第二部分。

第四十九条　【快速、从重处罚】发生重大传染病疫情等突发事件，为了控制、减轻和消除突发事件引起的社会危害，行政机关对违反突发事件应对措施的行为，依法快速、从重处罚。

【条文主旨】

本条是对突发事件应对过程中的行政处罚快速、从重处罚的规定。

【立法背景】

《中华人民共和国突发事件应对法》第六十六条规定："单位或者个人违反本法规定，不服从所在地人民政府及其有关部门发布的决定、命令或者不配合其依法采取的措施，构成违反治安管理行为的，由公安机关依法给予处罚。"突发事件应对法制定时没有对突发事件应对过程中的行政处罚行为作出特别的规定。《中华人民共和国传染病防治法》《重大动物疫情应急条例》等规定了组织和个人等的配合义务，也没有对突发事件应对机构的行政处罚权给出相应的授权或特别规定。例如，传染病防治法第十二条第一款规定："在中华人民共和国领域内的一切单位和个人，必须接受疾病预防控制机构、医疗机构有关传染病的调查、检验、采集样本、隔离治疗等预防、控制措施，如实提供有关情况。疾病预防控制机构、医疗机构不得泄露涉及个人隐私的有关信息、资料。"重大动物疫情应急条例第三十二条规定："重大动物疫情应急处理中设置临时动物检疫消毒站以及采取隔离、扑杀、销毁、消毒、紧急免疫接种等控制、扑灭措施的，由有关重大动物疫情应急指挥部决定，有关单位和个人必须服从；拒不服从的，由公安机关协助执行。"

2020 年新冠肺炎疫情的应对和防治，取得了中国经验和成就，也对突发事件应对法的修改提出了需求，此次行政处罚法修改，对突发事件应对过程中的行政处罚权行使作出了原则性的规定，可以在突发事件应对法修改时形成更好的衔接，也为各领域单独立法提供了依据。

【条文释义】

发生重大传染病疫情等突发事件，为了控制、减轻和消除突发事件引起的社会危害，行政机关对违反突发事件应对措施的行为，依法快速、从重处罚。

一、关于快速处罚和简易程序

需要说明的是，快速处罚不等于简易程序，快速处罚的案件是在一定条件下，对原本应当适用一般程序的案件，通过简化取证和审核审批手续等方式实现快速处理。《公安机关办理行政案件程序规定》第六章第二节专门规定了快速办理程序，其中第四十条规定：“对不适用简易程序，但事实清楚，违法嫌疑人自愿认错认罚，且对违法事实和法律适用没有异议的行政案件，公安机关可以通过简化取证方式和审核审批手续等措施快速办理。”简易程序的适用范围在法律法规中有明确的规定，行政处罚法修改后，第五十一条规定可以适用简易程序的案件是违法事实确凿并有法定依据，对公民处以200元以下、对法人或者其他组织处以3000元以下罚款或者警告的案件，适用简易程序的案件可以当场作出行政处罚决定。

二、突发事件应对措施

突发事件应对措施指的是突发事件发生后，政府及其职能部门在第一时间内依法及时采取的有针对性的人员救助、事态控制、公民基本生活保障等方面的措施。突发事件应对法第四十九条规定，自然灾害、事故灾难或者公共卫生事件发生后，履行统一领导职责的人民政府可以采取下列一项或者多项应急处置措施：

（一）组织营救和救治受害人员，疏散、撤离并妥善安置受到威胁的人员以及采取其他救助措施；

（二）迅速控制危险源，标明危险区域，封锁危险场所，划定警戒区，实行交通管制以及其他控制措施；

（三）立即抢修被损坏的交通、通信、供水、排水、供电、供气、供热等公共设施，向受到危害的人员提供避难场所和生活必需品，实施医疗救护和卫生防疫以及其他保障措施；

（四）禁止或者限制使用有关设备、设施，关闭或者限制使用有关场所，中止人员密集的活动或者可能导致危害扩大的生产经营活动以及采取其他保护措施；

（五）启用本级人民政府设置的财政预备费和储备的应急救援物资，必要时调用其他急需物资、设备、设施、工具；

（六）组织公民参加应急救援和处置工作，要求具有特定专长的人员提供服务；

（七）保障食品、饮用水、燃料等基本生活必需品的供应；

（八）依法从严惩处囤积居奇、哄抬物价、制假售假等扰乱市场秩序的行为，稳定市场价格，维护市场秩序；

（九）依法从严惩处哄抢财物、干扰破坏应急处置工作等扰乱社会秩序的行为，维护社会治安；

（十）采取防止发生次生、衍生事件的必要措施。

传染病防治法第四十二条规定，传染病暴发、流行时，县级以上地方人民政府应当立即组织力量，按照预防、控制预案进行防治，切断传染病的传播途径，必要时，报经上一级人民政府决定，可以采取下列紧急措施并予以公告：

（一）限制或者停止集市、影剧院演出或者其他人群聚集的活动；

（二）停工、停业、停课；

（三）封闭或者封存被传染病病原体污染的公共饮用水源、食品以及相关物品；

（四）控制或者扑杀染疫野生动物、家畜家禽；

（五）封闭可能造成传染病扩散的场所。

行政处罚法本条的规定，意味着突发事件应对机关，在采取上述突发事件应对措施时，对于妨碍上述措施采取或者应对的相对人、单位组织等，可以依法采用快速程序，从重处罚。

三、关于依法快速、从重处罚

如果说本条是对突发事件应对期间行政处罚权行使的授权，则“依法”二字是对突发事件应对期间行政处罚权行使的限制，无论是快速处罚还是从重处罚，都必须在法律法规规定的案件范围、处罚程序以及裁量基准的范围内行使，不得突破法律法规的限制，也应当符合法律目的和最小侵害及利益衡量原则。①

【相关规定】

《中华人民共和国突发事件应对法》第四十九条、第六十六条；《中华人民共和国传染病防治法》第四十二条；《公安机关办理行政案件程序规定》第一百六十条；《重大动物疫情应急条例》第三十二条。

第五十条　【保密规定】行政机关及其工作人员对实施行政处罚过程中知悉的国家秘密、商业秘密或者个人隐私，应当依法予以保密。

---

① 叶必丰：《地方政府在突发传染病事件中的法律应对》，载《上海交通大学学报（哲学社会科学版）》2020 年第 5 期。

【条文主旨】

本条是关于行政处罚过程中的公务人员保守秘密要求的规定。

【立法背景】

对于行政处罚主体及其工作人员在实施行政处罚过程中知悉的国家秘密、商业秘密或者个人隐私，行政机关及其工作人员应当依法予以保密，此前在行政处罚法中没有明确规定，但在《中华人民共和国监察法》及其他法规、规章中，已经有零散规定。比较早期的如原国家工商行政管理局《关于禁止侵犯商业秘密行为的若干规定》第十条规定："国家机关及其公务人员在履行公务时，不得披露或者允许他人使用权利人的商业秘密。工商行政管理机关的办案人员在监督检查侵犯商业秘密的不正当竞争行为时，应当对权利人的商业秘密予以保密。"

2014 年通过的《中华人民共和国特种设备安全法》第五十五条第一款规定："特种设备检验、检测机构及其检验、检测人员对检验、检测过程中知悉的商业秘密，负有保密义务。"第六十七条规定："负责特种设备安全监督管理的部门及其工作人员不得推荐或者监制、监销特种设备；对履行职责过程中知悉的商业秘密负有保密义务。"

2018 年通过的《中华人民共和国监察法》第十八条第二款规定："监察机关及其工作人员对监督、调查过程中知悉的国家秘密、商业秘密、个人隐私，应当保密。"明确提出国家机关在调查过程中知悉的国家秘密、商业秘密和个人隐私，都应当保密。

2019 年 4 月开始实施的《市场监督管理行政处罚程序暂行规定》第十八条规定："办案人员应当全面、客观、公正、及时进行案件调查，收集、调取证据，并依照法律、法规、规章的规定进行检查……市场监督管理部门及参与案件办理的有关人员对调查过程中知悉的国家秘密、商业秘密和个人隐私应当依法保密。"该规定对市场监督管理行政处罚过程中，处罚机关及办案人员等知悉的国家秘密、商业秘密和个人隐私应当依法保密。

行政处罚法本条的规定，是对上述零散规定以及实践中对于相对人权益保护的确认和回应，也是对国家保密相关规定在行政处罚领域的落实。

【条文释义】

一、保守秘密的主体

行政处罚实施过程中保守秘密的主体包括办案人员、审核人员、听证人员、鉴定人员等，凡是可能在行政处罚过程中接触到国家秘密、商业秘密和个人隐私的人员，都属于保密的主体。

二、保守秘密的方式和期限

目前相关法律法规，规定了保守秘密的义务，没有明确保守秘密的方式和期限。行政处罚法第五十条规定应当“依法”保守秘密，对于国家秘密、商业秘密和个人隐私，在保守的方式和期限上，差异较为明显。

根据《中华人民共和国保守国家秘密法》第十五条和《中华人民共和国保守国家秘密法实施条例》第八条的规定，国家秘密分为不同的密级，不同密级的保密时限是不同的，绝密级一般不超过30年，机密级一般不超过20年，秘密级一般不超过10年。根据《中华人民共和国民法典》第三编合同第五百零一条[①]，商业秘密的保守也属于法定义务，一般依照合同来约定保密期限，如果合同中没有约定，该项商业秘密没有公开，仍然具有经济价值，且权利人采取了合理的保密措施，仍然属于商业秘密，知悉的单位和个人应当继续履行保密义务，直到该项商业秘密公开为止。对于个人隐私，原则是应当终生保守秘密。

保守秘密的方式，与如何界定秘密的泄露密切相关，对于国家秘密、商业秘密和个人隐私，除不得泄露外，使用或者允许他人披露、使用等行为，都属于没有履行保密义务，应当依法承担相应的刑事、民事及行政责任。

【相关规定】

《中华人民共和国保守国家秘密法》第十五条；《中华人民共和国保守国家秘密法实施条例》第八条；《中华人民共和国民法典》第五百零一条；《中华人民共和国监察法》第十八条；《中华人民共和国特种设备安全法》第五十五条、第六十七条；《市场监督管理行政处罚程序暂行规定》第十八条。

---

① 《中华人民共和国民法典》第五百零一条规定，当事人在订立合同过程中知悉的商业秘密或者其他应当保密的信息，无论合同是否成立，不得泄露或者不正当地使用；泄露、不正当地使用该商业秘密或者信息，造成对方损失的，应当承担赔偿责任。

第二节　简易程序

第五十一条　【简易程序的适用范围】违法事实确凿并有法定依据，对公民处以二百元以下、对法人或者其他组织处以三千元以下罚款或者警告的行政处罚的，可以当场作出行政处罚决定。法律另有规定的，从其规定。

【条文主旨】

本条是关于行政处罚简易程序的适用范围的规定。

【立法背景】

1996 年《关于〈中华人民共和国行政处罚法（草案）〉的说明》中指出："草案根据实际情况和行政处罚的基本原则，对行政处罚的程序作了规定：…… 为适应实际需要，分别规定了简易程序和一般程序。简易程序是对违法实施确凿并有法定依据、处罚较轻的行为，由执法人员当场作出处罚决定。其他违法行为，都要依照一般程序经过认真调查、取证之后再决定给予处罚。"① 1996 年的行政处罚法第五章第一节以简易程序命名，第三十三条规定："违法事实确凿并有法定依据，对公民处以五十元以下、对法人或者其他组织处以一千元以下罚款或者警告的行政处罚的，可以当场作出行政处罚决定……"

此次修改主要集中在罚款的数额，由原来的公民处以 50 元以下、法人或其他组织处以 1000 元以下，修改为对公民处以 200 元以下，法人或其他组织处以 3000 元以下。另外，还增加了"法律另有规定的，从其规定"，即作为行政处罚的一般法，行政处罚法为专门领域的行政处罚特别法规定留下了空间。

应该说，原行政处罚法第三十三条的规定，对于遏制乱罚款现象、克服行政处罚的随意性，保护公民权益起到了重要作用。但是随着我国经济

---

① 曹志：《关于〈中华人民共和国行政处罚法（草案）〉的说明——1996 年 3 月 12 日在第八届全国人民代表大会第四次会议上》，载《人大工作通讯》1996 年第 7 期。

社会的发展，以及公民收入的提高，对公民 50 元和组织 1000 元的罚款，既无法起到必要的威慑作用，也增加了行政执法的成本，而且事实上《中华人民共和国道路交通安全法》《中华人民共和国治安管理处罚法》《中华人民共和国出境入境管理法》等法律中，也已经突破原行政处罚法第三十三条的规定，将行政处罚适用简易程序的罚款限额提高到 200 元或 500 元。实务部门和学者也多次呼吁对原行政处罚法第三十三条设置的简易程序标准进行修改。

【条文释义】

一、关于简易程序和当场处罚

尽管行政处罚法规定的是“可以”当场作出行政处罚决定，但实质上简易程序就是当场处罚程序，指的是行政处罚主体在满足法定条件的前提下，对相对人在违法现场当即进行行政处罚的制度。

二、行政处罚适用简易程序的条件

可以适用简易程序当场作出行政处罚决定的案件需要满足以下条件：

第一，违法事实确凿并有法定依据；违法事实确凿一般指的是违法行为的事实和后果都比较清楚，执法人员和当事人对此没有争议，无需进一步调查核实。如果需要进一步调查核实，就不能适用简易程序。而法定依据，一般指的是对该行为进行行政处罚要有法律依据，依法处罚，不得随意创设。

第二，对公民拟进行的行政处罚种类和幅度为 200 元以下的罚款或者警告。

第三，对法人或其他组织拟进行的行政处罚种类和幅度为 3000 元以下的罚款或者警告。

第四，特别法如果有其他规定，如《中华人民共和国出境入境管理法》第八十六条规定：“对违反出境入境管理行为处五百元以下罚款的，出入境边防检查机关可以当场作出处罚决定”，则适用特别法的规定。

【相关规定】

《中华人民共和国出境入境管理法》第八十六条；《中华人民共和国道路交通安全法》第一百零七条、第一百零八条；《中华人民共和国治安管理处罚法》第一百条、第一百零一条。

第五十二条　【简易程序的执法程序】 执法人员当场作出行政处罚决定的，应当向当事人出示执法证件，填写预定格式、编有号码的行政处罚决定书，并当场交付当事人。当事人拒绝签收的，应当在行政处罚决定书上注明。

前款规定的行政处罚决定书应当载明当事人的违法行为，行政处罚的种类和依据、罚款数额、时间、地点，申请行政复议、提起行政诉讼的途径和期限以及行政机关名称，并由执法人员签名或者盖章。

执法人员当场作出的行政处罚决定，应当报所属行政机关备案。

【条文主旨】

本条是关于适用简易程序进行行政处罚的执法程序的规定。

【立法背景】

简易程序不是没有程序，只是相当于一般程序而言，简易程序更为简单、方便、易行。但是简易程序也必须受程序规则的限制，行政处罚人员应当遵守相应的规则，不可任意而为。本条便是为简易程序所确立的执法规则。

相对于原行政处罚法第三十四条的规定，此次行政处罚法的修改，第五十二条的变化主要表现在以下几个方面：

第一，在第一款中，对原表述进行了精简，将执法人员向当事人出示执法身份证件，修改为出示执法证件，填写预定格式、编有号码的行政处罚决定书"并当场交付当事人"，同时增加一句，当事人拒绝签收的，应当在行政处罚决定书上注明，使得简易程序更加完整。

第二，在第二款中，行政处罚决定书应当载明的内容部分增加了行政处罚的种类和申请行政复议、提起行政诉讼的途径和期限，对相对人的告知义务履行得更为充分，更加有利于保障当事人的合法权益。

第三，在第三款中，将必须报所属行政机关备案修改为应当报所属行政机关备案。

【条文释义】

本条实际上是对适用简易程序进行行政处罚，当场作出行政处罚决定的执法程序的规定，具体包括以下制度：

一、表明执法身份

行政处罚人员向被处罚人表明执法身份，是行政处罚主体合法的必要形式与条件，表明身份的方式是出示执法证件。如果行政处罚的执法人员没有表明执法身份，当事人可以拒绝接受处罚。

二、当场填写行政处罚决定书

行政处罚决定书是有预定格式的，也有编号，一般是为当场处罚而设置的，适应案件事实清晰，案情简单以及当场填写的需要。当场处罚的处罚决定书虽然是统一格式，但是应当载明的内容是法定的，本条第二款规定的当事人的违法行为，行政处罚的种类和依据、罚款数额、时间、地点，申请行政复议、提起行政诉讼的途径和期限以及行政机关名称以及执法人员的签名或者盖章等，都应当载明。

三、送达与备案

简易程序的处罚决定书当场制作、当场送达，即当场交付给被处罚人。当场交付时，被处罚人拒绝签收的，也不再适用其他送达方式送达，在处罚决定书上注明即可。备案意味着适用简易程序的当场处罚决定也是行政主体而非现场处罚的执法人员个人作出的行政处罚决定，备案一方面表明处罚主体，另一方面也意味着报备并接受监督审查，同时简易程序的处罚决定也应当形成案卷，归档保存。

另外，本条虽然没有明确规定当场处罚时的告知程序和陈述、申辩环节，但是根据一般性程序规定，简易程序中也应当遵守告知程序的规定，并且给予当事人陈述和申辩的机会。《市场监督管理行政处罚程序暂行规定》第六十一条规定："办案人员在行政处罚决定作出前，应当告知当事人作出行政处罚决定的事实、理由和依据，并告知当事人有权进行陈述和申辩。当事人进行陈述和申辩的，办案人员应当记入笔录。"实践中，也有法院适用简易程序进行行政处罚的案件，处罚机关以无证据证明履行了告知程序为由，而判决行政处罚机关程序违法。

【相关规定】

《中华人民共和国行政处罚法》第六十七条、第六十八条、第六十九条。

第五十三条　【简易处罚决定的执行】对当场作出的行政处罚决定，当事人应当依照本法第六十七条至第六十九条的规定履行。

【条文主旨】

本条是对适用简易程序当场作出的行政处罚决定的执行的规定。

【立法背景】

本条实际上是在对原行政处罚法第三十三条修改的基础上，进行了拆分，把简易程序案件的适用范围和执行程序进行了分别规定，将简易程序案件的适用范围和条件规定在修改后的行政处罚法第五十一条，本条作为简易程序的最后一条，对当场处罚决定的执行进行规定，从立法条文的逻辑顺序和每一条规定的立法主旨来看，修改后的简易程序一节变得更加清晰和顺畅。

【条文释义】

本条对适用简易程序并当场作出的行政处罚决定如何执行进行了规定，规定的方式是通过援引本法第六十七条至第六十九条的规定。一般情况下，当场处罚只限于警告和罚款，因此执行只限于罚款决定。实际上本条明确了两个问题：

一、罚缴分离为原则

根据行政处罚法第六十七条的规定，罚款决定实行罚缴分离，被处罚人应当按照处罚决定书上载明的方式和期限缴纳罚款。

二、当场收缴的范围

根据行政处罚法第六十八条和第六十九条的规定，依照简易程序作出的处罚决定，100 元以下罚款的和不当场收缴事后难以执行的，可以当场收缴罚款。另外，在边远、水上、交通不便的地区，当事人到指定的银行或者通过电子支付系统缴纳罚款确实有困难，经当事人申请的，行政机关及其执法人员也可以当场收缴罚款。

【相关规定】

《中华人民共和国行政处罚法》第六十七条、第六十八条、第六十九条。

第三节 普通程序

第五十四条 【调查程序】 除本法第五十一条规定的可以当场作出的行政处罚外，行政机关发现公民、法人或者其他组织有依法应当给予行政处罚的行为的，必须全面、客观、公正地调查，收集有关证据；必要时，依照法律、法规的规定，可以进行检查。

符合立案标准的，行政机关应当及时立案。

【条文主旨】

本条是对行政处罚调查程序的规定。

【立法背景】

原行政处罚法第三十六条规定："除本法第三十三条规定的可以当场作出的行政处罚外，行政机关发现公民、法人或者其他组织有依法应当给予行政处罚的行为的，必须全面、客观、公正地调查，收集有关证据；必要时，依照法律、法规的规定，可以进行检查。"此内容本次修订未做修改。

第二款为新增条款。一审稿与二审稿无实质性差别。新修订的行政处罚法新增立案程序，对于是否立案，明确了行政机关享有自由裁量权，旨在缩小"应当给予行政处罚的行为"的范围，不惩罚不应罚的行为。早在该法修订以前，已有法规创设性规定了立案程序。《中华人民共和国海关行政处罚实施条例》第三十三条规定，海关在发现应当由海关给予行政处罚的行为后应当立案调查。

【条文释义】

一、调查程序为必经程序

除可以当场作出的行政处罚外，所有行政处罚决定在作出之前，都必须经过调查程序。新修订的行政处罚法第五十一条规定："违法事实确凿并有法定依据，对公民处以二百元以下、对法人或者其他组织处以三千元以下罚款或者警告的行政处罚的，可以当场作出行政处罚决定。法律另有规定的，从其规定。"

行政机关在调查时具有全面、客观、公正的调查义务，收集与案件相关的证据，排除与案件无关的证据。有关"全面""客观""公正"的解释需从司法实务中寻找，进而归纳总结出认定标准。例如，在苏某某与中国证监会金融管理行政处罚及行政复议纠纷上诉案中，北京市高级人民法院对"全面""客观""公正"作出了解释。① "全面"即在内容上既包括对相对人有利的证据，也包括对相对人不利的证据，在范围上既要向涉嫌违法的相对人进行调查，也要向了解案件事实的直接当事人和利害关系人进行调查，特别是案件涉及的直接当事方，是案件事实的直接经历者，也是权利攸关方，理当成为行政调查不可或缺的对象。"客观"即避免主观随意性，遵循证据相互印证的规则，将调查来的直接证据和间接证据、直接当事方证言与其他了解案情的证人证言相互比对，提升据以认定事实的客观性。"公正"即调查收集证据不存在偏私或武断，不仅要做到调查手段和程序合法，还应当以当事人看得见的方式实现全面客观调查收集证据的目标。"全面"要求在调查范围上既要向涉嫌违法的相对人进行调查，也要向了解案件事实的直接当事人和利害关系人进行调查，特别是案件涉及的直接当事方，是案件事实的直接经历者，也是权利攸关方，理当成为行政调查不可或缺的对象。在该案中，中国证监会认定苏某某为内幕信息知情人，除相关会议记录以及其他相关人员的证人证言外，还必须向苏某某本人进行调查询问，除非穷尽调查手段而客观上无法向苏某某本人进行调查了解。法院认为证监会未穷尽必要的调查方式和手段，因此属于调查不全面。②

---

① 北京市高级人民法院（2018）京行终445号行政判决书。

② 《为何这起证券行政处罚被撤销——北京高院判决详解内幕交易调查规则与标准》，载北京法院网，http：//bjgy. chinacourt. org/article/detail/2018/07/id/3395185. shtml，最后访问时间：2021年2月7日。

二、检查非必经程序

在必要时，依照有关法律、法规的规定，可以选择进行检查。只有在必要时，才可以采取检查这一执法手段，同时，检查需有法律法规的明文规定。例如，海关行政处罚实施条例第三十五条、第三十六条规定，“海关依法检查走私嫌疑人身体……”“海关依法检查运输工具和场所，查验货物、物品……”

三、立案程序及标准

立案程序先于调查、检查，修订后的行政处罚法明确规定：“符合立案标准的，行政机关应当及时立案”。立案标准是认定“应当给予行政处罚的行为”的标准，立案程序的设置旨在缩小行政处罚的适用范围。早在新修订的行政处罚法之前，已有法规创设性地规定了立案程序作为调查、检查的前置程序。例如，海关行政处罚实施条例第三十四条规定，海关立案后进行调查、收集证据。行政机关可以自行决定是否立案，但须以法律、法规、规章规定的立案标准为依据，在此基础上行使自由裁量权。不同行政执法领域的立案标准不同，立案标准由具体的法律、法规、规章进行规定，例如，根据海关办理行政处罚案件程序规定第二十八条的规定，不予立案的情形包括：（1）没有违法事实的；（2）违法行为超过法律规定的处罚时效的；（3）其他依法不予立案的情形。

【相关规定】

《中华人民共和国海关行政处罚实施条例》第三十四条、第三十五条、第三十六条；《中华人民共和国海关办理行政处罚案件程序规定》第二十八条。

第五十五条　【调查、检查程序中的义务】执法人员在调查或者进行检查时，应当主动向当事人或者有关人员出示执法证件。当事人或者有关人员有权要求执法人员出示执法证件。执法人员不出示执法证件的，当事人或者有关人员有权拒绝接受调查或者检查。

当事人或者有关人员应当如实回答询问，并协助调查或者检查，不得拒绝或者阻挠。询问或者检查应当制作笔录。

【条文主旨】

本条是关于调查或检查程序中行政机关以及相关人员的义务的规定。

【立法背景】

原行政处罚法第三十七条第一款规定："行政机关在调查或者进行检查时，执法人员不得少于两人，并应当向当事人或者有关人员出示证件。当事人或者有关人员应当如实回答询问，并协助调查或者检查，不得阻挠。询问或者检查应当制作笔录。"2009 年和 2017 年行政处罚法修正案均未对该条文进行修改。新修订的行政处罚法主要针对该条款中有关表明身份的程序进行了细化。

《行政处罚法修订草案（一审稿）》第五十一条规定："行政机关在调查或者进行检查时，除法律另有规定外，执法人员不得少于两人，并应当向当事人或者有关人员出示执法证件。当事人或者有关人员有权要求执法人员出示执法证件。执法人员不出示执法证件的，当事人或者有关人员有权拒绝接受调查或者检查。当事人或者有关人员应当如实回答询问，并协助调查或者检查，不得拒绝或者阻挠。询问或者检查应当制作笔录。"一审稿在旧法的基础上赋予了当事人要求执法人员出示执法证件的权利，以及在执法人员不出示执法证件时拒绝接受调查、检查的权利。二审稿进一步规定行政机关应当主动出示执法证件，明确了行政机关表明身份的主动性；删除了对执法人数的要求。相关内容也反映在修订后的行政处罚法中。

新修订的行政处罚法将"行政机关"改为"执法人员"，将出示执法证件的义务落实到个人，主语上与后文保持一致。

【条文释义】

一、执法人员在调查或检查时有出示执法证件的义务

执法证件是行政执法人员从事行政执法工作的身份证明，在不同的行政执法领域，执法证件的名称、申领、管理及制式不尽相同。例如，根据《质量监督检验检疫行政执法证件管理办法》第二条和第五条的规定，出入境检验检疫机构行政执法人员的证件名称为《中华人民共和国出入境检验检疫行政执法证》，该证"应当载明持证人的姓名、工作单位、发证日期、有效期限、证件编号，并附有持证人的一寸免冠彩色照片，照片上加盖'××出入境检验检疫局证件章'"；根据《统计执法证管理办法》第

六条的规定，统计执法证由专用皮夹和内卡组成。皮夹为横式黑色皮质，外部正面上部镂刻“中华人民共和国”字样、中间镂刻国徽图案、底部镂刻“统计执法证”字样，背面中部镂刻国家统计局标志、底部镂刻“国家统计局颁发”字样；内部放置内卡。统计执法证内卡左侧为防伪塑封卡，标明“中华人民共和国统计执法证”字样和执法证号、持证人姓名、性别、照片、所在单位、发证机关、有效期限以及国家统计局印章，右侧为纸质卡片，标明执法人员职责、权限和监督电话。

调查取证是行政处罚普通程序中的第一个步骤，调查、检查是查明当事人违法事实以作出行政处罚的两种手段。表明身份是调查的必经程序，行政机关需主动向当事人或有关人员出示执法证件，证明主体资格的合法性。实施调查、检查的执法人员应当佩戴公务标志、随身携带并出示有效的执法资格证件以及其他特定的证件。执法人员未表明身份的，构成行政程序瑕疵或程序违法，当事人或有关人员有权拒绝接受调查或检查。执法人员应主动出示证件，而不是在当事人的要求下才出示。为保证行政机关履行义务，赋予了当事人相应的权利。当事人或有关人员有权要求执法人员出示执法证件；若执法人员拒绝出示，当事人或有关人员有权拒绝接受调查或者检查。

二、被调查人员有如实回答询问、协助调查或检查的义务

行政处罚中的调查、检查具有强制性，被调查人员承担必须接受调查的法定义务，若当事人拒绝调查，行政机关可提请公安机关、检察机关、监察机关或相关部门协助①，或者依据相关规定作出决定，如杭州某集团有限公司诉某市工商行政管理局行政处罚决定一案，在调查过程中，行政机关要求公司提供相关的材料，公司无正当理由拒不提供，致使某某公司生产的侵权产品的数量、销售金额及获利情况无法查清。某某工商局②依据《世界博览会标志保护条例》第十一条第一款“……有违法所得的，没收违法所得，可以并处违法所得 5 倍以下的罚款；没有违法所得的，可以并处 5 万元以下的罚款”的规定，将无法查清的获利情况定性为“无违法所得”，处以 5 万元以下的罚款。③

三、执法人员针对调查、检查的内容有义务制作笔录

制作笔录属于具有强制约束力的程序，行政机关将根据笔录内容作出行政处罚决定，对相对人的合法权益产生实质影响，直接关系到行政行为的合法性。

---

① 《自然资源行政处罚办法》（2020 年修正）第十六条。

② 2018 年国务院机构改革后，工商行政管理部门改为市场监管部门。

③ 湖北省汉江市中级人民法院（2011）汉行终字第 20 号行政判决书。

【相关规定】

《质量监督检验检疫行政执法证件管理办法》第二条、第五条；《统计执法证管理办法》第六条。

第五十六条　【收集证据的方式】行政机关在收集证据时，可以采取抽样取证的方法；在证据可能灭失或者以后难以取得的情况下，经行政机关负责人批准，可以先行登记保存，并应当在七日内及时作出处理决定，在此期间，当事人或者有关人员不得销毁或者转移证据。

【条文主旨】

本条是关于行政机关收集证据的方式的规定。

【立法背景】

该条文内容未修改。原行政处罚法将该条文规定于第三十七条第二款，新修订的行政处罚法将其单独规定为第五十六条。

【条文释义】

一、抽样取证的适用情形

抽样取证主要适用于证据数量较多的情形，主要分为两种方式：一是在总体中抽取部分直接作为证据；二是从种类物中抽取部分进行鉴定，以鉴定结论作为证据。采取抽样的方式收集证据有利于降低执法成本、提高行政效率。法律法规未明确规定抽样取证的适用范围。

二、先行登记保存的适用条件

实施证据先行登记保存是行政执法机关在对立案工作进行调查过程中遇到特殊、紧急情况时所采取的一项证据保全措施，它在适用时必须符合以下条件：第一，在证据可能灭失或者以后难以取得的情况下实施；第二，在七日内作出处理决定；第三，须经行政执法机关负责人的批准；第四，登记保存的物品须是与违法行为直接关联的证据；第五，对采取保全的物品进行登记。例如，银行业监督管理法第四十二条第一款第三项规定："银行业监督管理机构依法对银行业金融机构进行检查时，经设区的市一级以上银行业监督管理机构负责人批准，可以对与涉嫌违法事项有关的单位和个人采取下列措施……（三）对可能被转移、隐匿、毁损或者伪造的文件、资料，予以先行登记保存。""证据可能灭失或者以后难以取得的情况"并无法定标准，而由行政机关自行决定。

采取先行登记保存措施时，行政机关应向相对人发出证据登记保存清单，并在七日内对涉案先行登记保存的证据依法作出处理，告知相对人接受处理、领回被登记保存的证据。

三、在证据保存期间，当事人或有关人员需履行不销毁、不转移证据的义务

在温岭市某商行诉温岭市烟草专卖局行政处罚一案中，温岭市人民法院认为，由于先行登记保存措施独立给行政相对人设定了法律义务，影响了相对人对登记保存物品的处置、控制和使用等权益，因此先行登记保存措施具有可诉性。①

【相关规定】

《中华人民共和国银行业监督管理法》第四十二条。

第五十七条　【审查程序】调查终结，行政机关负责人应当对调查结果进行审查，根据不同情况，分别作出如下决定：

（一）确有应受行政处罚的违法行为的，根据情节轻重及具体情况，作出行政处罚决定；

（二）违法行为轻微，依法可以不予行政处罚的，不予行政处罚；

（三）违法事实不能成立的，不予行政处罚；

（四）违法行为涉嫌犯罪的，移送司法机关。

对情节复杂或者重大违法行为给予行政处罚，行政机关负责人应当集体讨论决定。

① 浙江省温岭市人民法院（2020）浙1081行初87号行政判决书。

【条文主旨】

本条是关于审查程序的规定。

【立法背景】

本条相关内容规定于原行政处罚法第三十八条。新修订的行政处罚法将关于移送司法机关处理的情形由“已构成犯罪的，移送司法机关”改为“涉嫌犯罪的，移送司法机关”，即是否构成犯罪不由行政机关判断；删除了对应进行集体讨论决定的行政处罚轻重程度的限制。

【条文释义】

一、审查程序为行政处罚决定作出的必经程序，但适用简易程序的除外

调查结束后，执法人员将调查结果和处理意见送交行政机关负责人进行审查，这是行政处罚职权分离原则的要求，旨在使行政机关内部相互制约，防止权力过于集中导致的各种弊端。

二、不予行政处罚的情形

例如，新修订的行政处罚法第三十条、第三十一条、第三十三条规定，不满14周岁的未成年人实施的违法行为，精神病人、智力残疾人在不能辨认、控制自己行为时实施的违法行为，违法行为轻微并及时纠正，没有造成危害后果的，当事人有证据证明没有主观过错的不予行政处罚。初次违法且危害后果轻微并及时改正的，可以不予行政处罚。又如，治安管理处罚法第十四条规定，盲人或者又聋又哑的人违反治安管理的，可以从轻、减轻或者不予处罚。

三、行政处罚决定与违法情节相适应，即过罚相当原则

根据违法情节的轻重选择与之相适应的处罚种类、处罚幅度。行政处罚的种类分为人身罚、财产罚、行为罚、资格罚、申诫罚。新修订的行政处罚法第三十二条规定：“当事人有下列情形之一的，应当依法从轻或者减轻行政处罚：（一）主动消除或者减轻违法行为危害后果的；（二）受他人胁迫或者诱骗实施违法行为的；（三）主动供述行政机关尚未掌握的违法行为的；（四）配合行政机关查处违法行为有立功表现的；（五）法律、法规、规章规定其他应当从轻或者减轻行政处罚的。”从轻处罚是指在最低限以上适用较低限的处罚，减轻处罚是指在最低限以下处罚。若违背过罚相当原则，将导致行政处罚结果显失公正，法院有权依法判决变更。①

四、涉嫌犯罪的移送司法机关

依据刑法第十三条规定的犯罪概念，当违法行为具有严重社会危害性、刑事违法性、刑事可罚性时即构成犯罪。对犯罪的侦查、审查起诉、审判，应当分别由公安机关、检察机关、审判机关行使。因此，行政机关负责人经过审查，认为行为人违法行为达到构成犯罪的标准，应移交司法机关处理，使具有犯罪行为的行为人依法受到刑罚处罚，不能以行政处罚代替刑罚。例如，根据新修订的行政处罚法第八条第二款规定，违法行为构成犯罪，应当依法追究刑事责任的，不得以行政处罚代替刑事处罚。根据行政强制法第二十一条规定，当行政机关将涉嫌犯罪的违法行为移送司法机关时，“应当将查封、扣押、冻结的财物一并移送，并书面告知当事人”。

五、实践中对情节复杂、重大违法行为的认定

行政机关自行认定为情节复杂而适用特殊程序的案件，例如，在司某诉公安局治安行政处罚案中，公安局以“案件情节复杂”为由延长办案期限，但并未对其作出的处罚决定进行集体讨论，法院认为属于应经集体讨论的处罚决定，公安局违反法定程序。②

六、未经集体讨论的行政处罚决定应予撤销

集体讨论是“情节复杂或者重大违法行为给予行政处罚”作出的法定程序要求，应经而未经负责人集体讨论的处罚决定，属程序严重违法，应予撤销。

集体讨论是程序正当的必然要求。按照行政处罚法的规定，行政处罚程序一般包括立案、调查、审查、告知、决定和执行等程序。其中行政处罚的决定程序则包括简易程序、一般程序和听证程序，除适用简易程序由执法人员当场作出行政处罚决定外，对于适用一般程序和听证程序的行政处罚案件，一般案件应由执法人员调查终结后，行政机关负责人对调查结

---

① 例如，在琼海市市场监督管理局与琼海甲公司行政处罚案中，琼海甲公司及时撤下违法的广告展架，并对其所发布的禁止情形广告不存在故意欺骗、误导消费者的情形，客观上对市场秩序的扰乱程序较为轻微。法院认为琼海甲公司的违法行为情节较为轻微，社会危害性较小，琼海市市监局对其发布禁止情形广告的违法行为处以 20 万元罚款，在处罚数额的裁量上明显不当，判决变更原行政处罚决定。参见海南省第一中级人民法院（2020）琼 96 行终 106 号行政判决书。

② 参见山东省菏泽市（地区）中级人民法院（2014）菏行终字第 43 号行政判决书。焦炜华、陈希国：《未经公安机关负责人集体讨论作出的拘留十日处罚决定应予撤销》，载《人民司法》2016 年第 5 期。

果进行审查并单独决定；重大行政处罚案件往往在听证程序后，由行政机关负责人集体讨论决定。因此，集体讨论是行政机关作出行政处罚的重要程序，具有独特的程序价值和重要意义。

在行政处罚中，集体讨论的功能在于：第一，对情节复杂的案件，要么法律关系错综复杂，存在法律适用之困扰，要么人数众多，违法事实难以完全厘清，要么案件证据难以收集，需要延长办案期限等，鉴于上述种种情形，承办案件的执法人员就很难顺利得出处罚结论而直接报请行政机关负责人作出决定，发挥集体讨论的群体智慧优势当属最佳选择；第二，对重大违法行为给予较重行政处罚的案件，因违法行为重大、处罚程度较重，往往涉及营业资格的丧失、人身自由的限制、大额金钱的罚没，较其他处罚会对相对人的权益产生较大影响，对此行政机关负责人在作出决策时应采取慎重态度，对自由裁量权加以限制和规范，通过广泛听取各个负责人的意见，充分发挥民主以促进科学决策。因此，集体讨论是较重行政处罚决定公正合理的程序性保障。

【相关规定】

《中华人民共和国行政处罚法》第三十条、第三十一条、第三十三条；《中华人民共和国治安管理处罚法》第十四条；《中华人民共和国刑法》第十三条；《中华人民共和国行政强制法》第二十一条。

第五十八条　【法制审核】有下列情形之一，在行政机关负责人作出行政处罚的决定之前，应当由从事行政处罚决定法制审核的人员进行法制审核；未经法制审核或者审核未通过的，不得作出决定：

（一）涉及重大公共利益的；

（二）直接关系当事人或者第三人重大权益，经过听证程序的；

（三）案件情况疑难复杂、涉及多个法律关系的；

（四）法律、法规规定应当进行法制审核的其他情形。

行政机关中初次从事行政处罚决定法制审核的人员，应当通过国家统一法律职业资格考试取得法律职业资格。

【条文主旨】

本条是关于法制审核程序以及审核人员的资格的规定。

【立法背景】

原行政处罚法第三十八条第三款规定："在行政机关负责人作出决定之前，应当由从事行政处罚决定审核的人员进行审核。行政机关中初次从事行政处罚决定审核的人员，应当通过国家统一法律职业资格考试取得法律职业资格。"

新修订的行政处罚法在原规定的基础上进行细化，将此类审核命名为"法制审核"，并明确审核适用范围。审核程序并非行政处罚决定的必经程序，其旨在保证行政行为合法性以及保障相对人合法权益不受侵害，强化行政处罚行为监督。明确审核程序适用范围的意义在于限制适用情形，在充分保障社会公益、行政相对人合法权益的前提下提高行政执法的效率，实现行政公正。

【条文释义】

一、法制审核的概念

法制审核，顾名思义是对行政处罚决定的合法性进行审核。审核内容包括：行政执法主体合法性，行政执法人员的执法资格；行政执法程序是否合法；案件事实是否清楚，证据是否合法充分；适用法律、法规、规章是否准确，裁量基准运用是否适当；执法是否超越执法机关法定权限；行政执法文书是否完备、规范；违法行为是否涉嫌犯罪、需要移送司法机关等。法制审核机构完成审核后，要根据不同情形，提出同意或者存在问题的书面审核意见。行政执法承办机构要对法制审核机构提出的存在问题的审核意见进行研究，作出相应处理后再次报送法制审核。

二、法制审核的适用范围

法制审核并非作出处罚决定的必经程序，主要适用于下列情形：（1）涉及重大公共利益的；（2）直接关系当事人或者第三人重大权益，经过听证程序的；（3）案件情况疑难复杂、涉及多个法律关系的；（4）法律、法规规定应当进行法制审核的其他情形。

需经过听证程序的情形包括五种，即新修订的行政处罚法第六十三条规定的"（一）较大数额罚款；（二）没收较大数额违法所得、没收较大价值非法财物；（三）降低资质等级、吊销许可证件；（四）责令停产停业、责令关闭、限制从业；（五）其他较重的行政处罚；（六）法律、法规和规章规定的其他情形”。直接关系当事人或第三人重大权益，且属于法定的需经过听证程序作出决定的情形，才适用法制审核。关于较重行政处罚的界定，应比照法定“应当组织听证”的情形进行判断，在司法实践中，对同种行政处罚的轻重程度的认定各不相同。以行政拘留为例，在司某诉某公安局治安行政处罚案①中，法院认为行政拘留属于较重行政处罚，而在丁某诉某公安局治安处罚案②中，法院则认为不属于。

“法律、法规规定应当进行法制审核的其他情形”属于兜底条款，授权法规设定适用法制审核的情形，属于利长远的法律规范。

三、法制审核的具体要求

《国务院办公厅关于全面推行行政执法公示制度执法全过程记录制度重大执法决定法制审核制度的指导意见》③，就如何规范法制审核提出了指导性意见。

（一）法制审核机构

法制审核队伍要做到正规化、专业化、职业化，法制审核人员具有较高的政治素质、较强的业务能力、法律专业背景，原则上各级行政执法机关的法制审核人员不少于本单位执法人员总数的5%。充分发挥法律顾问、公职律师在法制审核工作中的作用，特别是针对基层存在的法制审核专业人员数量不足、分布不均等问题，探索建立健全本系统内法律顾问、公职律师统筹调用机制，实现法律专业人才资源共享。

（二）明确审核责任

行政执法机关主要负责人是推动落实本机关重大执法决定法制审核制度的第一责任人，对本机关作出的行政执法决定负责。要结合实际，确定法制审核流程，明确送审材料报送要求和审核的方式、时限、责任，建立健全法制审核机构与行政执法承办机构对审核意见不一致时的协调机制。行政执法承办机构对送审材料的真实性、准确性、完整性，以及执法的事实、证据、法律适用、程序的合法性负责。法制审核机构对重大执法决定的法制审核意见负责。因行政执法承办机构的承办人员、负责法制审核的人员和审批行政执法决定的负责人滥用职权、玩忽职守、徇私枉法等，导致行政执法决定错误，要依纪依法追究相关人员责任。

---

① 山东省菏泽市（地区）中级人民法院（2014）菏行终字第43号行政判决书。

② 浙江省丽水市中级人民法院（2020）浙11行终23号行政判决书。

③ 国办发〔2018〕118号。

第五十九条　【制作处罚决定书】 行政机关依照本法第五十七条的规定给予行政处罚，应当制作行政处罚决定书。行政处罚决定书应当载明下列事项：

（一）当事人的姓名或者名称、地址；

（二）违反法律、法规、规章的事实和证据；

（三）行政处罚的种类和依据；

（四）行政处罚的履行方式和期限；

（五）申请行政复议、提起行政诉讼的途径和期限；

（六）作出行政处罚决定的行政机关名称和作出决定的日期。

行政处罚决定书必须盖有作出行政处罚决定的行政机关的印章。

【条文主旨】

本条是关于制作行政处罚决定书以及其内容的规定。

【立法背景】

本条相关内容规定于原行政处罚法第三十九条。新修订的行政处罚法未进行实质性修改。

【条文释义】

一、行政处罚决定书是行政机关出具的、载明该行政机关对当事人依法给予的行政处罚的法律文书

行政处罚决定书是针对特定自然人、法人或其他组织作出的行政处罚的书面证明，是行政相对人提起行政复议或行政诉讼的依据。行政机关作出行政处罚决定时必须制定行政处罚决定书。不同种类的行政处罚决定书样式各不相同，以公安交通管理行政处罚决定书为例，根据2020年《公安部关于印发〈道路交通安全违法行为处理法律文书（式样）〉的通知》的规定，“证据”栏填写作出行政处罚决定所依据的证据名称。“根据”栏填写作出行政处罚决定所依据的法律、法规的具体条、款、项。“处罚信息”栏填写处罚种类、具体内容。作出暂扣机动车驾驶证处罚的，应当注明机动车驾驶证是否转递，并填写到期领取机动车驾驶证的时间、地点。

“被处罚人签名”栏由被处罚人签名，并注明签名时间。被处罚人的交通违法被记分的，应当注明分值。

二、当事人住址，包括当事人住所、经常居所地

根据《最高人民法院关于适用〈中华人民共和国民事诉讼法〉的解释》规定，公民的住所地是指公民的户籍所在地，法人或者其他组织的住所地是指法人或者其他组织的主要办事机构所在地。法人或者其他组织的主要办事机构所在地不能确定的，法人或者其他组织的注册地或者登记地为住所地。公民的经常居住地是指公民离开住所地至起诉时已连续居住一年以上的地方，但公民住院就医的地方除外。

没有办事机构的个人合伙、合伙型联营体组织，该组织注册登记地为住所地。

三、行政处罚决定书载明的违法事实

违法事实应当明确具体，包含认定的违法事实的时间、地点、经过、情节等事项，让当事人清楚知晓被处罚的事实依据，以达到警示违法行为再次发生的目的。载明的证据应当充分，足以认定违法事实存在。若不能达到记载目的将导致行政处罚决定具有效力瑕疵。例如，在安阳市生态环境局文峰分局与某振动器公司行政处罚一案中，被告因其制作的行政处罚决定书中载明的违法事实不清，一、二审法院均判决撤销其行政处罚决定。①

若对违法事实的时间、地点的记载发生书写错误，在司法实务中，通常认定为程序轻微瑕疵，但因对当事人权利不产生实际影响，不构成撤销行政行为的法定事由，法院只会确认行为违法，例如，徐某宸与铜陵市公安局大通派出所治安管理案。②

四、行政处罚的种类规定

本法第九条对行政处罚的种类作出规定，包括警告；罚款、没收违法所得、没收非法财物；责令停产停业；暂扣或者吊销许可证、暂扣或者吊销执照；行政拘留；法律、行政法规规定的其他行政处罚。行政处罚的依据包括法律、法规、规章。法律有权设定一切行政处罚种类，行政法规可以设定除限制人身自由、吊销企业营业执照外的其他罚种，政府规章及部门规章可以设定警告或一定数额的罚款，但罚款数额需由地方人民代表大会常务委员会、国务院规定。行政法规、规章可以在法定范围内对行政处

---

① 河南省安阳市中级人民法院（2020）豫05行终205号行政判决书。

② 安徽省铜陵市中级人民法院（2020）皖07行终1号行政判决书。

罚的幅度进行具体化。

行政处罚的种类、幅度在处罚决定书中均应予以明确。行政处罚的法律依据应当正确适用，若处罚种类、处罚幅度不明确、法律适用错误都将影响处罚决定的效力。

五、行政处罚的履行方式及期限

履行方式及期限依照各类行政处罚的具体规定。如治安管理处罚法规定，罚款处罚由当事人在收到处罚决定书之日起15日内自行到指定银行进行缴纳，在法定例外情形下，也可由人民警察当场收缴：被处50元以下罚款且被处罚人对罚款无异议的；在边远、水上、交通不便地区，被处罚人向指定的银行缴纳罚款确有困难，经被处罚人提出的；被处罚人在当地没有固定住所，不当场收缴事后难以执行的。

六、申请行政复议或提起行政诉讼的期限或途径

行政相对人享有救济权，行政机关应履行告知义务。行政诉讼法第四十四条规定，对属于人民法院受案范围的行政案件，公民、法人或者其他组织可以先向行政机关申请复议，也可以直接向人民法院提起诉讼。法律、法规规定应当先向行政机关申请复议的除外。因此处罚决定书需载明是否可以直接提起行政诉讼。

根据行政复议法第九条规定："公民、法人或者其他组织认为具体行政行为侵犯其合法权益的，可以自知道该具体行政行为之日起六十日内提出行政复议申请；但是法律规定的申请期限超过六十日的除外。因不可抗力或者其他正当理由耽误法定申请期限的，申请期限自障碍消除之日起继续计算。"行政诉讼法第四十六条、第四十八条规定，公民、法人或者其他组织直接向人民法院提起诉讼的，应当自知道或者应当知道作出行政行为之日起六个月内提出。法律另有规定的除外。因不动产提起诉讼的案件自行政行为作出之日起超过20年，其他案件自行政行为作出之日起超过5年提起诉讼的，人民法院不予受理。因不可抗力或者其他不属于其自身的原因耽误起诉期限的，被耽误的时间不计算在起诉期限内。公民、法人或者其他组织因前款规定以外的其他特殊情况耽误起诉期限的，在障碍消除后10日内，可以申请延长期限，是否准许由人民法院决定。"不予受理"意味着当事人无法获得救济。

《最高人民法院关于适用〈中华人民共和国行政诉讼法〉的解释》第六十四条规定："行政机关作出行政行为时，未告知公民、法人或者其他组织起诉期限的，起诉期限从公民、法人或者其他组织知道或者应当知道起诉期限之日起计算，但从知道或者应当知道行政行为内容之日起最长不得超过一年。”因此，行政机关未告知期限并不影响相对人的救济权，但最长诉讼时效为一年，自知道或应当知道行政行为内容之日起计算。超过诉讼时效，行政机关获得抗辩权，但相对人的救济权不受影响。若行政机关不以超过诉讼时效为由提出抗辩，相对人仍可获得救济。

未载明期限和途径属于程序违法，但未对相对人权利产生实质影响，在司法实践中通常认定为程序轻微违法，确认违法但不撤销处罚决定。①

有关行政复议、行政诉讼的途径告知错误的情形，属于行政复议法第九条规定的“正当理由”、行政诉讼法第四十八条规定的“不属于其自身的原因”，被耽误的时间不计算在起诉期限内，参照《最高人民法院关于适用〈中华人民共和国行政诉讼法〉的解释》第六十四条的规定，适用一年诉讼时效。

七、作出行政处罚决定书的机关名称及印章

行政处罚决定书应列明使用该文书的具有独立执法主体资格的行政机关的名称并加盖印章。受委托的组织或个人以委托机关的名义行使行政处罚权，使用的行政处罚决定书加盖委托机关的印章。印章印于“部门盖章处”。未加盖印章属于严重程序违法，处罚决定无效，行政处罚行为无效即行为不具有公定力、确定力、拘束力、强制力，当事人可以不履行行政处罚附加的义务。②

【相关规定】

《最高人民法院关于适用〈中华人民共和国民事诉讼法〉的解释》第三条、第四条；《中华人民共和国行政诉讼法》第四十四条、第四十六条、第四十八条；《中华人民共和国行政复议法》第九条；《最高人民法院关于适用〈中华人民共和国行政诉讼法〉的解释》第六十四条。

第六十条　【作出决定的期限】行政机关应当自行政处罚案件立案之日起九十日内作出行政处罚决定。法律、法规、规章另有规定的，从其规定。

---

① 陕西省铜川市中级人民法院（2018）陕02行终18号行政判决书。
② 河南省开封市中级人民法院（2020）豫02行终177号行政判决书。

【条文主旨】

本条是关于作出行政处罚决定期限的规定。

【立法背景】

本条为新增条款。原行政处罚法未对行政机关作出处罚决定的期限进行统一规定，但具体的执法领域规范对处罚决定期限作出了相应规定。例如，《中华人民共和国治安管理处罚法》第九十九条规定："公安机关办理治安案件的期限，自受理之日起不得超过三十日；案情重大、复杂的，经上一级公安机关批准，可以延长三十日。"《市场监督管理行政处罚程序暂行规定》第五十七条规定："适用一般程序办理的案件应当自立案之日起九十日内作出处理决定。因案情复杂或者其他原因，不能在规定期限内作出处理决定的，经市场监督管理部门负责人批准，可以延长三十日。"

【条文释义】

一、一般程序的办理期限

该条款规定的是适用一般程序的办理期限，不包括适用简易程序的案件，简易程序需当场作出处罚决定。办理期限自立案之日起计算，立案程序为新修订的行政处罚法新增程序，规定于第五十四条第二款。"九十日内"包含本数。

二、法律法规另有规定，从其规定

新修订的行政处罚法对于期限的规定属于一般性规定，授权其他法律法规可以对办理期限进行与执法领域的需要相适应的规定。当其他法律法规作出了具体规定，则不受90日的限制。例如，在治安管理领域，公安机关办理案件原则上不得超过30日，案情重大可延长至60日。又如，在市场监管领域，市场监督管理部门办理案件原则上不得超过90日，案情重大可延长至120日。

同时，其他法律法规还规定了不计入办理期限的情形。例如，《市场监督管理行政处罚程序暂行规定》第五十七条第二款规定："案件处理过程中，中止、听证、公告和检测、检验、检疫、鉴定等时间不计入前款所指的案件办理期限。"

三、超期办理的法律后果

行政机关因案情重大、复杂需延长办理期限的，需遵循相应的程序，例如行政机关经延期仍不能作出处理决定的，应当由机关负责人集体讨论决定是否继续延期，决定继续延期的，应当同时确定延长的合理期限。超期办理属于程序违法，但若超期办理并未对相对人的权利产生实质影响，在司法实践中，法院判决确认违法，但不撤销处罚决定。①

【相关规定】

《中华人民共和国治安管理处罚法》第九十九条；《市场监督管理行政处罚程序暂行规定》第五十七条。

第六十一条　【交付、送达处罚决定书】行政处罚决定书应当在宣告后当场交付当事人；当事人不在场的，行政机关应当在七日内依照《中华人民共和国民事诉讼法》的有关规定，将行政处罚决定书送达当事人。

当事人同意并签订确认书的，行政机关可以采用传真、电子邮件等方式，将行政处罚决定书等送达当事人。

【条文主旨】

本条是关于交付或送达行政处罚决定书的规定。

【立法背景】

本条相关内容规定于原行政处罚法第四十条。新修订的行政处罚法将“民事诉讼法”改为“《中华人民共和国民事诉讼法》”，改进了法条的规范性。并且明确规定了传真、电子邮件等电子方式的送达方式，以实现行政高效便民的宗旨。

【条文释义】

关于送达方式，民事诉讼法具体规定了直接送达、留置送达、委托送达、邮寄送达、公告送达、传真或电子邮件等能够确认其收悉的六种送达方式。直接送达属于一般送达方式。留置送达适用于受送达人或其同住的

---

① 参见江苏省盐城市中级人民法院（2020）苏09行终585号行政判决书。

成年家属拒绝接收的情形。委托送达、邮寄送达、公告送达适用于特殊情形。

直接送达规定于《中华人民共和国民事诉讼法》第八十五条，即“送达诉讼文书，应当直接送交受送达人。受送达人是公民的，本人不在交他的同住成年家属签收；受送达人是法人或者其他组织的，应当由法人的法定代表人、其他组织的主要负责人或者该法人、组织负责收件的人签收；受送达人有诉讼代理人的，可以送交其代理人签收；受送达人已向人民法院指定代收人的，送交代收人签收”。

留置送达规定于《中华人民共和国民事诉讼法》第八十六条，即“受送达人或者他的同住成年家属拒绝接收诉讼文书的，送达人可以邀请有关基层组织或者所在单位的代表到场，说明情况，在送达回证上记明拒收事由和日期，由送达人、见证人签名或者盖章，把诉讼文书留在受送达人的住所；也可以把诉讼文书留在受送达人的住所，并采用拍照、录像等方式记录送达过程，即视为送达”。

委托送达和邮寄送达规定于《中华人民共和国民事诉讼法》第八十八条、第八十九条、第九十条，即“直接送达诉讼文书有困难的，可以委托其他人民法院代为送达，或者邮寄送达……”“受送达人是军人的，通过其所在部队团以上单位的政治机关转交。”“受送达人被监禁的，通过其所在监所转交。受送达人被采取强制性教育措施的，通过其所在强制性教育机构转交。”

公告送达规定于《中华人民共和国民事诉讼法》第九十二条，即“受送达人下落不明，或者用本节规定的其他方式无法送达的，公告送达。自发出公告之日起，经过六十日，即视为送达。公告送达，应当在案卷中记明原因和经过”。

本条第二款“当事人同意并签订确认书的，行政机关可以采用传真、电子邮件等方式，将行政处罚决定书等送达当事人”，是对近年来电子政务、电子政府中新采用的技术手段予以明确规定，提供更为明晰的法律依据。

【相关规定】

《中华人民共和国民事诉讼法》第八十五条、第八十六条、第八十八条、第八十九条、第九十条、第九十二条。

第六十二条　【不得作出处罚决定】行政机关及其执法人员在作出行政处罚决定之前，未依照本法第四十四条、第四十五条的规定向当事人告知拟作出的行政处罚内容及事实、理由、依据，或者拒绝听取当事人的陈述、申辩，不得作出行政处罚决定；当事人明确放弃陈述或者申辩权利的除外。

【条文主旨】

本条是关于行政机关作出行政处罚决定不得侵害相对人的知情权和参与权的规定。

【立法背景】

原行政处罚法第四十一条规定："行政机关及其执法人员在作出行政处罚决定之前，不依照本法第三十一条、第三十二条的规定向当事人告知给予行政处罚的事实、理由和依据，或者拒绝听取当事人的陈述、申辩，行政处罚决定不能成立；当事人放弃陈述或者申辩权利的除外。"新修订的行政处罚法将侵害相对人知情权和参与权的行政处罚决定不成立，改为了"不得作出行政处罚决定"。学界对原行政处罚法第四十一条存在较大争议，普遍认为第四十一条混淆了"无效"与"不成立"两者的概念，以及行政行为的成立要件与合法要件。根据原行政处罚法第三条第二款规定，不遵守法定程序的行政处罚无效，而第四十一条则规定为不成立。虽然"无效"与"不成立"二者的法律效果近乎一致，但仍然存在差异。例如，无效的行政行为属于行政复议与行政诉讼的受案范围，相对人仍可依此获得救济，而不成立的行政行为在法律事实层面即为不存在，相对人无法依此申请行政复议或提起行政诉讼，其受损的合法权益难以获得救济。因此，新修订的行政处罚法对此进行修改，解决了立法层面的冲突。①

【条文释义】

1. 告知程序规定于本法第四十四条，行政机关在作出行政处罚决定之

① 马怀德：《〈行政处罚法〉修改中的几个争议问题》，载《华东政法大学学报》2020年第4期。

前，应当履行告知义务，告知当事人拟作出的行政处罚内容及事实、理由、依据，并告知当事人依法享有的陈述、申辩、要求听证等权利。

2. 陈述、申辩程序规定于本法第四十五条，当事人有权进行陈述和申辩。行政机关必须履行充分听取当事人意见的义务。

3. 行政机关不履行本法第四十四条、第四十五条规定的义务，未告知或未听取陈述、申辩不得作出行政处罚决定。“不得作出行政处罚决定”既不属于行政处罚决定无效也不属于行政处罚决定不成立。该条款仅强调行政主体遵守法定程序的强制义务，而对不遵守法定程序的后果避而不谈，使之直接与行政诉讼法第七十条关于法院撤销或部分撤销行政行为的情形的规定相衔接。

4. 该条规定了例外情形，即行政机关已经履行了告知当事人依法享有陈述、申辩、要求听证等权利，但当事人自愿、明确表示放弃相关权利，在这种情况下行政机关可以作出处罚决定。

【相关规定】

《中华人民共和国行政处罚法》第四十四条、第四十五条。

第四节　听证程序

第六十三条　【告知听证权】 行政机关拟作出下列行政处罚决定，应当告知当事人有要求听证的权利，当事人要求听证的，行政机关应当组织听证：

（一）较大数额罚款；

（二）没收较大数额违法所得、没收较大价值非法财物；

（三）降低资质等级、吊销许可证件；

（四）责令停产停业、责令关闭、限制从业；

（五）其他较重的行政处罚；

（六）法律、法规、规章规定的其他情形。

当事人不承担行政机关组织听证的费用。

【条文主旨】

本条是关于行政机关应当告知当事人有权要求举行听证的情形的规定。

【立法背景】

行政处罚法对行政处罚规定了三类行政处罚决定程序，包括简易、普通和听证，原行政处罚法对行政处罚程序的规定开创立法先河，特别是对听证程序的规定，至今仍具有前瞻性和先进性。[①] 原行政处罚法规定于第四十二条第一款："行政机关作出责令停产停业、吊销许可证或者执照、较大数额罚款等行政处罚决定之前，应当告知当事人有要求举行听证的权利；当事人要求听证的，行政机关应当组织听证。当事人不承担行政机关组织听证的费用……"关于行政机关应当告知当事人有权要求举行听证的情形，原行政处罚法仅规定了三种。新修订的行政处罚法扩大了听证程序的适用范围，进一步完善了听证程序，有利于当事人充分维护和保障自身权益，增强行政处罚决定的合理性和可接受性。

【条文释义】

一、听证程序

听证程序是指行政主体在制定行政规范和作出行政处理过程中，与行政相对人以及其他行政程序参与人就拟定行政决定内容、事实依据、法律依据等进行说明、申明意见、辩论、聆听的程序。

听证程序非必经程序，行政机关在法定情况下负有告知当事人享有举行听证的权利的义务，听证因当事人要求而举行。对于行政机关因组织听证而支出的相关费用，当事人不予承担。

二、适用听证程序的情形

（一）较大罚款数额的界定

并非所有罚款都要听证，只有较大数额罚款才属于听证范围。行政处罚法未明确"较大数额罚款"的范围，鉴于不同执法领域以及不同地域的经济发展水平各不相同，行政处罚法不宜进行统一规定，而由各执法领域

---

① 《国务院关于贯彻实施〈中华人民共和国行政处罚法〉的通知》，载《中华人民共和国国务院公报》1996年第12期。

的法律、地方性法规和规章进行规定。例如，治安管理处罚法第九十八条规定，公安机关作出吊销许可证以及处2000元以上罚款的治安管理处罚决定前，应当告知违反治安管理行为人有权要求举行听证。又如，海关行政处罚实施条例第四十九条第一款规定，对公民处以1万元以上罚款、对法人或其他组织处以10万元以上罚款的，应当告知其享有听证权。

（二）没收较大数额违法所得、没收较大价值非法财物

没收违法所得、没收非法财物属于行政处罚法第九条规定的行政处罚种类之一。虽然原行政处罚法并未将其规定为应当告知当事人听证权的情形，但是在海关行政处罚实施条例中作出了类似规定。海关行政处罚实施条例第四十九条第一款规定："……没收有关货物、物品、走私运输工具等行政处罚决定之前，应当告知当事人有要求举行听证的权利；当事人要求听证的，海关应当组织听证。"修订后的行政处罚法规定没收较大数额违法所得、没收较大价值非法财物属于听证范围。

关于"较大数额""较大价值"的界定。《市场监督管理行政处罚听证暂行办法》第五条第一款第三项和第四项规定："……（三）对自然人处以一万元以上、对法人或者其他组织处以十万元以上罚款；（四）对自然人、法人或者其他组织作出没收违法所得和非法财物价值达到第三项所列数额的行政处罚。"即对自然人而言，1万元以上（包含1万元）属于较大数额，对法人或其他组织而言，10万元以上（包含10万元）属于较大数额、较大价值，对此可以参照。

（三）降低资质等级、吊销许可证件

吊销许可证件是原行政处罚法已明确列入听证范围的事项，而降低资质等级既是修订后的行政处罚法新增的行政处罚种类，也是新增的属于听证范围的事项。资质等级是企业从业资格的证明，按照企业注册资本、技术人员、技术装备和业绩等各方面因素为划分依据，经资质审查合格，取得相应等级的资质证书后，方可在其资质等级许可的范围内从事相应的营利活动，不得超越资质许可的范围进行活动。[1]降低资质等级是本次修订新增的处罚种类，在个别领域已有将降低资质等级作为处罚种类之一的先例，例如，建筑法第六十五条第二款规定："超越本单位资质等级承揽工程的，责令停止违法行为，处以罚款，可以责令停业整顿，降低资质等级……"

---

① 《中华人民共和国建筑法》第十三条。

（四）责令停产停业、责令关闭、限制从业

责令关闭、限制从业是实践中比较常见的行政处罚，此次被纳入本法第九条规定的处罚种类中。责令关闭是在责令停产停业不足以实现惩戒目的时而适用的处罚，较责令停产停业更为严厉；限制从业是针对公民个人在行业内实施的严重违法行为而适用的处罚。虽然责令关闭、限制从业并未作为一般性的处罚种类规定于原行政处罚法中，但特别法中均有明确规定，如《中华人民共和国水污染防治法》第六十六条第一款规定在饮用水水源二级保护区内已建成的排放污染物的建设项目，由县级以上人民政府责令拆除或者关闭。《中华人民共和国证券法》第一百二十四条第二款规定因违法行为或者违纪行为被解除职务的证券行业负责人、工作人员等五年内不得担任证券公司的董事、监事、高级管理人员。三者均属于行政处罚听证事项。

（五）其他较重的行政处罚

该项属于兜底条款，适用于前面四项没有明确列举但又确实对当事人合法权益影响较大的行政处罚。同时，除上述列举的情形外，法律、行政法规、部门规章也可以规定应当听证的情形。例如，《证券交易所管理办法》第十三条第二款规定："证券交易所采取纪律处分的，应当依据纪律处分委员会的审核意见作出。纪律处分决定作出前，当事人按照业务规则的规定申请听证的，证券交易所应当组织听证。"同时，应当听证的行政处罚需达到一定严重程度，与上述处罚的严重程度相当，类似申诫罚等对当事人权益影响不大的处罚则无须进行听证。

【相关规定】

《中华人民共和国治安管理处罚法》第九十八条；《中华人民共和国海关行政处罚实施条例》第四十九条；《市场监督管理行政处罚听证暂行办法》第五条；《中华人民共和国建筑法》第十三条；《中华人民共和国水污染防治法》第六十六条；《中华人民共和国证券法》第一百二十四条；《证券交易所管理办法》第十三条。

第六十四条　【听证程序】听证应当依照以下程序组织：

（一）当事人要求听证的，应当在行政机关告知后五日内提出；

（二）行政机关应当在举行听证的七日前，通知当事人及有关人员听证的时间、地点；

（三）除涉及国家秘密、商业秘密或者个人隐私依法予以保密外，听证公开举行；

（四）听证由行政机关指定的非本案调查人员主持；当事人认为主持人与本案有直接利害关系的，有权申请回避；

（五）当事人可以亲自参加听证，也可以委托一至二人代理；

（六）当事人及其代理人无正当理由拒不出席听证或者未经许可中途退出听证的，视为放弃听证权利，行政机关终止听证；

（七）举行听证时，调查人员提出当事人违法的事实、证据和行政处罚建议，当事人进行申辩和质证；

（八）听证应当制作笔录。笔录应当交当事人或者其代理人核对无误后签字或者盖章。当事人或者其代理人拒绝签字或者盖章的，由听证主持人在笔录中注明。

【条文主旨】

本条是关于组织听证程序的规定。

【立法背景】

原行政处罚法第四十二条第一款规定："……听证依照以下程序组织：（一）当事人要求听证的，应当在行政机关告知后三日内提出；（二）行政机关应当在听证的七日前，通知当事人举行听证的时间、地点；（三）除涉及国家秘密、商业秘密或者个人隐私外，听证公开举行；（四）听证由行政机关指定的非本案调查人员主持；当事人认为主持人与本案有直接利害关系的，有权申请回避；（五）当事人可以亲自参加听证，也可以委托一至二人代理；（六）举行听证时，调查人员提出当事人违法的事实、证据和行政处罚建议；当事人进行申辩和质证；（七）听证应当制作笔录；

笔录应当交当事人审核无误后签字或者盖章。”新修订的行政处罚法将听证程序的具体要求单独列为一条，修改了当事人要求听证的期限、听证公开的范围，新增了行政机关终止听证的情形，细化了有关听证笔录的规定，突出强调了笔录在作出行政处罚决定过程中的重要性。

【条文释义】

一、当事人要求听证的期限

当事人应当在行政机关告知后的五日内，向该行政机关提出要求听证的请求。这里的“五日内”是一个固定期限，本法没有作出可以延长的规定，注意原法规定的是三日内。

二、通知听证的期限和内容

行政机关在举行听证的七日前，应当通知当事人听证的时间、地点。在行政组织听证之前，应当给当事人以必要的准备期限，本法将这一期限规定为七日。行政机关必须履行在听证的七日前将举行听证的时间和地点通知当事人的义务。

三、听证公开是一般性的规定

本条第三项规定了几种例外情况，即出于保守国家秘密、商业秘密和个人隐私的需要，依法予以保密的，听证不公开举行。

关于国家秘密的界定。保守国家秘密法对国家秘密进行了界定，即涉及国家安全和利益的事项，泄露后可能损害国家在政治、经济、国防、外交等领域的安全和利益的，具体包括：（1）国家事务重大决策中的秘密事项；（2）国防建设和武装力量活动中的秘密事项；（3）外交和外事活动中的秘密事项以及对外承担保密义务的秘密事项；（4）国民经济和社会发展中的秘密事项；（5）科学技术中的秘密事项；（6）维护国家安全活动和追查刑事犯罪中的秘密事项；（7）经国家保密行政管理部门确定的其他秘密事项。以及政党秘密事项中符合上述规定的。

关于商业秘密的界定。反不正当竞争法对商业秘密进行了界定，即不为公众所知悉、具有商业价值并经权利人采取相应保密措施的技术信息、经营信息等商业信息。其中，《最高人民法院关于审理侵犯商业秘密民事案件适用法律若干问题的规定》对经营信息和技术信息进行了界定。技术信息指与技术有关的结构、原料、组分、配方、材料、样品、样式、植物新品种繁殖材料、工艺、方法或其步骤、算法、数据、计算机程序及其有关文档等信息。经营信息指与经营活动有关的创意、管理、销售、财务、计划、样本、招投标材料、客户信息、数据等信息。客户信息，包括客户的名称、地址、联系方式以及交易习惯、意向、内容等信息。

关于个人隐私的界定。民法典于人格权编对个人隐私进行了界定，即自然人的私人生活安宁和不愿为他人知晓的私密空间、私密活动、私密信息。

四、听证主持人

听证由行政机关指定的非本案调查人员主持，即听证主持人。听证主持人是指行政机关负责人指定的具体负责主持听证工作的人员。为确保听证程序的公正性，听证主持人不得由该案的执法人员担任。当事人在听证过程中享有依法申请回避的权利，如果当事人对主持人有异议，则其有权申请该主持人回避。如果行政机关认为当事人的异议申请成立，则应该另行指定听证程序的主持人。

五、当事人参与听证的方式

具体参与方式有两种：一是亲自参与；二是委托他人参与。如果当事人委托他人代理参与，则需履行法定的委托手续。代理人代理他人参与听证需有明确授权，必须合法享有代理权。同时，代理人的人数不得超过两人。

六、听证笔录的内容

听证笔录应当载明事项包括：（1）听证事项名称；（2）听证主持人、听证员、记录员的姓名、职务；（3）听证参加人及其他人员的姓名或者名称；（4）举行听证的时间、地点和方式；（5）办案人员提出的本案的事实、证据和行政处罚的内容及其依据；（6）当事人、第三人的陈述、申辩，提出有关证据的内容；（7）相互质证、辩论情况；（8）最后陈述的内容；（9）听证主持人认为其他需要载明的事项。①

延期举行听证、中止听证、终止听证均需在听证笔录中予以注明。

听证笔录的制作程序。听证笔录由听证主持人、听证员以及听证参加人审核无误后签名或者盖章。听证参加人拒绝签章的，由记录员在听证笔录中注明情况。

七、关于听证的其他程序性规定

听证由拟作出行政处罚决定的机关组织。听证人员包括听证主持人和听证员。听证员是指行政机关法制工作部门、案件检查部门、案件所涉业务管理部门各自指定的协助听证主持人组织听证的工作人员。听证人员的组成应当为单数。听证参加人是指案件调查人员、当事人、第三人、委托

---

① 《邮政行政处罚程序规定》第四十九条第一款。

代理人、证人以及鉴定人、翻译、听证记录人等有关人员。第三人是指与听证案件有利害关系的其他公民、法人或者其他组织。必要时，行政机关也可以通知其参加听证。听证记录人是指听证主持人指定的负责记录听证活动的行政机关工作人员。①

【相关规定】

《邮政行政处罚程序规定》第四十九条；《国家外汇管理局行政处罚办法》第五十三条、第五十四条、第五十五条；《最高人民法院关于审理侵犯商业秘密民事案件适用法律若干问题的规定》第一条；《中华人民共和国反不正当竞争法》第九条；《中华人民共和国民法典》第一千零三十二条；《中华人民共和国监察法》第十八条；《中华人民共和国保守国家秘密法》第九条。

第六十五条　【根据听证笔录作出决定】听证结束后，行政机关应当根据听证笔录，依照本法第五十七条的规定，作出决定。

【条文主旨】

本条是关于听证笔录效力的规定。

【立法背景】

原行政处罚法第四十三条规定："听证结束后，行政机关依照本法第三十八条的规定，作出决定。"新修订的行政处罚法明确规定了行政机关有制作听证笔录的义务，并根据听证笔录作出决定，旨在保障听证程序的有效性以及处罚决定的合理性。

【条文释义】

制作听证笔录是行政机关的义务，行政处罚决定需根据听证笔录作出，即根据听证笔录所记载的：办案人员提出的本案事实、证据和行政处

① 《国家外汇管理局行政处罚办法》第五十三条至第五十五条。

罚的内容及其依据；当事人、第三人的陈述、申辩，提出有关证据的内容；相互质证、辩论情况；最后陈述的内容等作出决定。原行政处罚法并未规定决定应当根据听证笔录作出，即听证对处罚决定不具有决定性作用，例如，《国家外汇管理局行政处罚办法》第六十一条规定："外汇局应当结合听证笔录，按照《中华人民共和国行政处罚法》相关规定，对听证案件作出处理决定。"新法明确规定在选择处罚种类、幅度时，需以听证笔录所记载的当事人的陈述、申辩、相互质证、辩论等内容为根据，认定违法事实，作出处罚决定。根据听证笔录作出行政处罚决定（on record），在美国法上叫作"案卷排他原则"，听证笔录是其行政处罚的重要依据。未来听证笔录在行政处罚决定中的作用，还有待在执法和司法中通过实践来逐步推进。

【相关规定】

《国家外汇管理局行政处罚办法》第六十一条。

案例评析

行政处罚证据、证明标准以及简易程序

——廖某荣诉某市交警二支队行政处罚决定案①

【案情简介】

2005年7月26日8时30分，廖某荣驾驶车牌号为渝××××60的小轿车，沿滨江路向上清寺方向行驶。在大溪沟滨江路口，交警二支队的执勤交通警察陶某坤示意原告靠边停车。交警陶某坤向廖某荣敬礼后，请廖某荣出示驾驶执照，指出廖某荣在大溪沟嘉陵江滨江路加油（气）站的道路隔离带缺口处，无视禁止左转弯的交通标志违规左转弯。廖某荣申辩自己未左转弯，警察未看清楚。陶某坤认为廖某荣违反禁令标志行车的事实是清楚的，其行为已违反道路交通安全法的规定，依法应受处罚，遂向廖某荣出具516号处罚决定书。廖某荣拒不承认违法事实，拒绝在处罚决定书上签字，陶某坤遂在516号处罚决定书上注明，并将该处罚决定书的当事人联交给廖某荣。廖某荣不服516号处罚决定，向某市公安局申请行政复

① 《廖某荣诉某市交警二支队行政处罚决定案》，载《最高人民法院公报》2007年第1期。

议。2005年9月13日，该市公安局作出行政复议决定，维持了516号处罚决定书的内容。廖某荣仍不服，提起行政诉讼。

重庆市渝中区人民法院引入了优势证据规则，认定廖某荣违反禁令行车的事实可以认定，被告交警二支队的执勤交通警察当场作出的516号处罚决定书，对廖某荣给予罚款200元的行政处罚，适用法律正确，符合法定程序，依法予以维持。廖某荣的诉讼请求不能成立，不予支持。

【专家评析】

本案因为涉及行政处罚中的证明标准问题、简易程序中的一人执法问题等，广受学界和实务界的关注。行政处罚法修订后，对于证据、证明标准以及简易程序等的规定都有所改变，现就该案涉及的几个主要问题分析如下：

一、关于简易程序中的一人执法问题

本案发生于2005年，按照当时有效的行政处罚法第三十七条第一款的规定，行政机关在调查或者进行检查时，执法人员不得少于两人。行政处罚决定的一般规定中没有包括执法人员人数的规定，而第三十七条是在一般程序一节中，对于简易程序的规定只涉及了适用简易程序的案件范围、执法人员的现场执法程序，并没有规定执法人员的数量。通常认为，简易程序属于一般程序的特殊程序，在简易程序没有特别规定时，应当适用一般程序的规定，因此，简易程序中也应该适用执法人员不得少于两人的规定。

《中华人民共和国道路交通安全法》也没有对交通执法的执法人员数量作出特别规定，第七十九条规定："公安机关交通管理部门及其交通警察实施道路交通安全管理，应当依据法定的职权和程序，简化办事手续，做到公正、严格、文明、高效。"第八十二条规定："公安机关交通管理部门依法实施罚款的行政处罚，应当依照有关法律、行政法规的规定，实施罚款决定与罚款收缴分离；收缴的罚款以及依法没收的违法所得，应当全部上缴国库。"尽管第七十九条规定交通警察实施道路安全管理可以依法简化办事手续，但是该条并不能作为改变行政处罚法简易程序的依据，公安机关在道路交通领域执法，应当适用行政处罚法关于执法人员不得少于两人的规定。

《道路交通安全违法行为处理程序规定》明确规定适用简易程序处罚的，可以由一名交通警察作出。2012年制定、2020年修订的《公安机关办理行政案件程序规定》第三十九条第一款也明确规定："适用简易程序处罚的，可以由人民警察一人作出行政处罚决定。"该规定不仅适用于道路交通执法领域，也适用于公安机关负责的其他行政处罚执法领域。

不过，该案的判决无法为一人执法的合法性提供逻辑周延的论证。对于公安机关当场处罚是否可以一人进行，公安部制定的规章要求也不尽相同，如《消防监督检查规定》第十四条规定公安机关消防机构实施消防监督检查时，检查人员不得少于两人。对检查人员不得少于两人的规定，一方面，这是为了保障行政处罚案件调查、取证等环节的客观、公正；另一方面，这也是对执法人员自身的保障。此次行政处罚法修订后，一人执法的问题得到明确，主要依据有：

1. 行政处罚法第五章第一节作为行政处罚决定的总则性规定，在第四十二条明确规定行政处罚执法人员不得少于两人，该规定既适用于简易程序，也适用于一般程序，不符合执法主体人数规定的行政处罚行为，属于程序违法。

2. 第四十二条规定，法律另有规定的除外，即除非法律层面对执法人员的数量作出特别规定，可以适用。但法规、规章等位阶低于法律的，不得突破行政处罚法关于执法人员数量的规定。

二、关于优势证据的问题

行政处罚法第四十条规定行政机关必须在查明事实后才能给予行政处罚，违法事实不清、证据不足的，不得给予行政处罚。对简易程序在第五十一条又规定了“违法事实确凿”，但是何为违法事实确凿，简易程序和普通程序的事实证明标准有何区别，行政处罚法没有明确规定。通常认为根据不同的适用情形，证明标准分为排除合理怀疑标准、清楚而有说服力标准以及优势证据标准等。在廖某荣案中，法院采用了优势证据标准，即认为交通执法人员在依法执行公务，其陈述的客观真实性能够得到证实，并且交通执法人员与廖某荣之间不存在利害关系，因此在交通执法人员与廖某荣提供的证据出现一比一的局面时，交通执法人员的陈述具有优势证据的证明力。尽管对于交通执法人员与廖某荣之间是否不存在利害关系，以及上述提交的证据是否能够证明交通执法人员的陈述为真等问题，还需要更多的论证，即使采用优势证据标准，证明标准是否应当提高等，学者在此案的相关分析中也多有提及。①

---

① 宋华琳：《当场行政处罚中的证明标准及法律适用——“廖某荣诉某市公安局交通管理局第二支队道路交通管理行政处罚决定案”评析》，载《交大法学》2011 年第 1 期；王贵松：《一对一证据的审查与认定——廖某荣诉某市交警二支队行政处罚决定案评析》，载《华东政法大学学报》2012 年第 5 期；张卿：《证明标准的经济学分析》，载《比较法研究》2013 年第 7 期。

此次行政处罚法修改后，对于简易程序的证明标准的进一步明确，除第五十一条的违法事实确凿外，主要体现在第四十一条关于电子证据的规定中。以廖某荣案为例，当前交通执法领域的现场执法，都要求配备电子执法记录仪，同时各主要路段基本都设置了电子技术监控设备，因此，即使适用简易程序当场作出行政处罚决定，也要求电子技术监控设备记录的违法事实达到"真实、清晰、完整、准确"的标准，且该记录应当经过审核并符合证据的要求，才可以作为行政处罚的证据予以采用。这也就意味着，在廖某荣案中，执法人员的陈述和被处罚人的陈述在出现一比一，且没有其他证据佐证的情况下，执法人员的陈述并不必然能够认定具有优势证据标准，证明该处罚行为的合法性。即使在其他证据的佐证下，能够证明廖某荣违反道路交通安全管理规范的行为事实存在，也因为执法程序不合法，而不得作为证据被采纳。

三、关于当场处罚的金额

当场处罚的金额问题也是本案在审理过程中的一个争议问题，涉及《中华人民共和国道路交通安全法》是否能够作为行政处罚法的特别法，以及国务院和公安部制定的与道路交通有关的行政法规和规章是否能够与道路交通安全法共同构成该领域的特别法的问题。如果全国人大和全国人大常委会制定的法律，存在位阶上的差异，则不存在适用特别法优于一般法的规则问题。而行政法规和部门规章与行政处罚法位阶不同，也不存在特别法和一般法的问题。在廖某荣案中，主要问题是当场处罚 200 元，是否突破了行政处罚法修改前的规定，即第三十三条规定的适用简易程序当场处罚的罚款标准是对公民处 50 元以下罚款。行政处罚法修改后，第五十一条将对公民当场处罚的标准从 50 元提高到了 200 元，并规定了法律另有规定的，从其规定。这就意味着不仅在交通执法领域现场处罚 200 元不再存在法律争议，在出入境管理中，现场执法处 500 元罚款的合法性问题也一并得到了解决。

没收较大数额罚款的行政处罚应当听证

——黄某富、何某琼、何某诉甲市乙工商行政管理局行政处罚案[①]

【案情简介】

被告甲市乙工商行政管理局（以下简称“乙工商局”）对原告黄某富等经营的多媒体电子阅览室进行检查时发现，原告在不具备《网络文化经营许可证》和营业执照的情况下经营互联网上网服务营业场所，并容留金堂实验中学初一学生叶某、杨某、郑某和数名成年人上网游戏。乙工商局最终以原告的行为违反了《互联网上网服务营业场所管理条例》（2002年）第七条[②]、第二十七条[③]的规定为由作出成工商金堂处字（2005）第02026号《行政处罚决定书》，决定“没收在何某琼商业楼扣留的从事违法经营活动的电脑主机32台”。原告认为乙工商局作出的行政处罚行为违法，遂诉至法院。法院认为，对没收较大数额财产的行政处罚，应当根据原行政处罚法第四十二条的规定适用听证程序。关于没收较大数额的财产标准，应比照《四川省行政处罚听证程序暂行规定》第三条第一款[④]中对罚款数额的规定。因此，乙工商局没收黄某富等三人32台电脑主机的行政处罚决定，属没收较大数额的财产，对黄某富等三人的利益产生重大影响的行为，乙工商局在作出行政处罚前，应当告知被处罚人有要求举行听证的权利。乙工商局没有告知听证权利，违反了法定程序，依法应予撤销。

【专家评析】

本案可视为新修订的行政处罚法第六十三条第一款第二项的某种实践来源，该案在原行政处罚法没有明确规定的情况下，确认作出没收较大数额财产的行政处罚前应当告知被处罚人有要求听证的权利。

行政处罚法第四十二条采用列举方式，规定行政机关作出“责令停产

---

① 《最高人民法院指导案例6号：黄某富、何某琼、何某诉乙工商行政管理局行政处罚案》（最高人民法院审判委员会讨论通过，2012年4月9日发布），载中国法院网，http：//tjhpfy. chinacourt. gov. cn/article/detail/2014/12/id/1507136. shtml，最后访问时间：2021年2月1日。

② “国家对互联网上网服务营业场所经营单位的经营活动实行许可制度。未经许可，任何组织和个人不得设立互联网上网服务营业场所，不得从事互联网上网服务经营活动。”

③ “违反本条例的规定，擅自设立互联网上网服务营业场所，或者擅自从事互联网上网服务经营活动的，由工商行政管理部门或者由工商行政管理部门会同公安机关依法予以取缔，查封其从事违法经营活动的场所，扣押从事违法经营活动的专用工具、设备……”

④ 本规定现已失效。

停业、吊销许可证或者执照、较大数额罚款等”行政处罚前应当告知被处罚人有要求举行听证的权利。单纯从文义上看，“没收较大数额财产”并未被明确列举，要得出“没收较大数额财产属于应当听证的处罚种类”这一结论，需要依次回答两个问题：一是“等”字是否为不完全列举；二是在承认前者的基础上“没收较大数额财产”是否属于“等”之列。而要对此作出正确解答，首先要探寻该条文的立法本意。

行政处罚法的起草者指出：草案规定，对行政机关作出的责令停产停业、吊销营业执照、较大数额罚款三种行政处罚，当事人可以要求举行听证。有代表提出，这一规定仅适用于这三种行政处罚，范围较窄，吊销各种许可证和执照也是对当事人权益影响较大的行政处罚，建议扩大允许听证的范围，以更充分地保护当事人权益。因此，对该条进行修改，不仅增加了“吊销许可证”的内容，还多了“等”字。① 由此可见，法律起草者当时已认识到听证范围较窄的问题，用完全列举法将对以后听证范围的扩大形成障碍，因此“等”是一种立法技巧，为扩大听证范围埋下伏笔。如果该条款为完全列举，则没有必要加一个引起歧义的“等”字。

公安部也曾就这一问题向最高人民法院行政庭咨询，并请示全国人大常委会法工委，得到的答复都是：行政处罚法第四十二条第一款规定的听证范围是“责令停产停业、吊销许可证或者执照、较大数额罚款等行政处罚”，这里的“等”是开放式的不完全列举。2004 年最高人民法院给新疆维吾尔自治区高级人民法院《关于没收财产是否应进行听证及没收经营药品行为等有关法律问题的答复》中亦遵循立法本意，进一步明确：“人民法院经审理认定，行政机关作出没收较大数额违法所得、没收较大财产的行政处罚决定前，未告知当事人有权要求举行听证或者未按规定举行听证的，应当根据行政处罚法的有关规定，确认该行政处罚决定违反法定程序。”②

综上，立法机关、行政机关和最高人民法院一致认为，原行政处罚法第四十二条的“等”字，系开放式的不完全列举，除明文列举的三种行政处罚以外，还应当包括与之类似的其他对相对人权益产生重大影响的行政处罚。

原行政处罚法所列举的三种行政处罚存在一个共性，即都是对相对人

---

① 全国人大法律委员会主任委员薛驹：《全国人大法律委员会关于〈中华人民共和国行政处罚法（草案）〉和〈中华人民共和国刑事诉讼法修正案（草案）〉审议结果的报告》，1996 年 3 月 16 日第八届全国人民代表大会第四次会议主席团第三次会议通过。

② 《最高人民法院关于没收财产是否应进行听证及没收经营药品行为等有关法律问题的答复》（〔2004〕行他字第 1 号）。

权益产生较大影响的行政处罚决定，若“没收较大价值非法财物”也具有这一特性，那么其应属于“等”之列。本案中，行政机关没收了相对人32台电脑，价值10余万元。对被处罚人权益的影响等同于较大数额罚款，如果不赋予相对人要求听证的权利，显然有违正当程序原则以及设置听证制度的初衷。因此，法院对原行政处罚法第四十二条的规定进行类推解释，将没收较大数额财产纳入适用听证程序的范围，符合我国行政处罚法的立法本意。

如今，新修订的行政处罚法明确规定“没收较大数额违法所得、没收较大价值非法财物”属于应当听证的处罚种类，在立法上对司法实践中的做法予以确认，既为日后出现的类似案件提供更明确的法律依据，也体现了立法者对司法经验的重视和吸纳。

第六章　行政处罚的执行

第六十六条　【行政处罚决定履行】 行政处罚决定依法作出后，当事人应当在行政处罚决定书载明的期限内，予以履行。

当事人确有经济困难，需要延期或者分期缴纳罚款的，经当事人申请和行政机关批准，可以暂缓或者分期缴纳。

【条文主旨】

本条是关于当事人履行行政处罚决定的规定。

【立法背景】

与原行政处罚法规定的“行政处罚决定的期限内”不同，新修订的行政处罚法表述为“行政处罚决定书载明的期限内”。这样的表述更清楚明确，一方面，行政处罚决定书载明了履行方式和期限，行政处罚法第五十九条规定了行政处罚决定书载明了行政处罚的种类、依据、履行方式和期限；另一方面，兼顾当事人申请延期或者分期缴纳罚款的特殊情形，履行期限更明确。行政处罚决定书自当事人知道之日起 15 日内履行，当事人应当在规定的履行期限内及时履行行政处罚的罚款决定，这是行政管理的效率原则所要求的。但是当事人如果按期履行行政罚款决定确有困难，可以向作出罚款决定的行政机关申请延期或者分期履行，经行政机关同意后，当事人可以暂缓或分期履行。在这种情况下，“行政处罚决定书载明的期限内”比“行政处罚决定的期限内”确定性更强。

“当事人确有经济困难，需要延期或者分期缴纳罚款的，经当事人申请和行政机关批准，可以暂缓或者分期缴纳”在原行政处罚法中也有规定，与原行政处罚法相比位置提前并放置于当事人履行行政处罚决定的条文中。当事人自动履行处罚决定是行政处罚有效实现的一般状态，此条是对当事人自动履行行政处罚决定的一般规定，当事人因为经济困难不能按期履行罚款义务的情形而申请延期或者分期缴纳罚款也属于当事人自动履行义务的范畴，而非逾期不缴纳罚款。所以第二款规定的位置相较于原行政处罚法而言，逻辑紧密，内容安排合理。一方面，规定了当事人应当按期履行行政处罚决定的义务；另一方面，也顾及当事人在缴纳罚款时的履行困难特殊情形。行政处罚法按照严格规范公正文明执法的改革要求，为推进国家治理体系和治理能力的现代化进行修订。基于以上理念，行政处罚决定的履行兼顾了当事人在缴纳罚款方面的问题，凸显了全面推进依法治国对政府严格规范公正文明执法的改革要求。

【条文释义】

一、当事人有履行行政处罚决定的义务

行政处罚决定作出以后，就进入行政处罚执行阶段。行政处罚决定的执行，根据处罚种类和处罚决定实现的方式，分为当事人自动履行、行政执法机关主动执行、行政强制执行，本条是针对当事人自动履行情形的一般规定。

当事人自动履行是指当事人按照行政处罚决定书载明的要求，自觉主动履行行政处罚决定书确定的义务。当事人自动履行行政处罚决定所确定的义务是实现行政处罚内容的最好形式。而有些行政处罚不需要当事人主动配合即可由行政执法机关单方面实现，如警告、通报批评、降低资质等级等。

当事人履行行政处罚决定的义务，包括以下内容：

第一是按时履行。行政处罚决定规定了当事人应该履行义务的期限，当事人收到行政处罚决定书后按期主动到银行缴纳罚款，按时履行行政处罚决定要求的应该履行的作为或者不作为义务。

第二是完全履行。行政处罚决定书载明了应该履行的义务内容，当事人应该按照规定内容全面履行义务。应缴纳的罚款，当事人应该按照确定的数额足额缴纳而不能少缴纳或多缴纳，行政处罚决定停产停业的则应该按照规定范围停产停业等。

二、当事人应当在行政处罚书载明的期限内履行

当事人履行行政处罚义务有具体的时间要求，在行政处罚决定书载明的期限内自动履行，实现行政处罚所确定的义务，这是最好的实现形式。

当事人未在行政处罚决定书载明的期限内履行义务的，有关机关予以强制执行。

三、当事人确有经济困难，履行罚款义务可以申请延期或者分期缴纳罚款

行政处罚的罚款对当事人而言存在履行不能的可能性。这种履行困难不是因为当事人的主观原因而是客观原因，所以采取措施迫使当事人缴纳罚款需要与当事人故意拒绝或者拖延缴纳罚款区分开来。为了保障行政机关实施行政管理，维护公共利益和社会秩序，保护公民、法人或者其他组织的合法权益，在当事人履行罚款义务因为经济困难而无法全额一次性缴纳的情形下，当事人可以向行政机关申请延期或者分期缴纳罚款。经行政机关批准，当事人可以暂缓或者分期缴纳。暂缓或者分期缴纳罚款的条件和程序如下：

第一，必须当事人确有经济困难，无能力缴纳罚款。这里的经济困难主要是指因各种自然灾害以及身体疾病等致使财产损失，确实无能力缴纳罚款。

第二，须由当事人申请。当事人经济困难无能力缴纳罚款的情况，当事人最清楚，所以必须由当事人向行政机关提出申请，得到行政机关的批准，方可暂缓或者分期缴纳罚款。如果当事人没有提出申请，行政机关不能决定允许当事人暂缓或者分期缴纳罚款。

第三，须经行政机关批准。当事人暂缓或者分期缴纳罚款申请要写明确实因为经济困难无法按时缴纳罚款，还应写明暂缓的期限或者分期缴纳的期限以及分期缴纳罚款的数额，经过行政机关审查，认为理由正当的，作出允许暂缓或者分期缴纳罚款的决定；认为理由不成立的，依法予以驳回申请。

【相关规定】

《中华人民共和国行政处罚法》第四十四条、第五十二条。

第六十七条 【罚缴分离制度】 作出罚款决定的行政机关应当与收缴罚款的机构分离。

除依照本法第六十八条、第六十九条的规定当场收缴的罚款外，作出行政处罚决定的行政机关及其执法人员不得自行收缴罚款。

当事人应当自收到行政处罚决定书之日起十五日内，到指定的银行或者通过电子支付系统缴纳罚款。银行应当收受罚款，并将罚款直接上缴国库。

【条文主旨】

本条是关于作出罚款决定的行政机关与收缴罚款的机构分离的规定。

【立法背景】

罚款是行政处罚最常用的形式，在行政处罚法颁布前，行政处罚决定作出机关和收缴机构一般都是同一执法机关，纳入执法机关财务管理并按规定及时上缴国库或存入财政专户。个别地方政府职能部门在行政管理过程中将罚没收入与部门经费划拨和职工奖金、福利挂钩，有的坐支、留成、滥用罚没收入、超越职权乱罚款，一方面增加企业和公民负担，损害企业和公民的合法利益；另一方面助长不正之风，损害行政机关作为公共管理机关的形象。在制止乱罚款方面，国家陆续通过“收支两条线”的罚没收入管理、制作统一罚没专用收据以及作出行政处罚决定的机关与收缴罚款的机构分离的制度完善。1995 年《公安部、财政部、中国人民银行关于改革交通违章罚款缴纳办法的通知》规定，对交通违章行为人需要实行罚款处罚，实行由银行代收罚款的制度。1993 年《福建省金融机构收缴罚款办法》规定，各级行政执法机关在行政执法过程中，对公民、法人或者其他组织处以罚款的，除符合代收罚款的条件外，由被处罚人持行政处罚决定书到指定的金融机构缴纳罚款，行政执法机关及其行政执法人员不得直接收取。具有罚款权的行政执法机关确定在辖区的各级工商银行、建设银行、农业银行、中国银行等网点收缴罚款业务。在总结国务院部门和地方试点的经验的基础上，原行政处罚法第四十六条规定：“作出罚款决定的行政机关应当与收缴罚款的机构分离。除依照本法第四十七条、第四十八条的规定当场收缴的罚款外，作出行政处罚决定的行政机关及其执法人员不得自行收缴罚款。当事人应当自收到行政处罚决定书之日起十五日内，到指定的银行缴纳罚款。银行应当收受罚款，并将罚款直接上缴国库。”为了实施罚款决定罚款收缴分离，1997 年 11 月国务院发布《罚款决定与罚款收缴分离实施办法》，加强对罚款收缴活动的规范和监督。

【条文释义】

一、罚缴分离制度

（一）作出行政处罚决定的机关与收缴罚款的机构分离

罚缴分离制度是职能分离的表现，源于自然公正原则“任何人不能作为自己案件法官”的要求，该制度是为了防止和约束权力滥用，罚缴分离制度有助于抑制执法过程中的腐败，也有助于保证罚没款及时、足额入库。罚缴分离原则表现在两个方面，一是作出行政处罚决定的机关与收缴罚款的机构分离；二是作出处罚决定的行政机关及其执法人员不得自行收缴罚款。

（二）作出行政处罚决定的机关及其执法人员不得收缴罚款

作出行政处罚决定的机关及其执法人员除法律规定的当场收缴罚款外，不得自行收缴罚款。为了严肃财经纪律，加强廉政建设，促进依法行政，2000 年《违反行政事业性收费和罚没收入收支两条线管理规定行政处分暂行规定》第十一条规定：“违反罚款决定与罚款收缴分离的规定收缴罚款的，对直接负责的主管人员和其他直接责任人员给予记大过或者降级处分。”这是职能分离制度的表现，即处罚决定职能与决定执行职能的分离，通过分工制约，抑制权力腐败，防止乱罚款和滥罚款。

二、当事人到指定的银行或者通过电子支付系统缴纳罚款

该款规定当事人应当自收到行政处罚决定书之日起 15 日内，到指定的银行或者通过电子支付系统缴纳罚款。行政机关在作出行政处罚决定后将行政处罚决定书送达被处罚当事人，行政处罚决定书载明收缴机构的名称、地址和当事人应当缴纳的数额、期限等，并明确对当事人逾期缴纳罚款是否加处罚款。当事人按照行政处罚决定书载明的要求到指定的银行或者通过电子支付系统缴纳罚款。通过电子支付系统缴纳罚款是本次修订新增加的内容，既提高行政效率也体现便民原则，是信息化手段在行政处罚行为上的运用。

三、银行收受罚款并上缴国库

为了加强对罚款收缴活动的监督，规定罚款决定与罚款收缴分离。罚款代收机构的确定，根据行政关系的不同有不同的安排。实行垂直领导的

海关、外汇管理部门等依法具有行政处罚权的行政机关所处的罚款，由国有商业银行分支机构代收，如有代收困难则经财政部驻当地财政监察专员办事机构、中国人民银行当地分支机构协商确定，委托商业银行代收。国务院有关部门所处的罚款，代收机构为国有商业银行分支机构。地方机关依法作出行政处罚权的罚款，由县级以上地方人民政府组织本级财政部门、中国人民银行当地分支机构和依法具有行政处罚权的行政机关共同研究，统一确定代收机构。县级以上地方人民政府可以统一确定本级政府各行政机关的具体代收机构，代收机构可以确定为一家也可以确定为若干家商业银行、信用合作社，如《福建省金融机构收缴罚款办法》确定福建省代收机构范围为四大国有银行和兴业银行。代收机构确定后，各行政机关与代收机构签订代收协议。当事人到行政处罚决定书载明的银行内标有“收缴罚款处”的业务窗口缴费，或者通过电子支付系统缴费。代收机构根据与行政机关签订的代收罚款协议，以及行政处罚决定书决定的罚款数额收取罚款，对逾期缴纳罚款的单位和个人，根据行政处罚决定书载明的是否加处罚款进行处理，代收机构不得自行加处罚款，严格履行代收代缴罚款义务，不得拒收罚款。代收机构只办理罚款的代收和缴库，代收机构代收的罚款和代收机构管辖行收到的罚款按行政机关的隶属关系和罚款收入的预算科目、预算级次就地缴入中央国库和地方国库。

【相关规定】

《公安部、财政部、中国人民银行关于改革交通违章罚款缴纳办法的通知》；《福建省金融机构收缴罚款办法》第二条、第三条、第四条；《罚款决定与罚款收缴分离实施办法》第一条、第三条、第四条、第五条、第十条、第十一条；《罚款代收代缴管理办法》第三条、第四条、第五条、第九条、第十一条、第十三条；《违反行政事业性收费和罚没收入收支两条线管理规定行政处分暂行规定》第十一条。

第六十八条　【当场收缴罚款范围】依照本法第五十一条的规定当场作出行政处罚决定，有下列情形之一，执法人员可以当场收缴罚款：

（一）依法给予一百元以下罚款的；

（二）不当场收缴事后难以执行的。

【条文主旨】

本条是罚缴分离制度的例外规定。

【立法背景】

当场收缴罚款有两个条文，本条是当场收缴罚款情形之一：违法事实确凿并有法定依据，对公民处以 100 元以下的罚款和不当场收缴事后难以执行的。

这一条与原行政处罚法相比，在罚款最低限额方面作了调整，从原 20 元以下的罚款调整为 100 元以下的罚款，适应经济社会发展现状，体现出对当事人的轻微违法行为的惩戒，让当事人能有一定“损失感”，达到处罚与教育相结合的原则要求。我国居民人均可支配收入随着国民经济的发展不断增长，在行政处罚法开始实施的 1996 年，城镇居民人均可支配收入为 4839 元，农村居民人均可支配收入为 1926 元，2021 年 1 月 18 日，国家统计局发布 2020 年中国经济年报，全国居民人均可支配收入 32189 元，城镇居民人均可支配收入 43834 元，农村居民人均可支配收入 17131 元。① 罚款数额与违法成本应该成正比，人均收入增加而罚款数额不变，意味着违法成本的下降，所以罚款数额随着人均收入增加而提升。

【条文释义】

一、当场收缴罚款

本条是当场罚缴合一。自然正义原则要求职能分离，即作出行政处罚决定的机关与收缴罚款的机构应该分离。在克服“自罚自收”而确立“罚缴分离”制度的同时，允许在特殊情况下作出行政处罚决定的机关可以当场收缴罚款。所谓当场收缴罚款是指行政执法机关在作出罚款决定的同时，由执法人员一并收缴行政处罚决定书载明的罚款数额，即作出罚款主体与收缴主体合一。

（一）当场收缴罚款的价值考量

为制止乱罚款现象而制定的行政处罚法缘何要保留当场收缴罚款的例外规定？原因在于行政行为价值除公平公正外，还有行政效率的价值追

---

① 《国家统计局：2020 年全国居民人均可支配收入 32189 元》，载《经济日报》2021 年 1 月 18 日。

求。行政处罚程序出于保障民主和促进效率的考量，当场罚缴合一的规定设置了具备该种情形特点的操作规程，当场处罚当场收缴基于处罚较轻且事实清楚、情节简单、证据确凿的案件，以效率为主旨，同时给予行政相对人提出和申请救济的权利保障。效率和公正是行政程序必须考虑的两个基本要素，效率和公正的兼顾并不是二者完全等同，而是总体分析后的统筹。这种效率体现在，一方面，便利当事人，在违法行为轻微、违法事实清楚、情节简单、证据确凿，罚款数额不大的情形下，当场收缴罚款避免当事人专程到指定银行缴纳；另一方面，提高行政效率，针对流动性较大的违法行为面临不当场收缴事后难以执行或者成本高的问题。

（二）当场收缴罚款的两种情形

当场收缴罚款的，首先是有前提约束条件即本法第五十一条，适用简易程序对违法事实确凿并有法定依据，这是当场作出处罚决定的前提条件。其次是当场作出罚款决定的机关可以当场收缴罚款，基于罚缴分离的原则，一般而言，作出处罚决定的机关与收缴罚款的机构分离，而当场收缴罚款合一与罚缴分离相悖，所以适用情形有严格的限制，只有两种情形：其一是依法给予 100 元以下罚款的，该款是当场收缴罚款数额的限制；其二是不当场收缴事后难以执行的，该款是行政处罚效能的限制，主要针对具有较大流动性的违法行为人而制定。

1. 依法给予 100 元以下罚款

之所以将当场收缴罚款的数额限制在 100 元以下，有以下考虑：（1）100 元以下罚款数额小，适用比例大，可以减轻银行收款压力；（2）100 元以下罚款的当场收缴于当事人而言，也减轻其行动成本，不用按照复杂程序到银行缴纳；（3）100 元以下罚款适用的情形是流动量大的场所，当场收缴罚款避免执行难的问题，提高行政效能。

2. 不当场收缴事后难以执行

不当场收缴事后难以执行的情形，除对行政处罚执行效果的考量外，在当事人没有任何证件证明居住地的情况下，如果不当场收缴罚款事后必定难以找到当事人，无法执行。其适用还有罚款数额的限制，结合第五十一条和本条，即对公民处以 100 元至 200 元的罚款，对法人或者其他组织处以 100 元至 3000 元的罚款。

当场收缴罚款具有量大面广，次数多，数额少的特点。为既能保证公正又有行政效率，在追求行政效率的同时既有适用条件的限制，还有程序的约束机制。当场作出行政处罚决定适用行政处罚的简易程序，向当事人出示执法证件，填写预定格式编有号码的行政处罚决定书，当场交付当事人。当事人向执法人员缴纳罚款，执法人员出具财政部门统一制发的专用票据。这是对当场收缴罚款可能造成当事人合法权益损害的防范，实现效率和公正的兼顾。

二、当场收缴罚款数额

当场收缴100元以下罚款的，并未规定是否包含本数。在《海关行政处罚实施条例》第六十四条和《道路交通安全法违法行为处理程序规定》第八十一条的规定中，都是包含本数的。行政处罚法所规定的罚款数额应是包含本数在内的。

【相关规定】

《福建省金融机构收缴罚款办法》第十三条。

第六十九条　【特殊地理条件下当场收缴罚款】 在边远、水上、交通不便地区，行政机关及其执法人员依照本法第五十一条、第五十七条的规定作出罚款决定后，当事人到指定的银行或者通过电子支付系统缴纳罚款确有困难，经当事人提出，行政机关及其执法人员可以当场收缴罚款。

【条文主旨】

本条是关于当场收缴罚款的规定。

【立法背景】

本条是当场收缴罚款情形之二：特殊地理条件下罚款数额相对较低的当场收缴罚款的规定。边远、水上、交通不便是特殊地理条件的限制因素，边远、水上、交通不便地区存在以下两种成本较高的缴纳罚款的情形：一是受限于地理条件，收缴罚款银行网点较少；二是当事人到指定银行缴纳罚款需要花费较长时间和精力，难以在限定的期限内到银行缴纳罚款。当事人缴纳罚款的现实和成本需要由当事人评判，如果当事人认为到银行缴纳成本高，提出当场缴纳罚款，则行政机关及其执法人员可以当场收缴罚款；如果当事人认为自己可以到银行缴纳罚款，则尊重当事人的选择，行政机关及其执法人员不得当场收缴罚款。

本条新增内容为“通过电子支付系统”缴纳罚款的方式，这与时代特点相呼应，与“到2020年基本建成职能科学、权责法定、执法严明、公开公正、高效廉洁、守法诚信”法治政府建设的总体目标相契合，是创新政府执法方式的表现之一，在《法治政府建设实施纲要（2015—2020年)》就指出通过强化科技、装备在行政执法中的应用，实践中通过电子支付系统支付款项的方式已经普遍应用在购物、医疗、生活缴费等领域，作为便民的方式，也应适用到行政罚款的支付方式中。

【条文释义】

本条规定的可以当场收缴罚款情形，有如下几个依次递进的限制条件：

一、在边远、水上、交通不便地区

什么情况属于“边远、水上 、交通不便地区”没有确定的标准，《罚款决定与罚款收缴分离实施办法》也没有确定具体的标准。“边远、交通不便地区”，有学者提出特殊地理条件按照与指定缴纳罚款银行之间的距离来确定，具体操作是行程时间在1日以上；“水上”是指常年生活在水上而在岸上没有居所的公民受罚款处罚的情形。①边远、水上、交通不便的地区存在的客观限制条件在于当事人缴费成本高，在有限的时间内，需花费一定的交通成本到指定的地点缴纳罚款，所以在这种情况下，基于客观条件的考虑，当事人提出当场缴纳罚款的，依法可以当场收缴罚款。

二、依照本法第五十一条、第五十七条的规定作出罚款决定

依照本法第五十一条、第五十七条的规定作出罚款决定是行政处罚案件的特殊因素。

根据行政处罚法第五十一条简易程序的规定，违法事实确凿并有法定依据，对公民处以200元以下、对法人或者其他组织处以3000元以下罚款的，可以当场作出行政处罚决定。

根据行政处罚法第五十七条对普通程序的规定，调查终结，对确有应受行政处罚的违法行为，根据情节轻重及具体情况，行政机关负责人对调查结果审查后作出行政处罚决定。

以上两种情形，第一种是简易程序作出行政处罚决定，具有违法行为轻微、违法事实简单、罚款数额较小等特点；第二种是普通程序调查终结后，对确有违法行为，根据情节轻重及具体情况，行政机关负责人对调查

① 胡锦光：《行政处罚研究》，法律出版社1998年版，第240页。

结果审查后作出行政处罚决定。前一种情形中的行政处罚案件具有轻微简单数额小的特点，后一种情形经由普通程序和行政机关负责人的审查后作出的行政处罚决定具有严谨、业务能力的保障的特点。

三、当事人到指定银行或者通过电子支付系统缴纳罚款有困难，提出当场缴纳罚款

当事人到指定银行或者通过电子支付系统缴纳罚款因为客观地理环境的限制导致缴纳罚款成本高，一般而言，这种情况下当事人仍然应该在法定的期限内到指定银行或者通过电子支付系统缴纳罚款，但是当事人提出当场缴纳罚款，则行政机关及其工作人员可以当场收缴罚款。如果当事人没有提出当场收缴罚款，则行政机关及其工作人员不得当场收缴罚款。

该条规定的当场收缴罚款，客观上属于边远、水上和交通不便的地区；行政处罚案件根据违法事实、情节较轻、减损公民权益或者增加公民义务程度较轻，通过适当的程序确保公正；在具备以上两个条件后，还需要当事人启动，即当事人到指定银行或者通过电子支付系统缴纳罚款确有困难，提出当场收缴罚款。只有在以上三个条件都具备的情况下，作出行政处罚决定的行政机关及其工作人员才能当场收缴。

【相关规定】

《中华人民共和国治安处罚法》第一百零四条；《中华人民共和国海警法》第二十九条。

第七十条　【当场收缴罚款出具专用票据】行政机关及其执法人员当场收缴罚款的，必须向当事人出具国务院财政部门或者省、自治区、直辖市人民政府财政部门统一制发的专用票据；不出具财政部门统一制发的专用票据的，当事人有权拒绝缴纳罚款。

【条文主旨】

本条是当场收缴罚款出具专用票据的规定。

【立法背景】

新修订的行政处罚法用“专用票据”替代“罚款收据”，新增加“国务院财政部门”，表述更统一、完整。专用票据是指国务院财政部门和省、自治区、直辖市人民政府实行行政处罚需要当场收缴罚款而使用的罚款专用票据。

为制止乱罚款，法律制度除实行收支两条线和罚缴分离的制度外，还对罚款专用票据予以统一，只有三者关系统一协调才能有效约束乱罚款的问题。其间，在当场收缴罚款方面出现罚款决定书与罚款收据统一的现象，如《铁道部、财政部、公安部关于铁路公安机关统一使用违反治安管理罚款和没收财物收据的通知》规定“适用于简易程序当场处罚的，使用治安管理处罚书和收据合一的《治安管理当场处罚书》，收据上套印‘铁道部财务司罚没财物收据监制章’，使用时加盖铁路公安机关单位公章”。大致而言，罚款专用票据统一制发主体经历了以下几个阶段：由作出行政处罚机关自制罚款收据，中央政府职能部门自制票据、各级政府财政部门制发罚款票据，省、自治区、直辖市政府财政部门制发罚款票据，国务院财政部门制发票据和省、自治区、直辖市政府财政部门制发票据。罚款票据除统一制发主体外，还有就是对票据的分类，区分票据种类，罚款票据种类随着收支两条线、罚缴机构分离、罚没财物的数量大小、罚款作出主体的不同在随之调整。

【条文释义】

本条是通过罚款专用票据的形式要求，规范行政处罚实施，监督行政机关有效实施行政管理，维护公共利益和社会秩序，保护公民、法人或者其他组织合法权益目的的实现。在当场罚款专用票据的使用上，经历了统一专用票据和统一制发票据主体两个方面的制度探索。

一、当场收缴罚款，出具财政部门统一制发的专用票据

（一）统一制发罚款专用票据主体

第一，中央执法机关罚款凭证由职能部门的主管机关制发，地方各级执法机关凭证由各级政府财政部门制发。

1982年财政部颁布的《关于罚没财物管理办法》（已失效）对行政执法机关扣留财物要求开具统一制发的扣留款项收据和物品清单，对罚没财物没有作出规定。1986年12月《罚没财物和追回赃款赃物管理办法》，为了加强罚没财物管理，各执法机关加强罚没财物凭证的管理和会计核算工作，规定“中央级执法机关的凭证，由海关总署、国家外汇管理局、铁道部等主管机关统一制发；地方各级执法机关的凭证，由省或县、市财政机关统一制发”。《江西省收费集资罚款没收管理条例》第十九条规定：“除

国家有统一规定的票据外，收费和罚款、没收，由哪级政府作出的决定，使用哪级财政、税务部门统一规定的票据。执勤人员要有主管部门统一颁发的证件。否则，缴款单位和个人有权拒付。”虽然规定凭证的领用和缴销制度，以及结账对账制度，在罚款票据的统一制发方向上有了很大的制度进步，行政罚款票据有了明确的要求，区分了中央的行政罚没票据由职能部门制发，地方的罚没票据由省、市或县财政部门制发。但是罚款凭证由中央各职能部门和地方各级政府统一制发，依然难以制止乱罚款的现象，在作出行政处罚决定的机关和收缴机构未分离的情况下，依然出现行政执法机关将罚款收入纳入单位财务管理，截留、挪用、侵占和浪费国家资金的情形。

第二，由不同层级财政部门统一制发票据。

1990年中共中央、国务院《关于坚决制止乱收费、乱罚款和各种摊派的决定》对乱摊派、乱罚款、乱收费进行整顿，对罚没财物从财物和票证两方面管理，要求罚没收入上缴财政，取消各种形式的罚没收入提留分成的办法，执法部门的办案经费列入财政支出预算。规定“各种收费和罚款，都必须使用财政部门统一制定的票据，否则单位和个人有权拒付”。1991年《全国治理“三乱”领导小组办公室关于审核罚款项目若干政策界限问题的通知》针对罚款票证管理的政策指出：“今后执罚人员依法执行罚款时，除个别特殊部门经财政部批准者外，必须使用财政部门统一制发的罚没收据，否则无权罚款，并以乱罚款论处。单位和个人对于其他部门、单位擅自印制的罚款收据，有权拒付。”这一时期对行政罚款实行收支两条线管理，罚款收据除个别特殊部门经财政部批准外，统一由财政部门制发，罚款票据的制发主体从中央职能部门的主管部门转为统一由财政部门制发，地方由省或县、市财政机关统一制发。但是由于没有罚缴机构分离制度的约束，依然存在乱罚款的问题。

第三，除海关、外汇管理、铁路等部门使用主管机关制发的罚没票据外，其他行政罚款票据统一由省级财政部门制发。

地方行政罚款票据统一由省级财政部门制发，中央政府部门的罚款由所在地地方政府的省级财政部门制发。1991年《山西省罚款没收财物管理办法》第六条规定，罚没票据实行统一管理制度，除海关、外汇管理、铁路等部门可使用主管机关制发的罚没票据外，其他执罚单位和个人，必须使用统一的罚没票据。罚没票据由省财政厅负责印制和发放。罚款、没收财物必须按规定给被罚单位或个人开具罚没票据。1991年《江苏省罚没财物和追回赃款赃物管理暂行规定》第四条规定，罚没财物和追回赃款赃物的凭证由省财政厅统一制定，统一编号。海关、外汇管理部门、铁路公安部门等行政执法机关使用其国家主管部门制发的统一罚没票据，必须加盖（套印）“江苏省罚没票据监制章”，纳入地方财政统一编号管理。1992 年《铁道部、财政部、公安部关于铁路公安机关统一使用违反治安管理罚款和没收财物收据的通知》规定，鉴于铁路部门线长点多，管辖的车站、列车等单位往往跨越省、区、市，又是全国统一核算的中央级单位，不宜使用某一地方罚没凭证的情况，各级铁路公安机关在执行治安处罚时，统一使用按照公安部印发的式样，由铁道部印制的《违反治安管理罚款收据》和《违反治安管理没收财物收据》。这一时期统一了地方罚没票据的制发主体即省、自治区、直辖市政府的财政部门，但是铁路等国家主管部门使用地方财政部门制发的票据出现了核算等问题。

第四，省、自治区、直辖市人民政府财政部门统一制发。

1996 年公布的行政处罚法第四十九条规定：“行政机关及其执法人员当场收缴罚款的，必须向当事人出具省、自治区、直辖市财政部门统一制发的罚款收据；不出具财政部门统一制发的罚款收据的，当事人有权拒绝缴纳罚款。”该法颁布后，各级行政机关及其部门对其制定的行政法律规范进行清理，并按照法制统一的要求修改完整。1996 年《交通行政处罚程序规定》（已失效）第三十六条第一款规定：“交通管理部门及其执法人员当场收缴罚款的，必须向当事人出具省级财政部门统一制发的罚款收据。”1996 年《技术监督行政案件现场处罚规定》第八条（已失效）也规定：“行政执法人员施行现场处罚，必须出具省、自治区、直辖市财政部门统一制发的罚款收据。罚没财物应当按规定及时向有关部门上缴。”《公安部交通管理局关于交通违章罚款收据的印制和使用问题的答复》（已失效）明确规定：“治安管理处罚的罚款和没收财物收据，按公安部规定的统一式样印制，同时纳入地方政府对罚没凭证的统一管理，如增加地方财政编号并加盖地方财政部门罚没财政专用章等。具体印制和管理办法，请各地公安、财政机关协商办理。”在行政处罚法 1996 年颁布后，制发罚款票据的主体是省、自治区、直辖市的财政部门，对中央职能部门的票据没有在行政处罚法中规定。2000 年财政部关于印发《当场处罚罚款票据管理暂行规定》（部分失效）第四条规定：“除法律、法规另有规定外，中央主管部门及其所属单位按照《行政处罚法》规定，实施行政处罚需要当场收缴罚款的，一律按本规定使用财政部监（印）制的罚款票据。不按本规定使用罚款票据的，被处罚单位或个人有权拒绝付款。”这是中央主管部门及其直属的中央级执法机关按照行政处罚法的规定使用的由财政部制发的罚款票据。

第五，国务院财政部门或者省、自治区、直辖市人民政府财政部门统一制发的专用票据。

2002 年《财政部关于行政执法部门收费和罚没收入若干问题的意见》“关于行政处罚罚款收据使用中的有关问题”一节指出，根据行政处罚法和《罚款决定与罚款收缴分离实施办法》中关于罚款收据由财政部门统一印制的规定，财政部按要求印制了供中央执法单位使用的当场处罚罚款票据，并就代收罚款收据的格式作出了规定，没有另外印制没收财物票据。

从此当场罚款票据的制发主体分为国务院财政部和省、自治区、直辖市财政厅。

（二）罚款票据分类

1. 罚没收据和定额罚款收据

根据罚款数额的大小分为罚没收据和定额罚款收据。《四川省罚款和没收财物行政处罚管理办法》第七条规定：“执行罚没的机关或组织作出处罚决定，应向被处罚单位或个人出具处罚决定书，并使用财政部门统一印制或监制的罚没收据。零星小额的罚款，使用定额罚款收据。”《吉林省收费罚款没收财物管理条例》第十三条规定：“罚款、没收财物的票据，由省财政部门统一出式，市（地、州）财政部门监制和管理，对单位的罚款数额在三十元以下或对个人的罚款，必须使用统一规定的印有人民币面额的票据。”

2. 统一票据和专业票据

根据罚款主体的业务领域的不同，分为统一票据和专业票据。由省财政部门制发的是统一票据，由业务主管部门制订、财政部门批准的为专业票据。

3. 通用票据和专用票据

当场处罚罚款票据根据罚款主体的业务领域的分类。2002 年《财政部关于做好罚款票据领用工作的通知》，及其制定的《当场处罚罚款票据管理暂行规定》（部分失效）规范罚款票据管理，罚款票据分为通用票据和专用票据两类。通用票据为当场处罚罚款收据，适用于一般的当场处罚罚款收缴；专用票据为治安管理当场处罚决定书（代收据）和边检罚款专用收据两种。凡需使用以上票据的中央单位，均由主管部门财务机构统一向财政部领用。当场处罚罚款的票据由于业务领域的不同有不同称谓，这时当场处罚罚款票据在中央有三种不同的表述：当场处罚罚款收据、治安管理当场处罚决定书（代收据）、边检罚款专用收据，不同的罚款主体采用不同的罚款票据形式。地方上，如《浙江省财政厅关于浙江省财政票据整合改版工作的通知》将当场收缴罚没票据分为浙江省罚没财物专用票据和业务领域的罚没定额收款凭证，如交通违法处罚开具的浙江省道路交通违法罚没专用票据（简易程序—现场），浙江省罚没款定额票据。当场处罚罚没票据分为罚没专用票据和业务领域的罚没专用票据以及罚没定额票据。

4. 统一当场处罚罚款收据

按照罚款方式分为两种。2011 年《财政部关于清理整合中央财政票据的通知》废止《边检罚款专用收据—边防》《边检罚款专用收据—装备》两种罚没票据，按照罚款方式，分别使用《当场处罚罚款收据》《代收罚款收据》。在全面清理整合现有中央财政票据种类的基础上，确定“以通用票据为主，专用票据为辅；以机打票据为主，手工票据为辅”的管理思路。当场处罚罚款收据不再划分为专用罚款收据和通用罚款收据。

5. 非税收入专用票据

《财政票据管理办法》第七条规定，罚没票据属于非税收入专用票据，不再区分罚款的主体和方式类别。《河北省财政票据管理办法》规定河北省非税收入罚没票据是河北省非税收入专用票据一类。

随着财政制度的完善和统一，国务院执法机关和地方政府的执法机关在当场收缴罚款票据方面有了统一的名称“专用票据”，体现了制度描述的统一性。中央和地方在制发主体上，按照财政收入的划分，区分为国务院财政部门和省、自治区、直辖市政府财政部门。

二、不出具财政部门统一制发的专用票据的，当事人有权拒绝缴纳罚款

统一票据是通过一定的形式制止乱罚款的行为，如果没有赋予当事人对不出具财政部门统一制发专用票据的罚款拒绝的权利，则无法发挥制度效能。行政机关及其执法人员当场收缴罚款，必须向当事人出具省、自治区、直辖市人民政府财政部门统一制发的专用票据。不出具财政部门统一制发的专用票据的，当事人有权拒绝缴纳罚款。这一规定是为了对抗罚款的随意性，杜绝以白条、私自印发罚款单据作为罚款收据而侵害公民、法人或者其他组织合法权益的现象。

【相关规定】

《罚没财物和追回赃款赃物管理办法》第五条、第十八条、第十九条；《铁道部、财政部、公安部关于铁路公安机关统一使用违反治安管理罚款和没收财物收据的通知》；《江西省收费集资罚款没收管理条例》第十九条；《中共中央、国务院关于坚决制止乱收费、乱罚款和各种摊派的决定》；《全国治理“三乱”领导小组办公室关于审核罚款项目若干政策界限问题的通知》；《山西省罚款没收财物管理办法》第六条；《江苏省罚没财物和追回赃款赃物管理暂行规定》第四条；《财政部关于行政执法部门收费和罚没收入若干问题的意见》；《四川省罚款和没收财物行政处罚管理办法》第七条；《吉林省收费罚款没收财物管理条例》第十三条；《财政部关于清理整合中央财政票据的通知》；《财政票据管理办法》；《河北省财政票据管理办法》。

第七十一条　【当场收缴罚款按期交缴】执法人员当场收缴的罚款，应当自收缴罚款之日起二日内，交至行政机关；在水上当场收缴的罚款，应当自抵岸之日起二日内交至行政机关；行政机关应当在二日内将罚款缴付指定的银行。

【条文主旨】

本条是关于当场收缴罚款按期交缴的规定。

【立法背景】

职能分离制度是权力制约的运用，不仅在不同组织机构间存在职能分离，同一行政机关内部也存在职能分离。同一行政机关内部的职能分离，是指通过分工由不同的机构和工作人员分担不同的任务，在当场作出行政处罚决定并当场收缴罚款后，执法人员应当将收缴罚款交至行政机关内部相应部门，行政机关财物管理部门再将罚款缴付指定的银行。这一制度通过不同工作部门和人员的分工约束，保障行政罚款收缴依法进行，维护国家利益，防止罚没款项流失。

【条文释义】

一、执法人员当场收缴罚款将罚款交至行政机关

（一）执法人员当场收缴的罚款，应当自收缴罚款之日起二日内，交至行政机关

这是一般状态下当场收缴罚款的情形，自行政执法人员收缴罚款之日起二日内，交至行政机关。在一般执法状态下，作出行政处罚决定的机关

在收缴罚款后能及时返回行政机关将罚没款项交至行政机关内部的财务管理部门。

（二）在水上当场收缴的罚款，应当自抵岸之日起二日内交至行政机关

在水上当场收缴的罚款，由于水上地理条件的特殊性，必须抵岸后方能将罚款交至行政机关，所以期限从抵岸之日开始算起，二日内交至行政机关。特殊地理条件下当场收缴的罚没款项并不是从作出行政处罚决定之日算起，而是有合理的期限计算方法，即抵岸之日的二日内交到行政机关的财物管理部门。

二、行政机关应当在二日内将罚款缴付指定的银行

与当事人自收到行政处罚决定书之日起十五日内到指定银行或者通过电子支付系统缴纳罚款不同：

一是当场收缴罚款的行政执法人员所在行政机关，在收到罚款后，应当在二日内缴付指定的银行。这是因为行政机关将罚款缴付指定银行没有如当事人申请复议和提起诉讼那般的时间保障。在收到罚款后二日内缴付指定的银行是财政纪律的要求。

二是行政机关将罚款缴付指定银行没有如当事人那般的通过电子支付系统缴纳罚款的方式。这是对行政机关财务监督，维护国家财经秩序的要求。行政机关的非税财政收入有严格的财经纪律和财务管理制度，财务管理部门应严格遵守。通过电子支付系统缴付罚款，一方面，存在信息系统的安全隐患；另一方面，不利于财务管理秩序的维护，容易造成管理混乱。

三是按照财物制度，财会人员应当将所收现金在当日缴付金融机构，执法人员当场收缴后交至行政机关，然后由行政机关的财务人员在二日内缴付指定银行，之所以多出一日是因为考虑到执法人员负担的执法任务和现实客观环境，诸如地理条件和银行网点稀少的限制而适当放宽。

【相关规定】

《中华人民共和国治安管理处罚法》第一百零五条；《中华人民共和国海警法》第三十七条。

第七十二条　【执行措施】当事人逾期不履行行政处罚决定的，作出行政处罚决定的行政机关可以采取下列措施：

（一）到期不缴纳罚款的，每日按罚款数额的百分之三加处罚款，加处罚款的数额不得超出罚款的数额；

（二）根据法律规定，将查封、扣押的财物拍卖、依法处理或者将冻结的存款、汇款划拨抵缴罚款；

（三）根据法律规定，采取其他行政强制执行方式；

（四）依照《中华人民共和国行政强制法》的规定申请人民法院强制执行。

行政机关批准延期、分期缴纳罚款的，申请人民法院强制执行的期限，自暂缓或者分期缴纳罚款期限结束之日起计算。

【条文主旨】

本条是关于当事人逾期不履行行政处罚决定采取措施的规定。

【立法背景】

本次修订后本条新增内容有两个特点：一是与2011年制定的行政强制法以及其他法律的衔接一致，增加了“加处罚款的数额不得超出罚款的数额”“依法处理”“汇款”“依照《中华人民共和国行政强制法》的规定”等内容；二是行政处罚执行的逻辑严密，内容完整，强制力逐渐递增，体现了行政强制适当性原则，即选择最小侵害手段实现行政处罚目的，如果当事人依然不按期履行义务则逐步递增强制措施力度。

【条文释义】

一、当事人逾期不履行行政处罚决定

（一）行政处罚决定的效力

根据行政行为的效力理论，行政处罚决定作出后，就具有了公定力、确定力、拘束力和执行力。

首先，是公定力，即行政处罚决定一旦成立，除具有重大且明显的瑕疵外，原则上合法有效，在被上级行政机关或者法院予以撤销或者变更

前，无论是当事人还是第三人、国家机关都将其作为合法有效的行为予以尊重。

其次，是确定力，指行政处罚作出后，非依法律不得随意变更和撤销，它分为形式上的确定力和实质上的确定力。形式上的确定力是指行政处罚决定作出后，当事人未申请复议也未提起行政诉讼，法定期间经过后行政处罚决定合法确定生效，不能变动，当事人不得就该行政行为提起争议请求撤销或者变更；实质上的确定力是指行政处罚决定生效后作出行政处罚决定的机关不能对同一违法行为再次给予行政处罚，当事人也不能就同一事项请求变更。

再次，是拘束力，即行政处罚具有法律规定的法律效果，作出行政处罚决定的行政机关和当事人都必须对这种法律效果予以尊重，一方面，行政处罚决定机关以及其上级机关在行政处罚决定未被法律变更或者撤销前，都要受到拘束；另一方面，当事人负有服从的义务，按期履行行政处罚决定。

最后，是执行力，即当事人逾期不履行行政处罚决定，依照法律规定，行政处罚决定机关具有采取一定手段使处罚决定得以完全实现的效力，可以强制当事人履行义务，这种强制执行有些是行政机关自行执行，如果行政机关没有强制执行权力可以申请法院强制执行，强制当事人履行义务。行政处罚决定确定的减损权益或者增加义务的状态，如果当事人未按期自动履行，尚未实现作出行政处罚追求的状态，也未实现作出行政处罚所依据的法律对社会关系的调整，那么就需要强制执行。与当事人自动履行义务相比，强制执行的损害要比当事人自动履行的伤害严重，这是因为强制执行是为了维持公共秩序、维护公共利益，行政机关依法采取强制措施迫使当事人履行义务实现公共秩序、公共利益追求的状态。

（二）当事人逾期不履行行政处罚决定

对于行政处罚课加的义务，当事人应当自觉在规定的期限内履行。如对罚款决定，新修订的行政处罚法第六十七条第三款明确规定“当事人应当自收到行政处罚决定书之日起十五日内，到指定的银行或者通过电子支付系统缴纳罚款”。一般而言，即使立法明确规定的履行期间，也应当由行政机关在行政处罚决定书中予以明确。新修订的行政处罚法第五十九条规定，行政处罚决定书应当载明行政处罚的履行方式和期限；第六十六条规定行政处罚决定依法作出后，当事人应当在行政处罚决定书载明的期限内，予以履行。当事人确有经济困难，需要延期或者分期缴纳罚款的，经当事人申请和行政机关批准，可以暂缓或者分期缴纳。

一旦当事人在规定的期限内不履行或拒绝履行相应的义务，即可能产生更不利的后果，甚至最终由行政机关或法院依法进行直接的强制执行。如，当事人到期不缴纳罚款的，每日按罚款数额的3%加处罚款，这一措施即是针对逾期缴纳罚款的间接强制执行措施。不过，并非所有情形下，当事人逾期不履行行政处罚决定，就会产生强制执行，尤其是直接强制执行。对于依法享有执行权的行政机关，在进行直接强制执行前要事先进行催告，督促当事人自行履行行政处罚所确定的义务。对于无强制执行权的行政机关，若申请法院强制执行，还需要符合其他条件。如行政强制法第五十三条规定，当事人在法定期限内不申请行政复议或者提起行政诉讼，又不履行行政决定的，没有行政强制执行权的行政机关可以自期限届满之日起三个月内，依法申请法院强制执行。

二、逾期不履行行政处罚决定的措施

（一）可以采取措施的机关

当事人逾期不履行行政处罚决定的，由作出行政处罚决定的机关采取措施。作出行政处罚决定的机关根据是否具有强制执行权，分为可以依法自行强制执行和申请人民法院强制执行。可以依法自行强制执行的行政机关需要满足两个条件：一是强制执行的机关是依法作出行政处罚决定的机关；二是法律明确授予行政机关强制执行权。行政强制法第十三条规定，行政强制执行由法律设定，这里的“法律”仅指全国人大及其常委会制定的法律。目前，可以由行政机关自己强制执行的机关主要是公安、海关、税务等。申请人民法院强制执行的行政机关也需要满足两个条件：一是按照行政强制法的规定，法律没有授予行政机关强制执行权；二是作出行政处罚决定的行政机关依照行政强制法的规定申请人民法院强制执行。

（二）“可以采取的措施”是行政强制执行还是行政强制措施

本条“可以采取的措施”到底是行政强制执行还是行政强制措施有不同的看法，其实“可以采取的措施”是行政强制执行和行政强制措施的上位概念，其意指行政处罚决定实现的各种手段、方法。

1.“可以采取的措施”是行政强制执行

行政强制法立法目的是保障和监督行政机关依法履行职责，维护公共利益和社会秩序，保护公民、法人或者其他组织的合法权益。行政强制法第二条规定，行政强制包括行政强制措施和行政强制执行。行政强制措施，是指行政机关在行政管理过程中，为制止违法行为、防止证据损毁、避免危害发生、控制危险扩大等情形，依法对公民的人身自由实施暂时性限制，或者对公民、法人或者其他组织的财物实施暂时性控制的行为。行政强制执行，是指行政机关或者行政机关申请人民法院，对不履行行政决定的公民、法人或者其他组织，依法强制履行义务的行为。通过定义我们可以得出，行政强制措施是对人身自由和财产的暂时性控制行为，行政强制执行则是对当事人人身自由和财产的剥夺。厘清二者界限，我们会很容易理解行政强制措施种类和行政强制执行种类的差异。行政强制法第九条规定的行政强制措施的种类有“限制公民人身自由；查封场所、设施或者财物；扣押财物；冻结存款、汇款；其他行政强制措施”，第十二条规定行政强制执行的方式为“加处罚款或者滞纳金；划拨存款、汇款；拍卖或者依法处理查封、扣押的场所、设施或者财物；排除妨碍、恢复原状；代履行；其他强制执行方式”。通过以上规定比对本条，“加处罚款”“划拨存款、汇款”“拍卖或者依法处理查封、扣押的场所、设施或者财物”“依照法律规定，采取其他行政强制执行方式”等“可以采取的措施”是行政强制执行。

2. “可以采取的措施”包括申请法院强制执行的方式

法律没有授予作出行政处罚决定的行政机关以强制执行权，这就需要申请人民法院强制执行。申请人民法院强制执行按照行政强制概念属于行政强制执行，但是执行主体是法院而非行政机关，法院的非诉行政执行可以从行政处罚法律效果实现的角度认为实现了行政处罚决定追求的状态。但是法院的强制执行活动属于司法活动，《国家税务总局关于人民法院强制执行被执行人财产有关税收问题的复函》也明确指出人民法院的强制执行活动属司法活动。行政机关申请人民法院强制执行是通过司法活动实现义务履行的状态的一种措施。

3. “可以采取的措施”是法律规定的其他行政强制执行方式

督促当事人履行义务或者达到与履行义务相同的状态的强制方式并非一成不变，实践中的许多做法，如“黑名单”或“失信惩戒”等也是强制当事人履行义务的方式，目前虽然未纳入法律范畴，但是启示立法者以开放的立场设定实现行政处罚决定的强制方式，而非局限在行政强制执行或者行政强制措施等。同时从保护当事人合法权益角度考虑，必须遵循行政强制执行由法律设定的规定。

4. “可以采取的措施”是涵盖行政强制执行各种情况的上位概念

“可以采取的措施”是此条各款的概括性表述，必须涵盖以上三种情况，即必须能包容行政强制执行和申请人民法院强制执行，同时还能包容行政强制的全过程。所以“可以采取的措施”是涵盖各种能以强制的方式督促当事人履行行政处罚决定义务或者达到与履行义务相同状态的措施。

三、加处罚款

加处罚款是指行政机关对逾期不履行行政罚款义务，对当事人采取的通过加重金钱给付义务负担督促当事人自觉履行行政处罚决定的措施。

（一）加处罚款的限制

加处罚款这一强制执行方式有四个条件：第一，加处罚款是对罚款强制执行；第二，适用前提是当事人到期不缴纳罚款；第三，加处罚款的标准是每日按罚款数额的3%加处；第四，加处罚款的数额不得超出罚款的数额，这一点是新增加的内容，与行政强制法规定保持一致。加处罚款的数额不得超出罚款的数额是对加处罚款数额的限制，实践中因为行政机关的不催告，当事人长期不履行缴纳罚款义务，造成“巨额加处罚款”的现象，加重当事人的负担，明显不合理且难以执行。

加处罚款能否适用于当事人不履行其他种类的行政处罚？加处罚款也称为执行罚，在实现行政处罚决定的诸多方式中是一种督促当事人自动履行义务的方式，要优于直接强制执行。由于加处罚款的标准以确定的基数为前提，在诸多行政处罚的方式中，只有罚款是确定的，其他类型的行政处罚如果有可以量化的标准未尝不可。

（二）加处罚款的性质

根据行政强制法第十二条规定的行政强制执行方式，加处罚款显然属于行政强制执行。既然属于行政强制执行，那么加处罚款的设定只能是全国人大及其常委会制定的法律，如果法律未授予行政机关行政强制执行权，行政机关则不得以加处罚款的方式督促当事人履行缴纳行政罚款的义务。①

（三）加处罚款是间接强制执行

对当事人行政处罚决定的强制执行有直接强制和间接强制，直接强制是指直接运用强制力作用于当事人实现行政处罚义务的履行，另一种是通过行政机关采用新的金钱给付义务督促当事人履行行政罚款义务的间接方式。加处罚款就是一种间接强制执行，通过给当事人增加新的金钱压力和心理压力，促使当事人自动履行行政处罚义务，因为在行政处罚决定的实现方面，当事人的自动履行优于有权机关的强制执行。作为间接强制执行方式，其适用主体只能是法律授权可以采取强制执行的行政机关，作为具有强制执行权的人民法院则无加处罚款的权力。

---

① 比如在食品安全法中未设定相关行政机关加处罚款的行政强制执行权限，所以市场监督管理局申请人民法院强制执行对当事人加处罚款4500元，无法律依据。参见湖北省郧西县人民法院（2020）鄂0322行审20号行政裁定书。

（四）加处罚款的金钱给付义务的执行

加处罚款是通过科处当事人新的金钱给付义务促使当事人履行行政罚款义务的一种方式。加处罚款并不是无限期直到当事人履行行政罚款义务后终止。加处罚款在满足以下两个条件，当事人依然未履行行政罚款和加处罚款的义务后才由间接强制执行转为直接强制执行：一是时间要求，根据行政强制法第四十六条的规定实施加处罚款超过30日，经催告当事人仍不履行的，具有强制执行权的行政机关可以强制执行；二是总额要求，加处罚款的数额不得超出金钱给付义务的数额。在以上两种条件下，由具有行政强制执行权的行政机关强制执行。具有行政强制执行权的行政机关强制执行行政罚款和加处罚款的情况，存在两种可能性：一是在强制执行前，已对当事人的财产查封、扣押、冻结措施，这时可以根据法律规定拍卖、依法处理或者将冻结存款、汇款划拨抵缴罚款；二是在强制执行前，未对当事人财产采取强制措施的，需要采取查封、扣押、冻结措施，依据行政强制法第四十六条及其第三章行政强制措施实施程序办理。

（五）加处罚款能否减免

依据行政强制法第四十二条的规定，具有强制执行权的行政机关，在不损害公共利益和他人合法权益的情况下，当事人采取补救措施的，可以减免加处的罚款。因此，行政机关在当事人采取补救措施后可以减免加处的罚款，不过人民法院受理行政机关提出的行政强制执行申请后，行政机关不宜减免加处的罚款。① 故加处罚款是可以执行和解的，但需要满足下列条件：一是主体为行政机关，法院无权决定减免；二是不损害公共利益和他人合法权益；三是当事人采取补救措施。只有同时满足以上三个条件，行政处罚作出机关才可以就加处罚款部分执行和解，作为基础行为的行政罚款，按照法律效力理论不得和解。

四、将查封、扣押财物拍卖、依法处理或者将冻结存款、汇款划拨抵缴罚款

当事人逾期不履行行政处罚决定的，作出行政处罚决定的行政机关可以根据法律规定将查封、扣押的财物拍卖、依法处理或者将冻结的存款、汇款划拨抵缴罚款。相较前款加处罚款，将查封、扣押财物拍卖、依法处理或者将冻结存款、汇款划拨都是直接对当事人财产的处分行为，属于直接强制，直接实现行政处罚效果的方式。本条在诸多强制方式中以逐渐递增强制力方式排列，体现着行政强制法的适当原则。在适用本款时，通常

---

① 参见《全国人大常委会法工委对行政处罚加处罚款能否减免问题的意见》。

认为是当事人逾期不履行行政处罚，行政机关采用加处罚款的间接方式不能达到目的或者在紧急情况下来不及采用间接强制执行的时候，对当事人财产直接强制执行的方式。直接强制执行的以上方式都是对当事人财物的实力控制，有严格的条件和程序控制，按照行政强制法的要求严格依法进行。

（一）根据法律，将查封、扣押的财物拍卖、依法处理

本次修订在本项新增加的内容是“依法处理”。根据行政强制法第十二条第三款的规定，查封和扣押是当事人拥有场所、设施或者财物，对以上财物查封和扣押是行政强制措施。在当事人逾期不履行行政处罚决定，经催告后仍不履行的，就需要对查封和扣押的财物进行强制执行，达到与行政处罚决定追求相同的状态。在对查封和扣押财物的强制执行方式上必须依照法律的规定处理，目前已有的强制执行方式有拍卖，根据行政强制法第四十八条的规定，“依法拍卖财物，由行政机关委托拍卖机构依照《中华人民共和国拍卖法》的规定办理”。同时行政强制法第二十七条规定了查封、扣押后的处理，“对违法事实清楚，依法应当没收的非法财物予以没收；法律、行政法规规定应当销毁的，依法销毁”，对鲜活物品或者不易保管的财物变卖，以上都是“依法处理”查封和扣押物品的强制执行方式。

（二）根据法律规定，将冻结的存款、汇款划拨抵缴罚款

新增加“汇款”内容。这与行政强制法第十二条规定的行政强制执行相一致。行政强制法第四十七条第一款规定：“划拨存款、汇款应当由法律规定的行政机关决定，并书面通知金融机构。金融机构接到行政机关依法作出划拨存款、汇款的决定后，应当立即划拨。”在 1988 年《中国人民银行关于银行协助扣划市政罚款问题的批复》（已失效）也有要求，即“市政罚款系市政管理部门的职责，应由市政管理部门通过加强管理来执行。按照《中华人民共和国银行管理暂行条例》和中国人民银行结算制度的规定，银行应维护存款人自主支配使用其存款的权利，不能协助市政管理部门扣划市政罚款”。其实早在 1983 年最高人民法院、中国人民银行《关于查询、冻结和扣划企业事业单位、机关、团体的银行存款的联合通知》（已失效）的规定，就指出：“根据经济合同法第五十二条第三款和民事诉讼法（试行）第一百六十四条、第一百七十九条的规定，银行有义务按照人民法院的通知，协助扣划企业事业单位、机关、团体的银行存款。人民法院需要银行协助扣划单位存款，应向银行发出协助执行通知书（附判决书、裁定书或调解书的副本），银行收到协助执行通知书后，应当积

极协助执行，不得妨碍执行。”2002 年中国人民银行发布的《金融机构协助查询、冻结、扣划工作管理规定》规定了金融机构协助有权机关查询、冻结和扣划单位、个人在金融机构存款的行为。

五、其他行政强制执行方式

新增“根据法律规定，采取其他行政强制执行方式”一款，是行政强制法第十二条行政强制执行方式的兜底条款，是在法律稳定性和适应性之间平衡的立法技术，为未来理论研究和实践经验成熟后突破明文规定的行政强制执行方式留出空间。其他行政强制执行方式在遵守行政强制法的立法目的和基本原则外，还应该与已示明的行政强制执行方式遵守相同程度的标准、范围。“其他行政强制执行方式”要以“保障和监督行政机关依法履行职责，维护公共利益和社会秩序，保护公民、法人或者其他组织的合法权益”为目的，遵守行政强制的合法性原则，依照法定的权限、范围、条件和程序设定和实施，遵守适当性原则，采用非强制手段可以达到行政管理目的的，不得设定和实施行政强制。

“其他行政强制执行方式”满足基本条件标准，首先，是对先行存在已生效基础行为的强制执行；其次，“其他行政强制执行方式”，是由法律设定；最后，强制程度与有强制执行措施程度相当。“其他行政强制执行方式”的范围包括间接强制执行，也包括直接强制执行。随着经济社会变迁以及法治精神、法治价值和法治文化的沉淀，人们珍视的利益和价值处在动态变化中，在信息科学技术助力下，借助强制力实现行政处罚决定确定的状态的方式也处在变动中。因此，行政强制法第十五条规定，对行政强制执行由设定机关定期进行评价，并对不适当的行政强制及时予以修改或者废止；行政强制的实施机关将实施情况和存在的必要性适时评价；公民、法人或者其他组织可以向设定和实施行政强制的机关提出意见和建议。

六、申请法院强制执行

行政强制执行的方式有两种，一种是当事人逾期不履行行政处罚决定的由作出行政处罚决定的行政机关自行强制执行，主要是公安机关、海关、税务机关等。另一种是作出行政处罚决定的行政机关，当事人在法定期限内不履行义务，既不申请复议也不提起诉讼的，而是申请人民法院强制执行。行政强制法第十三条第二款规定：“法律没有规定行政机关强制执行的，作出行政决定的行政机关应当申请人民法院强制执行。”在这两种方式中“以申请法院强制执行为原则，以行政机关强制执行为例外”。①

（一）申请人民法院强制执行的前提条件

行政诉讼法第九十七条规定：“公民、法人或者其他组织对行政行为在法定期限内不提起诉讼又不履行的，行政机关可以申请人民法院强制执行，或者依法强制执行。”据此，申请人民法院强制执行条件有：

一是当事人逾期不履行行政决定。

二是当事人在法定的期限内不提起诉讼也不申请行政复议。行政诉讼法第四十六条第一款规定：“公民、法人或者其他组织直接向人民法院提起诉讼的，应当自知道或者应当知道作出行政行为之日起六个月内提出。法律另有规定的除外。”行政复议法第九条第一款规定：“公民、法人或者其他组织认为具体行政行为侵犯其合法权益的，可以自知道该具体行政行为之日起六十日内提出行政复议申请；但是法律规定的申请期限超过六十日的除外。”

三是行政机关无行政强制执行权。

（二）人民法院对非诉行政执行审查的形式

根据行政强制法第五十五条对行政机关申请法院强制执行提供的材料的规定，人民法院对行政机关强制执行申请进行书面审查，主要是形式审查，审查内容包括：一是行政机关的强制执行申请是否在法定期限内；二是行政机关强制执行的资料是否齐全。在审查中发现明显缺乏事实根据、明显缺乏法律法规依据和其他明显违法并损害被执行人的合法权益的，则进行实质审查，在作出裁定前可以听取被执行人和行政机关的意见。

（三）延期、分期缴纳罚款申请人民法院强制执行的期限

“行政机关批准延期、分期缴纳罚款的，申请人民法院强制执行的期限，自暂缓或者分期缴纳罚款期限结束之日起计算”，当事人逾期不履行行政处罚决定的义务有两种情况，一种是不按照行政处罚决定书载明的日期履行处罚决定的义务；另一种是当事人向行政机关申请延期和分期而超过法律规定的履行时间。在行政处罚强制执行阶段，就需要针对当事人申请延期和分期情形下的申请法院强制执行的期限予以明确。

行政强制法第五十三条规定，没有强制执行权的行政机关可以自期限届满之日起 3 个月内，申请人民法院强制执行。

---

① 应松年主编：《行政处罚法教程》，法律出版社 2012 年版，第 222 页。

【相关规定】

《国家税务总局关于对纳税人的生产设备可否采取扣押、查封、拍卖等强制执行措施问题的批复》；《金融机构协助查询、冻结、扣划工作管理规定》；《最高人民法院关于强制执行中不应将企业党组织的党费作为企业财产予以冻结或划拨的通知》；《中华人民共和国行政处罚法》第七十二条；《中华人民共和国行政强制法》第十三条、第三十四条、第四十五条、第四十六条、第四十七条、第四十八条、第五十三条。

第七十三条　【救济期间行政处罚不停止执行】 当事人对行政处罚决定不服，申请行政复议或者提起行政诉讼的，行政处罚不停止执行，法律另有规定的除外。

当事人对限制人身自由的行政处罚决定不服，申请行政复议或者提起行政诉讼的，可以向作出决定的机关提出暂缓执行申请。符合法律规定情形的，应当暂缓执行。

当事人申请行政复议或者提起行政诉讼的，加处罚款的数额在行政复议或者行政诉讼期间不予计算。

【条文主旨】

本条是关于当事人对行政处罚决定不服，申请复议或者提起行政诉讼期间行政处罚不停止执行的规定。

【立法背景】

申请复议和提起诉讼不停止行政处罚执行是指行政机关不因当事人申请复议和提起行政诉讼而暂时停止行政处罚决定的执行。当事人对行政处罚决定不服申请复议或者提起诉讼的，当事人仍然应该按照行政处罚决定履行义务，该停产的停产，该交罚款的交罚款，不能以申请复议或者提起诉讼为由而不履行行政处罚决定。当事人对行政处罚决定不服申请复议或者提起诉讼的执行情形，主要包括：处罚不停止执行原因，法律另外规定的除外；限制人身自由处罚的暂缓执行；加处罚款计算的问题。

【条文释义】

一、行政复议或者行政诉讼期间，行政处罚不停止执行原因

行政复议或者行政诉讼期间，行政处罚不停止执行是由行政行为的效力决定的，行政行为的公定力、拘束力和执行力决定了行政处罚决定作出后，在未被复议机关或者法院撤销或变更前，仍然具有法律效力，不会因为复议或者诉讼而效力中断或者失去法律效力，当事人仍然要按照处罚决定的规定执行。行政行为未被复议机关或者人民法院撤销或者变更前，行政处罚决定不仅当事人要遵守和履行，作出行政处罚决定的机关、上级行政机关以及法院都要尊重行政机关的行政决定。行政复议法第二十一条规定“行政复议期间具体行政行为不停止执行”，行政诉讼法第五十六条规定“诉讼期间，不停止行政行为的执行”，复议或者诉讼期间，行政处罚决定具有法律效力，具有公定力、拘束力、执行力，所有机关和公民、法人或者其他组织都必须尊重。

二、行政复议或者行政诉讼期间，行政处罚不停止执行除外

行政复议或者行政诉讼期间，行政处罚决定不停止执行是一般性的规定。在特殊情形下，当法律明文规定时，复议机关和法院可以作出停止或者暂缓执行裁定。行政复议法第二十一条规定复议期间可以停止执行的情形有：（1）被申请人认为需要停止执行的；（2）行政复议机关认为需要停止执行的；（3）申请人申请停止执行，行政复议机关认为其要求合理，决定停止执行的；（4）法律规定停止执行的。行政诉讼法第五十六条规定可以停止执行的情形有：（1）被告认为需要停止执行的；（2）原告或者利害关系人申请停止执行，人民法院认为该行政行为的执行会造成难以弥补的损失，并且停止执行不损害国家利益、社会公共利益的；（3）人民法院认为该行政行为的执行会给国家利益、社会公共利益造成重大损害的；（4）法律、法规规定停止执行的。人民法院可以裁定停止执行。

（一）行政机关认为需要停止执行

作出行政处罚后，行政机关在当事人不服处罚决定申请复议或者提起诉讼后，会认识到行政处罚决定作出过程中存在的违法、瑕疵或者明显不当，继续执行不仅会给当事人的权益造成损失，而且如果不及时纠正错误也会影响行政机关的威信和造成不必要的人力、财力以及物力的支出，所以认为需要停止处罚执行。

（二）复议机关或者人民法院裁定停止执行

复议机关或者人民法院在当事人申请或者提出救济后，会审查相应证据，初步得出如果行政处罚决定不停止执行，会给当事人造成难以弥补的损失，或者当事人申请停止处罚执行的，经救济机关审查认为当事人的请求合理，停止执行不会影响公共利益，还可以避免当事人损失的无法挽回。在以上两种情况下，复议机关或者人民法院可以裁定停止执行。

（三）法律、法规、规章规定可以停止执行

行政处罚决定的停止执行，在法律、法规、规章中有规定的，在行政复议和行政诉讼期间可以按照规定执行，如治安管理处罚法对行政拘留处罚暂缓执行，在救济期间按照法律规定暂缓执行。

三、申请行政复议或者提起诉讼，限制人身自由的暂缓执行

行政处罚法是行政处罚领域的通用规范，单行法律对行政机关实施行政处罚的规定，根据法治体系的统一性要求，新修订的行政处罚法需要总结单行法的实践经验，主动适应和巩固行政处罚的成果。我国法律体系是统一和分层次的，要考虑各类行政处罚不同的情况。限制人身自由是行政处罚种类中对公民权利影响最大的处罚，除其设定应由法律设定外，其执行也只能由公安机关和法律规定的其他机关行使。治安管理处罚法第一百零七条规定："……公安机关认为暂缓执行行政拘留不致发生社会危险的，由被处罚人或者其近亲属提出符合本法第一百零八条规定条件的担保人，或者按每日行政拘留二百元的标准交纳保证金，行政拘留的处罚决定暂缓执行。"根据这一法律规定，如果当事人对限制人身自由的行政处罚决定不服，申请行政复议或者提起行政诉讼的，可以向作出决定的机关提出暂缓执行申请，符合法律规定情形的，应当暂缓执行。

四、申请行政复议或者提起诉讼，加处罚款的在此期间不予计算

加处罚款是督促当事人自觉履行行政处罚决定的义务，除加处罚款的数额不能超过罚款总额外，本条同时规定当事人申请行政复议或者提起诉讼的，加处罚款的数额在行政复议或者行政诉讼期间不予计算。加处罚款的负担除总额外，就是时间的长短，时间越长，加处罚款数额越大。行政处罚决定以不停止执行为原则，因此要厘清加处罚款的性质，即其是执行的措施而非行政处罚决定。当事人申请行政复议或者提起诉讼，加处罚款在此期间应该不予计算。《最高人民法院行政审判庭关于行政处罚的加处罚款在诉讼期间应否计算问题的答复》的意见，明确指出"根据《中华人民共和国行政诉讼法》的有关规定，对于不履行行政处罚决定所加处的罚款属于执行罚，在诉讼期间不应计算"。

【相关规定】

《最高人民法院关于办理申请人民法院强制执行国有土地上房屋征收补偿决定案件若干问题的规定》;《最高人民法院关于行政处罚的加处罚款在诉讼期间应否计算问题的答复》。

第七十四条　【罚没非法财物处理】 除依法应当予以销毁的物品外，依法没收的非法财物必须按照国家规定公开拍卖或者按照国家有关规定处理。

罚款、没收的违法所得或者没收非法财物拍卖的款项，必须全部上缴国库，任何行政机关或者个人不得以任何形式截留、私分或者变相私分。

罚款、没收的违法所得或者没收非法财物拍卖的款项，不得同作出行政处罚决定的行政机关及其工作人员的考核、考评直接或者变相挂钩。除依法应当退还、退赔的外，财政部门不得以任何形式向作出行政处罚决定的行政机关返还罚款、没收的违法所得或者没收非法财物拍卖的款项。

【条文主旨】

本条是关于罚没财物按照国家规定处理的规定。

【立法背景】

1982 年财政部制定的《关于罚没财物管理办法》（已失效）规定，行政执法机关办案增加费由办案机关定期编报用款计划，财政机关核准后在入库的罚没收入中 20% 至 30% 以内掌握退库，统一安排使用。1985 年《财政部关于重申国家罚没收入一律上缴国库的通知》［（85）财预字第 47 号］也规定："办案费用，必须由财政机关统一掌握退库核拨，不得从罚没收入中自行坐支留用。否则，不仅造成预算执行的紊乱，而且脱离财政监督和制约，容易产生流弊。"为了制止乱罚款，国家多次发布文件严加制止，但是由于应对制度的不合理，"三乱"屡禁不止，日趋严重，成为引人关注的社会问题。1986 年财政部《罚没财物和追回赃款赃物管理办法》[(86)财预字第228号]第十二条明确“海关、工商行政管理机关、物价管理机关和各国家经济管理部门，查处的罚款和没收物资变价款，由查处机关依法上缴国库”，规定各级行政执法机关的正常经费纳入行政事业经费预算管理、特殊情况下办案业务开支由主管部门向同级财政机关编报。第二十三条又规定“办案费用补助”一律纳入国家支出预算管理。事先编报预算，事后编报决算，事中编报预算执行情况报表，并参照行政事业单位会计制度单独进行会计核算。第二十四条第一款规定，办案费用补助，也可以由省、自治区、直辖市决定，纳入各执法机关的行政事业经费统一安排管理，不另专项核拨。罚没收入和执法机关的“收支两条线”。通过一系列整治和多年努力，乱罚款在很大程度上得到有效制止。

【条文释义】

一、依法没收非法财物按照国家规定处理

依法没收的非法财物是指行政机关依法将违法行为人非法占有的物品和其他财物无偿收缴的处罚方式。当事人占有的非法财物主要有三类：第一类是当事人非法占有的物品主要是违禁品，第二类是当事人所有的从事非法活动的财物，最后一类是当事人占有的不属于其所有的财物。当事人非法占有的物品如果是国家法律、法规规定禁止生产、加工、保管、运输、销售的物品以及某些场所禁止携带的违禁品，如易燃易爆物品、淫秽物品、毒品、内容反动宣传品等物品，则依法应当予以销毁。当事人所有的从事非法活动的财物，如果是物品按照拍卖法处理，如果是金钱则予以没收。当事人占有的属于他人所有的财物依照法律规定没收。

二、罚没财物拍卖款项必须全部上缴国库

罚款、没收的违法所得或者没收非法财物拍卖的款项，必须全部上缴国库，任何行政机关或者个人不得以任何形式截留、私分或者变相私分。1982年8月9日财政部颁布的《关于罚没财物管理办法》（已失效）第三条第一款规定：“……依法收缴的罚没款和没收物资变价款，都应作为罚没收入，如数上缴国库。任何部门、单位和个人都不得自行提成。”1985年《关于重申国家罚、没收入一律上缴国库的通知》继续重申罚没财物拍卖款项不得以任何形式截留、私分或者变相私分。罚没款项如果被截留、私分或者变相私分不仅在经济上给国家造成损失，更严重的是会腐蚀一些干部，给国家执法机关造成不良的政治影响，典型的现象就是“重罚轻刑”等乱处罚行为。

三、罚没财物拍卖款项不得同作出行政处罚决定的行政机关及其工作人员的考核、考评直接或变相挂钩

该款是本次修订新增加内容。与罚没款项不得截留、私分或者变相私分相比，我国曾有过将罚没款项与作出行政处罚决定的行政机关及其工作人员的考核、考评挂钩的历史。1982 年 6 月 16 日《公安部关于禁止从罚款、没收财物中提成留用的通知》指出“有些地方的公安机关在侦查破案、打击走私贩私活动和执行治安处罚中，对罚款和没收的赃款赃物，采取提成留用的办法，或收取破案奖金，用以奖励有功人员和补充行政经费的不足。这样做的结果，已经产生了严重的弊端。滥用赃款、私分赃物、贪污盗窃、贪赃枉法的事件屡有发生，严重腐蚀着公安队伍，损害了公安机关在人民群众中的威信，给党的事业带来不利的影响”。因此，要求公安机关对罚没的财物一律不准提成留用，不搞破案奖金，也不接受其他部门送给的破案奖金，办案需要增加的费用，经编报预算向财政部门申请。1993 年财政部《关于对行政性收费、罚没收入实行预算管理的规定》中明确，“各级执收、执罚部门和单位要严格执行国家有关收费和罚没项目的规定。收费、罚没收入必须全部上缴财政，绝不允许将收费、罚没收入与本部门的经费划拨和职工的奖金、福利挂钩，严禁搞任何形式的提留、分成和收支挂钩。各级财政部门和主管部门不得给执收、执罚单位和个人下达收费、罚没收入指标”。行政处罚是国家管理经济社会的重要手段，将罚没款项同作出行政处罚决定的行政机关及其工作人员的考核、考评直接或者变相挂钩与法治政府建设的目标背道而驰，所以在制度设计上必须要考虑执法人员的考评、考核机制的科学、合理、合法，不得与财政机关直接发生办案费用的领拨关系和考核、考评关系。

四、除依法应当退还、退赔的外，财政部门不得以任何形式向作出行政处罚决定的行政机关返还罚没拍卖的款项

（一）依法应当退还、退赔的，财政部门可以向作出行政处罚决定的行政机关返还罚没款

实践中存在当事人的违法行为有受害人的情形，在当事人的违法所得被行政机关没收或者拍卖后，对能确定受害人的应当退赔受害人；对因为执行错误而给当事人财产造成损失的则退还当事人；还有一种是税务部门在法院强制执行拍卖、变卖被执行人财产后的税收问题，《国家税务总局关于人民法院强制执行被执行人财产有关税收问题的复函》规定，对拍卖、变卖财产的全部收入，纳税人均应依法申报缴纳税款，税收具有优先权。对于人民法院实际控制纳税人因强制执行活动而被拍卖、变卖财产的

收入，根据《中华人民共和国税收征收管理法》第五条的规定，人民法院应当协助税务机关依法优先从该收入中征收税款。

基于作出行政处罚决定的机关与收缴罚款的机构的分离，以及收支两条线的财政管理制度，需要财政部门在收到罚没款后，向作出行政处罚决定的行政机关返还，退还多罚和错罚的款项给当事人，能确定受害人的退赔给受害人。《罚款代收代缴管理办法》第十三条规定：“代收机构只办理罚款的代收与缴库。凡错缴和多缴的罚款，以及经行政机关复议后不应处罚的罚款须办理退付的，应由作出处罚决定的行政机关提出申请，报经同级财政部门（缴入中央国库的，报财政部驻当地财政监察专员办事机构）审查批准后，由财政部门开具收入退还书，分别从中央国库和地方国库退付。代收机构不得从罚款收入中冲退。”

（二）财政部门不得以任何形式向作出行政处罚决定的行政机关返还罚没拍卖款项

行政处罚的执行是广义的执行，从行政处罚决定实现的方式上看，包括当事人自动履行、行政执法机关主动执行以及强制执行；从行政处罚的执行过程上看，包括行政处罚决定实现、罚没款项上缴国库的完成以及行政处罚的反馈。本条是罚没款项全部上缴国库的有关规定，款项类别主要是罚款、没收违法所得和拍卖非法财物的款项；主要问题是以上款项被截留、私分或者变相私分、以上款项同作出行政决定的行政机关及其工作人员的考核、考评直接或者变相挂钩，以及以上款项向作出行政处罚决定的行政机关返还；解决办法应为状态为依法销毁、全部上缴国库，依法退款退赔。财政部门不得以任何形式向作出行政处罚决定的行政机关返还罚没、拍卖款项。否则，这不仅造成预算执行的紊乱，而且脱离财政监督和制约，容易产生流弊。

【相关规定】

《公安部关于禁止从罚款、没收财物中提成留用的通知》；《财政部关于重申国家罚没收入一律上缴国库的通知》；《关于对行政性收费、罚没收入实行预算管理的规定》；《公安部关于重申坚决禁止公安机关乱收费、乱罚款、乱摊派的通知》；《罚款代收代缴管理办法》。

第七十五条　【监督检查】行政机关应当建立健全对行政处罚的监督制度。县级以上人民政府应当定期组织开展行政执法评议、考核，加强对行政处罚的监督检查，规范和保障行政处罚的实施。

行政机关实施行政处罚应当接受社会监督。公民、法人或者其他组织对行政机关实施行政处罚的行为，有权申诉或者检举；行政机关应当认真审查，发现有错误的，应当主动改正。

【条文主旨】

本条是关于行政处罚实施的监督规定。

【立法背景】

本次修订新增内容之一是“定期组织行政执法评议、考核”“规范和保障行政处罚的实施”。坚持严格规范公正文明执法，是新修订行政处罚法的重要使命。《法治政府建设实施纲要（2015—2020 年）》要求的坚持严格规范公正文明执法的目标之一是，“对行政执法的社会满意度显著提高”，“逐步推行行政执法人员平时考核，科学合理设计考核指标体系，考核结果作为执法人员职务级别调整、交流轮岗、教育培训、奖励惩戒的重要依据”。在行政处罚执行方面，应当按照纲要要求建立相配套的科学合理的考核指标体系，彻底纠正将罚没款的多少与考核考评直接或变相挂钩的考评机制。所以，“定期组织开展行政执法评议、考核”与上一条“罚款、没收的违法所得或者没收非法财物拍卖的款项，不得同作出行政处罚决定的行政机关及其工作人员的考核、考评直接或者变相挂钩”都旨在落实坚持严格规范公正文明执法要求，以科学合理的评价指标监督督促行政执法人员依法行政。

本次修订新增内容之二是“行政机关实施行政处罚应当接受社会监督”，对本条第二款内容的社会监督进行总结性表述，与本条上一款的行政监督配套协调。

【条文释义】

一、行政机关应当建立健全对行政处罚的监督制度

行政机关建立健全对行政处罚的监督制度，主要是指行政监督。行政监督包括上级人民政府对下级人民政府有关行政处罚的监督，也包括行政机关对本机关作出的行政处罚的监督。监督的制度包括：建立健全规范性文件重大行政处罚的备案制度，公民、法人或者其他组织对行政处罚的申诉和检举制度，行政处罚决定制度，行政处罚统计制度等；监督内容包括：行政处罚的设定权，实施行政处罚的主体资格，当场处罚，罚款决定与罚款收缴分离等制度的执行情况，等等。

当前，主要可从下列三个方面强化行政处罚的监督制度：一是根据不同部门即机构、岗位执法人员的执法责任，建立责任追究机制；二是建立行政政府监督网络平台，健全投诉举报、情况通报等制度，排除对执法活动的干预，防止和克服部门利益和地方保护利益，防止和克服执法工作中的利益驱动；三是定期组织开展行政执法评议、考核，针对行政机关及其执法人员实施和适用行政处罚的情况进行了解、督促和检查。

二、行政机关实施行政处罚应当接受社会监督

该项新增加内容是“行政机关实施行政处罚应当接受社会监督”，这一新增加内容是对原有内容的概括。

对实施行政处罚行为的监督除行政监督外，还包括人大监督、民主监督、司法监督、审计监督、社会监督等。当事人对实施行政处罚行为的监督制度典型的是投诉举报制度，所以需要畅通举报箱、电子信箱、热线电话等监督渠道，方便投诉举报，反映问题。如果公民、法人或者其他组织对行政机关作出的行政处罚决定有异议，其有权向行政机关提出申诉或者进行检举。行政机关对本机关作出的行政处罚的申诉或者检举，应当认真进行审查，依法及时调查处理，当发现本机关作出的行政处罚确有错误的，应当主动予以改正。此外，就是发挥报刊、广播、电视等传统媒体的监督作用，与互联网等新型媒体互动，重视和运用网络监督。

【相关规定】

《中华人民共和国行政许可法》第六十条。

案例评析

通过执行和解减免行政罚款于法无据

——市场监督管理局申请强制执行案①

【案情简介】

某地市场监督管理局对某公司的违法行为作出罚款5万元的行政处罚。企业未履行处罚决定，也未在期限内提出复议或提起诉讼。经催告后，上述企业仍未履行，市场监督管理局遂向法院申请强制执行。法院裁定准予执行。在行政非诉执行程序中，该公司以经济困难为由，请求市场监督管理局减免罚款。后市场监督管理局与该公司达成“一次性支付罚款1.5万元、减免罚款本金3.5万元”的和解协议，并向法院申请结案，法院终结执行程序。

【专家评析】

行政处罚一经作出即具有法律效力，非经法定程序变更或撤销，任何机关和个人不能否定其效力。

《中华人民共和国行政强制法》第四十二条规定：“实施行政强制执行，行政机关可以在不损害公共利益和他人合法权益的情况下，与当事人达成执行协议。执行协议可以约定分阶段履行；当事人采取补救措施的，可以减免加处的罚款或者滞纳金。执行协议应当履行。当事人不履行执行协议的，行政机关应当恢复强制执行。”行政强制执行减免的可以是加处的罚款或者滞纳金，而行政处罚的决定即本案中的罚款数额则不能减免。关于减免加处罚款的时间，在申请法院执行后则不宜减免，所以案例中，当事人因为经济困难，一方面，不能减免行政罚款数额，但在申请法院执行前当事人采取补救措施的可以减免加处罚款；另一方面，在申请法院执行后，行政机关不宜减免加处罚款。擅自减免罚款影响行政处罚的效力，行政机关在强制执行过程中减免罚款的行为，实质是对原行政处罚决定的变更。原行政处罚机关未经有权机关授权，擅自减免罚款，违反法定程序，不具有法定理由，系违法决定。

---

① 张净、杭洲、郭冬冬：《通过执行和解减免行政罚款于法无据》，载《检察日报》2020年8月19日。

金钱给付义务的执行

——龙某、甲市住房保障局执行审查案①

【案情简介】

甲市住房保障局因龙某在其居住处搭建占用公共用地，于2013年11月13日作出××（2013）005号行政处罚决定书，责令改正并处罚款1万元整。因龙某未自行改正及缴纳罚款，甲市住房保障局于2014年3月5日作出××（2014）1号行政强制执行催告书，该催告书决定加处龙某缴纳滞纳金1万元整。因龙某未履行上述相关行政决定，甲市住房保障局于2014年4月25日向甲市法院申请强制执行。在执行过程中，甲市住房保障局与龙某达成执行和解协议，甲市法院于2014年10月17日终结执行本案。此间龙某对××（2013）005号行政处罚决定书向甲市人民政府提起行政复议。甲市人民政府作出××（2015）7号行政复议决定书，对××（2013）005号行政处罚决定书予以维持。此后因龙某未能按期履行缴款义务，甲市住房保障局于2017年5月25日申请恢复执行。甲市中级人民法院作出（2017）黑04执恢5号执行裁定，恢复执行。

龙某提出异议认为：甲市住房保障局没有行政处罚权，所作出的处罚决定没有依据；自己对甲市住房保障局提起行政诉讼没有超过诉讼时效；甲市住房保障局滥用行政处罚权，请求法院退还已执行的罚金及滞纳金。

甲市中级人民法院认为，本案异议人龙某已经将执行款全部缴清，其所提异议理由，均不是针对执行行为，而是认为执行依据不合法。龙某针对××（2015）7号行政复议决定书，已向甲市基层人民法院提起行政诉讼，被判决驳回，其不服又向甲市中级人民法院提出上诉，又被驳回，如龙某认为一、二审判决错误，可以通过申请再审的途径进行救济，而不能在执行异议中提出。故依照《中华人民共和国民事诉讼法》第二百二十五条之规定，作出（2019）黑04执异22号执行裁定，驳回龙某的异议请求。

龙某向黑龙江高级人民法院提出复议称：甲市住房保障局没有行政处罚权，对其是无效处罚，法院不应执行罚款及滞纳金，请求撤销（2019）黑04执异22号执行裁定书。

黑龙江高级人民法院经审查查明的事实与执行法院认定的事实一致。申请复议人龙某所提复议理由是其认为本案的根本问题是基于甲市中级人

① 黑龙江省高级人民法院（2019）黑执复78号执行裁定书。

民法院不应执行甲市住房保障局及甲市人民政府相关处罚决定。根据《中华人民共和国行政诉讼法》第九十七条规定："公民、法人或者其他组织对行政行为在法定期限内不提起诉讼又不履行的，行政机关可以申请人民法院强制执行，或依法强制执行。"甲市住房保障局作为行政主管机关，具备行政处罚职能，有权对龙某违法搭建行为进行处罚，在龙某不能自动履行缴纳罚款、滞纳金的情况下，向甲市中级人民法院申请强制执行，该院立案执行，符合法律规定。申请复议人龙某所提甲市住房保障局在履行行政职责中违反规定违法行政以及其行政诉讼未过时效，一、二审法院不应驳回诉讼等理由，均属于实体问题，执行程序中无权审查。申请复议人龙某如认为一、二审行政判决错误，可以通过审判监督程序解决。驳回申请复议人龙某的复议申请。

【专家评析】

该案较为完整地呈现了金钱给付义务执行可能出现的各种情况。

第一，当事人逾期不履行行政处罚决定。根据新修订的行政处罚法第七十二条第一款第一项的规定，当事人逾期不履行行政罚款决定的，作出行政处罚决定的行政机关可以采取加处罚款的方式，加处罚款的数额不得超出罚款的数额。根据行政强制法对行政机关执行程序的规定，当事人在行政机关决定的期限内不履行义务的，行政机关作出强制执行决定前，应事先催告当事人履行义务。在当事人逾期不缴纳罚款的情况下，行政机关在催告当事人履行义务的同时作出加处罚款 1 万元的强制执行决定。加处罚款 1 万元与罚款 1 万元的数额等同，未超过罚款的数额。

第二，经催告，逾期仍不履行行政决定，且无正当理由的，行政机关申请人民法院强制执行。行政强制法第四十六条规定实施加处罚款超过 30 日，经催告当事人仍不履行的，具有行政强制执行权的行政机关可以强制执行。没有行政强制执行权的行政机关应当申请法院强制执行。

第三，在执行过程中，行政机关与当事人达成执行和解协议。根据行政强制法第四十二条关于执行和解的规定，实施行政强制，行政机关可以在不损害公共利益和他人合法利益的情况下，与当事人达成执行协议。执行协议可以约定分阶段履行；当事人采取补救措施，可以减免加处罚款。当事人如果不履行执行协议，则恢复强制执行。根据行政诉讼法第一百零一条的规定，人民法院审理行政案件，关于执行，本法没有规定的，适用《中华人民共和国民事诉讼法》的相关规定。依照民事诉讼法第二百五十六条关于"申请人表示可以延期执行的，人民法院应当裁定中止执行"的规定，第二百五十七条关于申请人申请撤销或者人民法院认为应该终结执行的裁定终结执行。本案中行政机关和当事人达成执行协议，其间，当事人对甲市住房保障局的行政处罚决定向甲市人民政府申请行政复议，复议机关维持行政处罚决定。当事人此后未能按期履行缴款义务，作出行政处罚决定的甲市住房保障局申请恢复执行。甲市中级人民法院作出执行裁定，恢复执行。当事人缴清全部执行款。

第四，执行完成后当事人提出异议。在当事人提出异议，认为住房保障局没有行政处罚权，对行政处罚不服提起行政诉讼没有超过诉讼时效，作出行政处罚机关滥用行政处罚权，请求退还执行的罚款和加处罚款后，法院认为异议理由并不是针对执行行为，而是执行依据不合法，所提异议理由针对行政处罚决定已经行政复议维持决定，经提起行政诉讼判决驳回，上诉依然被驳回，所提异议如果认为一、二审认定错误，可以通过再审救济而不是提起执行异议。最终执行异议经过黑龙江高级人民法院的复议，依然驳回当事人的复议申请。

第七章　法律责任

第七十六条　【违法实施行政处罚的法律责任】行政机关实施行政处罚，有下列情形之一，由上级行政机关或者有关机关责令改正，对直接负责的主管人员和其他直接责任人员依法给予处分：

（一）没有法定的行政处罚依据的；

（二）擅自改变行政处罚种类、幅度的；

（三）违反法定的行政处罚程序的；

（四）违反本法第二十条关于委托处罚的规定的；

（五）执法人员未取得执法证件的。

行政机关对符合立案标准的案件不及时立案的，依照前款规定予以处理。

【条文主旨】

本条是关于行政机关实施行政处罚没有法定处罚依据、擅自改变行政处罚种类和幅度、违反法定行政程序、违反委托处罚规定、执法人员未取得执法证件以及行政机关不及时立案等法律责任的规定。

【立法背景】

为了使行政机关严格遵守行政处罚法的规定，制止乱处罚、乱罚款等行为，1996 年出台的行政处罚法与以往的法律多规定行政相对人的法律责任不同，更多地设定了行政机关及其执法人员的法律责任。

一、条文沿革

1996 年出台的行政处罚法第五十五条规定了行政机关实施行政处罚没

有处罚依据、擅自改变行政处罚种类和幅度、违反法定行政处罚程序和违反委托处罚规定四种需要承担法律责任的情形。新修订的行政处罚法对该条文进行了完善，修改的内容主要体现为三个方面：一是在原条文四种违法情形的基础上，将执法人员未取得执法证件与行政机关对符合立案标准但未及时立案的情形纳入行政机关违法实施行政处罚行为应当承担法律责任的情形之中。二是将有权对行政机关实施上述违法行为进行监督的主体由“上级行政机关或者有关部门”修改为“上级行政机关或有关机关”。三是将原条文中“对直接负责的主管人员和其他直接责任人员依法给予行政处分”修改为“对直接负责的主管人员和其他直接责任人员依法给予处分”。

二、条文修改背景

（一）明确执法人员未取得执法证件的法律责任是对行政执法人员资格制度的完善与保障

原行政处罚法第三十四条、第三十七条对行政机关进行当场处罚、调查、检查等执法活动时，行政执法人员必须出示执法身份证件进行了明确规定，保障了当事人对于执法人员身份信息的知情权，初步建立了行政执法人员资格制度。

为了进一步落实行政处罚法规定的行政执法人员资格制度，使执法人员具备行政处罚法规定的执法资格，国务院多次通过文件要求建立并完善行政执法人员资格制度。2004 年《全面推进依法行政实施纲要》提出要实行行政执法人员资格制度，并禁止无执法资格人员进行行政执法；2008 年《国务院关于加强市县政府依法行政的决定》在强调健全行政执法人员资格制度的同时，提出要实行执法资格合法性审查制度，并严厉禁止合同工、临时工执法；2019 年 1 月，国务院办公厅印发《关于全面推行行政执法公示制度执法全过程记录制度重大执法决定法制审核制度的指导意见》就全面推行行政执法公示制度、执法全过程记录制度、重大执法决定法制审核制度工作有关事项提出明确要求。其中在行政执法公示制度中要求行政执法人员在进行监督检查、调查取证、采取强制措施和强制执行、送达执法文书等执法活动时，必须主动出示执法证件，向当事人和相关人员表明身份，鼓励采取佩戴执法证件的方式，执法全程公示执法身份。除国务院的文件推动外，各省、自治区、直辖市以及国务院部委纷纷通过制定地方性法规、地方政府规章、部门规章、规范性文件等方式，出台了本地区、本系统行政执法人员执法证件管理制度，解决了本地区、本系统行政执法人员执法时无证可亮的问题。① 新修订的行政处罚法在上述关于行政执法人员执法资格制度建立健全的基础上，明确了执法人员未取得执法证件的法律责任，对于促进严格规范公正文明执法、维护行政机关公信力，保障行政相对人知情权、监督权方面具有重要意义。

（二）明确行政机关对符合立案标准的案件不及时立案的法律责任

行政处罚立案，是行政机关对违法行为线索材料进行初步审查，认为存在依法需要予以行政处罚且属本机关管辖范围的违法事实，决定启动行政处罚一般程序开展调查处理的行政执法环节。原行政处罚法未对行政处罚的立案程序进行明确规定，亦未规定相应的法律责任。新修订的行政处罚法第五十四条第二款明确规定了行政机关应当及时立案的要求，并在第七十六条规定了行政机关不及时立案的法律责任，旨在不断提高行政执法水平和办案效率，进一步规范行政执法行为，防止行政机关有案不立的行为。

（三）与国家监察制度相衔接，调整了对于违法实施行政处罚行政机关监督主体以及对相关人员惩戒的形式

新修订的行政处罚法将违法实施行政处罚的行政机关的监督主体由“上级行政机关或有关部门”修改为“上级行政机关或有关机关”，将原行政处罚法中“对直接负责的主管人员和其他直接责任人员依法给予行政处分”修改为“对直接负责的主管人员和其他直接责任人员依法给予处分”。这样的修改是在国家监察体制改革推进的基础上，吸纳了国家对于所有行使公权力的公职人员监察全覆盖的改革成果，与《中华人民共和国监察法》《中华人民共和国公职人员政务处分法》保持一致。

行政处分是国家行政机关依照行政隶属关系给予有违法失职行为的行政机关工作人员的一种惩戒措施。2018 年《中华人民共和国监察法》颁行前，我国对行政公务员的违法违纪处分是以公务员法、行政机关公务员处分条例和行政监察法（已失效）等为法律依据。2018 年，国家监察体制改革后由监察机关统一行使监察权，对所有行使公权力的公职人员实现监察全覆盖。监察法规定监察机关对违法的公职人员依法作出政务处分决定，由此，对行政公务员的处分开始分化出两种相对独立的法律制度。其一是源自行政权，以公务员法等为主要法律依据的行政处分；其二是源自监察

① 熊亮：《建立国家统一行政执法职业资格制度初探》，湘潭大学 2017 年硕士学位论文。

权，以监察法为法律依据的政务处分。[①] 这些规定确立了政务处分与处分双轨并行的二元处分体制。监察机关和公职人员的任免机关、单位对公职人员监督、管理均负有法定职责，政务处分与处分作为监督、管理的重要手段，既有惩罚功能，又有教育和引导功能，是构建“不敢腐、不能腐、不想腐”长效机制的重要内容。政务处分与处分都是对违法公职人员的责任追究措施，共同服务于促进公职人员依法履职、秉公用权、廉洁从政从业、坚持道德操守，二者目标一致、功能互补。[②]

【条文释义】

行政处罚法中的法律责任是指行政机关及其工作人员因违反该法规定的相应义务，或者不当行使行政处罚权所产生的，由行政机关及其工作人员承担行政处罚法规定的不利后果。行政处罚由具有行政处罚权的行政机关在法定职权范围内实施，行政机关违法实施行政处罚的，相关行为人要承担相应的法律责任。

根据本条第一款的规定，以下五种行为属于行政机关违法实施行政处罚的行为：

1. 没有法定的行政处罚依据的。行政处罚的实施，必须有明确的法律依据，遵循“法无授权不可为”的基本原则。针对公民、法人或者其他组织违反行政管理秩序的行为，行政机关应当依照相关法律、法规或者规章的规定实施行政处罚。

2. 擅自改变行政处罚种类、幅度的。行政机关在法律、法规和规章规定的行政处罚的种类和幅度内，可以根据情况自由地作出裁决。行政机关及其工作人员在实施行政处罚时超越了法律、法规规定的处罚种类和幅度的，属于违法行为。

3. 违反法定的行政处罚程序的。程序合法是现代法治的一项重要原则，合法的行政行为必须是在实体和程序两方面均合法的行为。行政处罚法第四条规定，行政机关实施行政处罚应当依据行政处罚法规定的程序实施。行政处罚法第五章详细规定了行政处罚决定、实施、听证等诸多法定程序，行政机关应当严格遵守法定程序规定，不能任意增加或减少法定程

---

① 任巧：《论对行政公务员的行政处分和政务处分双轨机制之间的调适》，载《重庆社会科学》2019 年第 12 期。

② 《正确理解和适用政务处分与处分》，载中央纪委国家监委网站，http://www.ccdi.gov.cn/yaowen/202007/t20200703_221290.html，最后访问时间：2021 年 2 月 17 日。

序。行政机关及其工作人员在实施行政处罚中违反了上述法律规定，应当承担本条规定的法律责任。

4. 违反本法第二十条关于委托处罚的规定的。行政处罚法第二十条对行政机关委托实施行政处罚的对象、权限及受委托组织的条件作出了明确规定，同时明确了委托行政机关对受委托组织实施行政处罚的行为、行为方式及行为后果等诸多方面有监督的责任。行政机关在委托相关组织实施行政处罚有违反上述法律规定行为的，应当承担法律责任。

5. 执法人员未取得执法证件的。行政执法证件是行政执法人员享有行政执法资格的合法凭证，是行政执法人员依法从事相关行政执法工作的身份证明。未取得行政执法证件的人员，不具有执法的资格。行政处罚法第五十二条和第五十五条分别规定了执法人员当场作出行政处罚决定与行政机关在调查或者进行检查时，应当主动向当事人或者有关人员出示执法证件。当事人或者有关人员有权要求执法人员出示执法证件，执法人员不出示执法证件的，当事人或者有关人员有权拒绝接受调查或者检查。

上述五种行为损害行政机关的公正形象，损害法律的严肃性，行政机关及其工作人员在实施行政处罚中出现上述情形的，首先，应当由上级机关或者有关机关责令违法的行政机关或工作人员对违法行为进行纠正。其次，应当由上级机关或有关机关对直接负责的主管人员和其他直接责任人员依法给予处分。依据《中华人民共和国公务员法》《中华人民共和国监察法》《中华人民共和国公职人员政务处分法》《行政机关公务员处分条例》的规定，此处的处分应作广义理解，包括由任免机关、单位作出的处分，由监察机关作出的政务处分。任免机关、单位与监察机关作出处分或政务处分的权限应当依据公职人员政务处分法第三条来确定，但对公职人员的同一违法行为，监察机关和公职人员任免机关、单位不得重复给予政务处分和处分。

依据本条第二款的规定，行政机关对符合立案标准的案件不及时立案的，应当依照本条第一款的规定来处理。

【相关规定】

《中华人民共和国公务员法》第六十一条；《中华人民共和国监察法》第十五条、第四十五条；《中华人民共和国公职人员政务处分法》第三条。

第七十七条　【不使用或使用非法单据的法律责任】行政机关对当事人进行处罚不使用罚款、没收财物单据或者使用非法定部门制发的罚款、没收财物单据的，当事人有权拒绝，并有权予以检举，由上级行政机关或者有关机关对使用的非法单据予以收缴销毁，对直接负责的主管人员和其他直接责任人员依法给予处分。

【条文主旨】

本条是关于行政机关对当事人进行处罚不使用罚款、没收财物单据或使用非法定部门制发的罚款、没收财物单据的法律责任的规定。

【立法背景】

罚款和没收财物都是行政机关对违反行政法规范，不履行法定义务的个人、组织所作的经济上的处罚，行政机关必须作出正式书面处罚决定，并要开具罚款、没收财物的单据。罚款、没收财物单据是财务收支的法定凭证，是会计核算的原始凭证，是财务检查稽查的重要依据。依据《财政票据管理办法》《罚没财物管理办法》等规定，罚款、没收财物单据必须依法统一印制、管理，并依法使用。罚款、没收财物单据由省、自治区、直辖市财政部门统一制发，由各级财政部门发放、管理，其他任何个人、组织都无权印制。行政机关在实施罚款、没收财物的处罚时，必须按照有关罚款、没收财物单据管理法规和行政处罚法的规定使用罚款、没收财物单据。否则，违反上述规定的行为就是行政处罚违法行为，应承担相应的法律责任。

【条文释义】

本条规定的法律责任有以下两种情形：

一是行政机关不使用罚款、没收财物单据的行为的法律责任。行政机关不使用罚款、没收财物单据的，当事人享有拒绝行政处罚的权利，并有权检举。上级行政机关或有关机关对直接负责的主管人员和其他直接责任人员依法给予处分。

二是行政机关使用非法定部门制发的罚款、没收财物单据的行为的法律责任。行政机关对当事人进行处罚使用非由省、自治区、直辖市财政部门统一制发的罚款、没收财物单据的，当事人有权拒绝处罚，并有权进行检举。上级行政机关或有关机关有权对使用的非法单据予以收缴销毁，对直接负责的主管人员和其他直接责任人员依法给予处分。

本条中有权追究“直接负责的主管人员和其他直接责任人员”法律责任的主体包括上级行政机关、财政机关、审计机关与监察机关，具体的责任形式包括处分与政务处分。

【相关规定】

《财政票据管理办法》第十一条；《罚没财物管理办法》第三十二条；《财政违法行为处罚处分条例》第十六条。

第七十八条　【违法自行收缴罚款、违法返还罚款或拍卖款项的法律责任】行政机关违反本法第六十七条的规定自行收缴罚款的，财政部门违反本法第七十四条的规定向行政机关返还罚款、没收的违法所得或者拍卖款项的，由上级行政机关或者有关机关责令改正，对直接负责的主管人员和其他直接责任人员依法给予处分。

【条文主旨】

本条是关于对行政机关违法自行收缴罚款，财政部门违法返还罚款、没收违法所得或拍卖款项行为的法律责任的规定。

【立法背景】

罚款是执法机关在实践中应用最广泛的执法手段。20 世纪八九十年代，由于对于行政处罚机关缺少必要的监督和制约，个别单位将罚款与行政经费、执法人员的收入挂钩，导致行政罚款滥用。当时罚款收缴管理制度也较为混乱，甚至极个别行政机关将罚款作为“创收”的一种手段，已经成为破坏社会管理秩序、导致执法腐败的不容忽视的问题，一度出现以罚代管、以罚代法、以罚肥私等现象，严重破坏了行政机关形象，引起了人民群众的不满。[①] 为了防止行政机关及其工作人员在实施行政处罚过程中受经济利益驱动而滥施处罚，原行政处罚法第四十六条正式确立了行政处罚罚缴分离的原则，第五十七条明确了行政机关自行收缴罚款的法律责任。

罚款和没收的非法财物归国家所有，罚款和没收非法财物拍卖的款项应当全部上缴国库。实践中，有的地方为了解决行政机关的经费不足问题，将行政机关的罚款、没收违法所得和没收非法财物的收入按一定比例返还给行政机关，作为行政经费。在此种“经济利益”驱动之下，行政机关在现实中滥用罚款的执法手段，形成收支挂钩、互相推动的利益格局。[②] 为了解决上述问题，制定了如《罚没财物和追回赃款赃物管理办法》等相关规定，要求罚没财物与执法机关的行政经费、办案经费开支分开，罚没收入全部上缴财政，行政执法机关所需经费由财政部门另行拨付。但此制度在实际执行中却又产生了另一个问题，那就是行政机关虽然把罚没收入上缴了财政，但财政部门却以种种形式向行政机关返还罚款或者返还拍卖款项，而且行政机关上缴的罚没款越多，财政部门返还给行政部门的也越多。行政机关照样可以以罚没款来创收，“收支两条线”形同虚设。[③] 为了抑制财政部门将执法部门上缴的罚没款变相返还的问题，原行政处罚法第五十七条规定了财政部门向行政机关返还罚款或拍卖款项的法律责任，旨在从制度上解决罚款滥用的问题。

2021 年修订后的行政处罚法于本条文的修改之处主要体现在三个方面：一是在原条文的基础上，将财政部门违反行政处罚法的规定向行政机关返还没收违法所得纳入需要承担法律责任的情形，修正了原行政处罚法第五十七条仅规定了财政部门违法向行政机关返还罚款或者拍卖款项的情形，使得条文内容更加周延。二是将原条文中的责任追究主体“上级行政机关或者有关部门”修改为“上级行政机关或者有关机关”。三是将原条文中法律责任的形式“行政处分”调整为“处分”。

【条文释义】

本条对下列两个主体违法行为的法律责任进行了规定。

---

① 寇秉辉：《罚缴分离原则的适用》，载《人民司法·案例》2019 年第 8 期。

② 全国人大常委会法制工作委员会国家法、行政法室等编著：《〈中华人民共和国行政处罚法〉释义》，法律出版社 1996 年版，第 161 页。

③ 《对罚款、没收违法所得或者没收非法财物拍卖的款项应当如何处理?》，载中国人大网，http://www.npc.gov.cn/npc/c2385/200204/5b662c1012314532987d9de32e924433.shtml，最后访问时间：2021 年 2 月 17 日。

一、行政机关自行收缴罚款的法律责任

本法第六十七条规定，作出罚款决定的行政机关应当与收缴罚款的机构分离。除依照本法第六十八条、第六十九条的规定当场收缴罚款外，作出行政处罚决定的行政机关及其执法人员不得自行收缴罚款。当事人应当自收到行政处罚决定书之日起15日内，向指定的银行缴纳罚款。行政机关违反本法第六十七条规定，即在不属于可以当场收缴罚款的情况下，行政机关自行收缴的，应由上级行政机关、各级财政部门责令改正，并按照法律规定的管理权限由任免机关、单位或者监察机关对直接负责的主管人员和直接责任人员依法给予处分或政务处分。

二、财政部门违法返还罚款、没收违法所得或拍卖款项行为的法律责任

依据本法第七十四条第一款和第二款的规定，除依法应当予以销毁的物品外，依法没收的非法财物必须按照国家规定公开拍卖或者按照国家有关规定处理。罚款、没收违法所得或者没收非法财物拍卖的款项，必须全部上缴国库，任何行政机关或者个人不得以任何形式截留、私分或者变相私分。即罚款、没收的违法所得或拍卖款项必须依法定程序进行，最终上缴国库，财政部门不得将其返还行政部门。财政部门向行政机关返还罚款、没收违法所得或拍卖款项的，应由上级行政机关或有关部门责令改正，并对直接负责的主管人员和其他直接责任人员给予处分。

【相关规定】

《罚款决定与罚款收缴分离实施办法》第三条；《罚没财物管理办法》第二十四条。

第七十九条　【截留、私分罚没财物的法律责任】行政机关截留、私分或者变相私分罚款、没收的违法所得或者财物的，由财政部门或者有关机关予以追缴，对直接负责的主管人员和其他直接责任人员依法给予处分；情节严重构成犯罪的，依法追究刑事责任。

执法人员利用职务上的便利，索取或者收受他人财物、将收缴罚款据为己有，构成犯罪的，依法追究刑事责任；情节轻微不构成犯罪的，依法给予处分。

【条文主旨】

本条是关于行政机关截留、私分或变相私分罚款、没收的违法所得或者财物以及执法人员利用职务便利，牟取非法个人利益行为的法律责任的规定。

【立法背景】

自20世纪80年代实行财政体制改革以来，一些地方为了解决行政机关经费不足的问题，采取了行政机关在执行法律、法规规定的职责时，将罚没收入与财政分成的方式。这虽然解决了执行机关行政经费不足的问题，却由此产生了一个很严重的负面效应，那就是行政机关罚款、没收违法所得越多，自己的收入越多，罚没款成了执法机关“创收”的手段，滥罚款，罚款被截留、私分或者变相私分的问题由此产生。为了抑制上述行为，原行政处罚法第五十三条第二款规定，罚款、没收违法所得或者没收非法财物拍卖的款项，必须全部上缴国库，任何行政机关或者个人不得以任何形式截留、私分或者变相私分，并在第五十八条规定了相应的法律责任。

新修订的行政处罚法对此内容的修改主要表现为三个方面：一是调整了语序，将原条文中“行政机关将罚款、没收的违法所得或者财物截留、私分或者变相私分的”修改为“行政机关截留、私分或者变相私分罚款、没收的违法所得或者财物的”，使条文表述更加规范；二是将原条文“由财政部门或者有关部门”修改为“由财政部门或者有关机关”；三是将原条文中的“行政处分”修改为“处分”。

【条文释义】

本条文规定了以下两种情形的法律责任。

一、行政机关截留、私分或者变相私分罚款、没收的违法所得或者财物的法律责任

罚款、没收违法所得或者没收非法财物拍卖的款项，必须全部上缴国库，任何行政机关或者个人不得以任何形式截留、私分或者变相私分。行政机关将罚款、没收的违法所得或者财物截留、私分或者变相私分的，由具有管理权限的财政部门和有关机关对截留、私分或变相私分的罚款、没收的违法所得或者财物予以追缴，并对直接负责的主管人员和其他直接责任人员给予处分。行政机关的截留、私分行为，构成政务处分法中的集体实施的违法行为。根据公职人员政务处分法第十条、第十七条、第十八条的规定，在行政机关内部进行了组织处理后，监察机关还可以进行政务处分。组织处理可以是一种针对违法公职人员采取的暂时性措施，也可以是一种实现人岗相适、人事相宜的干部任用激励机制，但不是一种追究公职人员违法责任的惩戒措施。[①] 组织处理又包括批评教育、通报批评、调离、降职、责令辞职、免职等形式。截留、私分行为既涉及领导人员，也涉及直接责任人员。对于领导人员，根据公职人员政务处分法第十八条的规定，可以在免职基础上，由监察机关再进行政务处分；对于直接责任人员，可以在组织处理的基础上，由监察机关再进行政务处分。

罚款、没收的违法所得或没收的非法财物属于应上缴国库的公共财物，行政机关或者其工作人员对之进行截留、私分或变相私分，是对国家财经管理制度和国家机关廉洁性的破坏，情节严重构成贪污公共财产的单位犯罪行为，应当依据《中华人民共和国刑法》对直接负责的主管人员和其他直接责任人员依法追究刑事责任。

二、执法人员利用职务上的便利，索取或者收受他人财物、将收缴罚款据为己有的法律责任

行政执法人员应当公正无私地行使行政执法职权，不得利用职务便利为自己谋取私利。

《中华人民共和国刑法》第三百八十八条规定："国家工作人员利用本人职权或者地位形成的便利条件，通过其他国家工作人员职务上的行为，为请托人谋取不正当利益，索取请托人财物或者收受请托人财物的，以受贿论处。"执法人员利用职务上的便利，索取或者收受他人财物为他人谋利益，构成受贿罪，应当根据具体数额与情节，依据相关法律规定追究其刑事责任。

《中华人民共和国刑法》第三百八十二条第一款规定："国家工作人员利用职务上的便利，侵吞、窃取、骗取或者以其他手段非法占有公共财物的，是贪污罪。"执法人员将收缴罚款据为己有的，是贪污行为，构成贪污罪。应当根据具体情形与数额追究执法人员的刑事责任。

执法人员有上述行为，但情节轻微不构成犯罪的，依法由有权机关给予处分。

---

① 秦前红编著：《〈中华人民共和国公职人员政务处分法〉解读与适用》，法律出版社 2020 年版，第 54 页。

【相关规定】

《中华人民共和国刑法》第三百八十二条、第三百八十八条、第三百九十六条 ;《财政违法行为处罚处分条例》第六条;《中华人民共和国公职人员政务处分法》第十条、第十七条、第十八条、第二十五条;《行政机关公务员处分条例》第二十三条。

第八十条 【行政机关的赔偿责任】 行政机关使用或者损毁查封、扣押的财物,对当事人造成损失的,应当依法予以赔偿,对直接负责的主管人员和其他直接责任人员依法给予处分。

【条文主旨】

本条是关于行政机关使用或损毁查封、扣押财物的法律责任的规定。

【立法背景】

查封、扣押等行政强制措施,是针对行政执法过程中的违法行为、危害事件的预防、制止和控制而设计的行为和制度,是行政机关在执法过程中运用较多的行政强制措施。原行政处罚法仅规定了行政机关使用或损毁扣押财物的法律责任,实质上,查封、扣押属于同一类行政强制措施,都是对当事人的有关财物进行扣留。[①] 而随着执法范围与执法力度的增强,行政机关查封、扣押的领域、品种和数量日渐增多。2011 年行政强制法的出台规范了行政强制的设定和实施,并明确了查封场所、设施或者财物与扣押财物是法定的行政强制措施的种类。新修订的行政处罚法,将行政机关使用或损毁查封、扣押财物的行为纳入应当承担法律责任的情形之中。

【条文释义】

行政机关对依法查封、扣押的财物,应妥善保管,不得使用或损毁。

① 赵志云主编:《〈中华人民共和国行政强制法〉条文解读与案例分析》,国家行政学院出版社 2012 年版,第 61 页。

行政机关使用或损毁查封、扣押财物，给当事人造成损失的，应承担赔偿责任。除追究行政机关的赔偿责任外，还应依据公务员法、监察法和公职人员政务处分法等对行政机关直接负责的主管人员和直接责任人员依法给予处分或政务处分。

【相关规定】

《中华人民共和国行政强制法》第二十六条；《中华人民共和国国家赔偿法》第四条。

第八十一条 【违法实施检查或执行措施的法律责任】 行政机关违法实施检查措施或者执行措施，给公民人身或者财产造成损害、给法人或者其他组织造成损失的，应当依法予以赔偿，对直接负责的主管人员和其他直接责任人员依法给予处分；情节严重构成犯罪的，依法追究刑事责任。

【条文主旨】

本条是关于行政机关违法实施检查措施或执行措施应当承担法律责任的规定。

【立法背景】

行政检查是实现行政管理目的的一种重要行政措施，具有了解情况、收集证据的功能。作为行政机关了解并发现违法违规行为的基本方式，行政检查活动的实施，直接构成后续行政许可、行政处罚、行政奖励等具体执法决定的基础和前提。① 执行措施指行政强制执行，指被处罚人无正当理由逾期不履行处罚义务，行政机关依法进行强制执行的行为。法律赋予行政机关行政检查权和行政强制执行权是为了行政机关更好地履行其法定职责，维护社会秩序，保护公民、法人或者其他组织的合法权益。

---

① 曹鎏：《“放管服”改革背景下行政检查监管目标实现研究》，载《中共中央党校（国家行政学院）学报》2020 年第 3 期。

【条文释义】

本法第五十四条、第七十二条分别规定了行政机关在行政处罚实施过程中享有检查、强制执行的权力。行政检查是行政机关为了防止行政违法行为进一步扩大或造成不可挽回的损失，或者为了制止正在实施的行政违法行为依法采取的措施。本条文中的“执行措施”是指行政强制执行，指被处罚人无正当理由逾期不履行处罚义务，行政机关依法进行强制执行的行为。行政检查权和行政强制执行权都是行政权的重要组成部分。行政检查措施和执行措施应当依法进行，行政机关违反相关实体法律或程序法律给公民、法人或者其他组织合法权益造成损害的，应承担相应法律责任：

一是行政赔偿责任。对于行政机关违法实施检查措施或执行措施给他人造成损害损失的行为，应依照国家赔偿法第三条、第四条、第二十五条至第二十九条的规定进行赔偿。

二是行政机关违法实施检查措施或执行措施给公民人身或者财产造成损害、给法人或其他组织造成损失的，情节轻微，不构成犯罪的，依法给予直接负责的主管人员和其他直接责任人员处分。

三是行政机关违法实施检查措施或执行措施给公民人身或者财产造成损害、给法人或其他组织造成损失的，情节严重，构成犯罪的，依法追究刑事责任。

【相关规定】

《中华人民共和国国家赔偿法》第三条、第四条。

第八十二条　【对拒不移交案件的有关人员的处理】行政机关对应当依法移交司法机关追究刑事责任的案件不移交，以行政处罚代替刑事处罚，由上级行政机关或者有关机关责令改正，对直接负责的主管人员和其他直接责任人员依法给予处分；情节严重构成犯罪的，依法追究刑事责任。

【条文主旨】

本条是关于行政机关对应当依法移交司法机关追究刑事责任的案件不

移交，以行政处罚代替刑事处罚的法律责任的规定。

【立法背景】

行政机关行政执法过程中发现涉嫌犯罪的案件需要刑事处理时，案件从行政执法程序向刑事司法程序流转的过程，被称为“行刑衔接”机制，是行政执法与刑事司法衔接工作机制的简称。行政执法与刑事司法衔接是当前深化行政执法体制改革的重要环节，也是多年来备受理论与实践关注的问题。

实践中，行政执法中“有案不送”“以罚代刑”问题较突出。主要表现为：

一是行政机关向刑事司法机关移送案件的数量较少，同一行政机关向公安机关移送犯罪案件的数量远远少于该行政机关的行政处罚案件。有的机关一年上千件行政处罚案件，但涉嫌犯罪移送司法机关的案件只有十余件。甚至有的行政机关连续几年向刑事司法机关移送涉嫌犯罪案件数量为零。①

二是行政机关的移送权常常成为要求违法者多交罚款或者保证缴纳罚款的要挟手段，违法者为了逃避刑事处罚，宁愿接受罚款。为了回应上述问题，行政处罚法制定之初就对“行刑衔接”进行了初步的制度设计，明确规定违法行为构成犯罪的，不能以行政处罚代替刑事处罚，必须移送司法机关追究刑事责任；对于应当移交司法机关追究刑事责任而不移交，行政机关及相关人员应承担法律责任。2001 年，国务院颁布的《行政执法机关移送涉嫌犯罪案件的规定》成为落实上述内容的重要文件，开启了“行刑衔接”的具体制度构建。此后，在环保、食品药品等领域相继出台相关文件推动“行刑衔接”制度的完善。

进入新时期，随着“行刑衔接”工作的深入推进，“行刑衔接”机制日益成为近年来行政执法部门、司法机关乃至社会各界共同关注的一项工作，中央及各地行政执法机关、公安机关、检察机关等在“行刑衔接”工作方面做了大量积极的探索。党的十八届三中全会《关于全面深化改革若干重大问题的决定》中将“完善行政执法与刑事司法衔接机制”作为全面深化改革的战略部署之一；党的十八届四中全会《关于全面推进依法治国若干重大问题的决定》中提出要“健全行政执法和刑事司法衔接机制，完善案件移送标准和程序，建立行政执法机关、公安机关、检察机关、审判

---

① 张红：《行政处罚与刑罚处罚的双向衔接》，载《中国法律评论》2020 年第 5 期。

机关信息共享、案情通报、案件移送制度，坚决克服有案不移、有案难移、以罚代刑现象，实现行政处罚和刑事处罚无缝衔接”。2014 年 12 月，广东省出台的《珠海经济特区行政执法与刑事司法衔接工作条例》是关于“行刑衔接”工作重要的地方性法规。2015 年 12 月，中共中央、国务院印发的《法治政府建设实施纲要（2015—2020 年）》中又再次强调了“健全行政执法和刑事司法衔接机制”。

2020 年国务院修改完善了《行政执法机关移送涉嫌犯罪案件的规定》，2021 年行政处罚法第二十七条和第三十五条在吸纳近年来“行刑衔接”制度完善的经验基础上，进一步完善了“行刑衔接”制度，并在第八十二条明确了违反“行刑衔接”制度相关规定的法律责任。

2021 年修改后的行政处罚法第八十二条相较于原行政处罚法第六十一条的变化在于：

一是此次修改删除了原条文中的“为牟取本单位私利”的表述，不再强调以“为牟取本单位私利”为违法的前提，只要行政机关出现应当依法移交司法机关追究刑事责任的案件而不移交，以行政处罚代替刑事处罚的情形，就应当承担相应的法律责任。

二是将原条文的“行政处分”修改为“处分”。

三是将原条文中“徇私舞弊、包庇纵容违法行为的，依照刑法有关规定追究刑事责任”的表述调整为“情节严重构成犯罪的，依法追究刑事责任”，旨在强调依据刑法的相关规定来判断“情节严重”的情形，进而追究相关人员的刑事责任。

【条文释义】

行政处罚和刑罚是性质不同的两种处罚措施，所适用的行为的社会危害性不同，产生的法律效果亦不相同。对于一般违法行为的查处，由行政机关在职权范围内加以管辖；如果违法行为构成犯罪，则行政机关必须将案件移送司法机关，进而依法追究刑事责任。

本法第二十七条规定了行政机关将涉嫌犯罪的案件移交司法机关的义务。行政机关对触犯刑法的行为应当依法移交司法机关追究刑事责任，不得以行政处罚代替刑罚。若行政机关对应当依法移交司法机关追究刑事责任的案件而不移交，以行政处罚代替刑事处罚的，应承担以下相应的法律责任：

一是由违法的行政机关的上级机关或者有关机关责令改正。行政执法机关违反本规定，不将案件移送司法机关的，由本级或者上级人民政府，或者实行垂直管理的上级行政执法机关，责令限期移送；行政执法机关违反本规定，对应当向公安机关移送的案件不予移送，或者以行政处罚代替移送的，由本级或者上级人民政府，或者实行垂直管理的上级行政执法机关，责令改正。

二是对直接负责的主管人员和其他直接责任人员依法给予处分。行政机关违反本规定，对应当依法移交司法机关追究刑事责任的案件不予移交，以行政处罚代替刑事处罚的，应由任免机关或单位以及监察机关在各自的权限范围内对直接负责的主管人员和其他直接责任人员给予处分或政务处分。

三是刑事责任。行政机关对应当依法移交司法机关追究刑事责任的案件不予移交，以行政处罚代替刑事处罚，情节严重构成犯罪的，应当承担刑事责任。“情节严重”是指行政执法人员存在应当依法移交司法机关追究刑事责任的案件而不移交的情形，而且不移交是指行政执法人员在履行职责的过程中，明知违法行为已经构成犯罪，应当移送司法机关追究刑事责任而不移送，予以隐瞒、掩饰；或者“大事化小”，以行政处罚代替刑事处罚。不移交行为只有情节严重的，才能构成犯罪，对直接负责的主管人员和其他直接责任人员依法追究刑事责任。

【相关规定】

《行政执法机关移送涉嫌犯罪案件的规定》第三条、第十六条；《中华人民共和国刑法》第四百零二条。

第八十三条　【行政机关不作为的法律责任】行政机关对应当予以制止和处罚的违法行为不予制止、处罚，致使公民、法人或者其他组织的合法权益、公共利益和社会秩序遭受损害的，对直接负责的主管人员和其他直接责任人员依法给予处分；情节严重构成犯罪的，依法追究刑事责任。

【条文主旨】

本条是关于行政机关不作为，致使公民、法人或者其他组织的合法权益、公共利益和社会秩序遭受损害的，应当承担法律责任的规定。

【立法背景】

保障和监督行政机关有效实施行政管理，维护公共利益和社会秩序，保护公民、法人或者其他组织的合法权益是行政处罚法的重要立法目的。行政处罚法从设定和程序等方面规范行政处罚的同时，也相应地给行政机关实施处罚提供了法律依据。法律赋予行政执法部门的每一项行政执法职权，既是法定权力，也是必须履行的法定义务。行政执法部门对任何违反法定义务的不作为和乱作为的行为，都必须承担相应的法律责任。行政机关及其工作人员应积极履行国家立法赋予的行政职权，对应当予以制止和处罚的违法行为及时制止、处罚。

相较原行政处罚法，新修订的行政处罚法对此条文的修改主要体现为：一是将原条文中的“执法人员玩忽职守”的内容删除，修改为“行政机关”，强调不作为的违法行政行为的主体是行政机关；二是将原条文中的“行政处分”修改为“处分”。

【条文释义】

对违反行政管理秩序的公民、法人或者其他组织予以惩戒是行政处罚的重要功能。行政机关对应当予以制止和处罚的违法行为不予制止、处罚，致使公民、法人或者其他组织的合法权益、公共利益和社会秩序遭受损害的，应当承担相应的法律责任：

一是由具有相应惩戒权限的机关对直接负责的主管人员和其他直接责任人员依法给予处分。

二是情节严重的，应当承担刑事责任。此处的情节严重是指行政机关执法人员有玩忽职守行为且构成犯罪的，应当承担刑事责任。玩忽职守罪侵害的客体属于复杂客体：国家机关工作人员违反其职务的勤政性原则，侵害了国家机关的正常管理活动；同时，国家机关工作人员不履行或不正确履行职责的玩忽职守行为，造成公共财产、国家和人民利益遭受重大损失，也侵犯了公民的人身、财产权利以及公共财产安全和社会主义市场经济秩序等。从玩忽职守罪侵犯的上述客体可以看出，玩忽职守罪侵犯的客体既可以是上述客体中的一种，也可以是数种，如国家机关工作人员因玩忽职守，严重侵害了国家机关的正常管理活动，同时还会造成巨大的财产损失或人身权利受到严重侵害的社会后果等。这些客体既可以是同时侵犯，也可以是只侵犯一种或数种，也即不是必然地侵犯所有的客体。①

执法人员构成玩忽职守罪，必须具有因玩忽职守，致使公共财产、国家和人民利益造成重大损失的结果。2005 年发布施行的《最高人民检察院关于渎职侵权犯罪案件立案标准的规定》，明确了应立案的情形与标准。若行政机关对应当予以制止和处罚的违法行为不予制止、处罚，致使公民、法人或者其他组织的合法权益、公共利益和社会秩序遭受损害，情节严重的，应当依据刑法的相关规定承担刑事责任。

【相关规定】

《中华人民共和国刑法》第三百九十七条；《最高人民检察院关于渎职侵权犯罪案件立案标准的规定》。

案例评析

行政处罚与行政强制措施应当依法进行

——李某阳、何某菊诉甲县城市管理综合执法局行政处罚及赔偿案②

【案情简介】

2015 年 6 月 13 日，甲县人民政府发布《关于开展城市环境综合整治的通告》，决定对县城环境进行综合整治。6 月 14 日，被告甲县城市管理综合执法局（以下简称“城管局”）向原告送达行政执法告知书，限李某阳、何某菊于 6 月 17 日下午 5 时自行搬离位于甲县××××街××旁摆摊点。何某菊对上述告知书进行了签收。

2015 年 6 月 18 日，城管局认为李某阳、何某菊在街道和公共通道违法占道经营，拆除了其位于××旁过道的商铺经营设施，扣押其经营商品，并进行了录音录像。6 月 18 日，城管局出具物品暂扣单及物品登记表，限李某阳、何某菊于 6 月 30 日前到被告处接受处理，并对物品进行了清理登记，现场协助单位甲县工商行政管理局、甲县食品药品监督管理局在物品登记表上加盖了公章。该暂扣单载明李某阳、何某菊拒绝签收。11

---

① 章筱青、李刚：《认定玩忽职守罪应注意划清的几种界限》，载中国法院网，https：//www.chinacourt.org/article/detail/2014/03/id/1233483.shtml，最后访问时间：2021 年 2 月 17 日。

② 参见云南省盐津县人民法院（2016）云 0623 行初 8 号行政判决书和云南省昭通市中级人民法院（2016）云 06 行终 95 号行政判决书。

月25日，城管局作出信访答复意见书，告知李某阳，已经对其违法占道经营的商品予以没收并进行了销毁。12月4日，城管局向李某阳送达信访答复意见书及违法暂扣物品登记表。

2016年7月23日，经甲县某司法鉴定所鉴定，甲县城管局提供的暂扣清单物品价值鉴定为31856元，李某阳、何某菊提供的财物清单物品损失鉴定为204109元（其中包含被拆除的货柜、烟柜，价值为3500元），鉴定费22000元由原告李某阳暂行垫付。

原告认为，自己在家中房屋过道摆放物品，没有妨碍过往人行走，所经营的烟酒生意属合法经营，城管局未向原告送达告知书，在未通知原告到场的情况下，将扣押物品进行销毁的行为程序违法，损害李某阳、何某菊的合法权益，故诉至法院，要求确认被告暂扣、销毁物品的行政行为违法，并赔偿其经济损失。

一审法院经审理作出如下判决：

1. 被告甲县城管局于2015年6月18日对被处罚人物品进行扣押、销毁及强制拆除货柜、烟柜的行政行为违法。

2. 判令被告甲县城管局在判决生效后30日内赔偿原告李某阳、何某菊主要财产损失31856元，货柜、烟柜评估价3500元，共计35356元。

3. 鉴定费22000元，由被告甲县城管局承担，判令被告在判决生效后30日内直接支付给先行垫付人李某阳。

二审法院同意一审法院裁判意见，维持了一审判决。

【专家评析】

本案涉及行政机关在行政执法中违法实施行政强制措施及承担相应法律责任的相关问题，主要争议焦点包括：

1. 被告扣押、销毁原告经营的商品与拆除货柜、烟柜的行为是否违法

本案被告甲县城管局是经过法律授权行使相对集中领域处罚权的行政主体，其执法行为必须依照行政处罚法规定的各项法定程序展开。依据法律规定，本案被告享有行政处罚权与实施行政强制措施的权力。查封、扣押等行政强制措施，是为解决行政执法过程中对违法行为、危害事件的预防、制止和控制而设计的行为和制度。行政机关对依法查封、扣押的财物，应妥善保管，不得使用或损毁。

本案中，甲县城管局以当事人占道经营为由，对其经营的全部商品予以扣押，并对货柜、烟柜进行了拆除。甲县城管局在扣押、销毁原告经营商品的执法过程中，没有当场出具扣押决定书、销毁决定书，也未告知被处罚人救济途径，违反了行政强制法第二十四条和第二十六条的规定。

其次，城管局在对原告的商品进行扣押后，未在法定期限内作出任何处罚决定，也未告知原告救济途径，即对该物品进行了销毁。违反了行政强制法第二十五条和第二十七条的规定，也违反了行政处罚法第八十条的规定。

为了保证行政相对人充分行使知情权、陈述权和申辩权，保障行政处罚决定的合法性和合理性，对本案涉及没收、销毁财物的行政处罚，应严格按照法律规定，出具扣押清单，在法定期限内作出处罚决定，告知当事人复议期限及救济权利。本案中，甲县城管局在没有作出任何处罚决定的情况下即销毁其没收的财物，没有法律依据，严重违反法定程序，依法应予撤销。

2. 被处罚人享有获得国家赔偿的权利

国家机关和国家机关工作人员行使职权，有国家赔偿法规定的侵犯公民、法人或者其他组织合法权益的情形，造成损害的，受害人有权取得国家赔偿的权利。

行政机关及其工作人员违法行使职权时，对公民、法人或者其他组织的合法权益造成损害的，国家应当承担赔偿责任。

根据国家赔偿法第四条的规定，行政机关及其工作人员在行使行政职权时有违法实施罚款、吊销许可证和执照、责令停产停业、没收财物等行政处罚与违法对财产采取查封、扣押、冻结等行政强制措施情形的，受害人有获得赔偿的权利。根据行政处罚法第八十条的规定，行政机关使用或者损毁查封、扣押的财物，对当事人造成损失的，应当依法予以赔偿。根据行政处罚法第八十一条的规定，行政机关违法实施检查措施或者执行措施，给公民人身或者财产造成损害、给法人或者其他组织造成损失的，应当依法予以赔偿。

本案中被告扣押、销毁原告经营的商品与拆除货柜、烟柜的行为违法，被处罚人享有获得国家赔偿的权利。由于被告无法对扣押、销毁物品与拆除的货柜、烟柜进行返还或恢复原状，依据国家赔偿法第三十六条第一款第四项的规定，应当返还的财产灭失的，行政机关应当给付相应的赔偿金。

行刑衔接机制中法律责任的认定

——丁某方徇私舞弊不移交刑事案件案①

【案情简介】

1997 年 7 月，丁某方任甲市林副业局林政科科长兼林政稽查大队大队长。2001 年 2 月，乙市多种经营管理局接到关于甲市上坝村滥伐林木的举报后，派该局林政处副处长顾某到该村初查。同年 4 月 17 日，甲市信访局、农工部等单位协调决定，由甲市林副业局负责查处此案。4 月 18 日上午，丁某方和顾某等人到上坝村调查，丁某方查看了该村 1999 年和 2000 年的销售林木账，初步测算出该村二年内滥伐林木约 600 立方米。当日下午，丁某方因事离开，由顾某等人对群众举报滥伐情况严重的部分林地进行了实地踏查并画了三份现场图。事后，顾某将现场图交给丁某方。

4 月 20 日，丁某方向镇领导通报上坝村滥伐林木案查处情况时表示，上坝村滥伐林木情节严重，有关人员会受到刑事处罚。镇领导要求“不要抓人”，丁某方接受说情，还承诺将认定的滥伐林木数降至 20 立方米以下，以行政处罚结案，并让镇领导根据其作出的行政处罚确定的滥伐林木数，对上坝村的销售林木账进行“技术处理”。之后，丁某方隐瞒初步测算上坝村滥伐林木约 600 立方米的调查情况，根据顾某交给他的现场图，测算出这些地块内滥伐的林木数是 17.9888 立方米，以此作为查处结果，向本局领导与顾某作了汇报。甲市林副业局根据丁某方汇报的滥伐林木数量，于 4 月 27 日决定对上坝村进行林业行政处罚，处罚决定由顾某宣布。

一审法院判决被告人丁某方犯徇私舞弊不移交刑事案件罪，判处其有期徒刑一年，缓刑一年六个月。

一审宣判后，丁某方不服，以其不符合构成徇私舞弊不移交刑事案件罪主体，无徇私舞弊的故意及行为不构成犯罪为由，提起上诉。

本案二审期间，上坝村滥伐林木案，已由一审法院作出有罪判决，一审认定的滥伐林木数为 542.712 立方米。

二审法院认为原审法院认定上诉人丁某方犯徇私舞弊不移交刑事案件罪的基本事实清楚，证据确凿、充分，适用法律正确，量刑适当，诉讼程

---

① 《丁某方徇私舞弊不移交刑事案件案第 209 号——认定徇私舞弊不移交刑事案件罪是否应以未移交的犯罪嫌疑人已被生效判决确定有罪为前提》，载最高人民法院刑事审判第一庭、最高人民法院刑事审判第二庭编：《刑事审判参考》（2002 年第 5 辑 · 总第 28 辑），法律出版社 2003 年版，第 34 页。

序合法。裁定驳回上诉，维持原判。

【专家评析】

本案涉及行刑衔接机制中法律责任的认定，具体争议焦点包括：

争议焦点一：丁某方是否符合徇私舞弊不移交刑事案件罪的犯罪主体资格。

行政执法人员既包括在行政执法机关中从事执法的人员，也包括在法律、法规授权的组织中从事执法的人员，同时还包括受行政机关委托从事执法、受行政机关聘用从事公务的人员。徇私舞弊不移交刑事案件罪的犯罪主体一般为负责查处某种行政违法案件的行政机关部门负责人及案件承办人员。本案中，丁某方是甲市林副业局林政科科长兼林政稽查大队大队长，有查办林业行政违法案件的职责，也受命代表林副业局赴上坝村调查滥伐林木情况。虽然本案中丁某方是在配合上级机关查处行政违法案件，其所在的甲市林副业局未办理立案手续，上级机关工作人员顾某参与了案件的调查且宣读过行政处罚决定等，但这些事实都不能改变丁某方所在的甲市林副业局为行政执法主体的实质。作为行政执法机关查办案件的直接责任人，丁某方在执法过程中明知应追究有关人员的刑事责任，却擅自将本应移交追究刑事责任的案件作行政处罚处理，其符合刑法上述条文中关于“行政执法人员”这一主体条件。因此，其具有徇私舞弊不移交刑事案件罪的犯罪主体资格。

争议焦点二：徇私的认定。

行为人徇私的故意和舞弊行为是构成徇私舞弊不移交刑事案件罪的必要条件。本案中，丁某方通过查销售林木账，已经掌握了上坝村滥伐林木的总体情况，却在接受镇领导要求“不要抓人”的说情的情况下，授意他人修改该村的销售林木账，将滥伐林木数量降至20立方米以下，具有隐瞒真相的故意以及舞弊的行为。

争议焦点三：如何认定“不移交”。

不移交不能仅仅认定为不直接向司法机关移交，①还应包括在行政执法机关内部环节之间的不移交，如因徇私舞弊不按规定将案件提交下一环节而擅自终止案件，导致案件应移交公安机关而未移交的情形。因此，徇私舞弊不移交刑事案件罪的不移交也包括如下情况：一是行为人擅自终结案件的处理，不向上一级移交案件，致使违法犯罪行为得以继续；二是行

---

① 李曼、黄永明：《徇私舞弊不移交刑事案件罪的适用》，载《人民司法·案例》2016年第35期。

为人伪造证据，弄虚作假，对应当报告的情况不报告，致使上级对案件作出错误的处理决定。[①] 对不同职责、地位的行政执法人员而言，不移交的具体含义不同：对一般办事人员而言，是指不向中层管理机构移交；对中层负责人而言，是指不按照规定向其他机构或单位负责人移交；而对单位负责人而言，则是指不按照规定提交集体讨论决定或不按规定向司法机关移交。本案中丁某方明知上坝村二年内滥伐林木数额巨大，违反了森林法和刑法的规定，有关人员的行为已经涉嫌犯罪，应当将案件移交给其他部门处理，却应他人的请求徇私舞弊，隐瞒真相，以授意他人改动后的调查结果向本局领导与上级行政机关的办案人员顾某作了汇报，致使甲市林副业局根据丁某方的汇报对上坝村进行林业处罚，以行政处罚来代替刑事处理，放纵犯罪，情节严重，构成徇私舞弊不移交刑事案件罪。

---

① 赵祥东、陈碧莲：《殷某新徇私舞弊不移交刑事案件、受贿案——徇私舞弊不移交刑事案件罪的认定》，载《人民司法·案例》2008 年第 10 期。

第八章　附　　则

第八十四条　【涉外行政处罚】外国人、无国籍人、外国组织在中华人民共和国领域内有违法行为，应当给予行政处罚的，适用本法，法律另有规定的除外。

【条文主旨】

本条是关于涉外行政处罚的规定。

【立法背景】

本条文为本次修订行政处罚法新增的内容。

近年来，随着改革开放进程的深入推进，中国在各方面取得了举世瞩目的成就，在政治、经济、文化、社会和生态文明建设各个方面都发生了前所未有的历史性变化。中国与世界各国之间的经济、文化交流与合作日益密切，对外吸引力亦显著增强，越来越多的外国人、无国籍人来中国留学、工作、旅游，越来越多的外国组织来华开展交流与活动。同时，外国人、无国籍人、外国组织在我国的违法案件也相对增多，特别是外国人的非法入境、非法居留、非法就业等问题突出，破坏了我国的行政管理秩序，需要将上述主体在我国领域内的违法行为纳入行政处罚的规制范围，有效引导、规范外国人、无国籍人、外国组织的行为。

【条文释义】

根据本条规定，外国人、无国籍人、外国组织在我国领域内有违法行为，应当给予行政处罚的，除法律另有规定的情形外，应当适用本法。

外国人、无国籍人、外国组织在我国领域内的行政违法行为适用我国的行政处罚法是国家主权原则在行政处罚制度中的具体体现。主权是一个国家对外的最高权力。行政机关依法行使的行政权是国家主权的重要组成部分。依照本条规定，外国人、无国籍人、外国组织在我国领域内有违法行为，应当给予行政处罚的，应当适用本法。

针对外国人、无国籍人、外国组织实施的行政处罚，首先应当遵循平等原则。

任何一个主权国家对在本国活动的外国人都规定了依法享有的权利和必须履行的义务，都规定了必须遵守所在国的法律，这是国家平等原则的体现。外国人、无国籍人、外国组织享有行政处罚法中规定的同中华人民共和国公民、组织同等的诉讼权利和义务。

其次，针对外国人、外国组织的行政处罚，也要遵循对等原则。如果一个国家的法律对外国公民或者组织在本国的某些活动方面的权利与本国公民的权利有不同的规定，即加以限制，另一个国家也采取相应的措施加以限制，这种相互限制的规定，也是对等进行的，即对等原则。对等原则，既包括行使权利，也包括履行义务。

此外，若我国其他立法规定了外国人、无国籍人、外国组织在我国领域内有违法行为要进行行政处罚的情形，应适用其他立法。

第八十五条　【期限的界定】本法中“二日”“三日”“五日”“七日”的规定是指工作日，不含法定节假日。

【条文主旨】

本条是关于期限的规定。

【立法背景】

本条是本次修订行政处罚法新增的内容。

期限的计算是行政处罚法实施的重要问题，在实践中期限规定不明确就会引起争议。原行政处罚法并未明确“二日”“三日”“五日”“七日”等期限是工作日还是自然日。此次修改明确上述期限不包含法定节假日。法律对期限作出明确规定，一是督促行政机关提高效率，及时作出有关决定、实施行政处罚，依法履行职责，切实保护公民、法人或者其他组织的合法权益；二是增强人们的法治观念，督促或者强制不履行行政决定的当事人尽快履行其义务，维护正常的社会秩序。

【条文释义】

根据本条规定，本法中“二日”“三日”“五日”“七日”的规定是指工作日，不含法定节假日。因“二日”“三日”“五日”“七日”这些期限都是属于较短的期限，如果包含法定节假日，会造成行政机关完成工作的困难。

第八十六条 【施行日期】本法自2021年7月15日起施行。

【条文主旨】

本条是关于本法施行日期的规定。

【立法背景】

我国立法法第五十七条规定，法律应当明确规定施行日期。法律的施行日期，即法律的生效时间，是指法律何时开始生效、何时终止效力，以及法律对于其生效前的事件或行为是否具有溯及力的问题。施行日期是任何一部法律都不可或缺的基本要素。

我国法律对施行时间的规定主要有以下三种方式：一是法律条文中明确规定自公布之日起施行，这种方式在我国立法中曾较多运用。二是法律中明确规定施行日期，法律公布后并不立即实施，而是经过一定的准备时间后才开始施行，这是近年来我国在制定新法时采取的主要方式。三是法律条文中明确规定法律生效的条件，如规定法律公布后先予试行或暂行，而后由立法部门加以补充完善，再通过成为正式法律，但在试行期间，该法律也有约束力。

修改后的法律生效时间一般由修改法律的形式决定。当法律仅需做较局部的、少量修改时，或者是个别条款文字性、技术性修改时，采用由全国人大常委会审议通过该法律“修正案”的方式，以全国人大常委会的名义作出该法律修改的决定。当法律需要做较大的、全面的修改时，采用由全国人大常委会审议通过该法律“修订草案”的方式，由于此种修改方式修改的内容较多，涉及法律原则、制度的修改，一般重新规定法律施行日期。

行政处罚法由第八届全国人民代表大会第四次会议通过，此后根据2009年8月27日第十一届全国人民代表大会常务委员会第十次会议《关于修改部分法律的决定》进行了第一次修正，根据2017年9月1日第十二届全国人民代表大会常务委员会第二十九次会议《关于修改〈中华人民共和国法官法〉等八部法律的决定》进行了第二次修正。2021年1月22日，根据第十三届全国人民代表大会常务委员会第二十五次会议进行了较大幅度的修订，并明确本法的施行日期为2021年7月15日。

【条文释义】

法律的施行时间即法律的生效时间。本条明确规定，本法自2021年7月15日生效，即本法自2021年7月15日起产生法律效力。2021年1月22日，由第十三届全国人民代表大会常务委员会第二十五次会议修订通过的行政处罚法是对行政处罚法1996年颁布实施以来的首次全面调整。由于修改内容较多，修订后的行政处罚法自颁布至施行间隔半年左右，意在通过设置施行准备期，使各有关方面利用这段时间做好本法实施的准备工作。

附　录

关于《中华人民共和国行政处罚法（修订草案）》的说明

——2020年6月28日在第十三届全国人民代表大会常务委员会第二十次会议上

全国人大常委会法制工作委员会副主任　许安标

全国人民代表大会常务委员会：

我受委员长会议的委托，作关于《中华人民共和国行政处罚法（修订草案）》的说明。

一、修改的必要性和起草过程

行政处罚是行政机关有效实施行政管理，保障法律、法规贯彻施行的重要手段。现行行政处罚法于1996年由第八届全国人大第四次会议通过，2009年和2017年先后两次作了个别条文修改，对行政处罚的种类、设定和实施作了基本规定。该法颁布施行以来，对增强行政机关及其工作人员依法行政理念，依法惩处各类行政违法行为，推动解决乱处罚问题，保护公民、法人和其他组织合法权益发挥了重要作用，积累了宝贵经验，同时，执法实践中也提出了一些新问题。党的十八大以来，以习近平同志为核心的党中央推进全面依法治国，深化行政执法体制改革，建立权责统一、权威高效的行政执法体制；完善行政执法程序，坚持严格规范公正文明执法。为贯彻落实党中央重大改革决策部署，推进国家治理体系和治理能力现代化，加强法治政府建设，完善行政处罚制度，解决执法实践中遇到的突出问题，有必要修改行政处罚法。

党的十八大以来，先后有近两百名全国人大代表、政协委员提出修改行政处罚法的议案、建议和提案，有关方面也陆续提出修改行政处罚法的意见和建议。行政处罚法修改列入十三届全国人大常委会立法规划。法制工作委员会于2018年启动行政处罚法的修改工作，先后到北京、江西、广东、内蒙古、天津、河南等地进行调研，多次召开国务院部门、地方人大、政府法制机构、专家学者、律师和企业座谈会，听取各方面的意见和建议。通过上海虹桥街道基层立法联系点走访基层执法部门了解实际情况，委托部分国务院部门、地方人大、基层立法联系点收集法律实施过程中存在的突出问题。通过课题委托、专题研究等方式，认真研究相关问题。在广泛征求意见和深入研究的基础上，

2019年10月形成修改草案征求意见稿，书面征求国务院部门、31个省（区、市）和部分设区的市人大常委会法制工作机构，以及基层立法联系点、部分高等院校、科研单位的意见。召开座谈会，专门听取部分省、直辖市人大常委会法制工作机构主要负责同志意见。2020年1月，分别召开中央政法委、中央改革办、中央依法治国办、中央编办以及部分国务院部门、法院系统同志参加的座谈会，再次征求意见。根据各方面意见，对征求意见稿进一步修改完善，形成了行政处罚法修订草案。

二、修改的指导思想和主要考虑

修改工作坚持以习近平新时代中国特色社会主义思想为指导，深入贯彻党的十九大和十九届二中、三中、四中全会精神，全面贯彻习近平总书记全面依法治国新理念新思想新战略，适应推进全面依法治国的需要，落实完善行政执法体制、严格规范公正文明执法的改革要求，推进国家治理体系和治理能力现代化。

根据各方面意见，修改工作把握以下几点：一是贯彻落实党中央重大决策部署，立法主动适应改革需要，体现和巩固行政执法领域中取得的重大改革成果。二是坚持问题导向，适应实践需要，扩大地方的行政处罚设定权限，加大重点领域行政处罚力度。三是坚持权由法定的法治原则，增加综合行政执法，赋予乡镇街道行政处罚权，完善行政处罚程序，严格行政执法责任，更好地保障严格规范公正文明执法。四是把握通用性，从行政处罚法是行政处罚领域的通用规范出发，认真总结实践经验，发展和完善行政处罚的实体和程序规则，为单行法律、法规设定行政处罚和行政机关实施行政处罚提供基本遵循。

三、修改的主要内容

（一）关于行政处罚的定义和种类

现行行政处罚法第八条列举了七项行政处罚种类。一些意见反映，行政处罚法未对行政处罚进行界定，所列举的处罚种类较少，不利于行政执法实践和法律的实施。据此，作以下修改：一是增加行政处罚的定义，明确行政处罚是指行政机关在行政管理过程中，对违反行政管理秩序的公民、法人或者其他组织，以依法减损权利或者增加义务的方式予以惩戒的行为。二是将现行单行法律、法规中已经明确规定，行政执法实践中常用的行政处罚种类纳入本法，增加规定通报批评、降低资质等级、不得申请行政许可、限制开展生产经营活动、限制从业、责令停止行为、责令作出行为等行政处罚种类。

（二）关于地方性法规设定行政处罚的权限

现行行政处罚法第十一条规定："地方性法规可以设定除限制人身自由、吊销企业营业执照以外的行政处罚。""法律、行政法规对违法行为已经作出行政处罚规定，地方性法规需要作出具体规定的，必须在法律、行政法规规定的给予行政处罚的行为、种类和幅度的范围内规定。”多年来，一些地方人大同志反映，现行行政处罚法中有关地方性法规设定行政处罚的规定限制过严，地方保障法律法规实施的手段受限，建议扩大地方性法规的行政处罚设定权限。为充分发挥地方性法规在地方治理中的作用，增加规定：地方性法规为实施法律、行政法规，对法律、行政法规未规定的违法行为可以补充设定行政处罚。地方性法规拟补充设定行政处罚的，应当通过听证会、论证会等形式听取意见，并向制定机关作出说明。

（三）关于行政处罚实施主体

根据党和国家机构改革和行政执法体制改革要求，明确综合行政执法的法律地位，增加规定：国家在城市管理、市场监管、生态环境、文化市场、交通运输、农业等领域实行综合行政执法，相对集中行政处罚权，由一个行政机关统一实施相关领域的行政处罚。同时，根据基层整合审批服务执法力量改革要求，推进行政执法权限和力量向基层延伸和下沉，增加规定：省、自治区、直辖市根据当地实际情况，可以决定符合条件的乡镇人民政府、街道办事处对其管辖区域内的违法行为行使有关县级人民政府部门的部分行政处罚权。

（四）关于行政处罚的适用

经过多年的执法实践，行政处罚的适用规则不断发展完善，在总结实践经验基础上，作以下补充完善：一是明确行政机关实施行政处罚时，有违法所得的，应当予以没收。二是规范行政处罚自由裁量权行使，完善从轻、减轻的法定情形，增加规定当事人有证据证明没有主观过错的，不予行政处罚，法律、行政法规有特别规定的，依照其规定；行政机关可以依法制定行政处罚裁量基准。三是加大重点领域执法力度，涉及公民生命健康安全的违法行为的追责期限由两年延长至五年。四是增加“从旧兼从轻”适用规则，行政处罚的依据适用违法行为发生时的法律、法规和规章的规定，但是新的法律、法规和规章的规定更有利于当事人的，适用新的法律、法规和规章的规定。五是完善行政处罚决定无效制度，行政处罚没有法定依据或者实施主体不具有行政主体资格的，行政处罚无效；不遵守法定程序构成重大且明显违法的，行政处罚无效。六是明确行政处罚证据种类和适用规则，规定证据必须经查证属实，方可作为认定案件事实的根据；以非法手段取得的证据，不得作为认定案件事实的根据。七是进一步明确适用范围，外国人、无国籍人、外国组织在中华人民共和国领域内有违法行为，应当给予行政处罚的，适用本法，法律另有规定的除外。

（五）关于行政处罚的程序

为推进严格规范公正文明执法，巩固行政执法公示制度、行政执法全过程记录制度、重大执法决定法制审核制度“三项制度”改革成果，进一步完善行政处罚程序，作以下修改：一是明确公示要求，增加规定行政处罚的实施机关、立案依据、实施程序和救济渠道等信息应当公示；行政处罚决定应当依法公开。二是体现全程记录，增加规定行政机关应当依法以文字、音像等形式，对行政处罚的启动、调查取证、审核、决定、送达、执行等进行全过程记录，归档保存。三是细化法制审核程序，列明适用情形，明确未经法制审核或者审核未通过的不得作出行政处罚决定。四是规范非现场执法，增加规定行政机关依照法律、行政法规规定利用电子技术监控设备收集、固定违法事实的，应当经过法制和技术审核，确保设置合理、标准合格、标志明显，设置地点应当向社会公布，并对记录内容和方便当事人查询作出相应规定。五是进一步完善回避制度，细化回避情形，明确对回避申请应当依法审查，但不停止调查或者实施行政处罚。六是增加规定发生重大传染病疫情等突发事件，为了控制、减轻和消除突发事件引起的社会危害，行政机关对违反突发事件应对措施的行为，依法从重处罚，并可以简化程序。七是适应行政执法实际需要，将适用简易程序的罚款数额由五十元以下和一千元以下，分别提高至二百元以下和三千元以下。八是增加立案程序，除当场作出的行政处罚外，行政机关认为符合立案标准的，应当立案。九是完善听证程序，扩大适用范围，适当延长申请期限，明确行政机关应当结合听证笔录作出决定。

（六）关于行政处罚的执行

为保障行政处罚决定的依法履行，补充完善执行制度，作以下修改：一是适应行政执法实际需要，将行政机关当场收缴的罚款数额由二十元以下提高至一百元以下。二是与行政强制法相衔接，完善行政处罚的强制执行程序，规定当事人逾期不履行行政处罚决定的，行政机关可以根据法律规定实施行政强制执行。三是明确行政机关批准延期、分期缴纳罚款的，申请人民法院强制执行的期限，自暂缓或者分期缴纳罚款期限结束之日起计算。四是明确当事人申请行政复议或者提起行政诉讼的，加处罚款的数额在行政复议或者行政诉讼期间不予计算。

（七）关于执法监督

为贯彻落实行政执法责任制和责任追究制度，强化对行政处罚行为的监督，作以下修改：一是增加规定罚款、没收违法所得或者没收非法财物拍卖的款项，不得同作出行政处罚决定的行政机关及其工作人员的考核、考评直接或者变相挂钩。二是增加规定县级以上人民政府应当定期组织开展行政执法评议、考核，加强对行政处罚的监督检查，规范和保障行政处罚的实施。

此外，修订草案对管辖、行政执法协助、行政执法资格等规定也作了补充完善。

行政处罚法修订草案和以上说明是否妥当，请审议。

中华人民共和国行政处罚法

（1996年3月17日第八届全国人民代表大会第四次会议通过　根据2009年8月27日第十一届全国人民代表大会常务委员会第十次会议《关于修改部分法律的决定》第一次修正　根据2017年9月1日第十二届全国人民代表大会常务委员会第二十九次会议《关于修改〈中华人民共和国法官法〉等八部法律的决定》第二次修正　2021年1月22日第十三届全国人民代表大会常务委员会第二十五次会议修订）

目　　录

第一章　总　　则

第一条　为了规范行政处罚的设定和实施，保障和监督行政机关有效实施行政管理，维护公共利益和社会秩序，保护公民、法人或者其他组织的合法权益，根据宪法，制定本法。

第二条　行政处罚是指行政机关依法对违反行政管理秩序的公民、法人或者其他组织，以减损权益或者增加义务的方式予以惩戒的行为。

第三条　行政处罚的设定和实施，适用本法。

第四条 公民、法人或者其他组织违反行政管理秩序的行为，应当给予行政处罚的，依照本法由法律、法规、规章规定，并由行政机关依照本法规定的程序实施。

第五条 行政处罚遵循公正、公开的原则。

设定和实施行政处罚必须以事实为依据，与违法行为的事实、性质、情节以及社会危害程度相当。

对违法行为给予行政处罚的规定必须公布；未经公布的，不得作为行政处罚的依据。

第六条 实施行政处罚，纠正违法行为，应当坚持处罚与教育相结合，教育公民、法人或者其他组织自觉守法。

第七条 公民、法人或者其他组织对行政机关所给予的行政处罚，享有陈述权、申辩权；对行政处罚不服的，有权依法申请行政复议或者提起行政诉讼。

公民、法人或者其他组织因行政机关违法给予行政处罚受到损害的，有权依法提出赔偿要求。

第八条 公民、法人或者其他组织因违法行为受到行政处罚，其违法行为对他人造成损害的，应当依法承担民事责任。

违法行为构成犯罪，应当依法追究刑事责任的，不得以行政处罚代替刑事处罚。

第二章 行政处罚的种类和设定

第九条 行政处罚的种类：

（一）警告、通报批评；

（二）罚款、没收违法所得、没收非法财物；

（三）暂扣许可证件、降低资质等级、吊销许可证件；

（四）限制开展生产经营活动、责令停产停业、责令关闭、限制从业；

（五）行政拘留；

（六）法律、行政法规规定的其他行政处罚。

第十条 法律可以设定各种行政处罚。

限制人身自由的行政处罚，只能由法律设定。

第十一条 行政法规可以设定除限制人身自由以外的行政处罚。

法律对违法行为已经作出行政处罚规定，行政法规需要作出具体规定的，必须在法律规定的给予行政处罚的行为、种类和幅度的范围内规定。

法律对违法行为未作出行政处罚规定，行政法规为实施法律，可以补充设定行政处罚。拟补充设定行政处罚的，应当通过听证会、论证会等形式广泛听取意见，并向制定机关作出书面说明。行政法规报送备案时，应当说明补充设定行政处罚的情况。

第十二条　地方性法规可以设定除限制人身自由、吊销营业执照以外的行政处罚。

法律、行政法规对违法行为已经作出行政处罚规定，地方性法规需要作出具体规定的，必须在法律、行政法规规定的给予行政处罚的行为、种类和幅度的范围内规定。

法律、行政法规对违法行为未作出行政处罚规定，地方性法规为实施法律、行政法规，可以补充设定行政处罚。拟补充设定行政处罚的，应当通过听证会、论证会等形式广泛听取意见，并向制定机关作出书面说明。地方性法规报送备案时，应当说明补充设定行政处罚的情况。

第十三条　国务院部门规章可以在法律、行政法规规定的给予行政处罚的行为、种类和幅度的范围内作出具体规定。

尚未制定法律、行政法规的，国务院部门规章对违反行政管理秩序的行为，可以设定警告、通报批评或者一定数额罚款的行政处罚。罚款的限额由国务院规定。

第十四条　地方政府规章可以在法律、法规规定的给予行政处罚的行为、种类和幅度的范围内作出具体规定。

尚未制定法律、法规的，地方政府规章对违反行政管理秩序的行为，可以设定警告、通报批评或者一定数额罚款的行政处罚。罚款的限额由省、自治区、直辖市人民代表大会常务委员会规定。

第十五条　国务院部门和省、自治区、直辖市人民政府及其有关部门应当定期组织评估行政处罚的实施情况和必要性，对不适当的行政处罚事项及种类、罚款数额等，应当提出修改或者废止的建议。

第十六条　除法律、法规、规章外，其他规范性文件不得设定行政处罚。

第三章　行政处罚的实施机关

第十七条　行政处罚由具有行政处罚权的行政机关在法定职权范围内实施。

第十八条　国家在城市管理、市场监管、生态环境、文化市场、交通运输、应急管理、农业等领域推行建立综合行政执法制度，相对集中行政处罚权。

国务院或者省、自治区、直辖市人民政府可以决定一个行政机关行使有关行政机关的行政处罚权。

限制人身自由的行政处罚权只能由公安机关和法律规定的其他机关行使。

第十九条 法律、法规授权的具有管理公共事务职能的组织可以在法定授权范围内实施行政处罚。

第二十条 行政机关依照法律、法规、规章的规定，可以在其法定权限内书面委托符合本法第二十一条规定条件的组织实施行政处罚。行政机关不得委托其他组织或者个人实施行政处罚。

委托书应当载明委托的具体事项、权限、期限等内容。委托行政机关和受委托组织应当将委托书向社会公布。

委托行政机关对受委托组织实施行政处罚的行为应当负责监督，并对该行为的后果承担法律责任。

受委托组织在委托范围内，以委托行政机关名义实施行政处罚；不得再委托其他组织或者个人实施行政处罚。

第二十一条 受委托组织必须符合以下条件：

（一）依法成立并具有管理公共事务职能；

（二）有熟悉有关法律、法规、规章和业务并取得行政执法资格的工作人员；

（三）需要进行技术检查或者技术鉴定的，应当有条件组织进行相应的技术检查或者技术鉴定。

第四章 行政处罚的管辖和适用

第二十二条 行政处罚由违法行为发生地的行政机关管辖。法律、行政法规、部门规章另有规定的，从其规定。

第二十三条 行政处罚由县级以上地方人民政府具有行政处罚权的行政机关管辖。法律、行政法规另有规定的，从其规定。

第二十四条 省、自治区、直辖市根据当地实际情况，可以决定将基层管理迫切需要的县级人民政府部门的行政处罚权交由能够有效承接的乡镇人民政府、街道办事处行使，并定期组织评估。决定应当公布。

承接行政处罚权的乡镇人民政府、街道办事处应当加强执法能力建设，按照规定范围、依照法定程序实施行政处罚。

有关地方人民政府及其部门应当加强组织协调、业务指导、执法监督，建立健全行政处罚协调配合机制，完善评议、考核制度。

第二十五条 两个以上行政机关都有管辖权的，由最先立案的行政机关管辖。

对管辖发生争议的，应当协商解决，协商不成的，报请共同的上一级行政机关指定管辖；也可以直接由共同的上一级行政机关指定管辖。

第二十六条　行政机关因实施行政处罚的需要，可以向有关机关提出协助请求。协助事项属于被请求机关职权范围内的，应当依法予以协助。

第二十七条　违法行为涉嫌犯罪的，行政机关应当及时将案件移送司法机关，依法追究刑事责任。对依法不需要追究刑事责任或者免予刑事处罚，但应当给予行政处罚的，司法机关应当及时将案件移送有关行政机关。

行政处罚实施机关与司法机关之间应当加强协调配合，建立健全案件移送制度，加强证据材料移交、接收衔接，完善案件处理信息通报机制。

第二十八条　行政机关实施行政处罚时，应当责令当事人改正或者限期改正违法行为。

当事人有违法所得，除依法应当退赔的外，应当予以没收。违法所得是指实施违法行为所取得的款项。法律、行政法规、部门规章对违法所得的计算另有规定的，从其规定。

第二十九条　对当事人的同一个违法行为，不得给予两次以上罚款的行政处罚。同一个违法行为违反多个法律规范应当给予罚款处罚的，按照罚款数额高的规定处罚。

第三十条　不满十四周岁的未成年人有违法行为的，不予行政处罚，责令监护人加以管教；已满十四周岁不满十八周岁的未成年人有违法行为的，应当从轻或者减轻行政处罚。

第三十一条　精神病人、智力残疾人在不能辨认或者不能控制自己行为时有违法行为的，不予行政处罚，但应当责令其监护人严加看管和治疗。间歇性精神病人在精神正常时有违法行为的，应当给予行政处罚。尚未完全丧失辨认或者控制自己行为能力的精神病人、智力残疾人有违法行为的，可以从轻或者减轻行政处罚。

第三十二条　当事人有下列情形之一，应当从轻或者减轻行政处罚：

（一）主动消除或者减轻违法行为危害后果的；

（二）受他人胁迫或者诱骗实施违法行为的；

（三）主动供述行政机关尚未掌握的违法行为的；

（四）配合行政机关查处违法行为有立功表现的；

（五）法律、法规、规章规定其他应当从轻或者减轻行政处罚的。

第三十三条　违法行为轻微并及时改正，没有造成危害后果的，不予行政处罚。初次违法且危害后果轻微并及时改正的，可以不予行政处罚。

当事人有证据足以证明没有主观过错的，不予行政处罚。法律、行政法规另有规定的，从其规定。

对当事人的违法行为依法不予行政处罚的，行政机关应当对当事人进行教育。

第三十四条 行政机关可以依法制定行政处罚裁量基准，规范行使行政处罚裁量权。行政处罚裁量基准应当向社会公布。

第三十五条 违法行为构成犯罪，人民法院判处拘役或者有期徒刑时，行政机关已经给予当事人行政拘留的，应当依法折抵相应刑期。

违法行为构成犯罪，人民法院判处罚金时，行政机关已经给予当事人罚款的，应当折抵相应罚金；行政机关尚未给予当事人罚款的，不再给予罚款。

第三十六条 违法行为在二年内未被发现的，不再给予行政处罚；涉及公民生命健康安全、金融安全且有危害后果的，上述期限延长至五年。法律另有规定的除外。

前款规定的期限，从违法行为发生之日起计算；违法行为有连续或者继续状态的，从行为终了之日起计算。

第三十七条 实施行政处罚，适用违法行为发生时的法律、法规、规章的规定。但是，作出行政处罚决定时，法律、法规、规章已被修改或者废止，且新的规定处罚较轻或者不认为是违法的，适用新的规定。

第三十八条 行政处罚没有依据或者实施主体不具有行政主体资格的，行政处罚无效。

违反法定程序构成重大且明显违法的，行政处罚无效。

第五章　行政处罚的决定

第一节　一般规定

第三十九条 行政处罚的实施机关、立案依据、实施程序和救济渠道等信息应当公示。

第四十条 公民、法人或者其他组织违反行政管理秩序的行为，依法应当给予行政处罚的，行政机关必须查明事实；违法事实不清、证据不足的，不得给予行政处罚。

第四十一条 行政机关依照法律、行政法规规定利用电子技术监控设备收集、固定违法事实的，应当经过法制和技术审核，确保电子技术监控设备符合标准、设置合理、标志明显，设置地点应当向社会公布。

电子技术监控设备记录违法事实应当真实、清晰、完整、准确。行政机关应当审核记录内容是否符合要求；未经审核或者经审核不符合要求的，不得作为行政处罚的证据。

行政机关应当及时告知当事人违法事实，并采取信息化手段或者其他措施，为当事人查询、陈述和申辩提供便利。不得限制或者变相限制当事人享有的陈述权、申辩权。

第四十二条　行政处罚应当由具有行政执法资格的执法人员实施。执法人员不得少于两人，法律另有规定的除外。

执法人员应当文明执法，尊重和保护当事人合法权益。

第四十三条　执法人员与案件有直接利害关系或者有其他关系可能影响公正执法的，应当回避。

当事人认为执法人员与案件有直接利害关系或者有其他关系可能影响公正执法的，有权申请回避。

当事人提出回避申请的，行政机关应当依法审查，由行政机关负责人决定。决定作出之前，不停止调查。

第四十四条　行政机关在作出行政处罚决定之前，应当告知当事人拟作出的行政处罚内容及事实、理由、依据，并告知当事人依法享有的陈述、申辩、要求听证等权利。

第四十五条　当事人有权进行陈述和申辩。行政机关必须充分听取当事人的意见，对当事人提出的事实、理由和证据，应当进行复核；当事人提出的事实、理由或者证据成立的，行政机关应当采纳。

行政机关不得因当事人陈述、申辩而给予更重的处罚。

第四十六条　证据包括：

（一）书证；

（二）物证；

（三）视听资料；

（四）电子数据；

（五）证人证言；

（六）当事人的陈述；

（七）鉴定意见；

（八）勘验笔录、现场笔录。

证据必须经查证属实，方可作为认定案件事实的根据。

以非法手段取得的证据，不得作为认定案件事实的根据。

第四十七条　行政机关应当依法以文字、音像等形式，对行政处罚的启动、调查取证、审核、决定、送达、执行等进行全过程记录，归档保存。

第四十八条　具有一定社会影响的行政处罚决定应当依法公开。

公开的行政处罚决定被依法变更、撤销、确认违法或者确认无效的，行政机关应当在三日内撤回行政处罚决定信息并公开说明理由。

第四十九条 发生重大传染病疫情等突发事件，为了控制、减轻和消除突发事件引起的社会危害，行政机关对违反突发事件应对措施的行为，依法快速、从重处罚。

第五十条 行政机关及其工作人员对实施行政处罚过程中知悉的国家秘密、商业秘密或者个人隐私，应当依法予以保密。

第二节 简易程序

第五十一条 违法事实确凿并有法定依据，对公民处以二百元以下、对法人或者其他组织处以三千元以下罚款或者警告的行政处罚的，可以当场作出行政处罚决定。法律另有规定的，从其规定。

第五十二条 执法人员当场作出行政处罚决定的，应当向当事人出示执法证件，填写预定格式、编有号码的行政处罚决定书，并当场交付当事人。当事人拒绝签收的，应当在行政处罚决定书上注明。

前款规定的行政处罚决定书应当载明当事人的违法行为，行政处罚的种类和依据、罚款数额、时间、地点，申请行政复议、提起行政诉讼的途径和期限以及行政机关名称，并由执法人员签名或者盖章。

执法人员当场作出的行政处罚决定，应当报所属行政机关备案。

第五十三条 对当场作出的行政处罚决定，当事人应当依照本法第六十七条至第六十九条的规定履行。

第三节 普通程序

第五十四条 除本法第五十一条规定的可以当场作出的行政处罚外，行政机关发现公民、法人或者其他组织有依法应当给予行政处罚的行为的，必须全面、客观、公正地调查，收集有关证据；必要时，依照法律、法规的规定，可以进行检查。

符合立案标准的，行政机关应当及时立案。

第五十五条 执法人员在调查或者进行检查时，应当主动向当事人或者有关人员出示执法证件。当事人或者有关人员有权要求执法人员出示执法证件。执法人员不出示执法证件的，当事人或者有关人员有权拒绝接受调查或者检查。

当事人或者有关人员应当如实回答询问，并协助调查或者检查，不得拒绝或者阻挠。询问或者检查应当制作笔录。

第五十六条 行政机关在收集证据时，可以采取抽样取证的方法；在证据可能灭失或者以后难以取得的情况下，经行政机关负责人批准，可以先行登记保存，并应当在七日内及时作出处理决定，在此期间，当事人或者有关人员不得销毁或者转移证据。

第五十七条　调查终结，行政机关负责人应当对调查结果进行审查，根据不同情况，分别作出如下决定：

（一）确有应受行政处罚的违法行为的，根据情节轻重及具体情况，作出行政处罚决定；

（二）违法行为轻微，依法可以不予行政处罚的，不予行政处罚；

（三）违法事实不能成立的，不予行政处罚；

（四）违法行为涉嫌犯罪的，移送司法机关。

对情节复杂或者重大违法行为给予行政处罚，行政机关负责人应当集体讨论决定。

第五十八条　有下列情形之一，在行政机关负责人作出行政处罚的决定之前，应当由从事行政处罚决定法制审核的人员进行法制审核；未经法制审核或者审核未通过的，不得作出决定：

（一）涉及重大公共利益的；

（二）直接关系当事人或者第三人重大权益，经过听证程序的；

（三）案件情况疑难复杂、涉及多个法律关系的；

（四）法律、法规规定应当进行法制审核的其他情形。

行政机关中初次从事行政处罚决定法制审核的人员，应当通过国家统一法律职业资格考试取得法律职业资格。

第五十九条　行政机关依照本法第五十七条的规定给予行政处罚，应当制作行政处罚决定书。行政处罚决定书应当载明下列事项：

（一）当事人的姓名或者名称、地址；

（二）违反法律、法规、规章的事实和证据；

（三）行政处罚的种类和依据；

（四）行政处罚的履行方式和期限；

（五）申请行政复议、提起行政诉讼的途径和期限；

（六）作出行政处罚决定的行政机关名称和作出决定的日期。

行政处罚决定书必须盖有作出行政处罚决定的行政机关的印章。

第六十条　行政机关应当自行政处罚案件立案之日起九十日内作出行政处罚决定。法律、法规、规章另有规定的，从其规定。

第六十一条　行政处罚决定书应当在宣告后当场交付当事人；当事人不在场的，行政机关应当在七日内依照《中华人民共和国民事诉讼法》的有关规定，将行政处罚决定书送达当事人。

当事人同意并签订确认书的，行政机关可以采用传真、电子邮件等方式，将行政处罚决定书等送达当事人。

第六十二条 行政机关及其执法人员在作出行政处罚决定之前，未依照本法第四十四条、第四十五条的规定向当事人告知拟作出的行政处罚内容及事实、理由、依据，或者拒绝听取当事人的陈述、申辩，不得作出行政处罚决定；当事人明确放弃陈述或者申辩权利的除外。

第四节 听证程序

第六十三条 行政机关拟作出下列行政处罚决定，应当告知当事人有要求听证的权利，当事人要求听证的，行政机关应当组织听证：

（一）较大数额罚款；

（二）没收较大数额违法所得、没收较大价值非法财物；

（三）降低资质等级、吊销许可证件；

（四）责令停产停业、责令关闭、限制从业；

（五）其他较重的行政处罚；

（六）法律、法规、规章规定的其他情形。

当事人不承担行政机关组织听证的费用。

第六十四条 听证应当依照以下程序组织：

（一）当事人要求听证的，应当在行政机关告知后五日内提出；

（二）行政机关应当在举行听证的七日前，通知当事人及有关人员听证的时间、地点；

（三）除涉及国家秘密、商业秘密或者个人隐私依法予以保密外，听证公开举行；

（四）听证由行政机关指定的非本案调查人员主持；当事人认为主持人与本案有直接利害关系的，有权申请回避；

（五）当事人可以亲自参加听证，也可以委托一至二人代理；

（六）当事人及其代理人无正当理由拒不出席听证或者未经许可中途退出听证的，视为放弃听证权利，行政机关终止听证；

（七）举行听证时，调查人员提出当事人违法的事实、证据和行政处罚建议，当事人进行申辩和质证；

（八）听证应当制作笔录。笔录应当交当事人或者其代理人核对无误后签字或者盖章。当事人或者其代理人拒绝签字或者盖章的，由听证主持人在笔录中注明。

第六十五条 听证结束后，行政机关应当根据听证笔录，依照本法第五十七条的规定，作出决定。

第六章 行政处罚的执行

第六十六条 行政处罚决定依法作出后，当事人应当在行政处罚决定书载明的期限内，予以履行。

当事人确有经济困难，需要延期或者分期缴纳罚款的，经当事人申请和行政机关批准，可以暂缓或者分期缴纳。

第六十七条　作出罚款决定的行政机关应当与收缴罚款的机构分离。

除依照本法第六十八条、第六十九条的规定当场收缴的罚款外，作出行政处罚决定的行政机关及其执法人员不得自行收缴罚款。

当事人应当自收到行政处罚决定书之日起十五日内，到指定的银行或者通过电子支付系统缴纳罚款。银行应当收受罚款，并将罚款直接上缴国库。

第六十八条　依照本法第五十一条的规定当场作出行政处罚决定，有下列情形之一，执法人员可以当场收缴罚款：

（一）依法给予一百元以下罚款的；

（二）不当场收缴事后难以执行的。

第六十九条　在边远、水上、交通不便地区，行政机关及其执法人员依照本法第五十一条、第五十七条的规定作出罚款决定后，当事人到指定的银行或者通过电子支付系统缴纳罚款确有困难，经当事人提出，行政机关及其执法人员可以当场收缴罚款。

第七十条　行政机关及其执法人员当场收缴罚款的，必须向当事人出具国务院财政部门或者省、自治区、直辖市人民政府财政部门统一制发的专用票据；不出具财政部门统一制发的专用票据的，当事人有权拒绝缴纳罚款。

第七十一条　执法人员当场收缴的罚款，应当自收缴罚款之日起二日内，交至行政机关；在水上当场收缴的罚款，应当自抵岸之日起二日内交至行政机关；行政机关应当在二日内将罚款缴付指定的银行。

第七十二条　当事人逾期不履行行政处罚决定的，作出行政处罚决定的行政机关可以采取下列措施：

（一）到期不缴纳罚款的，每日按罚款数额的百分之三加处罚款，加处罚款的数额不得超出罚款的数额；

（二）根据法律规定，将查封、扣押的财物拍卖、依法处理或者将冻结的存款、汇款划拨抵缴罚款；

（三）根据法律规定，采取其他行政强制执行方式；

（四）依照《中华人民共和国行政强制法》的规定申请人民法院强制执行。

行政机关批准延期、分期缴纳罚款的，申请人民法院强制执行的期限，自暂缓或者分期缴纳罚款期限结束之日起计算。

第七十三条　当事人对行政处罚决定不服，申请行政复议或者提起行政诉讼的，行政处罚不停止执行，法律另有规定的除外。

当事人对限制人身自由的行政处罚决定不服，申请行政复议或者提起行政诉讼的，可以向作出决定的机关提出暂缓执行申请。符合法律规定情形的，应当暂缓执行。

当事人申请行政复议或者提起行政诉讼的，加处罚款的数额在行政复议或者行政诉讼期间不予计算。

第七十四条 除依法应当予以销毁的物品外，依法没收的非法财物必须按照国家规定公开拍卖或者按照国家有关规定处理。

罚款、没收的违法所得或者没收非法财物拍卖的款项，必须全部上缴国库，任何行政机关或者个人不得以任何形式截留、私分或者变相私分。

罚款、没收的违法所得或者没收非法财物拍卖的款项，不得同作出行政处罚决定的行政机关及其工作人员的考核、考评直接或者变相挂钩。除依法应当退还、退赔的外，财政部门不得以任何形式向作出行政处罚决定的行政机关返还罚款、没收的违法所得或者没收非法财物拍卖的款项。

第七十五条 行政机关应当建立健全对行政处罚的监督制度。县级以上人民政府应当定期组织开展行政执法评议、考核，加强对行政处罚的监督检查，规范和保障行政处罚的实施。

行政机关实施行政处罚应当接受社会监督。公民、法人或者其他组织对行政机关实施行政处罚的行为，有权申诉或者检举；行政机关应当认真审查，发现有错误的，应当主动改正。

第七章　法律责任

第七十六条 行政机关实施行政处罚，有下列情形之一，由上级行政机关或者有关机关责令改正，对直接负责的主管人员和其他直接责任人员依法给予处分：

（一）没有法定的行政处罚依据的；

（二）擅自改变行政处罚种类、幅度的；

（三）违反法定的行政处罚程序的；

（四）违反本法第二十条关于委托处罚的规定的；

（五）执法人员未取得执法证件的。

行政机关对符合立案标准的案件不及时立案的，依照前款规定予以处理。

第七十七条 行政机关对当事人进行处罚不使用罚款、没收财物单据或者使用非法定部门制发的罚款、没收财物单据的，当事人有权拒绝，并有权予以检举，由上级行政机关或者有关机关对使用的非法单据予以收缴销毁，对直接负责的主管人员和其他直接责任人员依法给予处分。

第七十八条 行政机关违反本法第六十七条的规定自行收缴罚款的，财政部门违反本法第七十四条的规定向行政机关返还罚款、没收的违法所得或者拍卖款项的，由上级行政机关或者有关机关责令改正，对直接负责的主管人员和其他直接责任人员依法给予处分。

第七十九条 行政机关截留、私分或者变相私分罚款、没收的违法所得或者财物的，由财政部门或者有关机关予以追缴，对直接负责的主管人员和其他直接责任人员依法给予处分；情节严重构成犯罪的，依法追究刑事责任。

执法人员利用职务上的便利，索取或者收受他人财物、将收缴罚款据为己有，构成犯罪的，依法追究刑事责任；情节轻微不构成犯罪的，依法给予处分。

第八十条 行政机关使用或者损毁查封、扣押的财物，对当事人造成损失的，应当依法予以赔偿，对直接负责的主管人员和其他直接责任人员依法给予处分。

第八十一条 行政机关违法实施检查措施或者执行措施，给公民人身或者财产造成损害、给法人或者其他组织造成损失的，应当依法予以赔偿，对直接负责的主管人员和其他直接责任人员依法给予处分；情节严重构成犯罪的，依法追究刑事责任。

第八十二条 行政机关对应当依法移交司法机关追究刑事责任的案件不移交，以行政处罚代替刑事处罚，由上级行政机关或者有关机关责令改正，对直接负责的主管人员和其他直接责任人员依法给予处分；情节严重构成犯罪的，依法追究刑事责任。

第八十三条 行政机关对应当予以制止和处罚的违法行为不予制止、处罚，致使公民、法人或者其他组织的合法权益、公共利益和社会秩序遭受损害的，对直接负责的主管人员和其他直接责任人员依法给予处分；情节严重构成犯罪的，依法追究刑事责任。

第八章 附　　则

第八十四条 外国人、无国籍人、外国组织在中华人民共和国领域内有违法行为，应当给予行政处罚的，适用本法，法律另有规定的除外。

第八十五条 本法中“二日”“三日”“五日”“七日”的规定是指工作日，不含法定节假日。

第八十六条 本法自 2021 年 7 月 15 日起施行。

《中华人民共和国行政处罚法》新旧对照表*

（左栏黑体部分为增加的内容，右栏删除线部分为删除的内容，两栏下划线部分为修改的内容，右栏波浪线部分为移动的内容）

目　录 第一章　总　　则 第二章　行政处罚的种类和设定 第三章　行政处罚的实施机关 第四章　行政处罚的管辖和适用 第五章　行政处罚的决定 　**第一节　一般规定** 　第二节　简易程序 　第三节　普通程序 　第四节　听证程序 第六章　行政处罚的执行 第七章　法律责任 第八章　附　　则	目　录 第一章　总　　则 第二章　行政处罚的种类和设定 第三章　行政处罚的实施机关 第四章　行政处罚的管辖和适用 第五章　行政处罚的决定 　第一节　简易程序 　第二节　一般程序 　第三节　听证程序 第六章　行政处罚的执行 第七章　法律责任 第八章　附　　则
第一章　总　　则	
第一条　为了规范行政处罚的设定和实施，保障和监督行政机关有效实施行政管理，维护公共利益和社会秩序，保护公民、法人或者其他组织的合法权益，根据宪法，制定本法。	第一条　为了规范行政处罚的设定和实施，保障和监督行政机关有效实施行政管理，维护公共利益和社会秩序，保护公民、法人或者其他组织的合法权益，根据宪法，制定本法。
第二条　行政处罚是指行政机关依法对违反行政管理秩序的公民、法人或者其他组织，以减损权益或者增加义务的方式予以惩戒的行为。	新增条文

* 以下表格左栏为2021年1月22日第十三届全国人民代表大会常务委员会第二十五次会议修订公布的行政处罚法，右栏为1996年3月17日通过、2009年8月27日第一次修正、2017年9月1日第二次修正的原行政处罚法。

第三条　行政处罚的设定和实施，适用本法。	第二条　行政处罚的设定和实施，适用本法。
第四条　公民、法人或者其他组织违反行政管理秩序的行为，应当给予行政处罚的，依照本法由法律、法规、规章规定，并由行政机关依照本法规定的程序实施。	第三条　公民、法人或者其他组织违反行政管理秩序的行为，应当给予行政处罚的，依照本法由法律、法规或者规章规定，并由行政机关依照本法规定的程序实施。 没有法定依据或者不遵守法定程序的，行政处罚无效。（移至第三十八条修改）
第五条　行政处罚遵循公正、公开的原则。 设定和实施行政处罚必须以事实为依据，与违法行为的事实、性质、情节以及社会危害程度相当。 对违法行为给予行政处罚的规定必须公布；未经公布的，不得作为行政处罚的依据。	第四条　行政处罚遵循公正、公开的原则。 设定和实施行政处罚必须以事实为依据，与违法行为的事实、性质、情节以及社会危害程度相当。 对违法行为给予行政处罚的规定必须公布；未经公布的，不得作为行政处罚的依据。
第六条　实施行政处罚，纠正违法行为，应当坚持处罚与教育相结合，教育公民、法人或者其他组织自觉守法。	第五条　实施行政处罚，纠正违法行为，应当坚持处罚与教育相结合，教育公民、法人或者其他组织自觉守法。
第七条　公民、法人或者其他组织对行政机关所给予的行政处罚，享有陈述权、申辩权；对行政处罚不服的，有权依法申请行政复议或者提起行政诉讼。 公民、法人或者其他组织因行政机关违法给予行政处罚受到损害的，有权依法提出赔偿要求。	第六条　公民、法人或者其他组织对行政机关所给予的行政处罚，享有陈述权、申辩权；对行政处罚不服的，有权依法申请行政复议或者提起行政诉讼。 公民、法人或者其他组织因行政机关违法给予行政处罚受到损害的，有权依法提出赔偿要求。 ~~第三十五条　当事人对当场作出的行政处罚决定不服的，可以依法申请行政复议或者提起行政诉讼。~~
第八条　公民、法人或者其他组织因违法**行为**受到行政处罚，其违法行为对他人造成损害的，应当依法承担民事责任。 违法行为构成犯罪，应当依法追究刑事责任**的**，不得以行政处罚代替刑事处罚。	第七条　公民、法人或者其他组织因违法受到行政处罚，其违法行为对他人造成损害的，应当依法承担民事责任。 违法行为构成犯罪，应当依法追究刑事责任，不得以行政处罚代替刑事处罚。

第二章　行政处罚的种类和设定	
第九条　行政处罚的种类： （一）警告、**通报批评**； （二）罚款、没收违法所得、没收非法财物； （三）暂扣许可证件、**降低资质等级**、吊销许可证件； （四）**限制开展生产经营活动**、责令停产停业、**责令关闭、限制从业**； （五）行政拘留； （六）法律、行政法规规定的其他行政处罚。	第八条　行政处罚的种类： （一）警告； （二）罚款； ~~（三）~~没收违法所得、没收非法财物； （四）责令停产停业； （五）暂扣或者吊销许可证、~~暂扣或者吊销执照~~； （六）行政拘留； （七）法律、行政法规规定的其他行政处罚。
第十条　法律可以设定各种行政处罚。 限制人身自由的行政处罚，只能由法律设定。	第九条　法律可以设定各种行政处罚。 限制人身自由的行政处罚，只能由法律设定。
第十一条　行政法规可以设定除限制人身自由以外的行政处罚。 法律对违法行为已经作出行政处罚规定，行政法规需要作出具体规定的，必须在法律规定的给予行政处罚的行为、种类和幅度的范围内规定。 **法律对违法行为未作出行政处罚规定，行政法规为实施法律，可以补充设定行政处罚。拟补充设定行政处罚的，应当通过听证会、论证会等形式广泛听取意见，并向制定机关作出书面说明。行政法规报送备案时，应当说明补充设定行政处罚的情况。**	第十条　行政法规可以设定除限制人身自由以外的行政处罚。 法律对违法行为已经作出行政处罚规定，行政法规需要作出具体规定的，必须在法律规定的给予行政处罚的行为、种类和幅度的范围内规定。
第十二条　地方性法规可以设定除限制人身自由、吊销营业执照以外的行政处罚。 法律、行政法规对违法行为已经作出行政处罚规定，地方性法规需要作出具体规定的，必须在法律、行政法规规定的给予行政处罚的行为、种类和幅度的范围内规定。	第十一条　地方性法规可以设定除限制人身自由、吊销~~企业~~营业执照以外的行政处罚。 法律、行政法规对违法行为已经作出行政处罚规定，地方性法规需要作出具体规定的，必须在法律、行政法规规定的给予行政处罚的行为、种类和幅度的范围内规定。

法律、行政法规对违法行为未作出行政处罚规定，地方性法规为实施法律、行政法规，可以补充设定行政处罚。拟补充设定行政处罚的，应当通过听证会、论证会等形式广泛听取意见，并向制定机关作出书面说明。地方性法规报送备案时，应当说明补充设定行政处罚的情况。	
第十三条　国务院部门规章可以在法律、行政法规规定的给予行政处罚的行为、种类和幅度的范围内作出具体规定。 尚未制定法律、行政法规的，国务院部门规章对违反行政管理秩序的行为，可以设定警告、**通报批评**或者一定数额罚款的行政处罚。罚款的限额由国务院规定。	第十二条　国务院部、委员会制定的规章可以在法律、行政法规规定的给予行政处罚的行为、种类和幅度的范围内作出具体规定。 尚未制定法律、行政法规的，~~前款规定的~~国务院部、委员会制定的规章对违反行政管理秩序的行为，可以设定警告或者一定数量罚款的行政处罚。罚款的限额由国务院规定。 ~~国务院可以授权具有行政处罚权的直属机构依照本条第一款、第二款的规定，规定行政处罚。~~
第十四条　地方政府规章可以在法律、法规规定的给予行政处罚的行为、种类和幅度的范围内作出具体规定。 尚未制定法律、法规的，地方政府规章对违反行政管理秩序的行为，可以设定警告、**通报批评**或者一定数额罚款的行政处罚。罚款的限额由省、自治区、直辖市人民代表大会常务委员会规定。	第十三条　省、自治区、直辖市人民政府和省、自治区人民政府所在地的市人民政府以及经国务院批准的较大的市人民政府制定的规章可以在法律、法规规定的给予行政处罚的行为、种类和幅度的范围内作出具体规定。 尚未制定法律、法规的，~~前款规定的~~人民政府制定的规章对违反行政管理秩序的行为，可以设定警告或者一定数量罚款的行政处罚。罚款的限额由省、自治区、直辖市人民代表大会常务委员会规定。
第十五条　国务院部门和省、自治区、直辖市人民政府及其有关部门应当定期组织评估行政处罚的实施情况和必要性，对不适当的行政处罚事项及种类、罚款数额等，应当提出修改或者废止的建议。	新增条文

<table>
<tr><td>第十六条　除法律、法规、规章外，其他规范性文件不得设定行政处罚。</td><td>第十四条　除本法第九条、第十条、第十一条、第十二条以及第十三条的规定外，其他规范性文件不得设定行政处罚。</td></tr>
<tr><td colspan="2">第三章　行政处罚的实施机关</td></tr>
<tr><td>第十七条　行政处罚由具有行政处罚权的行政机关在法定职权范围内实施。</td><td>第十五条　行政处罚由具有行政处罚权的行政机关在法定职权范围内实施。</td></tr>
<tr><td>第十八条　国家在城市管理、市场监管、生态环境、文化市场、交通运输、应急管理、农业等领域推行建立综合行政执法制度，相对集中行政处罚权。
国务院或者省、自治区、直辖市人民政府可以决定一个行政机关行使有关行政机关的行政处罚权。
限制人身自由的行政处罚权只能由公安机关和法律规定的其他机关行使。</td><td>第十六条　国务院或者<s>经国务院授权的</s>省、自治区、直辖市人民政府可以决定一个行政机关行使有关行政机关的行政处罚权，<s>但</s>限制人身自由的行政处罚权只能由公安机关行使。</td></tr>
<tr><td>第十九条　法律、法规授权的具有管理公共事务职能的组织可以在法定授权范围内实施行政处罚。</td><td>第十七条　法律、法规授权的具有管理公共事务职能的组织可以在法定授权范围内实施行政处罚。</td></tr>
<tr><td>第二十条　行政机关依照法律、法规、规章的规定，可以在其法定权限内书面委托符合本法第二十一条规定条件的组织实施行政处罚。行政机关不得委托其他组织或者个人实施行政处罚。
委托书应当载明委托的具体事项、权限、期限等内容。委托行政机关和受委托组织应当将委托书向社会公布。
委托行政机关对受委托组织实施行政处罚的行为应当负责监督，并对该行为的后果承担法律责任。
受委托组织在委托范围内，以委托行政机关名义实施行政处罚；不得再委托其他组织或者个人实施行政处罚。</td><td>第十八条　行政机关依照法律、法规或者规章的规定，可以在其法定权限内委托符合本法第十九条规定条件的组织实施行政处罚。行政机关不得委托其他组织或者个人实施行政处罚。
委托行政机关对受委托<s>的</s>组织实施行政处罚的行为应当负责监督，并对该行为的后果承担法律责任。
受委托组织在委托范围内，以委托行政机关名义实施行政处罚；不得再委托其他<s>任何</s>组织或者个人实施行政处罚。</td></tr>
</table>

第二十一条　受委托组织必须符合以下条件： （一）依法成立并具有管理公共事务职能； （二）有熟悉有关法律、法规、规章和业务**并取得行政执法资格**的工作人员； （三）需要进行技术检查或者技术鉴定的，应当有条件组织进行相应的技术检查或者技术鉴定。	第十九条　受委托组织必须符合以下条件： （一）依法成立的管理公共事务的事业组织； （二）具有熟悉有关法律、法规、规章和业务的工作人员； （三）~~对违法行为~~需要进行技术检查或者技术鉴定的，应当有条件组织进行相应的技术检查或者技术鉴定。
第四章　行政处罚的管辖和适用	
第二十二条　行政处罚由违法行为发生地的行政机关管辖。法律、行政法规、**部门规章**另有规定的，从其规定。	第二十条　行政处罚由违法行为发生地的~~县级以上地方人民政府具有行政处罚权的~~行政机关管辖。法律、行政法规另有规定的除外。
第二十三条　行政处罚由县级以上地方人民政府具有行政处罚权的行政机关管辖。法律、行政法规另有规定的，从其规定。	新增条文
第二十四条　省、自治区、直辖市根据当地实际情况，可以决定将基层管理迫切需要的县级人民政府部门的行政处罚权交由能够有效承接的乡镇人民政府、街道办事处行使，并定期组织评估。决定应当公布。 **承接行政处罚权的乡镇人民政府、街道办事处应当加强执法能力建设，按照规定范围、依照法定程序实施行政处罚。** **有关地方人民政府及其部门应当加强组织协调、业务指导、执法监督，建立健全行政处罚协调配合机制，完善评议、考核制度。**	新增条文
第二十五条　**两个以上行政机关都有管辖权的，由最先立案的行政机关管辖。** 对管辖发生争议的，**应当协商解决，协商不成的，**报请共同的上一级行政机关指定管辖**；也可以直接由共同的上一级行政机关指定管辖。**	第二十一条　对管辖发生争议的，报请共同的上一级行政机关指定管辖。

第二十六条　行政机关因实施行政处罚的需要，可以向有关机关提出协助请求。协助事项属于被请求机关职权范围内的，应当依法予以协助。	新增条文
第二十七条　违法行为<u>涉嫌</u>犯罪的，行政机关<u>应当及时</u>将案件移送司法机关，依法追究刑事责任。**对依法不需要追究刑事责任或者免予刑事处罚，但应当给予行政处罚的，司法机关应当及时将案件移送有关行政机关。** **行政处罚实施机关与司法机关之间应当加强协调配合，建立健全案件移送制度，加强证据材料移交、接收衔接，完善案件处理信息通报机制。**	第二十二条　违法行为<u>构成</u>犯罪的，行政机关<u>必须</u>将案件移送司法机关，依法追究刑事责任。
第二十八条　行政机关实施行政处罚时，应当责令当事人改正或者限期改正违法行为。 **当事人有违法所得，除依法应当退赔的外，应当予以没收。违法所得是指实施违法行为所取得的款项。法律、行政法规、部门规章对违法所得的计算另有规定的，从其规定。**	第二十三条　行政机关实施行政处罚时，应当责令当事人改正或者限期改正违法行为。
第二十九条　对当事人的同一个违法行为，不得给予两次以上罚款的行政处罚。**同一个违法行为违反多个法律规范应当给予罚款处罚的，按照罚款数额高的规定处罚。**	第二十四条　对当事人的同一个违法行为，不得给予两次以上罚款的行政处罚。
第三十条　不满十四周岁的**未成年**人有违法行为的，不予行政处罚，责令监护人加以管教；已满十四周岁不满十八周岁的**未成年**人有违法行为的，**应当**从轻或者减轻行政处罚。	第二十五条　不满十四周岁的人有违法行为的，不予行政处罚，责令监护人加以管教；已满十四周岁不满十八周岁的人有违法行为的，从轻或者减轻行政处罚。

第三十一条　精神病人、**智力残疾人**在不能辨认或者不能控制自己行为时有违法行为的，不予行政处罚，但应当责令其监护人严加看管和治疗。间歇性精神病人在精神正常时有违法行为的，应当给予行政处罚。**尚未完全丧失辨认或者控制自己行为能力的精神病人、智力残疾人有违法行为的，可以从轻或者减轻行政处罚。**	第二十六条　精神病人在不能辨认或者不能控制自己行为时有违法行为的，不予行政处罚，但应当责令其监护人严加看管和治疗。间歇性精神病人在精神正常时有违法行为的，应当给予行政处罚。
第三十二条　当事人有下列情形之一，应当从轻或者减轻行政处罚： （一）主动消除或者减轻违法行为危害后果的； （二）受他人胁迫**或者诱骗**实施违法行为的； **（三）主动供述行政机关尚未掌握的违法行为的；** （四）配合行政机关查处违法行为有立功表现的； （五）法律、法规、规章规定其他应当从轻或者减轻行政处罚的。	第二十七条　当事人有下列情形之一~~的~~，应当~~依法~~从轻或者减轻行政处罚： （一）主动消除或者减轻违法行为危害后果的； （二）受他人胁迫有违法行为的； （三）配合行政机关查处违法行为有立功表现的； （四）其他依法从轻或者减轻行政处罚的。 违法行为轻微并及时纠正，没有造成危害后果的，不予行政处罚。（移至第三十三条修改）
第三十三条　违法行为轻微并及时改正，没有造成危害后果的，不予行政处罚。**初次违法且危害后果轻微并及时改正的，可以不予行政处罚。** **当事人有证据足以证明没有主观过错的，不予行政处罚。法律、行政法规另有规定的，从其规定。** **对当事人的违法行为依法不予行政处罚的，行政机关应当对当事人进行教育。**	第二十七条第二款　违法行为轻微并及时纠正，没有造成危害后果的，不予行政处罚。
第三十四条　行政机关可以依法制定行政处罚裁量基准，规范行使行政处罚裁量权。行政处罚裁量基准应当向社会公布。	新增条文

第三十五条　违法行为构成犯罪，人民法院判处拘役或者有期徒刑时，行政机关已经给予当事人行政拘留的，应当依法折抵相应刑期。 违法行为构成犯罪，人民法院判处罚金时，行政机关已经给予当事人罚款的，应当折抵相应罚金；**行政机关尚未给予当事人罚款的，不再给予罚款。**	第二十八条　违法行为构成犯罪，人民法院判处拘役或者有期徒刑时，行政机关已经给予当事人行政拘留的，应当依法折抵相应刑期。 违法行为构成犯罪，人民法院判处罚金时，行政机关已经给予当事人罚款的，应当折抵相应罚金。
第三十六条　违法行为在二年内未被发现的，不再给予行政处罚；**涉及公民生命健康安全、金融安全且有危害后果的，上述期限延长至五年。**法律另有规定的除外。 前款规定的期限，从违法行为发生之日起计算；违法行为有连续或者继续状态的，从行为终了之日起计算。	第二十九条　违法行为在二年内未被发现的，不再给予行政处罚。法律另有规定的除外。 前款规定的期限，从违法行为发生之日起计算；违法行为有连续或者继续状态的，从行为终了之日起计算。
第三十七条　实施行政处罚，适用违法行为发生时的法律、法规、规章的规定。但是，作出行政处罚决定时，法律、法规、规章已被修改或者废止，且新的规定处罚较轻或者不认为是违法的，适用新的规定。	新增条文
第三十八条　**行政处罚**没有依据或者**实施主体不具有行政主体资格的，行政处罚无效。** 违反法定程序**构成重大且明显违法**的，行政处罚无效。	第三条第二款　没有~~法定~~依据或者不遵守法定程序的，行政处罚无效。
第五章　行政处罚的决定	
第一节　一般规定①	
第三十九条　行政处罚的实施机关、立案依据、实施程序和救济渠道等信息应当公示。	新增条文
第四十条　公民、法人或者其他组织违反行政管理秩序的行为，依法应当给予行政处罚的，行政机关必须查明事实；违法事实不清、**证据不足的**，不得给予行政处罚。	第三十条　公民、法人或者其他组织违反行政管理秩序的行为，依法应当给予行政处罚的，行政机关必须查明事实；违法事实不清的，不得给予行政处罚。

① 第五章中的节标题统一仅用仿宋字体表示。

第四十一条　行政机关依照法律、行政法规规定利用电子技术监控设备收集、固定违法事实的，应当经过法制和技术审核，确保电子技术监控设备符合标准、设置合理、标志明显，设置地点应当向社会公布。 **电子技术监控设备记录违法事实应当真实、清晰、完整、准确。行政机关应当审核记录内容是否符合要求；未经审核或者经审核不符合要求的，不得作为行政处罚的证据。** **行政机关应当及时告知当事人违法事实，并采取信息化手段或者其他措施，为当事人查询、陈述和申辩提供便利。不得限制或者变相限制当事人享有的陈述权、申辩权。**	新增条文
第四十二条　行政处罚应当由具有行政执法资格的执法人员实施。执法人员不得少于两人，法律另有规定的除外。 **执法人员应当文明执法，尊重和保护当事人合法权益。**	新增条文
第四十三条　执法人员与案件有直接利害关系**或者有其他关系可能影响公正执法**的，应当回避。 **当事人认为执法人员与案件有直接利害关系或者有其他关系可能影响公正执法的，有权申请回避。** **当事人提出回避申请的，行政机关应当依法审查，由行政机关负责人决定。决定作出之前，不停止调查。**	第三十七条第三款　执法人员与当事人有直接利害关系的，应当回避。
第四十四条　行政机关在作出行政处罚决定之前，应当告知当事人**拟**作出的行政处罚**内容及**事实、理由、依据，并告知当事人依法享有的**陈述、申辩、要求听证等**权利。	第三十一条　行政机关在作出行政处罚决定之前，应当告知当事人作出行政处罚~~决定的~~事实、理由及依据，并告知当事人依法享有的权利。

第四十五条　当事人有权进行陈述和申辩。行政机关必须充分听取当事人的意见，对当事人提出的事实、理由和证据，应当进行复核；当事人提出的事实、理由或者证据成立的，行政机关应当采纳。 行政机关不得因当事人陈述、申辩而给予更重的处罚。	第三十二条　当事人有权进行陈述和申辩。行政机关必须充分听取当事人的意见，对当事人提出的事实、理由和证据，应当进行复核；当事人提出的事实、理由或者证据成立的，行政机关应当采纳。 行政机关不得因当事人申辩而加重处罚。
第四十六条　证据包括： **（一）书证；** **（二）物证；** **（三）视听资料；** **（四）电子数据；** **（五）证人证言；** **（六）当事人的陈述；** **（七）鉴定意见；** **（八）勘验笔录、现场笔录。** **证据必须经查证属实，方可作为认定案件事实的根据。** **以非法手段取得的证据，不得作为认定案件事实的根据。**	新增条文
第四十七条　行政机关应当依法以文字、音像等形式，对行政处罚的启动、调查取证、审核、决定、送达、执行等进行全过程记录，归档保存。	新增条文
第四十八条　具有一定社会影响的行政处罚决定应当依法公开。 **公开的行政处罚决定被依法变更、撤销、确认违法或者确认无效的，行政机关应当在三日内撤回行政处罚决定信息并公开说明理由。**	新增条文
第四十九条　发生重大传染病疫情等突发事件，为了控制、减轻和消除突发事件引起的社会危害，行政机关对违反突发事件应对措施的行为，依法快速、从重处罚。	新增条文

第五十条　行政机关及其工作人员对实施行政处罚过程中知悉的国家秘密、商业秘密或者个人隐私，应当依法予以保密。	新增条文
第二节　简 易 程 序	第一节　简 易 程 序
第五十一条　违法事实确凿并有法定依据，对公民处以二百元以下、对法人或者其他组织处以三千元以下罚款或者警告的行政处罚的，可以当场作出行政处罚决定。**法律另有规定的，从其规定。**	第三十三条　违法事实确凿并有法定依据，对公民处以五十元以下、对法人或者其他组织处以一千元以下罚款或者警告的行政处罚的，可以当场作出行政处罚决定。当事人应当依照本法第四十六条、第四十七条、第四十八条的规定履行行政处罚决定。（移至第五十三条修改）
第五十二条　执法人员当场作出行政处罚决定的，应当向当事人出示执法证件，填写预定格式、编有号码的行政处罚决定书，并当场交付当事人。**当事人拒绝签收的，应当在行政处罚决定书上注明。** 前款规定的行政处罚决定书应当载明当事人的违法行为，行政处罚**的种类和**依据、罚款数额、时间、地点，**申请行政复议、提起行政诉讼的途径和期限**以及行政机关名称，并由执法人员签名或者盖章。 执法人员当场作出的行政处罚决定，应当报所属行政机关备案。	第三十四条　执法人员当场作出行政处罚决定的，应当向当事人出示执法~~身份~~证件，填写预定格式、编有号码的行政处罚决定书。行政处罚决定书应当当场交付当事人。 前款规定的行政处罚决定书应当载明当事人的违法行为、行政处罚依据、罚款数额、时间、地点以及行政机关名称，并由执法人员签名或者盖章。 执法人员当场作出的行政处罚决定，必须报所属行政机关备案。
第五十三条　对当场作出的行政处罚决定，当事人应当依照本法第六十七条至第六十九条的规定履行。	第三十三条第二句　当事人应当依照本法第四十六条、第四十七条、第四十八条的规定履行行政处罚决定。
第三节　普 通 程 序	第二节　一 般 程 序
第五十四条　除本法第五十一条规定的可以当场作出的行政处罚外，行政机关发现公民、法人或者其他组织有依	第三十六条　除本法第三十三条规定的可以当场作出的行政处罚外，行政机关发现公民、法人或者其他组织有依

法应当给予行政处罚的行为的，必须全面、客观、公正地调查，收集有关证据；必要时，依照法律、法规的规定，可以进行检查。 **符合立案标准的，行政机关应当及时立案。**	法应当给予行政处罚的行为的，必须全面、客观、公正地调查，收集有关证据；必要时，依照法律、法规的规定，可以进行检查。
第五十五条　执法人员在调查或者进行检查时，应当**主动**向当事人或者有关人员出示**执法**证件。**当事人或者有关人员有权要求执法人员出示执法证件。执法人员不出示执法证件的，当事人或者有关人员有权拒绝接受调查或者检查。** 当事人或者有关人员应当如实回答询问，并协助调查或者检查，不得**拒绝或者**阻挠。询问或者检查应当制作笔录。	第三十七条　行政机关在调查或者进行检查时，~~执法人员不得少于两人，~~并应当向当事人或者有关人员出示证件。当事人或者有关人员应当如实回答询问，并协助调查或者检查，不得阻挠。询问或者检查应当制作笔录。 行政机关在收集证据时，可以采取抽样取证的方法；在证据可能灭失或者以后难以取得的情况下，经行政机关负责人批准，可以先行登记保存，并应当在七日内及时作出处理决定，在此期间，当事人或者有关人员不得销毁或者转移证据。（移至第五十六条修改） 执法人员与当事人有直接利害关系的，应当回避。（移至第四十三条第一款修改）
第五十六条　行政机关在收集证据时，可以采取抽样取证的方法；在证据可能灭失或者以后难以取得的情况下，经行政机关负责人批准，可以先行登记保存，并应当在七日内及时作出处理决定，在此期间，当事人或者有关人员不得销毁或者转移证据。	第三十七条第二款　行政机关在收集证据时，可以采取抽样取证的方法；在证据可能灭失或者以后难以取得的情况下，经行政机关负责人批准，可以先行登记保存，并应当在七日内及时作出处理决定，在此期间，当事人或者有关人员不得销毁或者转移证据。
第五十七条　调查终结，行政机关负责人应当对调查结果进行审查，根据不同情况，分别作出如下决定： （一）确有应受行政处罚的违法行为的，根据情节轻重及具体情况，作出行政处罚决定； （二）违法行为轻微，依法可以不予行政处罚的，不予行政处罚；	第三十八条　调查终结，行政机关负责人应当对调查结果进行审查，根据不同情况，分别作出如下决定： （一）确有应受行政处罚的违法行为的，根据情节轻重及具体情况，作出行政处罚决定； （二）违法行为轻微，依法可以不予行政处罚的，不予行政处罚；

（三）违法事实不能成立的，不予行政处罚； （四）违法行为涉嫌犯罪的，移送司法机关。 对情节复杂或者重大违法行为给予行政处罚，行政机关负责人应当集体讨论决定。	（三）违法事实不能成立的，不得给予行政处罚； （四）违法行为已构成犯罪的，移送司法机关。 对情节复杂或者重大违法行为给予~~较重的~~行政处罚，行政机关~~的~~负责人应当集体讨论决定。 在行政机关负责人作出决定之前，应当由从事行政处罚决定审核的人员进行审核。行政机关中初次从事行政处罚决定审核的人员，应当通过国家统一法律职业资格考试取得法律职业资格。（移至第五十八条修改）
第五十八条　**有下列情形之一，**在行政机关负责人作出**行政处罚的**决定之前，应当由从事行政处罚决定**法制**审核的人员进行**法制**审核；**未经法制审核或者审核未通过的，不得作出决定：** **（一）涉及重大公共利益的；** **（二）直接关系当事人或者第三人重大权益，经过听证程序的；** **（三）案件情况疑难复杂、涉及多个法律关系的；** **（四）法律、法规规定应当进行法制审核的其他情形。** 行政机关中初次从事行政处罚决定**法制**审核的人员，应当通过国家统一法律职业资格考试取得法律职业资格。	第三十八条第三款　在行政机关负责人作出决定之前，应当由从事行政处罚决定审核的人员进行审核。行政机关中初次从事行政处罚决定审核的人员，应当通过国家统一法律职业资格考试取得法律职业资格。
第五十九条　行政机关依照本法第五十七条的规定给予行政处罚，应当制作行政处罚决定书。行政处罚决定书应当载明下列事项： （一）当事人的姓名或者名称、地址； （二）违反法律、法规、规章的事实和证据； （三）行政处罚的种类和依据；	第三十九条　行政机关依照本法第三十八条的规定给予行政处罚，应当制作行政处罚决定书。行政处罚决定书应当载明下列事项： （一）当事人的姓名或者名称、地址； （二）违反法律、法规或者规章的事实和证据； （三）行政处罚的种类和依据；

（四）行政处罚的履行方式和期限； （五）申请行政复议、提起行政诉讼的途径和期限； （六）作出行政处罚决定的行政机关名称和作出决定的日期。 行政处罚决定书必须盖有作出行政处罚决定的行政机关的印章。	（四）行政处罚的履行方式和期限； （五）~~不服行政处罚决定，~~申请行政复议或者提起行政诉讼的途径和期限； （六）作出行政处罚决定的行政机关名称和作出决定的日期。 行政处罚决定书必须盖有作出行政处罚决定的行政机关的印章。
第六十条　行政机关应当自行政处罚案件立案之日起九十日内作出行政处罚决定。法律、法规、规章另有规定的，从其规定。	新增条文
第六十一条　行政处罚决定书应当在宣告后当场交付当事人；当事人不在场的，行政机关应当在七日内依照《中华人民共和国民事诉讼法》的有关规定，将行政处罚决定书送达当事人。 **当事人同意并签订确认书的，行政机关可以采用传真、电子邮件等方式，将行政处罚决定书等送达当事人。**	第四十条　行政处罚决定书应当在宣告后当场交付当事人；当事人不在场的，行政机关应当在七日内依照民事诉讼法的有关规定，将行政处罚决定书送达当事人。
第六十二条　行政机关及其执法人员在作出行政处罚决定之前，未依照本法第四十四条、第四十五条的规定向当事人告知拟作出的行政处罚**内容及**事实、理由、依据，或者拒绝听取当事人的陈述、申辩，不得作出行政处罚决定；当事人**明确**放弃陈述或者申辩权利的除外。	第四十一条　行政机关及其执法人员在作出行政处罚决定之前，不依照本法第三十一条、第三十二条的规定向当事人告知给予行政处罚的事实、理由和依据，或者拒绝听取当事人的陈述、申辩，行政处罚决定不能成立；当事人放弃陈述或者申辩权利的除外。
第四节　听证程序	第三节　听证程序
第六十三条　行政机关**拟**作出**下列**行政处罚决定，应当告知当事人有要求听证的权利，当事人要求听证的，行政机关应当组织听证： **（一）**较大数额罚款； **（二）没收较大数额违法所得、没收较大价值非法财物；**	第四十二条　行政机关作出责令停产停业、吊销许可证~~或者执照~~、较大数额罚款等行政处罚决定~~之前~~，应当告知当事人有要求~~举行~~听证的权利；当事人要求听证的，行政机关应当组织听证。当事人不承担行政机关组织听证的费用。听证依照以下程序组织：

（三）降低资质等级、吊销许可证件； **（四）**责令停产停业、**责令关闭、限制从业；** **（五）其他较重的行政处罚；** **（六）法律、法规、规章规定的其他情形。** 当事人不承担行政机关组织听证的费用。	（一）当事人要求听证的，应当在行政机关告知后三日内提出； （二）行政机关应当在听证的七日前，通知当事人举行听证的时间、地点； （三）除涉及国家秘密、商业秘密或者个人隐私外，听证公开举行； （四）听证由行政机关指定的非本案调查人员主持；当事人认为主持人与本案有直接利害关系的，有权申请回避； （五）当事人可以亲自参加听证，也可以委托一至二人代理； （六）举行听证时，调查人员提出当事人违法的事实、证据和行政处罚建议；当事人进行申辩和质证； （七）听证应当制作笔录；笔录应当交当事人审核无误后签字或者盖章。（移至第六十四条修改） ~~当事人对限制人身自由的行政处罚有异议的，依照治安管理处罚法有关规定执行。~~
第六十四条　听证**应当**依照以下程序组织： （一）当事人要求听证的，应当在行政机关告知后五日内提出； （二）行政机关应当在**举行**听证的七日前，通知当事人**及有关人员**听证的时间、地点； （三）除涉及国家秘密、商业秘密或者个人隐私**依法予以保密**外，听证公开举行； （四）听证由行政机关指定的非本案调查人员主持；当事人认为主持人与本案有直接利害关系的，有权申请回避； （五）当事人可以亲自参加听证，也可以委托一至二人代理；	第四十二条第一款第三句　听证依照以下程序组织： （一）当事人要求听证的，应当在行政机关告知后三日内提出； （二）行政机关应当在听证的七日前，通知当事人~~举行~~听证的时间、地点； （三）除涉及国家秘密、商业秘密或者个人隐私外，听证公开举行； （四）听证由行政机关指定的非本案调查人员主持；当事人认为主持人与本案有直接利害关系的，有权申请回避； （五）当事人可以亲自参加听证，也可以委托一至二人代理；

（六）当事人及其代理人无正当理由拒不出席听证或者未经许可中途退出听证的，视为放弃听证权利，行政机关终止听证； （七）举行听证时，调查人员提出当事人违法的事实、证据和行政处罚建议，当事人进行申辩和质证； （八）听证应当制作笔录。笔录应当交当事人**或者其代理人**核对无误后签字或者盖章。**当事人或者其代理人拒绝签字或者盖章的，由听证主持人在笔录中注明。**	（六）举行听证时，调查人员提出当事人违法的事实、证据和行政处罚建议；当事人进行申辩和质证； （七）听证应当制作笔录；笔录应当交当事人审核无误后签字或者盖章。
第六十五条　听证结束后，行政机关**应当根据听证笔录，**依照本法第五十七条的规定，作出决定。	第四十三条　听证结束后，行政机关依照本法第三十八条的规定，作出决定。
第六章　行政处罚的执行	
第六十六条　行政处罚决定依法作出后，当事人应当在行政处罚决定**书载明**的期限内，予以履行。 当事人确有经济困难，需要延期或者分期缴纳罚款的，经当事人申请和行政机关批准，可以暂缓或者分期缴纳。	第四十四条　行政处罚决定依法作出后，当事人应当在行政处罚决定的期限内，予以履行。 第五十二条　当事人确有经济困难，需要延期或者分期缴纳罚款的，经当事人申请和行政机关批准，可以暂缓或者分期缴纳。
第六十七条　作出罚款决定的行政机关应当与收缴罚款的机构分离。 除依照本法第六十八条、第六十九条的规定当场收缴的罚款外，作出行政处罚决定的行政机关及其执法人员不得自行收缴罚款。 当事人应当自收到行政处罚决定书之日起十五日内，到指定的银行**或者通过电子支付系统**缴纳罚款。银行应当收受罚款，并将罚款直接上缴国库。	第四十六条　作出罚款决定的行政机关应当与收缴罚款的机构分离。 除依照本法第四十七条、第四十八条的规定当场收缴的罚款外，作出行政处罚决定的行政机关及其执法人员不得自行收缴罚款。 当事人应当自收到行政处罚决定书之日起十五日内，到指定的银行缴纳罚款。银行应当收受罚款，并将罚款直接上缴国库。 ~~第六十三条　本法第四十六条罚款决定与罚款收缴分离的规定，由国务院制定具体实施办法。~~

第六十八条　依照本法第五十一条的规定当场作出行政处罚决定，有下列情形之一，执法人员可以当场收缴罚款： （一）依法给予一百元以下罚款的； （二）不当场收缴事后难以执行的。	第四十七条　依照本法第三十三条的规定当场作出行政处罚决定，有下列情形之一的，执法人员可以当场收缴罚款： （一）依法给予二十元以下的罚款的； （二）不当场收缴事后难以执行的。
第六十九条　在边远、水上、交通不便地区，行政机关及其执法人员依照本法第五十一条、第五十七条的规定作出罚款决定后，当事人到指定的银行**或者通过电子支付系统**缴纳罚款确有困难，经当事人提出，行政机关及其执法人员可以当场收缴罚款。	第四十八条　在边远、水上、交通不便地区，行政机关及其执法人员依照本法第三十三条、第三十八条的规定作出罚款决定后，当事人向指定的银行缴纳罚款确有困难，经当事人提出，行政机关及其执法人员可以当场收缴罚款。
第七十条　行政机关及其执法人员当场收缴罚款的，必须向当事人出具**国务院财政部门或者**省、自治区、直辖市**人民政府**财政部门统一制发的专用票据；不出具财政部门统一制发的专用票据的，当事人有权拒绝缴纳罚款。	第四十九条　行政机关及其执法人员当场收缴罚款的，必须向当事人出具省、自治区、直辖市财政部门统一制发的罚款收据；不出具财政部门统一制发的罚款收据的，当事人有权拒绝缴纳罚款。
第七十一条　执法人员当场收缴的罚款，应当自收缴罚款之日起二日内，交至行政机关；在水上当场收缴的罚款，应当自抵岸之日起二日内交至行政机关；行政机关应当在二日内将罚款缴付指定的银行。	第五十条　执法人员当场收缴的罚款，应当自收缴罚款之日起二日内，交至行政机关；在水上当场收缴的罚款，应当自抵岸之日起二日内交至行政机关；行政机关应当在二日内将罚款缴付指定的银行。
第七十二条　当事人逾期不履行行政处罚决定的，作出行政处罚决定的行政机关可以采取下列措施： （一）到期不缴纳罚款的，每日按罚款数额的百分之三加处罚款，**加处罚款的数额不得超出罚款的数额**； （二）根据法律规定，将查封、扣押的财物拍卖、**依法处理**或者将冻结的存款、**汇款**划拨抵缴罚款； **（三）根据法律规定，采取其他行政强制执行方式；**	第五十一条　当事人逾期不履行行政处罚决定的，作出行政处罚决定的行政机关可以采取下列措施： （一）到期不缴纳罚款的，每日按罚款数额的百分之三加处罚款； （二）根据法律规定，将查封、扣押的财物拍卖或者将冻结的存款划拨抵缴罚款； （三）申请人民法院强制执行。

（四）依照《中华人民共和国行政强制法》的规定申请人民法院强制执行。 **行政机关批准延期、分期缴纳罚款的，申请人民法院强制执行的期限，自暂缓或者分期缴纳罚款期限结束之日起计算。**	
第七十三条　当事人对行政处罚决定不服，申请行政复议或者提起行政诉讼的，行政处罚不停止执行，法律另有规定的除外。 **当事人对限制人身自由的行政处罚决定不服，申请行政复议或者提起行政诉讼的，可以向作出决定的机关提出暂缓执行申请。符合法律规定情形的，应当暂缓执行。** **当事人申请行政复议或者提起行政诉讼的，加处罚款的数额在行政复议或者行政诉讼期间不予计算。**	第四十五条　当事人对行政处罚决定不服申请行政复议或者提起行政诉讼的，行政处罚不停止执行，法律另有规定的除外。
第七十四条　除依法应当予以销毁的物品外，依法没收的非法财物必须按照国家规定公开拍卖或者按照国家有关规定处理。 罚款、没收的违法所得或者没收非法财物拍卖的款项，必须全部上缴国库，任何行政机关或者个人不得以任何形式截留、私分或者变相私分。 **罚款、没收的违法所得或者没收非法财物拍卖的款项，不得同作出行政处罚决定的行政机关及其工作人员的考核、考评直接或者变相挂钩。除依法应当退还、退赔的外，**财政部门不得以任何形式向作出行政处罚决定的行政机关返还罚款、没收的违法所得或者没收非法财物拍卖的款项。	第五十三条　除依法应当予以销毁的物品外，依法没收的非法财物必须按照国家规定公开拍卖或者按照国家有关规定处理。 罚款、没收违法所得或者没收非法财物拍卖的款项，必须全部上缴国库，任何行政机关或者个人不得以任何形式截留、私分或者变相私分；财政部门不得以任何形式向作出行政处罚决定的行政机关返还罚款、没收的违法所得或者~~返还~~没收非法财物~~的~~拍卖款项。

第七十五条　行政机关应当建立健全对行政处罚的监督制度。县级以上人民政府应当**定期组织开展行政执法评议、考核**，加强对行政处罚的监督检查，**规范和保障行政处罚的实施**。 **行政机关实施行政处罚应当接受社会监督**。公民、法人或者其他组织对行政机关实施行政处罚的行为，有权申诉或者检举；行政机关应当认真审查，发现有错误的，应当主动改正。	第五十四条　行政机关应当建立健全对行政处罚的监督制度。县级以上人民政府应当加强对行政处罚的监督检查。 公民、法人或者其他组织对行政机关作出的行政处罚，有权申诉或者检举；行政机关应当认真审查，发现~~行政处罚~~有错误的，应当主动改正。
第七章　法律责任	
第七十六条　行政机关实施行政处罚，有下列情形之一，由上级行政机关或者有关机关责令改正，对直接负责的主管人员和其他直接责任人员依法给予处分： （一）没有法定的行政处罚依据的； （二）擅自改变行政处罚种类、幅度的； （三）违反法定的行政处罚程序的； （四）违反本法第二十条关于委托处罚的规定的； **（五）执法人员未取得执法证件的。** **行政机关对符合立案标准的案件不及时立案的，依照前款规定予以处理。**	第五十五条　行政机关实施行政处罚，有下列情形之一的，由上级行政机关或者有关部门责令改正，~~可以~~对直接负责的主管人员和其他直接责任人员依法给予~~行政~~处分： （一）没有法定的行政处罚依据的； （二）擅自改变行政处罚种类、幅度的； （三）违反法定的行政处罚程序的； （四）违反本法第十八条关于委托处罚的规定的。
第七十七条　行政机关对当事人进行处罚不使用罚款、没收财物单据或者使用非法定部门制发的罚款、没收财物单据的，当事人有权拒绝，并有权予以检举，**由**上级行政机关或者有关机关对使用的非法单据予以收缴销毁，对直接负责的主管人员和其他直接责任人员依法给予处分。	第五十六条　行政机关对当事人进行处罚不使用罚款、没收财物单据或者使用非法定部门制发的罚款、没收财物单据的，当事人有权拒绝处罚，并有权予以检举。上级行政机关或者有关部门对使用的非法单据予以收缴销毁，对直接负责的主管人员和其他直接责任人员依法给予~~行政~~处分。

第七十八条　行政机关违反本法第六十七条的规定自行收缴罚款的，财政部门违反本法第七十四条的规定向行政机关返还罚款、**没收的违法所得**或者拍卖款项的，由上级行政机关或者有关机关责令改正，对直接负责的主管人员和其他直接责任人员依法给予处分。	第五十七条　行政机关违反本法第四十六条的规定自行收缴罚款的，财政部门违反本法第五十三条的规定向行政机关返还罚款或者拍卖款项的，由上级行政机关或者有关部门责令改正，对直接负责的主管人员和其他直接责任人员依法给予~~行政~~处分。
第七十九条　行政机关截留、私分或者变相私分罚款、没收的违法所得或者财物的，由财政部门或者有关机关予以追缴，对直接负责的主管人员和其他直接责任人员依法给予处分；情节严重构成犯罪的，依法追究刑事责任。 执法人员利用职务上的便利，索取或者收受他人财物、**将**收缴罚款据为己有，构成犯罪的，依法追究刑事责任；情节轻微不构成犯罪的，依法给予处分。	第五十八条　行政机关将罚款、没收的违法所得或者财物截留、私分或者变相私分的，由财政部门或者有关部门予以追缴，对直接负责的主管人员和其他直接责任人员依法给予~~行政~~处分；情节严重构成犯罪的，依法追究刑事责任。 执法人员利用职务上的便利，索取或者收受他人财物、收缴罚款据为己有，构成犯罪的，依法追究刑事责任；情节轻微不构成犯罪的，依法给予~~行政~~处分。
第八十条　行政机关使用或者损毁**查封、**扣押的财物，对当事人造成损失的，应当依法予以赔偿，对直接负责的主管人员和其他直接责任人员依法给予处分。	第五十九条　行政机关使用或者损毁扣押的财物，对当事人造成损失的，应当依法予以赔偿，对直接负责的主管人员和其他直接责任人员依法给予~~行政~~处分。
第八十一条　行政机关违法实施检查措施或者执行措施，给公民人身或者财产造成损害、给法人或者其他组织造成损失的，应当依法予以赔偿，对直接负责的主管人员和其他直接责任人员依法给予处分；情节严重构成犯罪的，依法追究刑事责任。	第六十条　行政机关违法实行检查措施或者执行措施，给公民人身或者财产造成损害、给法人或者其他组织造成损失的，应当依法予以赔偿，对直接负责的主管人员和其他直接责任人员依法给予行政处分；情节严重构成犯罪的，依法追究刑事责任。
第八十二条　行政机关对应当依法移交司法机关追究刑事责任的**案件**不移交，以行政处罚代替**刑事**处罚，由上级行政机关或者有关机关责令改正，对直接负责的主管人员**和其他直接责任人员依法**给予处分；情节严重构成犯罪的，依法追究刑事责任。	第六十一条　行政机关~~为牟取本单位私利，~~对应当依法移交司法机关追究刑事责任的不移交，以行政处罚代替刑罚，由上级行政机关或者有关部门责令纠正~~；拒不纠正的~~，对直接负责的主管人员给予~~行政~~处分；徇私舞弊、包庇纵容违法行为的，依照刑法有关规定追究刑事责任。

第八十三条　行政机关对应当予以制止和处罚的违法行为不予制止、处罚，致使公民、法人或者其他组织的合法权益、公共利益和社会秩序遭受损害的，对直接负责的主管人员和其他直接责任人员依法给予处分；情节严重构成犯罪的，依法追究刑事责任。	第六十二条　执法人员玩忽职守，对应当予以制止和处罚的违法行为不予制止、处罚，致使公民、法人或者其他组织的合法权益、公共利益和社会秩序遭受损害的，对直接负责的主管人员和其他直接责任人员依法给予~~行政~~处分；情节严重构成犯罪的，依法追究刑事责任。
第八章　附　　则	
第八十四条　外国人、无国籍人、外国组织在中华人民共和国领域内有违法行为，应当给予行政处罚的，适用本法，法律另有规定的除外。	新增条文
第八十五条　本法中“二日”“三日”“五日”“七日”的规定是指工作日，不含法定节假日。	新增条文
第八十六条　本法自2021年7月15日起施行。	第六十四条　本法自1996年10月1日起施行。 ~~本法公布前制定的法规和规章关于行政处罚的规定与本法不符合的，应当自本法公布之日起，依照本法规定予以修订，在1997年12月31日前修订完毕。~~

后 记

《中华人民共和国行政处罚法》于1996年3月17日由第八届全国人民代表大会第四次会议通过，之后在2009年8月27日和2017年9月1日由全国人民代表大会常务委员会两次修正。2021年1月22日，第十三届全国人民代表大会常务委员会第二十五次会议对该法进行修订。本次修订是行政处罚法颁布施行以来最重要的一次修改，属于对行政处罚制度较为系统、全面的修订，涉及行政处罚一系列重大制度的调整，具有重要意义。

为了推动修订后的行政处罚法有效实施，我们组织来自党校、高校和科研机构的专家学者，按照党中央、国务院关于法治国家、法治政府和法治社会建设的精神和要求，结合行政执法体制改革的成果和动向、学界对行政处罚法理论研究的最新成果、重要法律、法规和规章以及司法解释的重要内容以及具有代表性的司法判例等，对行政处罚法修订的背景、思路和重点进行汇总和解读，对行政处罚法的条文进行全面梳理和分析，特别是对本次修订的新变化予以重点解读和探讨，每章提供若干重点案例和专家评析，并附上行政处罚法全文和新旧对照表等，以期对行政执法和司法实践有所指导和帮助，并进一步推动行政法学研究的深入和发展。

本书具体分工如下：

杨伟东　中国政法大学教授、博士生导师，负责撰写导言，全书统稿；

王　静　中央党校（国家行政学院）政治和法律部副教授，负责撰写第一章相关内容、第二章，协助全书统稿；

张效羽　中央党校（国家行政学院）政治和法律部教授，负责撰写第三章，协助全书统稿；

祖博媛 国际关系学院法学院讲师，负责撰写第四章；

王 轩 广州大学法学院讲师，负责撰写第五章相关内容；

王凌光 广州大学法学院讲师，负责撰写第五章相关内容；

杨 霞 中央司法警官学院法学院副教授，负责撰写第一章相关内容、第六章；

安丽娜 首都师范大学政法学院讲师，负责撰写第七、八章。

感谢中国法制出版社和王熹编辑对本书出版的支持！

由于作者水平有限，本书恐有错漏之处，敬请广大读者批评指正。

本书编写组

2021 年 3 月 25 日

图书在版编目（CIP）数据

中华人民共和国行政处罚法理解与适用/杨伟东主编. —北京：中国法制出版社，2021.3（2025.12重印）

ISBN 978-7-5216-1758-0

Ⅰ. ①中… Ⅱ. ①杨… Ⅲ. ①行政处罚法-法律解释-中国②行政处罚法-法律适用-中国
Ⅳ. ①D922.115 ②D922.112.5

中国版本图书馆CIP数据核字（2021）第049458号

策划编辑 王熹　　责任编辑 王熹 赵律玮 白天园 孙静　　封面设计 李宁

中华人民共和国行政处罚法理解与适用

ZHONGHUA RENMIN GONGHEGUO XINGZHENG CHUFAFA LIJIE YU SHIYONG

主编/杨伟东
经销/新华书店
印刷/北京虎彩文化传播有限公司
开本/730毫米×1030毫米 16开　　印张/21.5 字数/308千
版次/2021年3月第1版　　2025年12月第9次印刷

中国法制出版社出版
书号 ISBN 978-7-5216-1758-0　　定价：79.00元

北京市西城区西便门西里甲16号西便门办公区
邮政编码：100053　　传真：010-63141852
网址：http://www.zgfzs.com　　**编辑部电话：010-63141795**
市场营销部电话：010-63141612　　**总编室电话：010-63141606**

（如有印装质量问题，请与本社总编室联系。）